新能源汽车系列规划教材

汽车基本电气构造与检修

赵振宁　钟彦雄　主　编
侯丽春　高　明　副主编
刘　锐　主　审

電子工業出版社
Publishing House of Electronics Industry
北京 · BEIJING

内容简介

本书共分 10 章，第 1 章诊断与维修工具，讲解试灯、万用表、示波器和故障诊断仪的使用；第 2 章汽车电源系统，讲解蓄电池、发电机、电动汽车 DC/DC 转换器及双蓄电池技术；第 3 章汽车供电控制系统，讲解不带电源控制 ECU 和带电源控制 ECU 的供电系统；第 4 章汽车启动系统控制，讲解启动机结构、基本启动机控制电路、典型启动机控制电路、启/停系统电路；第 5 章点火系统，讲解双缸同时点火、单缸独立点火、分电器点火及点火系统检查；第 6 章基本电气分立控制，讲解大灯控制、各种信号功能和电路；第 7 章基本电气电控化，讲解照明和雨刮器等的集中控制；第 8 章汽车仪表和警报，讲解电控化仪表功能、警报种类和功能；第 9 章开关信号集中处理，讲解转向盘开关、转向柱组合开关等的集中处理；第 10 章汽车通信，讲解 LIN、CAN、MOST、FLEXRAY 四种总线；附录配套提供了本书相关系统完整的电路图。

本书由百慕大汽车技术视频网（www.bmdcar.com）提供作者的全套讲解视频和后台资源。

本书可作为高等职业院校新能源汽车技术、汽车检测与维修和汽车电子等汽车类专业的教材，也可供从事本专业工作的工程开发和售后维修技术人员参考。

图书在版编目（CIP）数据

汽车基本电气构造与检修 / 赵振宁，钟彦雄主编. —北京：电子工业出版社，2018.2

ISBN 978-7-121-16990-8

Ⅰ. ①汽… Ⅱ. ①赵… ②钟… Ⅲ. ①汽车—电气设备—构造—高等职业教育—教材②汽车—电气设备—车辆修理—高等职业教育—教材 Ⅳ. ①U472.41

中国版本图书馆 CIP 数据核字（2017）第 292671 号

策划编辑：程超群
责任编辑：谭丽莎
印　　刷：北京盛通印刷股份有限公司
装　　订：北京盛通印刷股份有限公司
出版发行：电子工业出版社
　　　　　北京市海淀区万寿路 173 信箱　邮编　100036
开　　本：787×1 092　1/16　印张：19.25　字数：582.7 千字
版　　次：2018 年 2 月第 1 版
印　　次：2019 年 8 月第 3 次印刷
定　　价：45.00 元

凡所购买电子工业出版社图书有缺损问题，请向购买书店调换。若书店售缺，请与本社发行部联系，联系及邮购电话：（010）88254888，88258888。

质量投诉请发邮件至 zlts@phei.com.cn，盗版侵权举报请发邮件至 dbqq@phei.com.cn。

本书咨询联系方式：（010）88254577，ccq@phei.com.cn。

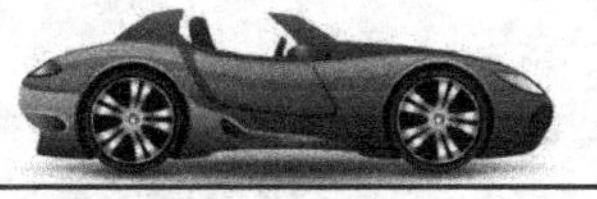

前 言

汽车基本电气系统是汽车上必须配有的系统，近十几年来汽车电气由非电控化向电控化发展。新能源汽车的出现使汽车教学体系增加了电力驱动系统，汽车电气体系也有了改变，为适应这种改变我们编写了本书。

《汽车基本电气构造与检修》针对新能源汽车在电源部分增加了新能源汽车 DC/DC 转换器、电源控制 ECU 的内容，以适合电动汽车电源控制。其他技术方面也全面更新，如基本电气电控控制和汽车电气部分的总线通信。

本书共分 10 章，第 1 章诊断与维修工具，讲解试灯、万用表、示波器和故障诊断仪的使用；第 2 章汽车电源系统，讲解蓄电池、发电机、电动汽车 DC/DC 转换器及双蓄电池技术；第 3 章汽车供电控制系统，讲解不带电源控制 ECU 和带电源控制 ECU 的供电系统；第 4 章汽车启动系统控制，讲解启动机结构、基本启动机控制电路、典型启动机控制电路、启/停系统电路；第 5 章点火系统，讲解双缸同时点火、单缸独立点火、分电器点火及点火系统检查；第 6 章基本电气分立控制，讲解大灯控制、各种信号功能和电路；第 7 章基本电气电控化，讲解照明和雨刮器等的集中控制；第 8 章汽车仪表和警报，讲解电控化仪表功能、警报种类和功能；第 9 章开关信号集中处理，讲解转向盘开关、转向柱组合开关等的集中处理；第 10 章汽车通信，讲解 LIN、CAN、MOST、FLEXRAY 四种总线；附录配套提供了本书相关系统完整的电路图。

本书可作为高等职业院校新能源汽车技术、汽车检测与维修和汽车电子等汽车类专业的教材，也可供从事本专业工作的工程开发和售后维修技术人员参考。

本书主要由长春汽车工业高等专科学校教师赵振宁组织编写，其中云南机电职业技术学院钟彦雄老师编写了第 3 章，长春汽车工业高等专科学校侯丽春老师编写了第 8 章，江苏信息职业技术学院高明老师编写了第 5 章，其余章节均由赵振宁老师编写。全书由吉林交通职业技术学院刘锐教授担任主审，在此表示感谢。

本书提供部分解读视频，请在无线网络环境下扫描二维码观看。

8 本教材配有部分微课，用书教师加 QQ 群 763791638 可向百慕大汽车技术视频网（www.bmdcar.com）申请一个免费的账号。全书作者视频讲解、高清 PPT、动画、图片资源、车型技术解析、实训操作等资源需要商业提供。

编　者

目 录

第 1 章　诊断与维修工具……001

1.1　试灯……001
1.2　数字万用表……002
1.3　模拟万用表……005
1.4　示波器……009
1.5　故障诊断仪……011

第 2 章　汽车电源系统……014

2.1　蓄电池……014
2.2　蓄电池技术状况的检查……020
2.3　蓄电池的充电方法……025
2.4　交流发电机……028
2.5　电压调节器……036
2.6　发电机智能控制技术（扩展 1）……040
2.7　充电系统性能检查和常见故障诊断……042
2.8　双蓄电池技术（扩展 2）……045
2.9　电动汽车 DC/DC 转换器（扩展 3）……048
2.10　典型 DC/DC 转换器举例（扩展 4）……050

第 3 章　汽车供电控制系统……054

3.1　不带电源控制 ECU 的供电系统……054
3.2　非复位开关的电源控制 ECU（一）……056
3.3　非复位开关的电源控制 ECU（二）……058
3.4　复位开关+非复位开关的电源控制 ECU……063

第 4 章 汽车启动系统控制 ……070

4.1 低压启动机 ……070
4.2 启动机控制电路 ……077
4.3 启动机检修和性能测试 ……083
4.4 启动系统故障诊断 ……088
4.5 发动机启/停系统（扩展 1） ……092
4.6 汽车漏电故障诊断（扩展 2） ……100

第 5 章 点火系统 ……105

5.1 传统点火系统简介 ……105
5.2 微机控制点火系统基础 ……110
5.3 大众汽车点火系统 ……114
5.4 尼桑汽车分电器点火系统 ……120
5.5 丰田汽车分电器点火系统 ……122
5.6 其他点火系统举例 ……125
5.7 汽缸不做功的判断 ……126
5.8 点火系统检查 ……130

第 6 章 基本电气分立控制 ……136

6.1 照明和信号简介 ……136
6.2 照明和信号系统 ……138
6.3 信号装置 ……148
6.4 刮水/洗涤装置 ……155

第 7 章 基本电气电控化 ……162

7.1 丰田基本电气系统 ……162
7.2 大众基本电气系统 ……174

第 8 章 汽车仪表和警报 ……190

8.1 仪表和警报装置简介 ……190
8.2 汽车仪表 ……196
8.3 信号和警报 ……205
8.4 丰田皇冠汽车仪表技能训练 ……210

8.5　大众汽车组合仪表……212
8.6　电动汽车仪表（扩展 1）……215

第 9 章　开关信号集中处理……219

9.1　开关信号集中处理功能……219
9.2　开关信号集中处理电路……221

第 10 章　汽车通信……228

10.1　汽车通信技术……228
10.2　LIN 总线……235
10.3　CAN 总线端口的工作原理……244
10.4　网关……248
10.5　CAN 总线电阻……251
10.6　CAN 格式……254
10.7　CAN 总线诊断与检修……256
10.8　数据流和示波诊断……258
10.9　FLEXRAY 总线……261
10.10　FLEXRAY 总线检修……263
10.11　MOST 总线……267

附录……275

附录 A　大众、奥迪汽车控制器信息表……275
附录 B　迈腾基本装备全解……279

·第 1 章·

诊断与维修工具

汽车电气/电子元件检修的基本工具包括万用表、试灯、示波器和故障诊断仪。线路修理和拆装工具有切线钳、尖嘴钳、电烙铁、松香焊锡、松香溶剂、焊锡线或吸管（用于取出过的焊锡）、平口螺丝刀、十字螺丝刀、六角螺丝刀、跨接导线、热缩管、加热器（用于热缩管）、胶布、刀片（用于切开线束）、绝缘胶布、探针（用于插入导线进行测试）等。

这里重点讲解试灯、万用表、示波器和故障诊断仪的使用（另注：本章内容也可做插入式讲解）。

1.1 试灯

技师指导

使用试灯时要注意试灯亮度的稍微变化就代表电压变化，下面提供了一些能用试灯测量的元件。

（1）能用试灯初步判断蓄电池的供电电压；

（2）能用试灯检查熔丝的通断；

（3）能用试灯检查线束母连接器是否有供电；

（4）能用试灯的灯光亮度判别是否有线路虚接。

1. 试灯的功能

如图 1-1 所示为 12V 试灯对电路的检修，12V 试灯采用 3W 小功率灯泡，使用时将鳄鱼夹端夹在汽车钣金或螺钉处就近接地，针端通常用来接正极。

试灯不仅可以判别电路是否有电，还可以判别电路是否有接触电阻分压。例如，若试灯接在蓄电池上很亮，而在电路中不亮，则可以判别线路有线损耗。12V 试灯在测试一些简单电路时是比万用表更便捷的工具。

2. 不适合用试灯测量的项目

试灯对测量电源是否供电具有快速性的特点，但有些电路是不能用试灯测量的。例如，不能用试灯测量一些控制单元外的传感器电源，如水温传感器的 5V 电源，其中的一个原因是电源的 5V 电压远低于试灯的 12V 电压；另一个原因是计算机内部有上拉电阻，会导致电流太小，不能点亮试灯。

电控系统的12V供电元件，无论是传感器、控制单元，还是执行器，都可以采用试灯，应根据要测的这个电路的性质来判别是否适合使用试灯，而不是在电控系统中一律不能使用试灯。

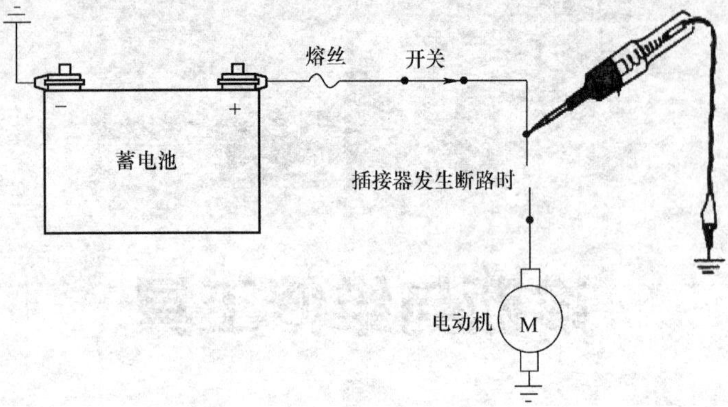

图1-1　12V试灯对电路的检修

1.2 数字万用表

技师指导

请教师组织学员分别利用数字万用表和模拟万用表进行如下三种类型的测量，并与试灯在快速性、可靠性和对测量系统的影响上做比较。

（1）电压测量类型：蓄电池开路电压、蓄电池端电压、水温传感器供电电压、风扇供电电压、熔丝和继电器盒插座电压、（万用表电压挡测量）接地电压等；

（2）电流测量类型：蓄电池充、放电电流；

（3）电阻测量类型：熔丝通断性、不同容量熔丝的电阻、继电器线圈的电阻、发动机和车身接地线的电阻。

1　数字万用表的特点

数字万用表具有测试精度高、输入阻抗高、显示直观、过载能力强、功能全、耗电省、体积小等优点，有的还可以用语音自动报告测试结果。数字万用表的型号很多，这里以FLUKE 17B数字万用表为例，介绍数字万用表的使用方法。

如图1-2所示为FLUKE 17B数字万用表的刻度屏、选择钮和端子。FLUKE 17B数字万用表能自动调零，具有正/负极性显示、超量程显示及低电压指示等，并装有快速熔断器等过电流保护电路和过电压保护元件。

图1-2　FLUKE 17B数字万用表

图中的①端子是用于10A以下的交流和直流电电流测量及频率测量的输入端子；②端子是用于400mA以下的交流电和直流电（微安及毫安）测量及频率测量

的输入端子；③端子为所有测试的公共（返回）端子；④端子是用于电压、电阻、通断性、二极管、电容、频率和温度测量的输入端子。

2. 显示屏

如图 1-3 所示为 FLUKE 17B 数字万用表的显示屏和功能。

图 1–3　FLUKE 17B 数字万用表的显示屏和功能

3. 测量

万用表有手动及自动量程两个选择模式。在自动量程模式下，万用表会为检测到的输入选择最佳量程。也可以手动选择量程。在有超出一个量程的测量功能中，万用表默认为自动量程模式。当万用表在自动量程模式时，会显示 Auto Range。在手动量程模式下，每按 RANGE 键一次就会递增一个量程。当达到最高量程时，万用表会回到最低量程。要退出手动量程模式，可按住 RANGE 键两秒。

按下 HOLD 键保存当前读数，再按 HOLD 键恢复正常操作。万用表会显示除频率外所有功能的相对测量值。按下 REL 键将测得的值存储为参考值，并启动相对测量模式，再次测量时会显示参考值和后续读数间的差异。按下 REL 键超过 2 秒，使万用表恢复正常操作。

1）测量交流和直流电压

如图 1-4 所示，将旋转开关转到电压挡，选择交流电压或直流电压。将红色测试导线插入④端子并将黑色测试导线插入 COM 端子，用探针接触想要的电路测试点，测量电压，读显示屏上测出的电压。注意，手动选择量程是进入 400mV 交流量程的唯一方式。

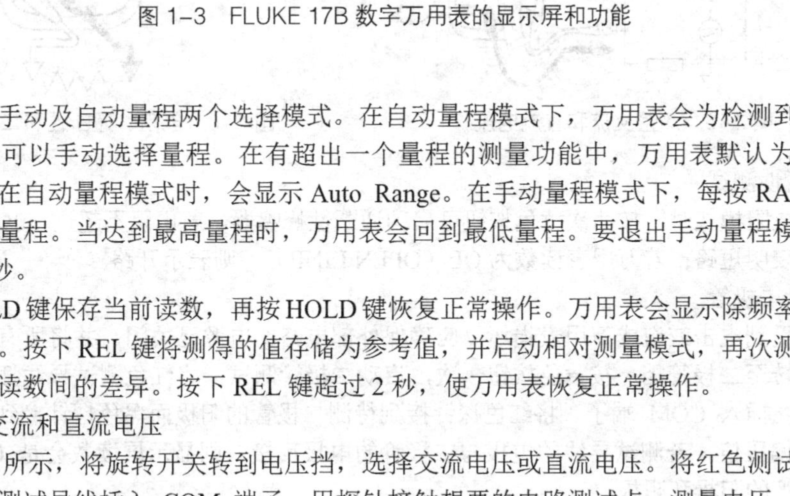

图 1–4　测量交流和直流电压

2）测量交流和直流电流

如图 1-5 所示，将旋转开关转到电流挡，按下黄色按钮，在交流或直流电流测量间切换，这取决于待测的电流。将红色测试导线插入 A 或 mA、μA 端子，并将黑色测试导线插入 COM 端子，断开待测的电路路径。然后用测试导线两端衔接断口处并合上电源开关，读显示屏上的电流数值。

3）测量电阻

测量电阻或电路的通断性时，为避免受到电击或造成万用表损坏，应确保电路的电源已关闭，并等待负载上的所有电容器放电。如图 1-6 所示为电阻、通断性和二极管测量，将旋转开关转至电阻挡，确保已切断待测电路的电源。将红色测试导线插入④端子，并将黑色测试导线插入 COM 端子。用探针接触想要的电路测试点，测量电阻，读显示屏上的测出电阻数值。

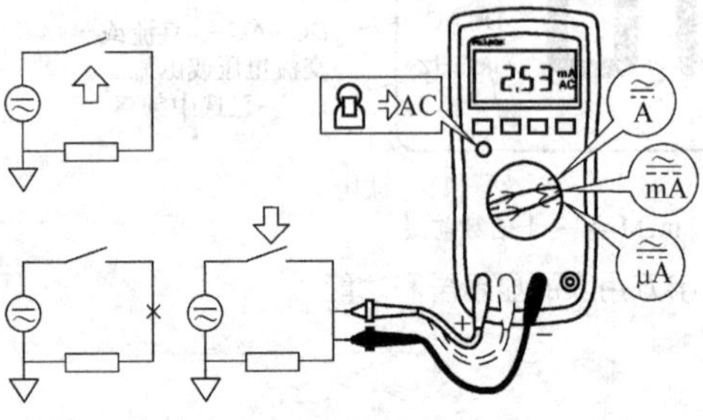

图 1-5　测量交流和直流电流

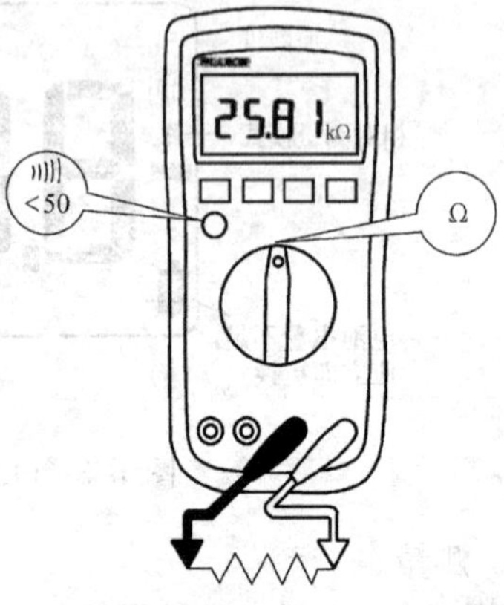

图 1-6　电阻、通断性和二极管测量

4）通断性测试

当选中电阻模式时，按两次黄色按钮可启动通断性蜂鸣器。若电阻不超过 50Ω，蜂鸣器会发出连续音，表明短路；若万用表读数为 OL（OPEN LINE），则表示开路。

5）测量二极管

为避免受到电击或造成万用表损坏，应确保外部电路的电源已关闭，并将所有电容器放电。将旋转开关转至二极管挡，按黄色按钮一次，启动二极管测试；将红色测试导线插入④端子并将黑色测试导线插入 COM 端子。将红色探针接到待测二极管的阳极而黑色探针接到阴极。读显示屏上的正向偏压值，若测试导线的电极与二极管的电极反接，则显示屏读数会是 OL。这可以用来区分二极管的阳极和阴极。

6）测量电容

将旋转开关转至电容挡，将红色测试导线插入④端子并将黑色测试导线插入 COM 端子，用探针接触电容器导线，等待读数稳定后（长达 15 秒），读显示屏上的电容值。

7）测量温度（仅 17B 型）

将旋转开关转至℃挡，将热电偶插入万用表的④端子和 COM 端子，确保带有+符号的热电偶插头插入万用表上的端子，读显示屏上的摄氏温度数。

8）测量频率或负载循环（仅 17B 型）

万用表在进行交流电压或交流电流测量时可以测量频率或负载循环。按下 Hz%按钮即将万用表切换为手动选择量程。请在测量频率或负载循环以前选择合适的量程，再按下 Hz%按钮，读显示屏上的交流电信号频率；要进行负载循环测量，可再按一次 Hz%按钮，读显示屏上的负载循环百分数。

电池符号灯亮时应尽快更换电池，更换白瓷熔丝管时其结构和参数要与原白瓷熔丝管的结构和参数相同。

如果连续 30 分钟未使用万用表也没有输入信号，万用表进入“睡眠模式”（Sleep Mode），显示屏呈空白状态。按任何按钮或转动旋转开关，即可唤醒万用表。若要禁用“睡眠模式”，可在开启万用表的同时按下黄色按钮。

1.3 模拟万用表

1. 模拟万用表的特点

通常所说的万用表，指的是指针式万用表（模拟万用表）。模拟万用表可用于测试直流电流、直流电压、交流电压和电阻等。通过切换量程开关，可选择不同的测试项目及量程。有的模拟万用表还可用来测试交流电流、音频电平、阻抗、电容、电感和晶体三极管的hFE（直流放大倍数）等。为了帮助初学者正确使用模拟万用表，特此介绍模拟万用表的基础知识和使用方法。

2. 万用表表盘

如图1-7所示为MF-47型万用表的表盘。

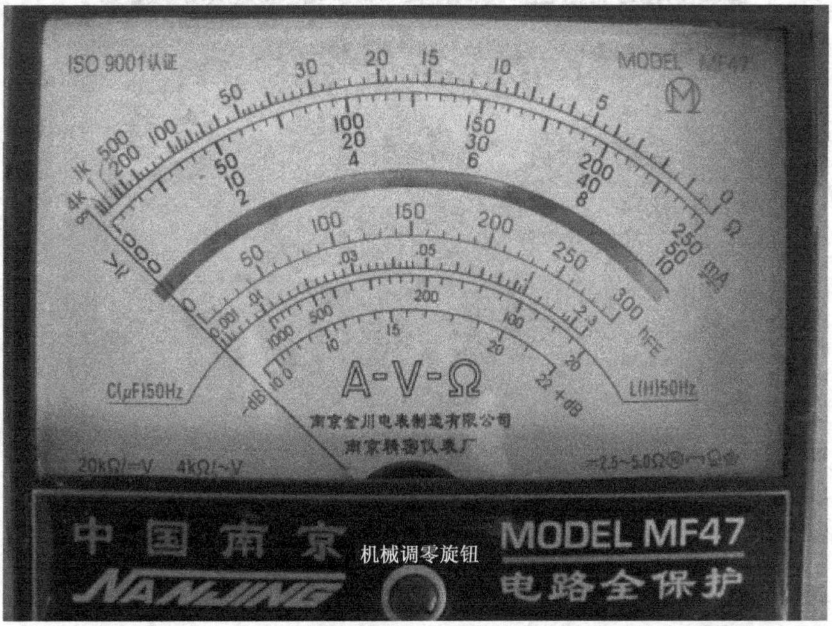

图1-7 MF-47型万用表的表盘

3. 万用表的使用方法

在MF-47型万用表的表盘上，从上往下数共有6条刻度线。第1条刻度线上面标有“Ω”字样，表明该刻度线上的数字为被测电阻值。第2条刻度线上面标有$\underset{\sim}{\underline{V}}$，测直流电压和交流电压时看这条刻度线；刻度线下面标有3组数字，是电流和电压刻度线共用的，各组数字分别与各目标测试量程挡相对应。第3条刻度线用于测三极管的直流放大倍数。第4条刻度线用于测电容的大小。第5条刻度线用于测电感的大小。第6条刻度线表示被测电平的dB数。该表盘上虽有第4、第5、第6条刻度线，但实际功能一般没有，因为较贵。常用的仅有上面三条刻度线的万用表的市场价格为60～85元。图中的“Ω”表示电阻量程挡，共有5个挡位，即×1、×10、×100、×1k、×10k，测电阻时，应将表盘上的读数与量程开关对应的具体量程相乘。“mA”表示直流电流量程挡，共有5个挡位（0.05、0.5、5、50、500）。同理，测试时应将表盘上的读数与量程开关对应的具体量程相乘。

如图1-8所示为万用表量程开关。“V”表示直流电压量程挡，共有8个挡位（0.25、1、2.5、10、50、250、500、1000）；“$\underset{\sim}{V}$”表示交流电压量程挡，共有5个挡位（10、50、250、

500、1000）。欧姆调零旋钮旁标有“Ω”，在测试电阻时，先把红表笔与黑表笔碰触在一起，然后调节它使万用表指针指零。欧姆调零旋钮的下端有 4 个插孔。“+”插孔插红表笔，用在中间选挡时测量；“COM”插孔插黑表笔（永远不动），是 Common Earth 公共地的缩写。当测 2500V 的直流或交流高压时，应将红表笔插到 2500V 的插孔中去；当测 5A 直流电流时，应将红表笔插到 5A 插孔内，与此同时，量程开关也应拨到相应的挡位上。

技师指导

模拟万用表在测量电容和半导体元件上要优于数字万用表，半导体元件有二极管、三极管、稳压管和场效应管等，但要注意电阻挡的选挡和两表笔的正、负极性。万用表电阻挡处于不同挡位时，万用表内串联的电阻是不同的，因此充电电流大小也是不同的，只有保证充电电流和电容的容量相匹配才能获得更好的测量效果。

图 1-8　万用表量程开关

4．半导体元件的模拟万用表检测

1）判别晶体二极管的正、负极

晶体二极管（以下简称二极管）的反向电阻值远大于其正向电阻值，据此可判别出它的正极和负极，方法如图 1-9 所示。将万用表的量程开关拨至 R×1k 挡，两表笔分别接在二极管的两端，依次测二极管的正向电阻值和反向电阻值。若测得电阻值为几百欧姆至几千欧姆，说明这是正向电阻，这时万用表的黑表笔接的是二极管的正极，红表笔接的是二极管的负极。值得一提的是，二极管是非线性元件，其正向电压与正向电流不成正比。若将万用表的量程选择为 R×100 挡或 R×10 挡、R×1 挡，通过二极管的正向电流依次增大，正向电阻值也逐渐减小，但二者并不成反比关系。因此，万用表选择的量程挡位不同，测出的电阻值也不一样。

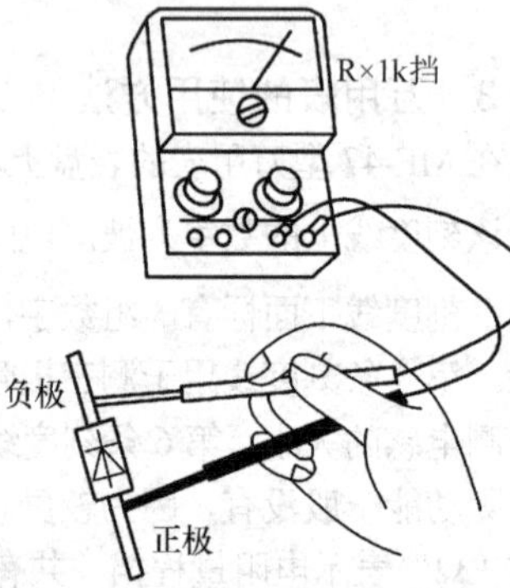

图 1-9　判别晶体二极管的正、负极

2）判别晶体三极管的发射极和集电极

判别方法如图 1-10 所示，判别结果较为准确。对于 NPN 型晶体三极管而言，用红、黑表笔分别接触除基极以外的两极，用湿手指接触基极和黑表笔，然后将红、黑表笔对调重测一次。比较两次万用表指针偏转角度的大小，以偏转角度大的一次为准，黑表笔接的是集电极，红表笔接的则是发射极。对于 PNP 型晶体三极管而言，用湿手指接触基极和红表笔，万用表指针偏转角度大的一次，红表笔接的是集电极，黑表笔接的则是发射极。提示：万用表黑表笔输出表内电池的正电压，红表笔输出负电压，一根手指触及红表笔或黑表笔，另一根手指接触基极，就相当于在基极与集电极间加了一个偏流电阻（人体电阻）。

3）判别稳压集成电路

三端稳压集成电路简称三端稳压器，其型号规格很多。较常用的有 78XX 系列，其输出电压是固定的，如 7805、7809、7810、7812、7818、7824，它们的输出电压分别为+5V、+9V、+10V、+12V、+18V 和+24V。

用万用表来判别三端稳压器的方法如图 1-11 所示。以 7812 为例，在它的 1、2 脚加上直流电压（输入至少比稳压器的稳压值高 2V，但最高不要超过 35V）。再将万用表的量程开关拨至直流电压挡，测量 7812 的 3 脚与 2 脚之间的电压，若万用表的读数与稳压值相同，则证明此稳压集成电路是好的。

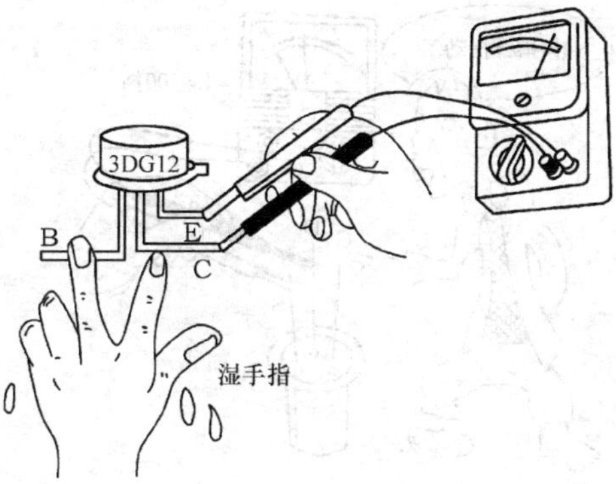

图 1-10　判别晶体三极管的发射极和集电极

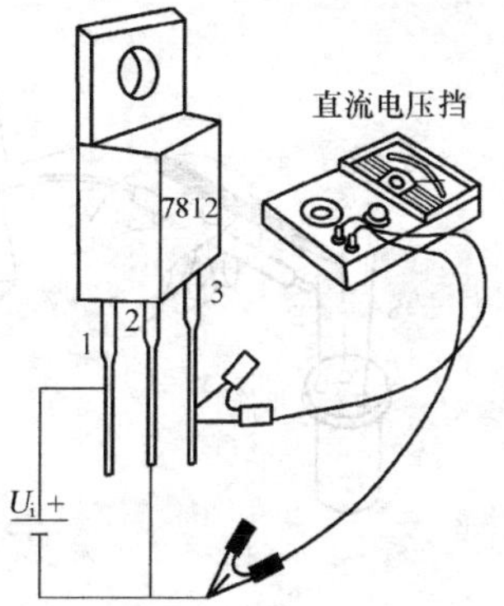

图 1-11　判别三端稳压集成电路

4）判别 MOS 绝缘栅型场效应晶体管的电极

判断 MOS 绝缘栅型场效应晶体管（以下简称 MOS 管）的电极，方法如图 1-12 所示。将万用表的量程开关拨至 R×100 挡，假定被测场效应晶体管的某脚为栅极，用万用表的黑表夹与它相连，再用红表夹分别碰触另外两极，若两次测得的阻值为无穷大，交换表夹测试之后阻值还是无穷大，则表明假定的栅极为真正的栅极 G。这个结果对于耗尽型 MOS 管是正确的，但对于增强型 MOS 管则不一定准确，因此还必须进行检验。检验方法是找到栅极后，再将两个表夹子分别接到漏、源极，让栅极悬空，如果万用表指针有轻微摆动，则证明测试结果是正确的；若万用表指针不摆动，必须重新假定栅极并进行测试。之后，还需要对被测场效应晶体管的漏极 D 和源极 S 进行判别。对于耗尽型 MOS 管来说，找到栅极 G 后，用万用表的红、黑表夹测漏极和源极间的电阻值，在几百欧姆到几千欧姆内，并且正、反向电阻值略有差别，以阻值略小的那次为准，黑表夹接的是漏极 D，红表夹接的是源极 S。有些场效应晶体管的源极 S 与其外壳是连在一起的，更容易判别。

测试结束之后，应将场效应晶体管的引脚绞合在一起或放在金属箔中，及时泄放掉栅极上的电荷，以防栅极产生很高的电压击穿二氧化硅层，烧坏场效应晶体管。

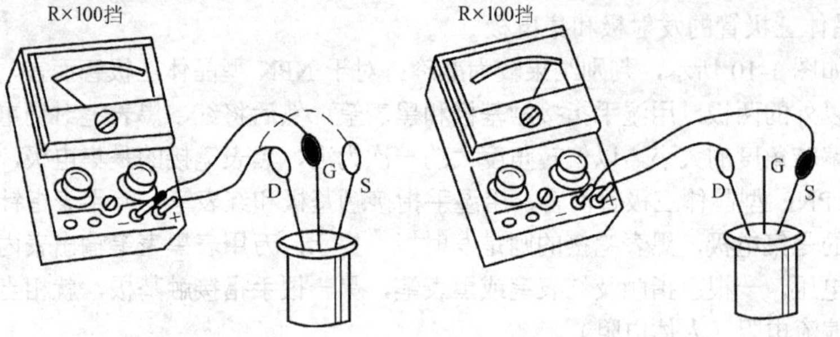

（a）判别方法一　　（b）判别方法二

图 1-12　判别 MOS 绝缘栅型场效应晶体管的电极

5）判别 MOS 绝缘栅型场效应晶体管的好坏

如图 1-13 所示，将万用表的量程开关拨至 R×100Ω 挡。

（1）耗尽型 MOS 管的判别：若测得 G-D 和 G-S 间的正、反向电阻值均为无穷大，说明被测场效应晶体管的绝缘性能良好；若测得的阻值较小，说明被测场效应晶体管的氧化膜已经击穿损坏。测得 D-S 间电阻值在几百欧姆至几千欧姆之间为正常。若 D-S 间的电阻值很大或很小，说明漏极与源极间已断开或击穿短路。

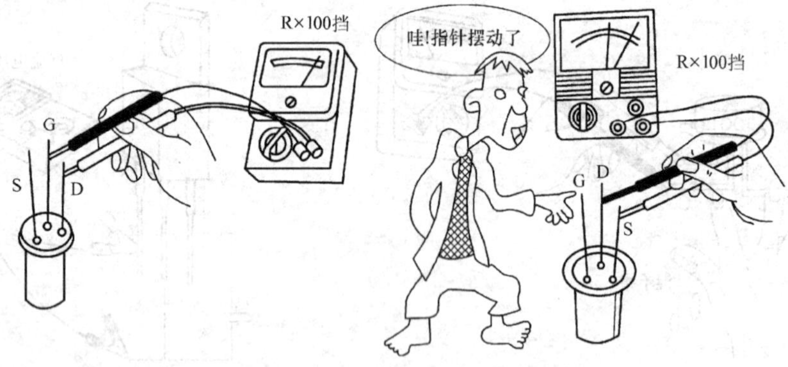

（a）对耗尽型 MOS 管的判别　　（b）对增强型 MOS 管的判别

图 1-13　判别 MOS 绝缘栅型场效应晶体管的好坏

（2）增强型 MOS 管的判别：在确定栅极无感应电压的情况下，测得 G-D、G-S 和 D-S 间的正、反向电阻值均为无穷大时被测场效应晶体管正常。如果阻值较小，则表明被测场效应晶体管已损坏。让栅极 G 悬空，用万用表的表笔接 D、S，指针若有摆动则被测场效应晶体管为好管。

6）电容器的粗测方法

电容器上的储存电荷不是瞬间充上的，也不是瞬间放尽的，需要经过一段时间才能充满或放完。粗测是指对电容器能否储存电荷进行大概的测试，即运用电容器充放电原理，用万用表的电阻挡向电容充电，通过观察万用表指针的偏转角度来粗略估计电容器的容量。

测试时，应根据被测电容器的容量来选择万用表的电阻挡。测量电容器时对万用表电阻挡的选择如下：

（1）小容量电容器（5000pF 以下）采用 R×10k 挡（万用表内置电阻大，充电电流小）；

（2）中等容量电容器采用 R×1k 挡或 R×100 挡（万用表内置电阻小，充电电流大）；

（3）大容量电容器（470μF 以上）采用 R×10 挡（万用表内置电阻小，充电电流大）。

1.4 示波器

技师指导

请教师组织学员利用示波器测量变化快速的信号，并与万用表比较快速性、可靠性和对被测系统的影响。本任务的重点是学习示波器的使用，可测量与点火系统相关的发动机曲轴位置传感器，也可测量启动时蓄电池电压的瞬间波动，还可监测一段可能存在虚接的电路。

1. 示波器分类

过去的纯模拟示波器在现在的市面上已经见不到了，目前，汽车用示波器有两种显示方式：一种是采用数字采集、CRT 模拟显示方式，即数字模拟示波器；另一种是 LED 或 LED 显示，通常称为示波表。示波器和示波表的信号采集原理相同，只是显示方式不同。

如图 1-14 所示为两种汽车波形显示工具，一种是数字模拟示波器，另一种是数字示波表。

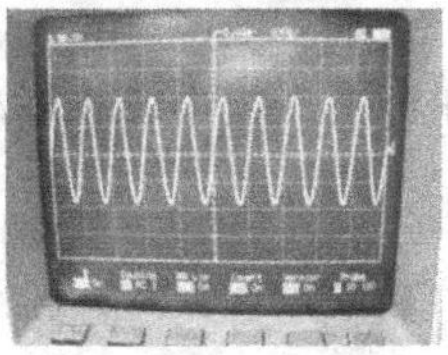

（a）数字模拟示波器

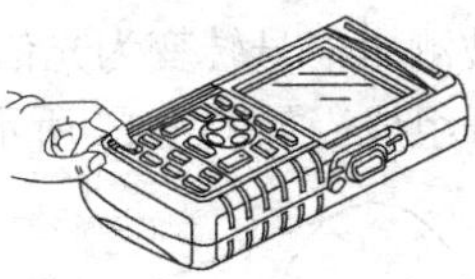

（b）数字示波表

图 1–14 两种汽车波形显示工具

2. 数字示波器与数字模拟示波器

如图 1-15 所示为数字示波器的信号采集和存储。数字示波器的原理是输入信号经输入电路分别送至 A/D 转换器与触发电路，控制电路一旦接到来自触发电路的触发信号，就启动一次数据采集及 RAM 写入过程：一方面，“t/div”控制器产生一个对应控制转换速率的采集信号，使 A/D 转换器按设定的转换速率对输入信号进行采集；另一方面，使写地址计数器按顺序递增，以选通 RAM 中对应的存储单元。

为了保证下一个数据能可靠写入对应的存储单元中，应安排在时钟的上升沿将数据写入存储器，在其下降沿将地址计数器加 1。一旦存储单元写满，就完成了一个写入循环。

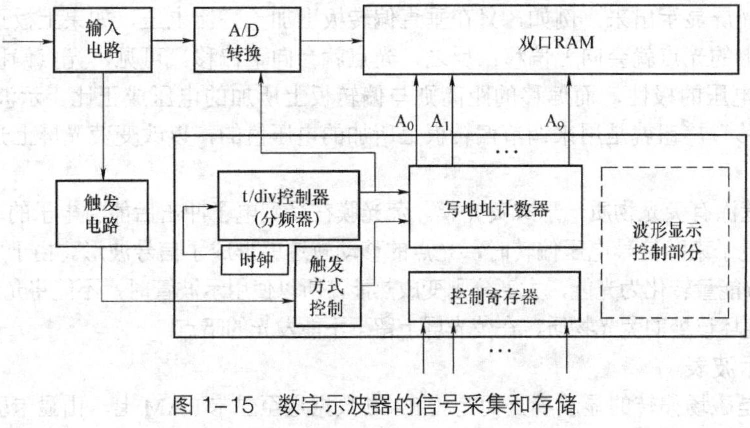

图 1–15 数字示波器的信号采集和存储

如图 1-16 所示为数字采集、CRT 模拟显示波形的显示原理。数字模拟示波器区别于传统模拟示波器的一个重要方面是，波形的显示与波形的采集和存储在管理上是分离的，即不管数据以何种速度写入存储器中，存储器中存储的数据均以固定的速度读出，因而可以得到清晰而稳定的波形。这样我们就可以无闪烁地观察极慢的信号，同时也可以稳定地显示很高频率的信号，这是模拟示波器所不能及的。

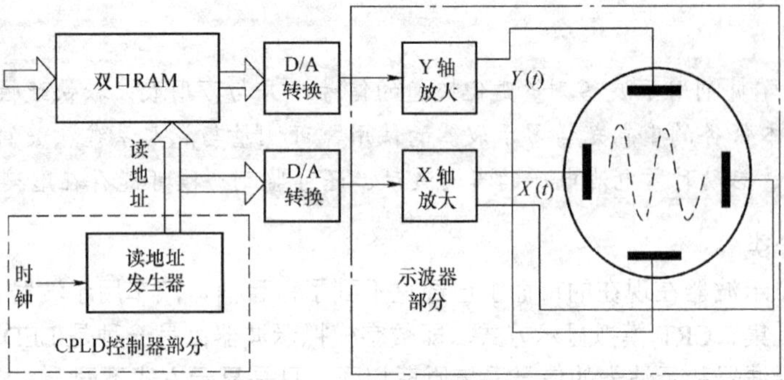

图 1-16　数字采集、CRT 模拟显示波形的原理

1）示波管的结构

示波管是用以将被测电信号转变为光信号显示出来的一个光电转换器件，主要由电子枪、偏转系统和荧光屏三部分组成，如图 1-17 所示。

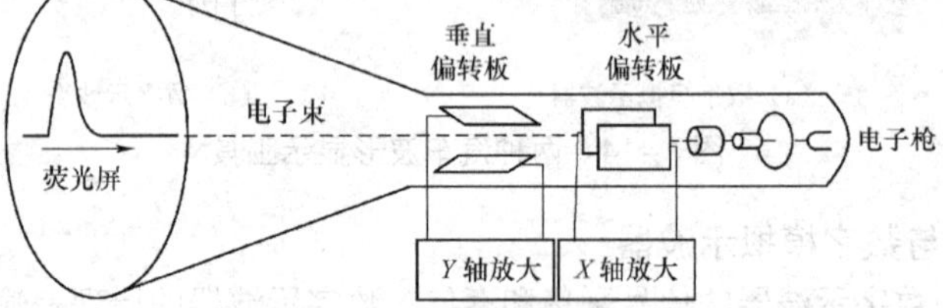

图 1-17　示波管的结构

2）工作原理

偏转系统由水平（X 轴放大或扫描装置）偏转板和垂直（Y 轴放大或放大器）偏转板组成。两对偏转板相互垂直，每对偏转板相互平行，其上加有偏转电压，形成各自的电场。电子束从电子枪射出之后，依次从两对偏转板之间穿过，受电场力作用，电子束产生偏移。其中，垂直偏转板控制电子束沿垂直（Y 轴）方向运动，水平偏转板控制电子束沿水平（X 轴）方向运动，形成信号轨迹并通过荧光屏显示出来。例如，只在垂直偏转板上加一直流电压，如果上板正、下板负，电子束在荧光屏上的光点就会向上偏移；反之，光点就会向下偏移。可见，光点偏移的方向取决于偏转板上所加电压的极性，而偏移的距离则与偏转板上所加的电压成正比。示波管上的“X 位移”和“Y 位移”旋钮就是用来调节偏转板上所加的电压值的，以改变荧光屏上光点（波形）的位置。

荧光屏内壁涂有荧光物质，形成荧光膜。荧光膜在受到电子冲击后能将电子的动能转化为光能形成光点。当电子束随信号电压偏转时，光点的移动轨迹就形成了信号波形。由于电子打在荧光屏上，仅有少部分能量转化为光能，大部分则变成热能，所以使用示波管时，不能将光点长时间停留在某一处，以免烧坏该处的荧光物质，在荧光屏上留下不能发光的暗点。

3. 数字示波表

示波表不是磁场偏转的显示屏，而是将 RAM 数据送至显卡 RAM 上，由显卡驱动显示屏显示波形的示波器。

4．示波器的设置

技师指导

在使用过程中，经常发现教师大多处在“打哪指哪”的使用模式下，对于正常车辆也要调节几次才能找到满意的波形，这样的使用方法会造成有故障车无法通过示波器进行诊断。

用示波器去捕捉波形时，最重要的是设置示波器的时基和幅值，以下例子将有助于使用示波器。

一个频率为10kHz、幅值为12V的正弦波信号，要在示波器显示屏的水平方向显示5个完整波形，同时垂直方向波形占4～6个格，应如何调节示波器的时基和幅值？

因为示波器垂直方向为8个格，垂直方向波形要占4～6个格，则半波12V应显示在2～3格。幅值计算方法如下：$3Y_1=12$，$2Y_2=12$，得$Y_1=4$，$Y_2=6$，因此幅值选5V/格。

因为示波器水平方向为10个格，用X表示时基，则计算方法如下：$10X=5\times 1/10\times 10^3$，得$X=50$微秒，因此时基选100微秒/格。

1.5 故障诊断仪

技师指导

请教师组织学员利用故障诊断仪读取故障码、数据流，并进行执行元件的诊断。

下面以水温传感器为例说明控制单元诊断的原理，理解以下内容：

（1）故障诊断仪的作用是什么，故障诊断仪能不能诊断传感器和控制单元的故障；

（2）诊断仪能不能读出控制单元诊断出的传感器、控制单元自身和执行器的故障码；

（3）诊断仪能不能对电控系统的执行器进行诊断；

（5）故障码的内容是在控制单元内部，还是在故障诊断仪的软件包中，软件包为什么要升级等。

1．故障诊断仪的功能

汽车的故障诊断仪原本在电控发动机等电控系统中用来读取相应控制单元的诊断系统已诊断出来的故障、传感器信号的动态数据、执行器的动态数据、运行中的中间数据等。现代汽车的电气系统也越来越多地采用了电控系统（电气系统中常采用的电控系统有汽车仪表、车身电气和安全系统等）进行控制，这样导致汽车电气系统常使用故障诊断仪来诊断故障。故障诊断仪的使用效率和使用深度等在汽车故障诊断和故障寻找方面具有重要意义。

故障诊断仪自身并不能诊断故障，它只是一台读取车载电控单元自诊断软件诊断出的故障的设备，因此也称读码器。对于车载电控单元自诊断软件不能诊断出的故障，要利用数据流功能和执行元件诊断功能进行诊断。

大众汽车公司的故障诊断仪如图1-18所示，其中VAG5051在国内于2000年开始使用，而VAS6150B是大众汽车公司的最新一代原厂车辆检测仪。车辆诊断采用无线通信模式。故障诊断仪可与数据采集盒VAS6356联机使用，实现示波器、万用表的功能（相当于VAS5051B的功能）。当然，未来还会有不同的故障诊断仪出现。

如图1-19所示为OBD Ⅱ故障诊断连接器接口的定义。故障诊断仪通过OBD Ⅱ故障诊断连接器与汽车连接并建立通信，根据车型及需要选择希望的检测控制模块，接收所需要的诊断数据，显示在线动态数据。

（a）VAG5051　　（b）VAS5052A　　（c）VAS6150B

图 1–18　大众汽车公司的故障诊断仪

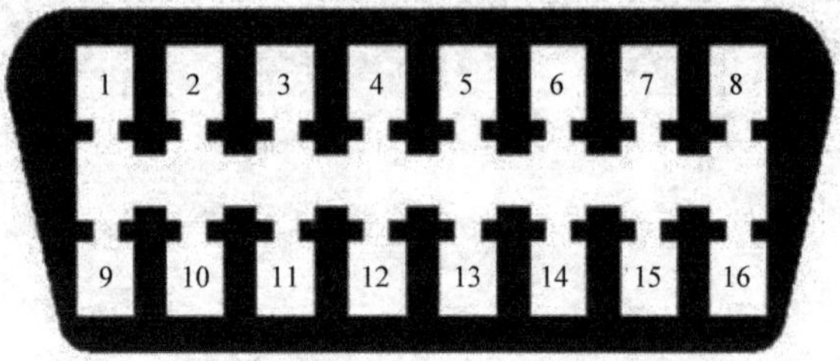

Pin2 – J1850 Bus +
Pin4 – Chassis Ground
Pin5 – Signal Groud
Pin6 – CAN High (J–2284)
Pin7 – ISO 9141–2 K Line
Pin10 – J1850 Bus
Pin14 – CAN Low (J–2284)
Pin15 – ISO 9141–2 L Line
Pin16 – Battery Power

图 1–19　OBD II 故障诊断连接器接口的定义

完成任务

请在大众汽车公司的 OBD II 故障诊断连接器接口上找出图 1-19 中的相应引脚定义，看是否全用上了？如果未能全部用上，说明什么？其他车系的引脚是否和大众汽车公司的 OBD II 故障诊断连接器接口的引脚相同？

____

____

2. 离车诊断系统

1）离车诊断系统简介

大众汽车公司在 2010 年 6 月最新的故障诊断仪 VAS6160 上采用了 ODIS（Off-board Diagnose Information System，离车诊断系统或非车载诊断信息系统），它为新一代诊断信息系统。

离车的意思是原车载诊断功能不少（形式会有变化）的情况下，通过故障诊断仪为修理技工提供更多诊断过程需要的信息，尽量不用再到处找资料，如维修的导航功能、修理手册、车辆身份自动识别功能等。

今天，越来越多的复杂控制单元将对诊断流程产生直接影响。在维修过程中，各种不同的信息获取，如车辆状态、修理资料、网络数据和光盘数据等，使得诊断流程变得复杂并影响诊断效率。

大众汽车公司的 ODIS 集成了主要的应用数据，因此有效提高了诊断的效率。原 VAS 5052 的 DES（德国）仅用于对各电气控制系统进行故障诊断、测量和功能匹配。大众汽车公司的 ODIS 提供了灵活的故障诊断查询、清晰的测量数据显示、更方便的诊断入口。

2）ODIS 的核心优势

（1）集中管理的引导型故障查询（GFF）数据库，直接发布错误信息和解决方案。

（2）从开发到售后诊断流程的全方位整合，打造可靠的程序基础。

（3）诊断系统（如 Elsa Pro）的整合进一步改善了服务核心流程。

（4）优化了技工的诊断流程，降低了维修技术人员的时间成本，使经销商保持了相对合理的成本。

3）ODIS 的功能及运用

（1）信息功能：只能在线实现扩展车辆信息功能，辅助车辆信息也需要在线实现。维修历史记录、维修手册、召回、电路图 SVW 已具备导入 Elsa Pro 的条件，可在后续引入。

（2）诊断功能：任务委托单处理和技术解决方案只能使用 Elsa Pro；基于症状的诊断可以离线，也可以结合 Elsa Pro 进行。对于刷新控制器编码（在线实现）、车辆网络规划、控制器识别、测试计划生成、引导型故障查询、高级功能、控制器功能等离线工作，不需要 Elsa Pro，是准备引进的 ODIS 项目诊断模块中的部分内容。

（3）测试工具：测试工具当然也离线，不需要 Elsa Pro，是准备引进的 ODIS 项目诊断模块中的部分内容。

（4）其他：发送诊断记录报告、系统数据升级和反馈只能在线实现。

4）提高维修质量和效率

诊断系统的集成将有助于进一步改善服务核心流程，提高维修质量和效率。与服务顾问达成预约→预约准备→接车/制作工作单（进行车辆识别，初始故障分析/评估）→到车间进行修理（方法：自诊断、故障诊断与排除指导、闪烁、编码与定制；资料：多媒体演示、维修手册、技术产品信息、交互式电路图等）→质量控制/准备交车→最终检查（恢复到交付时的状况）→交车/开发票→服务跟踪。

·第 2 章·

汽车电源系统

汽车电源系统是描述蓄电池、发电机、DC/DC 转换器及电源是如何控制分配的系统。

2.1 蓄电池

完成任务

在同步练习中写出蓄电池的结构组成；写出蓄电池的工作原理；写出蓄电池充、放电时电解液的变化规律和内阻的变化规律。

蓄电池通常用英文 Battery 或 Accumulator 表示，也可缩写为 Batt 或用 A 表示。蓄电池一旦连接外部负载或接通外充电电路，便开始了它的能量转换过程。在放电过程中，蓄电池中的化学能转变成电能；在充电过程中，电能转变成化学能。充、放电过程中的化学反应是可逆的。

1．普通蓄电池的结构

蓄电池结构和符号如图 2-1 所示。单格电池内有正极板和负极板，正极板上的活性物质是二氧化铅（PbO_2），负极板上的活性物质是海绵状铅（Pb）。蓄电池充、放电过程中，电能和化学能的相互转换，就是依靠极板上活性物质和电解液中硫酸的化学反应来实现的。PbO_2 和 Pb 形成的原电池的电动势大约为 2.1V。通常将多片正、负极板分别并联，用横板焊接，组成正、负极板组。正、负极板相互嵌合，中间插入隔板。在每个单格电池中，负极板的数量总比正极板多一片。技术性能较高的蓄电池极板都比较薄且多孔性好，一方面可以减小蓄电池的体积，另一方面可以使电解液比较容易地渗入极板内部，增加蓄电池的容量。实际应用的蓄电池是由 6 个或 12 个单格电池串联而成的 12V 或 24V 蓄电池。6 个单格电池组成的 12V 蓄电池符号中，6 条竖长线表示每个单格电池的正极，6 条竖短线表示每个单格电池的负极。每个单格电池为 2.1V 稍多一点，6 个串联为 12.6～12.8V（但仍说是 12V 蓄电池）。每个单格电池不管做得多大都是 2.1V，体积大只增加容量，不增加电压。

电解液由纯硫酸和蒸馏水按一定的比例配成，水的密度为 1.0（单位：克/立方厘米），硫酸的密度为 1.84（单位：克/立方厘米）。蓄电池电解液的密度一般为 1.24～1.30（单位：克/立方厘米），使用中密度应根据地区、气候条件和制造厂的要求而定。电解液通常在蓄电池厂家配制，总的密度趋势是天气越冷，密度应调得越高，也就是水中加入硫酸越多，这样可防止结冰。

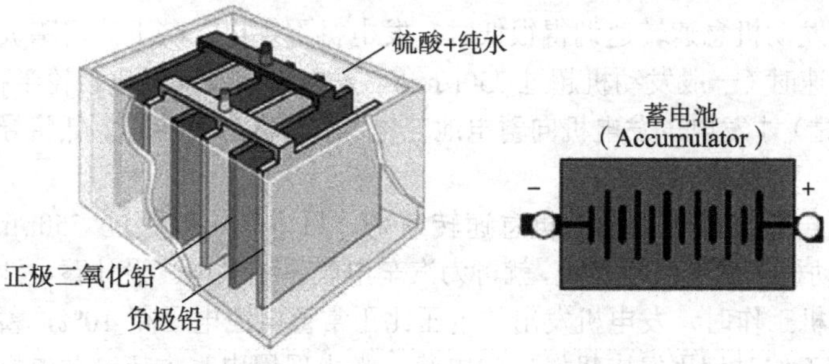

（a）单格电池结构　　（b）6 个单格电池组成的 12V 蓄电池符号

图 2-1　蓄电池结构和符号

完成任务

标称 12V 的汽车蓄电池，在充足电的情况下是__________V 的。

2. 普通蓄电池的工作原理

1）放电过程

当蓄电池充足电时，正极板上的活性物质是二氧化铅，负极板上的活性物质是纯铅。在电解液作用下，发生以下化学反应。

$$PbO_2 + 2H_2SO_4 + Pb \underset{\text{充电}}{\overset{\text{放电}}{\rightleftharpoons}} 2PbSO_4 + 2H_2O$$

放电前，正极板上的二氧化铅电离为正四价铅离子（Pb^{4+}）和负二价氧离子（O^{2-}），铅离子附着在正极板上，氧离子进入电解液中，使正极板具有2.0V的正电位。负极板上的纯铅电离为正二价铅离子（Pb^{2+}）和两个电子（$2e^-$），铅离子进入电解液中，电子留在负极板上，使负极板具有-0.1V 的负电位。这样正、负极板之间就有了电位差，这个电位差为 2.1V 稍多一点。放电时外电路接通，在2.1V的电位差作用下，电流从正极流出，经过负载流回负极。在放电过程中，正极板上的正四价铅离子与电子结合生成正二价铅离子，进入电解液再与硫酸根离子结合生成硫酸铅附着在正极板上，正二价铅离子与硫酸根结合生成硫酸铅附着在负极板上。

2）充电过程

把放电后的蓄电池外接充电机或发电机，使蓄电池的正极接发电机的正极，蓄电池的负极接发电机的负极，发电机稳压后的电压为蓄电池电压的 110%。例如，蓄电池电压为 12.8V，可采用 13.8～14.2V 充电，使蓄电池正、负极板发生与放电相反的化学反应。充电时，外加电流每将正极板处的两个电子经外电路输送到负极板，正极板上便有一个正二价铅离子因失去两个电子而成为一个正四价铅离子，再与水反应生成一个二氧化铅分子（附着在正极板上）。而在负极板上，由于每得到两个电子便与一个正二价铅离子结合而生成一个纯铅分子（附着在负极板上），与此同时，从正、负极板上电离出来的硫酸根离子则与水中的氢离子结合生成硫酸，因此充电时水被消耗，而硫酸增多，电解液密度逐渐上升。当充电进行到极板上的物质和电解液完全恢复到放电前的状态时，蓄电池即充电完毕。由于充电后期水电解有氢气（H_2）和氧气（O_2）产生，所以对加水式蓄电池充电时一定要打开加液盖，否则一定会发生胀裂或鼓包变形，也可能炸开。水电解产生的氢气（H_2）和氧气（O_2）逸出蓄电池后，电解液浓度变高，液面变低，因此加水式蓄电池要补充纯净的水，不要补充蓄电池补充液，因为这样会加大电解液浓度。

技师指导

若将蓄电池正、负极板接错充电，会令蓄电池极板快速损坏，同时电解水产生的大量氢气会胀裂免维护蓄电池的壳体，在这个过程中也可能产生火花，产生爆炸，因此要特别注意。

配置化油器的发动机怠速转速调得很低时，发电机不发电，踏下油门踏板将发动机加速，当发电机达到一定转速时（一般发动机超过 750r/min，发电机和发动机皮带轮半径比为 1/2，即发电机超过 1500r/min 时）才发电，发电机向蓄电池充电。发动机怠速转速太低将导致蓄电池经常因亏电而损坏。

现代汽车采用电控发动机，发动机怠速转速高，日本车一般超过 750r/min，大众车一般为 840r/min，因此发动机在怠速时也发电，就可为汽车电气系统供电。设计蓄电池主要就是为了启动发动机用，当发动机工作时，发电机发出的电压比正常蓄电池电压高 10%，蓄电池的状态是被充电状态。汽车正常工作时使用发电机发出的电流，当出现用电需求超过发电机供电能力时，蓄电池才再次向外供电，这种情况在正常行车中极少出现，这也是蓄电池在汽车上使用寿命长的原因。蓄电池内的正、负极板相当于一个大电容器（此时电解液相当于介质），能够缓和电路冲击，保护车上的电子设备。

3．蓄电池的内阻

单格铅蓄电池的内阻包括电解液电阻、极板电阻、隔板电阻和联条电阻。在正常使用条件下，极板电阻很小，只有极板发生硫化故障时，极板的电阻才会明显增大。电解液电阻与电解液的密度和温度有关，密度大，温度低，电解液的黏度增大，渗透力下降，电解液电阻增大。启动型蓄电池的内阻一般都很小，仅为百分之几欧姆，大电流输出时，内阻压降较小，可适合启动机的需要。

技师指导

可将蓄电池的开路电压和端电压进行比较，两者相差很多时，说明蓄电池内阻升高。例如，蓄电池开路电压很高，启动时蓄电池端电压（启动机和正、负极电缆线的电压）较蓄电池开路电压下降很多，可确认蓄电池内阻升高。可以分别在蓄电池充满电和放完电两种状态下，操纵启动机进行蓄电池内阻分压测试。

4．蓄电池的种类、型号

1）常见蓄电池

（1）半免维护干式荷电铅酸蓄电池：极板组在干燥状态的条件下保存，使用前只要加入质量百分数为 37%的硫酸，搁置 15～20min，调整液面高度和密度至规定标准后，不需要进行充电即可使用。由于极板中含锑，所以增加了充电产生气体的数量。应选生产日期在两年内的干式荷电铅酸蓄电池。另外，在汽车的正常使用情况下两年内不用添加蒸馏水。

（2）完全免维护蓄电池：已加电解液，极板铅栅中的锑被钙代替，减少了产生气体的数量，同时蓄电池液面上部内装催化剂钯，催化剂能促使氢氧离子结合生成水再回到蓄电池内。免维护蓄电池在整个使用过程中无须补加蒸馏水，且不会因振动漏液，因此对电极柱和附近机件的腐蚀小。极板铅栅含锑少，自放电也少，可存储两年以上，使用寿命长，一般为普通蓄电池的几倍；耐过充电性能好，免维护蓄电池的过充电电流在充满电时可接近零，内阻小，启动性能好。

（3）胶体电池：把电解液换成二氧化硅和硫酸形成胶体，使极板距离更小，从而减小了内阻，耐深度循环放电；同时也有减少水消耗的设计，如果蓄电池过充电产生过多气体则安全阀可以打开。胶体电池适合长期停用不充电的场合，如工程车辆。

（4）玻璃纤维网技术电池：用玻璃纤维网代替了隔板，活性物质粘在玻璃纤维网之间，玻璃纤维网的毛细作用和吸湿作用增加了电解液的吸入量。

2）蓄电池的型号、规格及选用

蓄电池的型号一般都标注在其外壳上，由 5 部分组成。

第 1 位为串联的单格数，用阿拉伯数字表示。

第2位为蓄电池的用途，用汉语拼音字母表示，其含义如下：

Q—启动用蓄电池；M—摩托车用铅酸蓄电池；JC—船用铅酸蓄电池；HK—飞机用铅酸蓄电池。

第3位为极板类型，用汉语拼音字母表示（无字为干封普通极板铅酸蓄电池），其含义如下：

A—干荷电铅酸蓄电池；B—薄型极板铅酸蓄电池；W—免维护蓄电池。

第4位为20h率放电额定容量，用阿拉伯数字表示，不带容量单位。

第5位为特殊性能，用汉语拼音字母表示（无字为一般性能蓄电池）：G为高启动率蓄电池。

例如，6-QA-120为由6个单格电池组成、额定电压为12V、额定容量为120A·h的启动型干荷蓄电池。而6-QW-60为由6个单格电池组成、额定电压为12V、额定容量为60A·h的启动型免维护蓄电池。

技师指导

国内电池品牌有重庆万里蓄电池、风帆蓄电池、天津统一蓄电池、湖北骆驼蓄电池、成都川西蓄电池和哈尔滨光宇蓄电池等。国外电池品牌有VARTA蓄电池、ACDelco蓄电池和罗伯特博世蓄电池等。

5．蓄电池的容量及其影响因素

1）放电电流与终止电压的关系

放电开始时，端电压下降较快，中间较平缓，接近放电终了时又迅速下降。当电压降到1.75V时（若继续放电，电压将急剧下降到零），若切断放电电流，端电压又上升到一定值。随着孔隙外的硫酸向孔隙内逐渐渗入，孔隙内的电解液密度缓慢增加，端电压可逐渐回升到1.95V。蓄电池是否放完电，通常以测量其电压来判断，但是允许的终止电压与放电电流强度有关，放电电流越大，连续放电时间越短，允许的放电终止电压越低，见表2-1。单格电池电压下降到放电终止电压值（以20h放电率放电时，此值为1.75V）。

表2-1 放电电流与终止电压的关系

放电电流（A）	0.05C	0.1C	0.25C	1C	3C
连续放电时间	20h	10h	3h	30min	5.5min
单格电池终止电压（V）	1.75	1.70	1.65	1.55	1.5

2）蓄电池的容量

蓄电池的容量是指蓄电池在完全充足电的情况下，在允许放电的范围内对外输出的电量，单位为安培小时（A·h），用以表示蓄电池对外供电的能力。当蓄电池以恒定电流值进行放电时，其容量Q或C等于放电电流和放电时间t的乘积，即$Q=It$，式中，Q为蓄电池容量（A·h），I为放电电流（A），t为放电时间（h）。

蓄电池的容量与放电电流及电解液的温度等因素有关，为了准确地表示出蓄电池的容量，要规定蓄电池的放电条件。在一定放电条件下，蓄电池的容量分为额定容量和启动容量。

（1）额定容量

额定容量是指完全充足电的蓄电池在电解液平均温度为25℃的情况下，以20h率放电电流（相当于额定容量的1/20的放电电流）连续放电至单格电压降为1.75V时所输出的电量。

（2）启动容量

启动容量表示蓄电池接启动机时的供电量，有常温和低温两种启动容量。蓄电池上一般不标出启动容量，换蓄电池时请使用原车蓄电池，或与原车电压、容量大小和外形基本相同的蓄电池，销售商也会给出意见。

（3）使用条件对蓄电池容量的影响

蓄电池内的硫酸在极板内的通透性越好，蓄电池的充电和放电越顺利；通透性越差，内阻也越大。蓄电池的容量与放电电流、电解液的温度、电解液的密度及极板的结构等因素有关。放电电流过大时，会导致蓄电池容量减小，使用寿命缩短；温度过低时放电会损坏蓄电池；加水式蓄电池蒸发水少时，人为加入蓄电池补充液可加大电解液密度，使蓄电池容量增加。但这样做会使其黏度增加，多次反复加入，若密度超过某一值，可使蓄电池的渗透能力降低，内阻增大，端电压及容量减小，自行放电速度加快，并对极板的栅架和隔板的腐蚀加剧，缩短使用寿命。一般情况下，采用密度偏低的电解液有利于提高放电电流和容量，同时也有利于延长蓄电池的使用寿命。蓄电池电解液的密度，应根据用户所在地区的气候条件不同来定，冬季使用的电解液，在不致结冰的条件下，应尽可能使用密度稍低的电解液。

6. 蓄电池的正确使用

蓄电池的使用方法及注意事项有以下几点。

（1）启动机每次启动的时间不得超过 5s，如果一次未能启动，应停顿 15s 以上等电解液渗入极板后再进行第二次启动。

（2）一些客车、货车和工程车冬季使用加水式蓄电池，应特别注意保持其处于充足电状态，以免因亏电造成电解液密度降低而结冰；补加蒸馏水应在充电前进行，以便蒸馏水较快地与电解液混合而不致结冰。蓄电池容量降低后，在启动冷态发动机前应进行预热，以减少启动阻力矩。

（3）要经常检查蓄电池电解液的液面高度，如果发现电解液不足，要及时进行补充。

（4）要经常检查蓄电池的放电情况，如果发现容量不足，应及时充电。

7. 蓄电池的维护

在维护汽车蓄电池方面，驾驶员比修理人员更便利，因此可建议驾驶员进行一些蓄电池的维护，内容如下。

（1）建议驾驶员经常清除蓄电池表面的灰尘污物，防止蓄电池壳体表面的酸泥在蓄电池外部形成自放电。当电解液溅到蓄电池表面时，应用抹布蘸 10%浓度的苏打水或碱水擦净，在现实条件下一般可用清水或饮用的纯清水或热水浇在电极桩和电线夹头的氧化物上，此时水会把壳体表面的酸泥冲到车身上，最好在蓄电池周围放上抹布以抵挡住流动的酸泥水，防止腐蚀车钣金。以上过程中最好拆下电缆防止水流入电缆内芯部，导致电缆内生绿铜锈，从而导致启动机启动不良和电缆过热。

（2）对公交车和货车上还在使用的加水式蓄电池，应经常疏通加液孔盖上的通气孔（这种蓄电池轿车上使用得越来越少）。应及时检查各单格电池内电解液的液面高度，如果发现不足应及时补充。放完电的蓄电池在 24h 内应及时充电，长时间不充电将导致蓄电池损坏。停驶车辆的蓄电池，每两个月应进行一次补充充电（放电程度冬季达 25%、夏季达 50%时即应充电）。

（3）拆卸蓄电池电缆时，应先拆下蓄电池负极，再拆蓄电池正极；安装时先安装蓄电池正极，再安装蓄电池负极，这样可防止拆卸扳手碰在前翼子板上与车身搭铁产生火花。

8. 蓄电池的常见故障诊断

1）极板硫化

（1）故障现象

蓄电池充满电时，放电不一会儿就没电，从加水孔看到极板上有白色大颗粒；蓄电池在开始充电及充电完毕时，电压过高，可达 2.7V 以上；蓄电池在充电时过早地产生气泡，甚至一开始充电就有气泡；蓄电池在充电时，电解液温度上升得过快，易超过 45℃。见到上面任何一个现象时可进一步检测数据：用高功率放电计检测蓄电池，电压低于标准值，说明蓄电池容量降低。当然，在做电解液密度检查时，密度数据也会下降到低于规定的数值。

（2）故障原因

蓄电池在放电与半放电状态下长期放置，由于硫酸铅在昼夜温度差存在的情况下不断在电解液中有溶解与结晶这两个相反过程的交替发生，所以产生再结晶，经过多次再结晶，便在极板上形成粗大的不易溶解的白色硫酸铅晶体；蓄电池经常过量放电或小电流深放电，从而在极板细小孔隙的内层生成硫酸铅，平时充电不易恢复；电解液液面过低，极板上部的活性物质暴露在空气中被氧化，汽车行驶时电解液的波动使其接触氧化了的活性物质，生成粗晶粒的硫酸铅；蓄电池初充电不彻底或使用期间不进行定期补充充电，使其在半充电状态下长期使用，极板上的放电产物——硫酸铅长期存在，也会通过再结晶形成粗大的颗粒；电解液不纯或其他原因导致蓄电池自行放电，均会产生硫酸铅，从而为硫酸铅再结晶提供了物质基础。

（3）故障排除

蓄电池出现轻度硫化故障，可用小电流长时间过充电解决，或用全放、全充的充、放电循环方法使活性物质还原，也可用去硫充电的方法消除。对于硫化严重的蓄电池，更换蓄电池才是最好的办法。硫化蓄电池可卖给蓄电池修复机构进行修复。

2）自行放电

（1）故障现象

充足电的蓄电池放置不用或汽车上的蓄电池没有用电器时，会逐渐失去电量。普通蓄电池由于本身结构会产生一定的自行放电。如果使用中自行放电在一定范围内，可视为正常现象，如果超出一定范围则应视为故障。一般自行放电的允许范围在每昼夜 1%以内，如果每昼夜放电超过2%，就应视为故障。

（2）故障原因

蓄电池内部自行放电：电解液不纯，电解液中的杂质沉附于极板上产生局部放电；蓄电池长期放置不用，硫酸下沉，下部密度较上部大，极板上、下部发生电位差引起自行放电；极板活性物质脱落，下部沉淀物过多，使极板短路。

蓄电池外部自行放电：蓄电池溢出的电解液堆积在盖板上，使正、负极板形成回路进而形成外放电；汽车上有看不见的负载在工作。

（3）故障排除

发生自行放电故障后，倒出电解液，取出极板组，抽出隔板，再用蒸馏水冲洗极板和隔板，然后重新组装，加入新的电解液重新充电即可，但实际中没有可操作的意义，建议更换。

3）蓄电池容量达不到规定要求

（1）故障现象

汽车启动时，启动机转速很快减慢，转动无力；按喇叭声音弱、无力；开启前照灯，灯光暗淡。

（2）故障原因

使用新蓄电池前未按要求进行初充电；发电机调节器电压调得过低，使蓄电池经常充电不足；经常长时间启动启动机，造成大电流放电，致使极板损坏；电解液的相对密度低于规定值，或在电解液渗漏后，只加注蒸馏水，未及时补充电解液，致使电解液的相对密度降低；电解液的相对密度过高或电解液液面过低，造成极板硫化。

（3）故障排除

首先检查蓄电池的外部，看外壳是否良好，有无裂纹，表面是否清洁，极板上是否有腐蚀及污物，如果有，则为蓄电池外部自行放电故障，根据相应故障予以排除；检查蓄电池搭铁接线，极柱的连接夹子有无松动，蓄电池接线极柱与极板连接处有无断裂，如果有则为输出电阻过大，电压降低；测量蓄电池的电解液密度，如果电解液密度低，说明充电不足或新蓄电池未按要求经过充、放电循环，使蓄电池未达到规定的容量；检查液面高度，如果液面高度不足，且在极板上有白色结晶物质存在，则可能存在极板硫化故障；蓄电池充电后，检查电解液密度，如果两个相邻的电池中电解液的密度有明显差别，如在 6 个单格电池中，5 个电池的电解液密度为 1.16 g/cm^3，1 个电池的电解液密度为1.08g/cm^3，则说明该单格电池内部有短路，不能使用；必要时，检查发电机电压调节器的调节电压。

技师指导

蓄电池壳体的变形、漏液都可以通过肉眼看到，蓄电池内部的短路、开路也可以使用万用表或高功率放电计检测出来。蓄电池发热和内部漏电则不易被发现。

2.2 蓄电池技术状况的检查

完成任务

请对一个充足电的加水蓄电池进行技术状况检查；同时对一个亏电且缺水的加水蓄电池添加蒸馏水。学习本节后，学员能够独立完成向蓄电池加注蒸馏水的作业；能用万用表检测蓄电池电压，并能通过电压判断蓄电池的电容量；能用高功率放电计检测蓄电池的好坏；能用密度仪检测蓄电池的电解液密度。整个操作过程中注意不要将电解液弄到皮肤或衣服上。

1．蓄电池电解液液面高度的检查

蓄电池电解液液面高度的检查可采用三种方法，具体使用时要根据蓄电池的结构形式而定。

1）塑料条测量法

蓄电池壳体为黑色、不透明时，可采用测量电解池高度的方法来检测是否缺电解液。现有教材中的玻璃管电解液高度测量法不方便，实践中可用干净的塑料条或筷子等代替玻璃管插入测量，方法如图 2-2 所示。将一根塑料条插入蓄电池电解液内，并碰到极板的上平面处。提起塑料条，测量塑料条湿的液面高度，即为蓄电池电解液液面高出极板的高度，每个蓄电池的单格要单独测量。标准值为 10～15mm，过低应补充蒸馏水，使之符合标准。

完成任务

图 2-2 所示缺水蓄电池的电解液液面高度是__________，经补加纯净水后高度是_________。过高有____________坏处，过低有_______________坏处。

2）液面高度指示线法

通过观察液面高度指示线可以检查电解液的液面高度，如图 2-3 所示。对使用透明塑料壳体的蓄电池，为检查液面高度，在壳体上刻有两条高度指示线，正常液面高度应介于两线之间，低于下线则为液面过低，应加入蒸馏水补充（上线为 UPPER LEVEL，下线为 LOWER LEVEL），透明蓄电池壳上还可以看见不同单格电池的液面差异。

3）视液孔判断法

部分进口小汽车在电解液加液孔内侧的标准液面位置处开有视液孔，用于检视液面高度。液面在孔下面为液面过低，正好与孔平齐时为标准，液面满过方孔而充满加液口底部以上为过多。

当发现电解液液面低于标准值时，应及时补充蒸馏水，不允许补充硫酸溶液。这是因为电解液液面正常降低是由电解液中的蒸馏水电解蒸发所致。要特别注意不能加注自来水、河水及其他有杂质的水，这样会造成蓄电池自行放电故障。蓄电池漏液加蓄电池补充液时应注意电解液的腐

蚀性极强，溅到皮肤上或眼睛里会受伤。如果皮肤接触了蓄电池酸液要立即用干布吸干；在蓄电池厂内应准备苏打水用于冲洗；酸液溅到眼睛里要立即用凉水或医用冲眼器冲洗，然后请医生处置。视液孔要和后边的荷电观察孔分开，旁边通常会有注释。

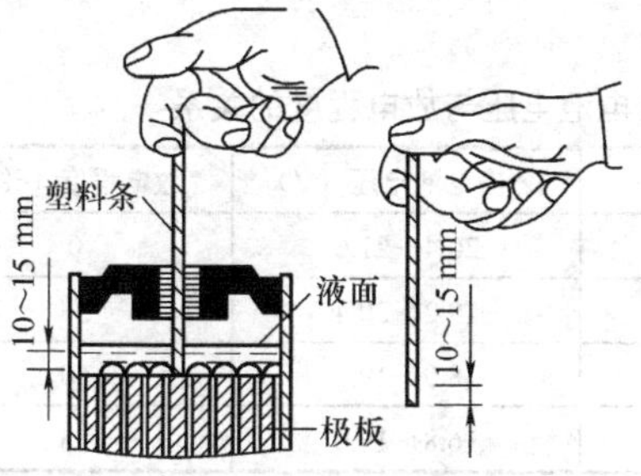

图 2-2　用塑料条测量电解液液面高度

图 2-3　用液面高度指示线法检查

技师指导

蓄电池液面高度的检查简单易行，发现蓄电池电解液液面过低时，应及时添加蒸馏水。电解液是给只有正、负极板而无电解液的新蓄电池使用的。使用过程中，电解液中的水蒸发后不能再次补充电解液，以防电解液密度越来越高。

2. 蓄电池“启动”端电压的检测

用高功率放电计测量电池的端电压。此种方法仅适用于电池外带连接条的蓄电池，一般为货车蓄电池。高功率放电计如图 2-4 所示，仪器背部有使用说明。3V 高功率放电计由一个 3V 电压表和一个分流电阻（约 0.01Ω）组成。测量时，实际上是模拟使用启动机（大负载）时蓄电池所能维持的端电压，并以此来判断蓄电池的储电情况。12V 高功率放电计是一种汽车启动时蓄电池在短时间内向启动机提供大电流[12V 电系（用电器电压为 12V 的系统）为 200～600A]的检测仪器。

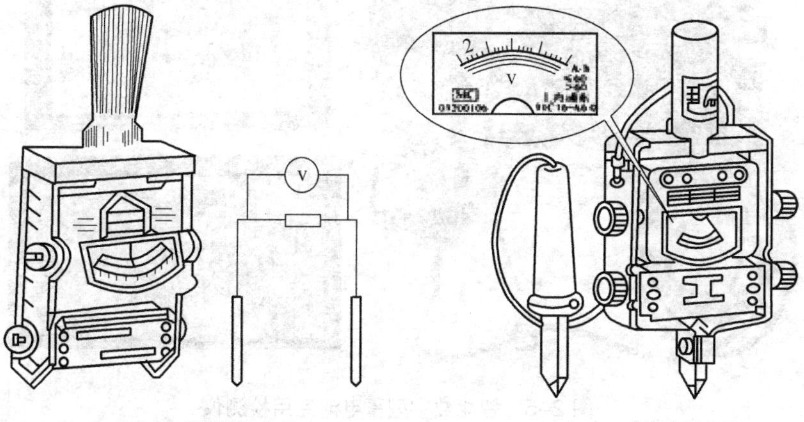

（a）3V 高功率放电计　　（b）12V 高功率放电计

图 2-4　高功率放电计

利用大电流放电时蓄电池内阻的压降来判别蓄电池的健康情况。原理是正常蓄电池内阻很小，蓄电池内电压降很小，在高功率放电计上读出的负载电压较高；非正常蓄电池内阻很大，蓄电池内电压降很大，在高功率放电计上读出的负载电压较低。

测量时按以下步骤运行：放电叉的两触针紧压在蓄电池单格的正、负极板上；测量 5s，观察放电计的电压，记录电压值。分别测得 6 个单格电池的电压，此时的电压值是在大电流放电情况下的端电压。各单格电池的端电压应在 1.5V 以上，且能稳定 5s。如果各单格电池的电压低于

1.5V，但 5s 内尚能稳定则为放电过多，应及时进行充电恢复。如果单格电池电压低于 1.5V，且 5s 内电压迅速下降，则表示有故障。如果单格电池无电压指示，说明内部有短路、断路或严重硫化故障。如表 2-2 所示为单格电池电压与放电程度的关系。表中的电压数值，上限适用于新的或容量较大的蓄电池，下限适用于一般蓄电池。

表 2-2　高功率放电计测得单格电池电压与放电程度的关系

单格电池电压（V）	6 格电池电压（V）	12 格电池电压（V）	放电程度（%）
1.7～1.8	10.2～10.8	20.4～21.6	0
1.6～1.7	9.6～10.2	19.2～20.4	25
1.5～1.6	9.0～9.6	18.0～19.2	50
1.4～1.5	8.4～9.0	16.8～18.0	75

使用大量程高功率放电计时，将蓄电池测试仪连接到蓄电池的正极和负极上。当负载电流近似为 110 A 时，电压值必须大于最小电压 9.6V；如果在测量过程中（最后 5～10s），电压降到规定值以下，则说明蓄电池已过放电或出现故障。

技师指导

蓄电池“启动”端电压检查结果也可用于分析启动机不能启动的原因是在启动机上（或阻力过大上）还是在蓄电池上。另外，较新的蓄电池放电程度高（容电量变小）可能是由发电机发电量不足导致的，这在低档车上较为突出。

近几年出现的智能数字型蓄电池专用检测仪（见图 2-5）会根据电池类型和电池标准判定蓄电池的性能，有的还附有打印机功能。

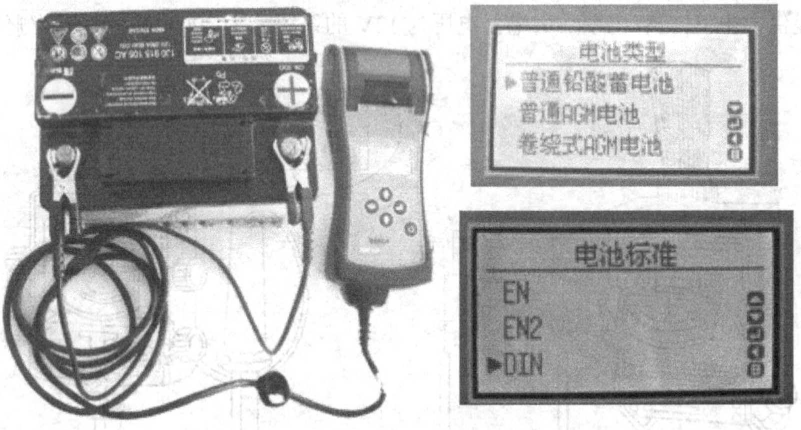

图 2–5　智能数字型蓄电池专用检测仪

完成任务

测试亏电蓄电池时高功率放电计的指针指在__________位置，表明________。测试充足电的电池时高功率放电计的指针应在______________位置。

3. 蓄电池电解液密度的测量

密度计是利用密度高浮力大的原理测量的，在其内部浮子上印有上部数值小、下部数值大的密度数值。用密度计测量电解液密度的步骤如下：打开蓄电池的加液盖，把密度计下端的橡皮管伸入单格电池的加液口内，如图 2-6 所示，用手将橡皮球捏一下，再慢慢放开，电解液就会被吸到玻璃管中。注意，吸入时电解液不要过多或过少，以将密度计浮子浮起而不会顶住为宜，使管内的浮子浮在玻璃管中央（不要相互接触），读密度计的读数。要求读数时，密度计刻度线与眼睛平齐，将所测量的密度值与上次充电终了的电解液密度值进行对比，根据密度下降的程度来判断蓄电池的放电程度。

近几年来，一些汽车服务站开始应用手持式电解液比重检测仪，它是为测量电解液的浓度而设计的，同时也可以测量乙二醇和丙二醇型防冻液的冰点。如图 2-7 所示为手持式电池液比重检测仪的外形，只要滴几滴液体在棱镜上，然后向着光观察，通过在镜头内的明暗“分界线”读出溶液的浓度，通过测得的百分比浓度便可以非常直观地检测出蓄电池内电解液的比重及使用状态。

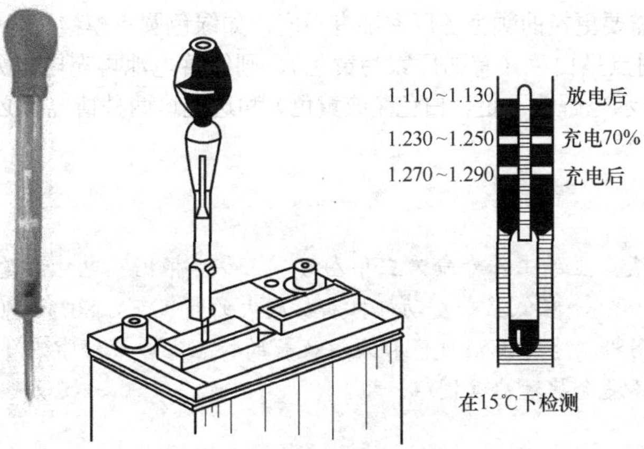

图 2–6　用密度计测量电解液密度

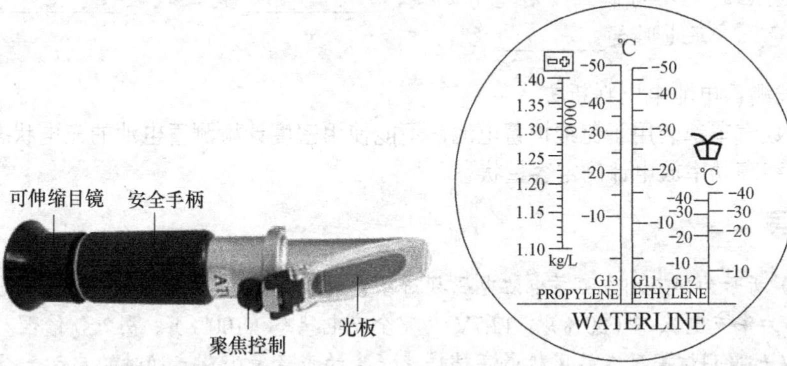

图 2–7　手持式电解液比重检测仪的外形

工作范围：电解液为 1.10～1.40kg/L（精度为 0.01kg/L），防冻液中的乙二醇（Ethylene）或丙二醇（Propylene）为 0～-50℃（精度为 5℃），玻璃水为-40～0℃（精度为 10℃），成分和防冻液相似。

技师指导

对于刚进行过强电流放电或刚加过蒸馏水的蓄电池，不宜进行电解液密度测量，否则会因电解液混合不均而使测量结果不准。另外，蓄电池密度检查结果也可用于分析蓄电池的放电程度。一般情况下，电解液密度每下降 1%，相当于放电 6%。

完成任务

缺水蓄电池的密度计测量数值是__________，比重检测仪的测量数值是__________；有电蓄电池的密度计测量数值是__________，比重检测仪的测量数值是__________。

4．蓄电池的容量判断法

1）荷电观察窗判断法

如图 2-8 所示，有些免维护蓄电池在内部装有一个或两个指示荷电状况的密度计球，通过观察窗的密度计球颜色可看出蓄电池的健康情况。荷电观察窗只反映所在单格电池的电解液密度，不能准确反映蓄电池的电容量。另外，不同汽车的密度计球颜色不一样，看观察窗旁边的解释即可，一般的解释如下：蓝色或绿色圆点明显（蓄电池状况良好），表示蓄电池荷电充足（大约 65%充电）；充电不足和需要更换的颜色各厂家都有不同，如绿色圆点模糊（荷电不足）表示蓄电池荷电严重不足；如果圆点呈白色（有的厂家为黄色），则给蓄电池再充电也无济于事；如果此“眼睛”是透亮的，则表示电解液不足。白色（或黄色）和透亮这两种情况都必须更换蓄电池。注意，免维护蓄电池加不了水。

技师指导

蓄电池一般在汽车上的工作寿命为三年左右，三年后根据放电计测量的平均容量将下降至标称容量的 80%～90%，在低温或发动机机油黏度大的情况下，80%～90%的标称容量将导致发动机无法启动。另外，冬季有温度低和天短夜长的特点，导致经常需要使用暖风机和大灯，如果发电机发电量不足会导致启动困难。

完成任务

缺水蓄电池的观察窗的三个颜色分别是：__________色，代表__________；不足时是__________色；充足电时是__________色。

2）万用表测蓄电池电压判断法

目前大多数汽车都装用了免维护蓄电池，不能使用密度计检测蓄电池的充电状态，只能通过蓄电池的电压和高功率放电计确定容量状态。

技师指导

如图 2-9 所示为用万用表测蓄电池电压判断容量，如在 20℃时 12.0V 为放电状态（20%或更小），12.3V 为半充电状态（50%），12.7V 为完全充电状态（100%）。另外，修理人员和驾驶员常用大灯和仪表照明灯亮度或鼓风机最高挡转速产生的声音大小及启动时的启动是否顺利等来判断蓄电池的容量，此方法较准确，且比较快和方便，比万用表直观。

完成任务

缺水蓄电池的电压测量数值是__________，估计容量剩余__________；充足电的蓄电池的电压测量数值是__________，估计容量有__________。

5．蓄电池电解液纯净度的检查

电解液纯度不好时杂质形成的局部电池会产生自行放电。例如，蓄电池在一昼夜内就会放完电，使用这样的电解液会明显减少蓄电池的容量，缩短蓄电池的使用寿命。检查时要晃动蓄电池，使液体和极板充分融合，再用吸管将电解液吸出看液体是否浑浊和发黑。

若电解液变黑，则蓄电池负极板已经软化了，此时该蓄电池应不具有修复的可能；若电解液正常，则可以确定蓄电池容量下降的主要原因应该为极板硫化，这样的蓄电池可以交给铅酸蓄电池修复修理部进行修复，或卖给铅酸蓄电池修复修理部。

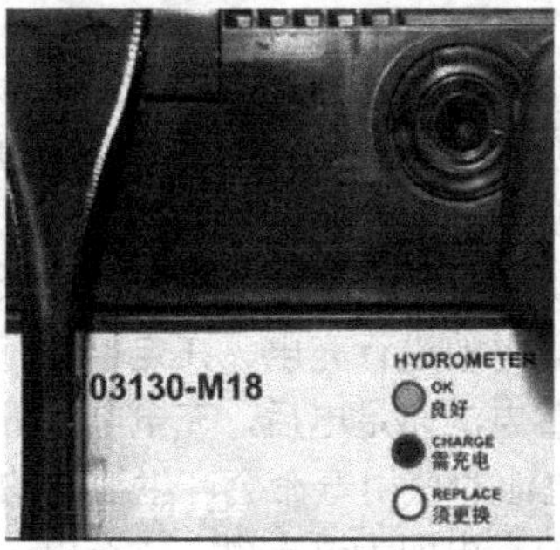

图 2-8 用蓄电池的荷电观察窗判断容量

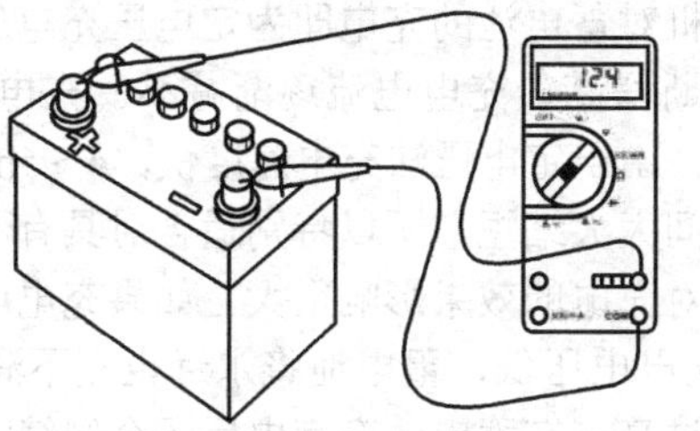

图 2-9 用万用表测蓄电池电压判断容量

技师指导

以上 5 项检查多数是在加水铅酸蓄电池上才能进行的全面检测，尽管加水铅酸蓄电池多在货车上使用，轿车上的蓄电池已多为免维护蓄电池，但这 5 项技能仍需全面掌握，因为电源的性能对于汽车而言十分重要。

单从性能而不从维护角度讲，低浓度硫酸和薄极板加水蓄电池更适合用作启动蓄电池。

完成任务

加水蓄电池的电解液（是否）________纯净。

2.3 蓄电池的充电方法

任务驱动项目

请用一台汽车蓄电池专用充电机为一个免维护严重亏电的蓄电池和一个需要加水维护的严重亏电的蓄电池并联充电，并说出如何调节充电电流、如何确定充电时间及加水蓄电池充电的注意事项。

1. 充电方法

蓄电池的常规充电方法有定电流充电和定电压充电两种，非常规充电方法有脉冲快速充电。

1）定电流充电

蓄电池在充电过程中，使其充电电流保持恒定不变，随着蓄电池电动势的逐渐提高，逐步增加充电电压的方法叫作定电流充电。当充到蓄电池单格电压上升至 2.4V（电解液开始冒气泡）时，再将充电电流减小一半后保持恒定，直到蓄电池完全充足。一般对标称容量一致，实际容量也一致的蓄电池同时进行串联充电。串联充电有较大的适应性，可任意选择和调整电流，适用于各种蓄电池的情况，如新蓄电池的初充电、使用中的电池补充充电及去硫化充电等，其主要特点是充电时间长。

定电流充电时，蓄电池采用串联法，即把同容量的蓄电池串联起来接入充电电源。充电时每个单格电池电压按充足时 2.7～2.8V 计算，串联 24V 蓄电池数=充电机的额定充电电压/(2.7×12)，串联 12V 蓄电池数=充电机额定充电电压/（2.7×6）。所有串联支路的蓄电池，其容量最好相同，否则充电电流必须按容量最小的蓄电池来选定，而容量大的蓄电池则不容易充足或充得太慢。

2）定电压充电

在充电过程中，加在蓄电池两端的充电电压保持恒定不变的充电方法称为定电压充电。汽车上的发电机对蓄电池的充电即为定电压充电。其特点是充电开始，充电电流很大，随着蓄电池电动势的不断增高，充电电流逐渐减小。充电终了，充电电流将自动减小至零，因而不需要人监管。同时，由于定电压法充电速度快，4～5h 内蓄电池就可获得本身容量的 90%～95%，比定电流充电时间大大缩短，所以特别适合对具有不同容量的蓄电池进行充电。在定电压充电过程中，充电电压对充电的效果影响很大。如果充电电压合适，蓄电池充足电后，充电电流可自动减小到 0。如果充电电压低，蓄电池将永远也充不满电，对蓄电池的使用寿命会产生很大的影响。如果充电电压过高，在蓄电池充满电后还会继续充电，此时的充电即为过充电。过充电会消耗电解液中的水分，也会影响蓄电池的使用寿命。一般采用原车发电机电压调节器的上限电压（14.4V）即可。定电压充电时，蓄电池常采用并联法。要求各并联支路的单格电池电压总数相等，但各蓄电池的型号、容量及放电程度可不同。但要注意，并联蓄电池的数目必须由充电设备的最大输出电流来决定。

3）脉冲快速充电

脉冲快速充电法也称分段充电法。充电电压的脉冲周期为：正脉冲充电→停充（25ms）→负脉冲（瞬间）放电或反充→再停充→再正脉冲充电。该充电方法显著的特点是充电速度快，即充电时间大大缩短。一次初充电只需 5h 左右，补充充电仅需 1h 左右。采用这种方法充电，可以使蓄电池容量增加，使极板去硫化明显。但其缺点是出气率高，即充电过程中产生大量的气泡，对极板活性物质的冲刷力强，易使性物质脱落，因而对蓄电池的使用寿命有一定的影响。

2．初充电

新蓄电池或修复后的蓄电池（更换极板）在使用之前的首次充电为初充电。具体操作步骤如下：检查铅蓄电池外壳，拧下加液口盖，检查通气孔是否畅通；按照不同季节和气温选择电解液密度，将选择好的温度低于 35℃的电解液从加液孔处缓缓加入蓄电池内，液面要高出极板上沿 15mm；稍等一会儿后电解液渗透到极板内部，电解液液面下降，应再加入电解液把液面调整到规定值，准备充电。因为新蓄电池在存储过程中可能有一部分极板硫化，充电时容易过热，因此初充电的电流选用得较小，充电分两个阶段进行。第一阶段的充电电流约为蓄电池额定容量的 1/15，充电至电解液中有气泡析出，蓄电池电压达到 2.4V×6=14.4V。第二阶段的充电电流约为蓄电池额定容量的 1/30。初充电接近终了时，电解液密度上升到最大值，并产生大量气泡，电解液呈沸腾状态。这时电池已充满电，应切断电源，以免过充电。

技师指导

大批量蓄电池充电我们日常是看不到的，电池厂充电间和人员的要求注意事项更加严格。

3．启动/充电机

完成任务

采用启动/充电机对严重亏电的蓄电池装车进行启动。显然，启动机不能工作时，可在启动/充电机启动完成后，从蓄电池上拆下启动/充电机，转由车载发电机给蓄电池充电。

蓄电池在汽车发电机正常工作时基本都处于充电良好状态，很少亏电。蓄电池容量下降、发电机不发电、有漏电故障时将导致启动机无法启动，这时一般先用外部电源启动车辆，然后用自身的发电机向蓄电池充电。对于汽车的蓄电池充电，可以使用启动/充电机的充电功能。如图 2-10 所示为启动/充电机的控制面板，一种情况是有 12V 和 24V 及地三个端子，另一种情况是有 12V、24V、充电负极、启动负极四个端子。启动/充电机可将单相交流电 220V 或三相交流电 380V 降压后整流成直流 12V 或 24V。

图 2-10　启动/充电机的控制面板

电压可通过中间的 12V 和 24V 切换钮切换，电流可通过电流调节钮顺时针在 1～6 调节，启动时可逆时针转至 7，电流和电压可通过图 2-11 所示的启动/充电机仪表测量。

（a）启动/充电机的电流表　（b）启动/充电机的电压表

图 2-11　启动/充电机仪表

技师指导

若想用启动/充电机给车辆蓄电池充电，应摘掉原蓄电池的夹头，再给蓄电池充电，防止充电机损坏原车用电器或降低充电电流。启动车辆时，注意启动大功率发动机时，应先快速充电 15 分钟左右再启动，这时蓄电池和充电/启动机相当于并联启动。对于小功率发动机，可直接启动。冬季启动柴油发动机前，应先对其预热塞进行预热后再启动。

4．车下充电注意事项

启动/充电机在使用时应避免受震动与撞击；不要给结冰凝固的蓄电池充电。充电前应仔细清洁被充蓄电池，并检测其初始电压。在取下蓄电池充电夹头之前应先关闭电源，防止正、负极夹子互碰打火。

技师指导

大多数驾驶员在蓄电池不能启动后才将其拆下来充电，此时蓄电池已是极度亏电了。建议每月检测一次蓄电池，若显示电量在 60%以下则应给蓄电池充电。

5．如何更换蓄电池

汽车上的单片机数目众多，RAM 里的数据也众多，有一些数据是为下一次启动和行车用的，换蓄电池时 RAM 内的信息自动消失，会造成很多不必要的麻烦。可以通过在点烟器处插入 12V 的小容量电源为汽车控制单元供电。有的汽保商会销售一种数据保存装置，其本质是内置一个小容量的可充电电池（如 4.5A・h），通过在点烟器处插入为控制单元供电。

2.4 交流发电机

1．发电机分类

发电机才是汽车上的真正电源，蓄电池只是电荷寄存装置。发电机在发动机启动后，向除启动机以外的所有用电设备供电，同时还向蓄电池充电。发电机指示灯用来指示蓄电池的充、放电状况。发电机调节器的作用是使发电机在转速变化时，能保持其输出电压恒定。

汽车交流发电机种类繁多、形式各异，可按总体结构、整流器结构和搭铁形式进行分类。

1）按总体结构分类

按总体结构不同，交流发电机可分为以下几种类型。

（1）普通交流发电机：既无特殊装置，也无特殊功能和特点的汽车交流发电机，称为普通交流发电机，如东风 EQ1090 型载货汽车用 JF132N 型交流发电机。

（2）整体式交流发电机：机体上装有电压调节器的交流发电机，如蓝鸟、颐达、捷达和桑塔纳等轿车用 JFZ1913Z 型 14V 90A 交流发电机，南京依维柯（IVECO）汽车用 JFZ1912Z 型 14V 85A 交流发电机、JFZ1714Z 型 14V 45A 交流发电机。

（3）无刷交流发电机：没有电刷和集电环的交流发电机，如东风 EQ2102 型越野汽车用 JFW2621 型 28V 45A 整体式发电机。这种发电机的结构与普通交流发电机大致相同。其磁场绕组是静止不动的，因此磁场绕组的两端引出线可以直接引出，省去了电刷和滑环，被磁化的爪极在磁场绕组的外围旋转扫描定子三相线圈。

（4）柴油发动机采用带真空制动助力泵的交流发电机，如 JFB1712 型交流发电机。

2）按整流器结构分类

按整流器结构不同，交流发电机可分为以下几种类型。

（1）6 管交流发电机：整流器由 6 个整流二极管组成三相桥式全波整流电路的交流发电机，如解放 CA1091 型载货汽车用 JF1522A、JF1518、JF1526 型 14V 55A 交流发电机。

（2）8 管交流发电机：整流器总成由 8 个二极管组成的交流发电机，如天津夏利 TJ7100、TJ7130 型微型轿车用 JFZ1542 型 14V 45A 交流发电机。

（3）9 管交流发电机：整流器总成由 9 个二极管组成的交流发电机，如斯太尔（STEYR）汽车用 JFZ2518A 型 28V 27A 交流发电机和猎豹（PAJERO）汽车 4G64 型发动机用 14V 75A 交流发电机。

（4）11 管交流发电机：整流器总成由 11 个二极管组成的交流发电机，如捷达、桑塔纳轿车用 JFZ1913Z 型 14V 90A 交流发电机和东风 EQ2102 型汽车用 JFW2621 型 28V 45A 交流发电机。

3）按励磁绕组搭铁形式分类

按励磁绕组搭铁形式不同，交流发电机分为以下两种类型。

（1）内搭铁型交流发电机：发电机磁场绕组的一端与发电机壳体连接的交流发电机，如东风 EQ1090 型载货汽车用 JF132N 型交流发电机。

（2）外搭铁型交流发电机：磁场绕组的一端经调节器后搭铁的发电机，如捷达、桑塔纳轿车用 JFZ1913Z 型 14V 90A 交流发电机、东风 EQ2102 型汽车用 JFW2621 型 28V 45A 交流发电机。目前，大多数汽车都采用外搭铁型交流发电机。

其他分类方法有：按电枢绕组的联结形式不同可分为 Y 形联结和△形联结；按磁是否事先存在分为永磁式和励磁式两种；按有无电刷分为有刷式和无刷式两种。永磁式多用在小型农用车上，汽车上应用的为励磁式，即先用电产生磁，磁场转动扫描线圈再发电，发的是交流电。

如图 2-12 所示为整流前电压波形和整流后电压波形。交流发电机发出的电压波形因为有方向变化，不能给汽车使用。交流发电机发出的波形经内置在发电机内部的整流器整流后，尽管顶部有电压大小变化，但方向不变化，再经滤波后，就可以供汽车用电器使用了，此时就可以称之为直流发电机了。

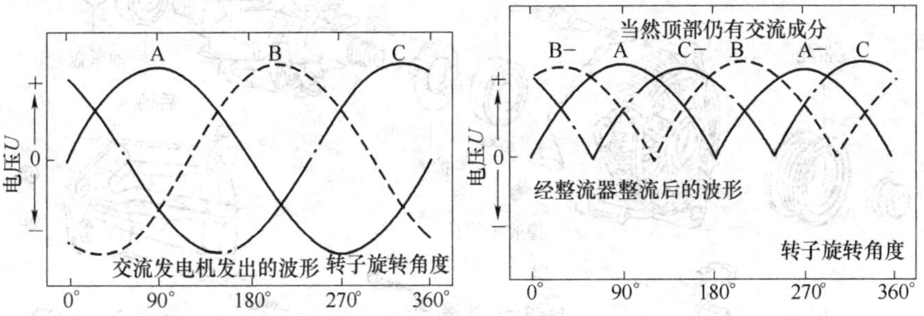

（a）整流前电压波形　（b）整流后电压波形

图 2-12　整流前电压波形和整流后电压波形

经整流器整流后的波形可以认为是直流电了，汽车用电器标定的额定工作电压都为 12V，实际发电机的发电电压随发动机转速和用电负荷的变化而变化，因此需要再加上调压器的控制电压（13.7～14.4V），电压增大 25%左右，既保证了能向蓄电池充电，也保证了用电器能正常工作。

完成任务

学完本节后，请说出图 2-12 所示整流前电压波形和整流后电压波形是如何测得的。

整流前电压波形：＿＿＿＿＿＿＿＿＿＿＿＿＿＿＿＿＿＿＿＿＿＿＿＿＿＿＿＿。

整流后电压波形：＿＿＿＿＿＿＿＿＿＿＿＿＿＿＿＿＿＿＿＿＿＿＿＿＿＿＿＿。

为什么要整流呢？原因是汽车上电子设备中的二极管、三极管、场效应管、集成电路、电感元件（线圈类元件）、部分电容元件及直流电机等是不能使用交流电的。在汽车用电器中可使用交流电的有灯泡、继电器等。但灯泡、继电器使用直流电的效果也比使用交流电的效果好，如交流电会造成灯泡忽亮忽暗，甚至烧坏灯泡，继电器的触点接触不严会发出磁振声。因此必须整流，即把正、反向流动的电流变成同向流动的电流。完成整流只需 6 个二极管，其余二极管起辅助发电和控制充电灯的作用，而与整流无关。

电压调节器是控制发电量大小的电子装置。发电机发出的电压随发动机转速的提高而提高，这时会造成用电器电压不稳，并损坏用电器，特别是在电控系统越来越多的今天，电压不正常会导致许多电路板上的元件不能正常工作。为此，发电机上设有随发动机转速提高励磁减小的电压调节器，从而可保证发电电压基本不变。注意，发电机发电量调节时是随用电负荷大小变化做相应变化的，即用电多时，发电机发出的电量就多，而电压调节器只控制输出电压的大小。

过去在发电机上都有一根去往仪表的导线。充电指示灯在仪表上的作用是通过指示灯“亮”来向驾驶员指示蓄电池正向外输出电流，即放电，指示灯“熄灭”表示发电机向外输出电流，给全车供电，也包括给蓄电池充电。

2. 发电机结构

汽车用直流发电机是三相同步交流发电机、整流器、电刷、电压调节器的集成体。电压调节器放在发电机外部时，称为外置式电压调节器。如图 2-13 所示的电压调节器（IC 调节器）放在发电机内部，称为内置式电压调节器。这里介绍三相同步交流发电机、整流器、电压调节器三部分。

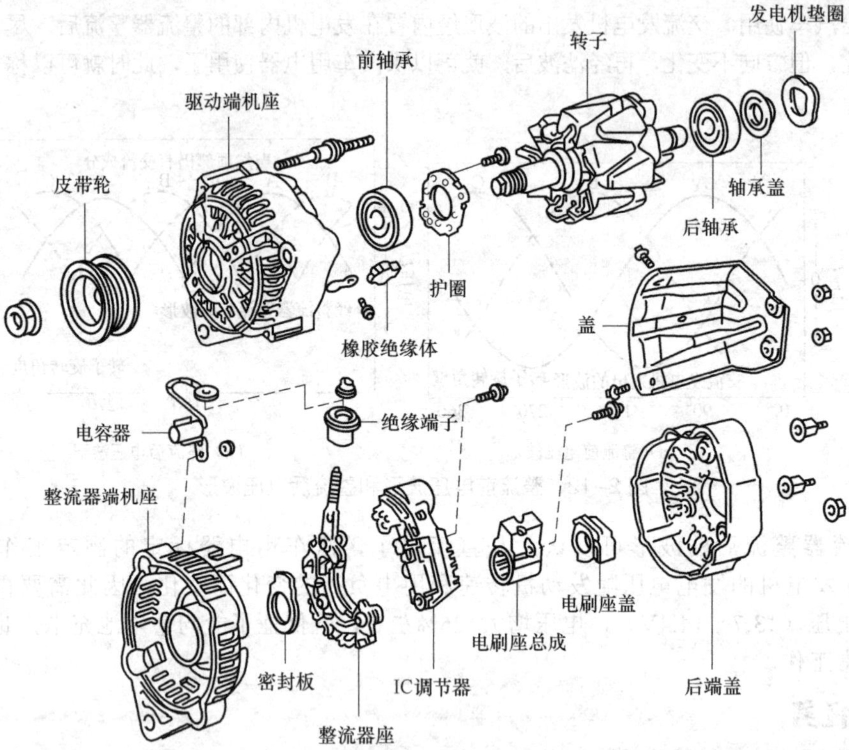

图 2-13　汽车交流发电机组件（丰田汽车发电机）

完成任务

请说出汽车交流发电机的主要结构组成：________、________、________（不是所有的零部件名称）。

1）交流发电机

三相同步交流发电机由转子总成、定子总成、传动带轮、风扇、前后端盖及电刷等部件组成。

转子的作用是产生磁场，如图 2-14 所示为交流发电机的转子分解图。由低碳钢制成的两块六爪磁极压装在转子轴上，其空腔内装有导磁用的铁芯，称为磁轭铁芯，其上绕有励磁绕组，励磁绕组的两根引线分别焊在与轴绝缘的两个套装在轴上的集电环上。集电环与装在后端盖内的两个电刷相接触，两个电刷通过引线分别接在两个接线柱上，这两个接线柱即为发电机的 F（磁场）接线柱和"-"（搭铁）接线柱。当这两个接线柱与直流电源相连时，便有电流流过励磁绕组，从而产生磁场（如图 2-15 所示为发电机转子磁场）。发动机拖动发电机的爪极轴转动扫描定子线圈，在定子线圈中产生交流电。

定子的作用是产生电流，定子由定子铁芯和定子绕组组成。定子铁芯由相互绝缘的内圆带嵌线槽的圆环状硅钢片叠成。嵌线槽内嵌入三相对称的定子绕组。绕组的联结方法有星形（Y 形）、三角形两种方式。一般采用星形联结，即每相绕组的首端分别与整流器的硅二极管相连，每相绕组的尾端接在一起形成中性点 N。如图 2-16 所示为定子绕组结构。

一般发电机结构转子有 6 对磁极，6 个 N 爪极与 6 个 S 爪极形成 12 组磁力线。定子槽数为 36 槽，定子绕组相数为 3 相，每个线圈匝数为 13 匝，绕组联结方法为 Y 形联结。一对磁极占 6 个槽的空间位置（每槽 60° 电角度），一个磁极占 3 个槽的空间位置，因此每个线圈两条有效边的位置间隔是 3 个槽，每相绕组相邻线圈始边之间的距离为 6 个槽，三相绕组始边的相互间隔可以是 2 个槽、8 个槽和 14 个槽等。如图 2-17 所示为交流发电机定子绕组展开图，本图是间隔 2 个槽的。

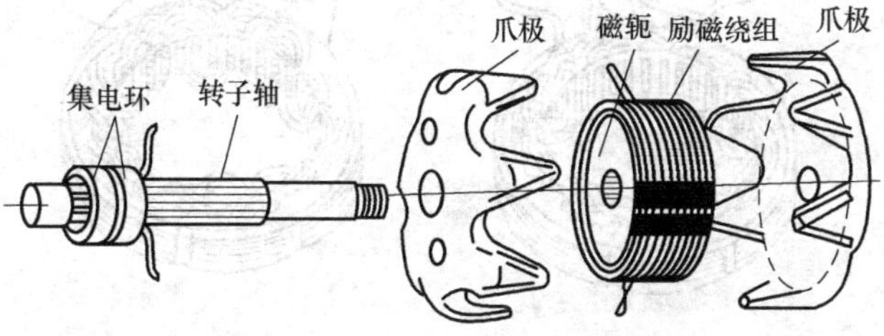

图 2-14 交流发电机的转子分解图

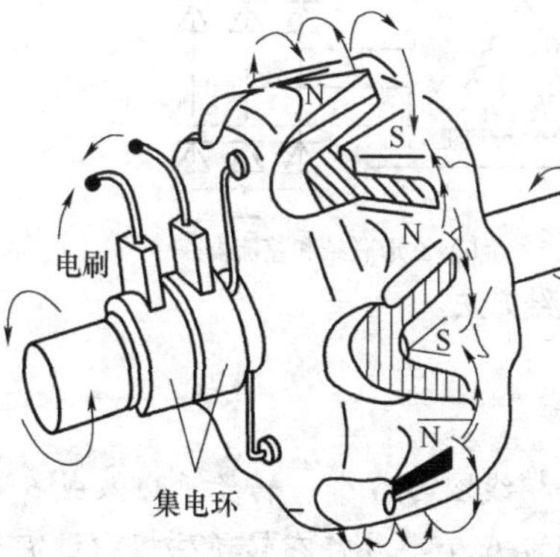

图 2-15 发电机转子磁场

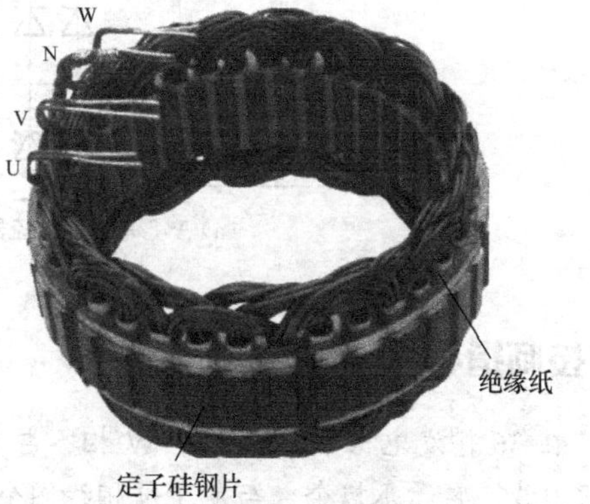

图 2-16 Y 形联结的定子绕组

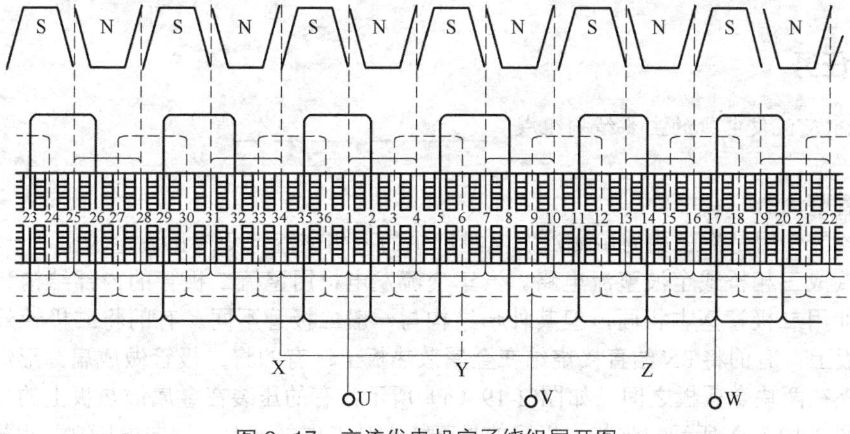

图 2-17 交流发电机定子绕组展开图

交流发电机转子的磁极对数决定了三相定子绕组的个数和定子铁芯的槽数。转子上每对磁极必须对应分布在定子铁芯槽中三个绕组的下面，以便产生三相交流电。定子绕组嵌入铁芯槽中用以切割磁力线而产生感应电动势的边称为有效边，每个线圈的两个有效边应分别嵌入定子铁芯的两个槽中，以便获得感应电动势。

三相绕组的联结方法有星形联结（简称 Y 形联结）和三角形联结（简称△形联结）两种，当采用 Y 形联结时，三相绕组的三个末端 X、Y、Z 连在一起，称为中性点，三个始端 U、V、W 作为交流发电机的输出端，如图 2-18（a）所示；当采用△形联结时，一相绕组的始端与另一相绕组的末端相连，共有三个接点，这三个接点即为交流发电机的输出端，如图 2-18（b）所示。

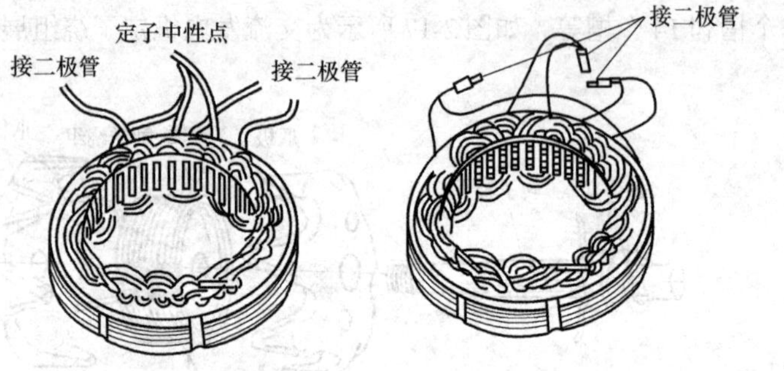

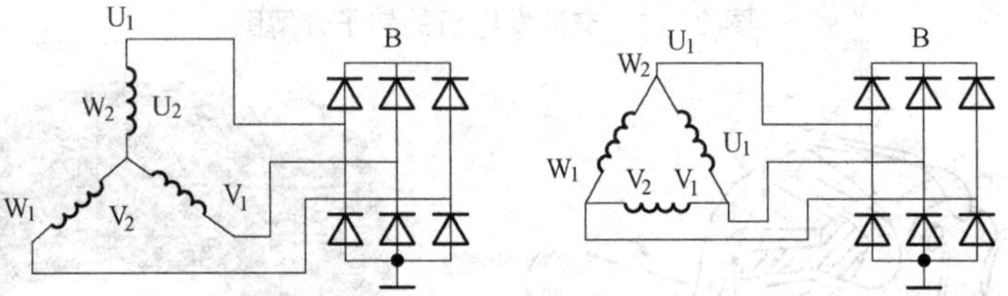

（a）Y 形联结和整流器　　（b）△形联结和整流器

图 2-18　三相绕组的联结方法

技师指导

在 36 槽发电机中，U、V、W 相各占 12 个槽，每相线圈为 6 个，转子爪极做成 6 对，12 组磁力线，转子爪极个数与定子每相线圈个数对应，都为 6 个，这样在转子磁极扫过定子时，可同时扫过其中的 6 组线圈，这时每个线圈相当于一个电源，6 个线圈串联电压相加后作为该相的输出。

完成任务

请说出交流发电机的主要结构组成：________、________等。

2）6 管整流器

整流器的作用是把三相同步交流发电机产生的三相交流电变成直流电输出，一般由 6 个硅二极管接成三相桥式全波整流电路。汽车交流发电机用整流二极管的内部结构和工作原理与一般工业用二极管基本相同，但其外形结构与一般二极管不同。有的将二极管外壳锡焊到金属散热板上；有的将 PN 结直接烧结在金属散热板上；有的将二极管做成扁圆形焊在金属散热板上或夹在两块金属板之间，如图 2-19（a）所示；有的压装在金属散热板上的二极管安装孔中，如图 2-19（c）所示。这些二极管的显著特点是工作电流大，反向电压高。根据汽车行业标准 QC/T 422—2000《机动车用硅整流二极管》规定：ZQ50 型二极管的正向平均电流为 50A，峰值电流为 600A，反向重复峰值电压为 270V，反向不重复峰值电压为 300V。

（1）正极管

正极管中心引线为二极管的正极，外壳为负极，在管壳底上一般标有红色标记。在负极搭铁的交流发电机中，3 个正极管的外壳压装在元件板的 3 个孔内，共同组成发电机的正极，由一个与后端盖绝缘的元件板固定螺栓通至机壳外，作为发电机的相线接线柱 B 或 B+向蓄电池充电。

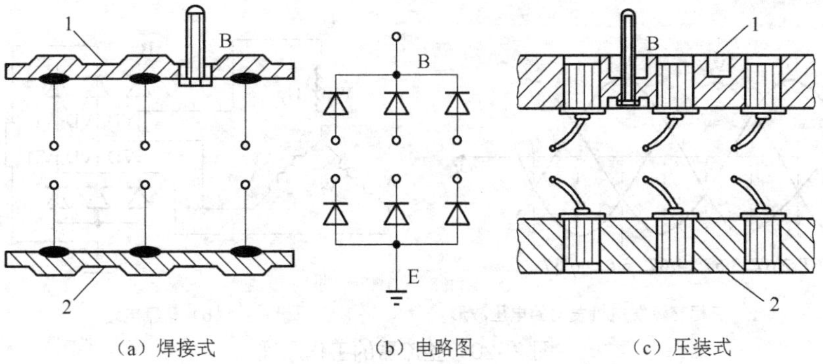

1 一正整流板；2 一负整流板

图 2-19　二极管的安装

（2）负极管

负极管中心引线为二极管的负极，外壳为正极，管壳底部一般有黑色标记。3 个负极管的外壳压装在后端盖的 3 个孔内，和发电机外壳一起成为发电机的负极。元件板上二极管的数目：一般交流发电机的整流器采用 6 个二极管。罕见少数定子槽中有两套定子线圈，采用 12 管整流，相当于并联发电。在 6 管基础上增加 3 个小功率磁场（励磁）二极管，专门用来供给励磁电流，这样可以提高发电机的电压调节精度，变成 9 管发电机。采用磁场二极管后，仅用简单的充电指示灯即可指示发电机的发电情况，节省了一个充电指示灯继电器。有些发电机为了提高发电机高速运转时的输出功率，在 9 管的基础上增加了 2 个二极管，对中性点电压进行整流，汇入发电机的输出端，同时具备上述两种功能的发电机整流器共有 11 个二极管。

技师指导

大多数教材上讲，在判断这些整流二极管是否损坏时，可采用 kΩ 挡测二极管的单向导通电阻和反向截止电阻，采用这种做法时，只是在已确认整流板上有二极管损坏时才使用万用表去查找是哪个二极管损坏，而不能在不拆发电机前确定整流板上是否有二极管损坏。真正判断元件板上是否有二极管损坏时，最好采用示波器对发电机的输出进行示波检查。

3．发电机整流

当外加的直流电压作用在励磁绕组的集电环上时，励磁绕组中便有电流通过，产生轴向磁场，两块爪形磁极磁化，一端是 N 极，另一端是 S 极，形成了 6 对相间排列的磁极。磁极的磁力线经过转子与定子之间的气隙、定子铁芯形成闭合磁路。当转子旋转时，磁力线旋转扫描定子绕组，在三相绕组中产生交流电动势（电压幅值实际很高，当发动机转速高时，甚至达几百伏）。

1）6 管整流原理

6 管交流发电机的整流装置实际是一个由 6 个硅整流二极管组成的三相桥式整流电路，如图 2-20（a）所示为三相交流发电机发出的电压波形。图 2-20（b）中的 3 个二极管 VD_2、VD_4、VD_6 组成共阳极组接法，3 个二极管 VD_1、VD_3、VD_5 组成共阴极组接法。每个时刻有两个二极管同时导通，其中一个在共阴极组，一个在共阳极组，同时导通的两个管子总是将发电机的电压加在负荷两端，二极管导通顺序为 $1/6T$（VD_1、VD_5）—$2/6T$（VD_1、VD_6）—$3/6T$（VD_2、VD_6）—$4/6T$（VD_2、VD_4）—$5/6T$（VD_3、VD_4）—$6/6T$（VD_3、VD_5），以此类推，周而复始，在负载上便可获得一个比较平稳的直流脉动电压。

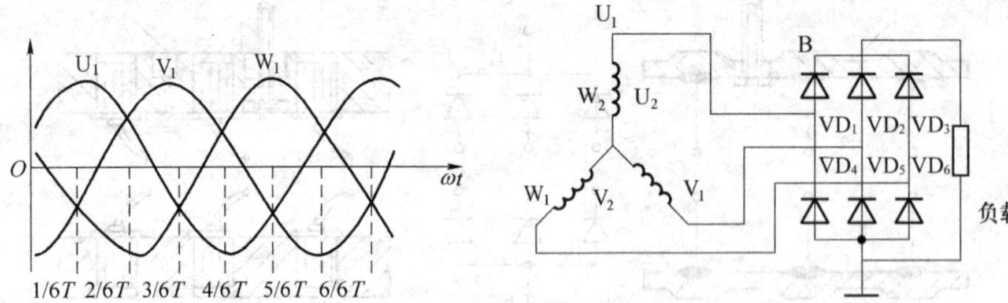

（a）三相交流发电机发出的电压波形　　（b）整流电路

图 2-20　整流器的工作原理

完成任务

请说出图 2-20 中 "3/6T 时" 导通的二极管名称：________、________。

2）8 管交流发电机的特点

在普通交流发电机的基础上加装两个整流二极管，即可组成 8 管交流发电机。连接在发电机中性点 N 与输出端 B 及搭铁端 E 之间的两个整流二极管称为中性点二极管，如图 2-21 中的 VD_7、VD_8 所示。8 管交流发电机的显著特点是能够提高输出功率。其工作原理如下。

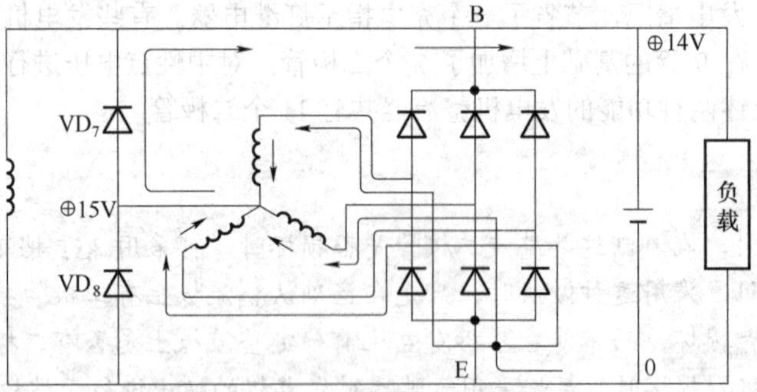

图 2-21　中性点瞬时电压 U_N 高于输出电压 U 时的电流路径

当中性点瞬时电压 U_N 高于输出电压平均值 U 时，二极管 VD_7 导通，从中性点输出的电流如图 2-21 中的箭头方向所示。其路径为：定子绕组→中性点二极管 VD_7→输出端 B→负载和蓄电池→负极管→定子绕组。当中性点的瞬时电压 U_N 低于 0（搭铁电位）时，二极管 VD_8 导通，流过中性点二极管 VD_8 的电流如图 2-22 中的箭头方向所示。其路径为：定子绕组→正极管→输出端子 B→负载和蓄电池→中性点二极管 VD_8→定子绕组。

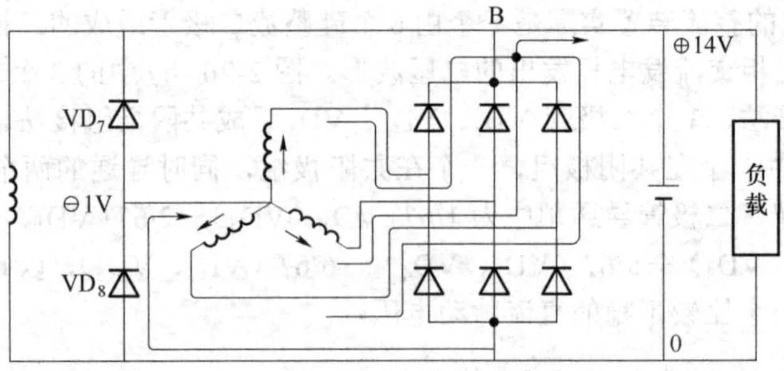

图 2-22　中性点瞬时电压 U_N 低于 0 时的电流路径

由此可见，只要在中性点处连接两个整流二极管，就可利用中性点输出的交流电压来增加交流发电机的输出电流。试验表明，在不改动交流发电机结构的情况下，加装两个整流二极管后，当发电机中高速（发电机转速超过2000r/min，发动机转速大约超过800r/min）运转时，其输出功率与额定功率相比可增大11%～15%。

3）9管交流发电机的特点

在普通交流发电机的基础上增设3个小功率二极管VD_7、VD_8、VD_9，即可组成9管交流发电机。9管交流发电机充电系统电路如图2-23所示。

当发电机工作时，定子绕组产生的三相交流电动势经6个整流二极管VD_1～VD_6组成的三相桥式全波整流电路整流后，输出直流电压向负载供电并给蓄电池充电。VD_7、VD_8、VD_9与3个负极管VD_2、VD_4、VD_6组成三相桥式整流电路，专门供给磁场电流，因此增设的3个小功率二极管称为磁场二极管。9管交流发电机不仅可以控制充电指示灯来指示蓄电池的充电情况，而且能够指示充电系统是否发生故障。

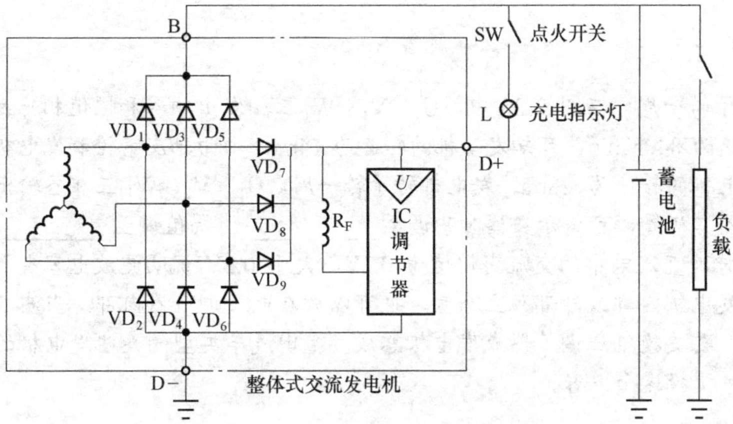

图2-23 9管交流发电机充电系统电路

当接通点火开关SW时，蓄电池电流便经点火开关SW→充电指示灯→发电机端子D+→磁场绕组R_F→调节器内部大功率晶体管→搭铁→蓄电池负极构成回路。此时充电指示灯发亮，指示转子的磁场电流接通并由蓄电池供电。当发动机启动后，随着发电机转速升高，发电机的D+端电压随之升高，充电指示灯两端的电位差降低，指示灯亮度变暗。当发电机电压升高到蓄电池端电压时，发电机的B端与D+端电压相等，充电指示灯因两端电位差降低到零而熄灭，指示发电机已正常发电，磁场电流由发电机自己供给。当发电机高速运转、充电系统发生故障而导致发电机不发电时，因为D+端无电压输出，所以充电指示灯因两端电位差增大而发亮，警示驾驶人应当及时排除故障。

4）11管交流发电机的特点

整流器总成具有3个正极管（VD_1、VD_3、VD_5）、3个负极管（VD_2、VD_4、VD_6）、3个磁场二极管（VD_7、VD_8、VD_9）和两个中性点二极管（VD_{10}、VD_{11}）的交流发电机，即为11管交流发电机，其充电系统电路如图2-24所示。

11管交流发电机是综合8管交流发电机和9管交流发电机的优点制成的，不仅具有提高输出功率的功能，还有反映充电系统工作情况的功能，原理如上所述。国外有采用双套整流器并联的，在11管基础上又增加了6管整流器，以增大流过的电流，整个发电机共17个二极管。

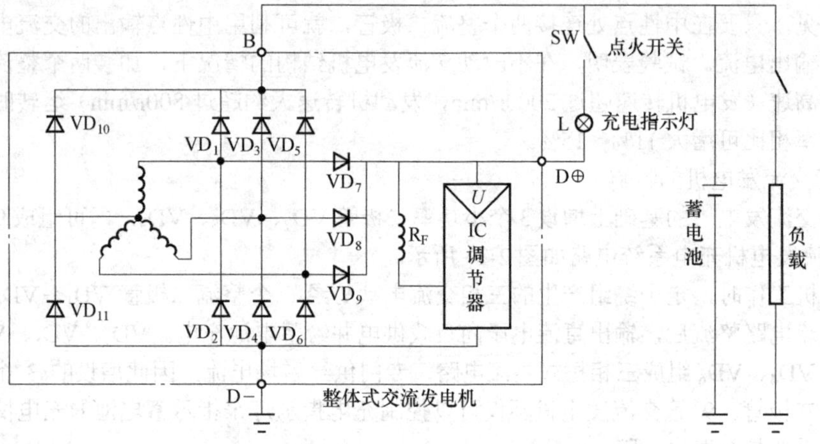

图 2-24　11 管交流发电机充电系统电路

技师指导

发电机转子转一周，在图 2-20 中，U_1、V_1、W_1 三相发出频率和幅值相一致的电压。发动机怠速稳定转速为 840r/min，可知发动机的转速为 14r/s；由曲轴皮带轮和发电机皮带轮的半径关系，可知发电机的转速为 28r/s。发电机转子转一周，U_1、V_1、W_1 三相各输出一次高电压。为了检修整流器二极管，可将示波器时基调至__________；幅值调至______________。

整流后的脉冲直流电中的交流变化值为 0.2V，大于 0.2V 说明滤波电容有故障。这个滤波电容既可以在发电机内部或外部独立布置，也可以放在电压调节器内部。当滤波电容放在电压调节器内部时，要更换电压调节器或发电机总成。丰田汽车类型的某些发电机的滤波电容放在发电机外部，可更换这个电容。

2.5 电压调节器

发电机电压调节器的功用是在发电机转速变化时自动控制发电机电压，使其在规定范围内保持恒定，防止发电机输出电压过高而烧坏用电设备和导致蓄电池过量充电，同时也防止发电机电压过低而导致用电设备工作失常和蓄电池充电不足。蓄电池的最高调节电压是刚使蓄电池出气泡，但不是大量出气泡时的充电电压。对于 12V 发电机，输出电压一般控制在 14.0±0.2V（实际可以控制在 13.3～16.3V）。设计发电机电压调节器时，其调节电压最好随蓄电池的温度和蓄电池容量变化。

电压调节原理是：当发电机发电电压高时，通过调节器减小励磁电流，使转子爪极上的磁通减少；当发电机发电电压低时，通过调节器增大励磁电流，使转子爪极上的磁通增多。

1．调节器分类

电压调节器分为分立元件式电子电压调节器和集成电压调节器两种。

分立元件式电子电压调节器利用功率管的开关特性来调节磁场电流。集成电压调节器是利用集成电路（IC）组成的调节器。前者是将二极管、三极管、电阻和电容等电子元件同时制在一块硅基片上，后者则用厚膜或薄膜电阻与集成的单片芯片或分立元件组装而成。

集成电压调节器除具有晶体管调节器的精度（可达 14±0.3V）或更高外，还可在 130℃高温下正常工作。

2．内、外搭铁

发电机内、外搭铁的确定方法是：电压调节器控制转子绕组的正极端时为内搭铁发电机，此时转子绕组的负极端接地；电压调节器控制转子绕组的负极端时为外搭铁发电机，此时转子绕组的正极端接蓄电池正极。如图2-25所示为内搭铁式发电机和外搭铁式发电机。

在使用中应注意电压调节器与发电机的电压等级必须一致，否则电源系统不能正常工作；电压调节器与发电机（磁场线圈）的搭铁形式也必须一致。

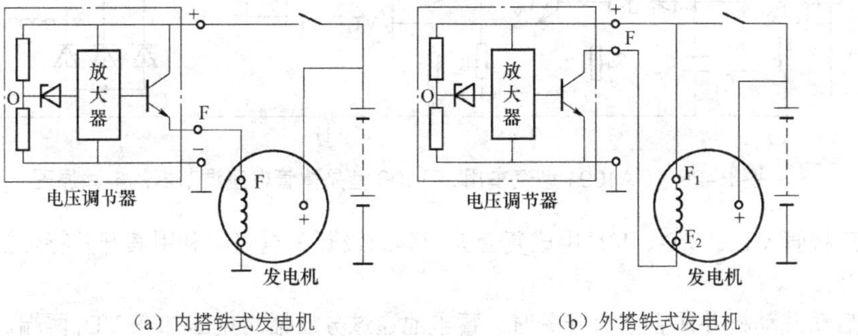

图2-25 发电机搭铁的形式

这两种形式的发电机与电压调节器不能互换，否则会造成发电机电压失调或不发电。应先了解汽车上的电压调节器是内搭铁式还是外搭铁式，然后再购买。这里要注意区分电压调节器的端子和发电机的端子。原车电压调节器壳体上未标或丢失的，可参考图2-25用万用表判别出来。

3. 电压检测法

电压调节器先判断电压高低（是否在控制范围内），然后进行调节。

（1）以蓄电池正极端电压为基准调节的为蓄电池电压检测法。

（2）以发电机的输出电压为基准调节的为发电机电压检测法。

在这两种基本线路中，前者发电机的引线可以少一根，但是发电机到蓄电池 BAT（B）接线柱之间的电压降较大时，蓄电池的充电电压将会降低，使蓄电池充电不足，因此一般大功率发电机宜采用蓄电池电压检测法。采用蓄电池电压检测法时若S线断线，调节器便不能检测出发电机的端电压，发电机便会失控，为了克服这一缺点，有些内装集成电压调节器的发电机采取了一定的控制措施。

4. 分立电压调节器

分立元件式电子电压调节器（简称分立电压调节器）以稳压管作为电压感受元件，控制末级功率晶体三极管的通断来调节励磁电流，使发电机电压保持稳定。现在多使用集成电压调节器，它可分为非智能型和智能型。但为了方便说明原理，这里仍介绍分立电压调节器。对于集成电路式的电压调节器，由于其控制原理与分立电压调节器相同，故只要会接外围电路即可。

JFT106型晶体管电压调节器属于负极外搭铁式电压调节器，它既可与14 V、750 W的9管交流发电机配套使用，也可与14 V、功率小于1000 W的负极外搭铁式6管交流发电机配套使用。CA1091型汽车用JFT106型晶体管电压调节器的电路原理如图2-26所示，该调节器共有“+”、“F”和“−”三个接线柱，其中“+”接线柱与发电机的“F_2”接线柱连接后经熔断器接至点火开关，“F_1”接线柱与发电机的“F”接线柱连接“−”接线柱搭铁。

该调节器由电压敏感电路和二级开关电路组成。R_1、R_2、R_3和稳压管VD_1构成了电压敏感电路，其中R_1、R_2、R_3为分压器，将交流发电机的端电压进行分压后反向加在VD_1的两端；VD_1为稳压元件，随时感受着发电机端电压的变化。当交流发电机的端电压在VD_1上的分压低于VD_1的稳压值时，VD_1截止；当交流发电机的端电压在VD_1上的分压高于VD_1的稳定电压时，VD_1导通。可见，电压敏感电路可以非常灵敏地感受出交流发电机端电压的变化，从而起到控制开关电路的作用。

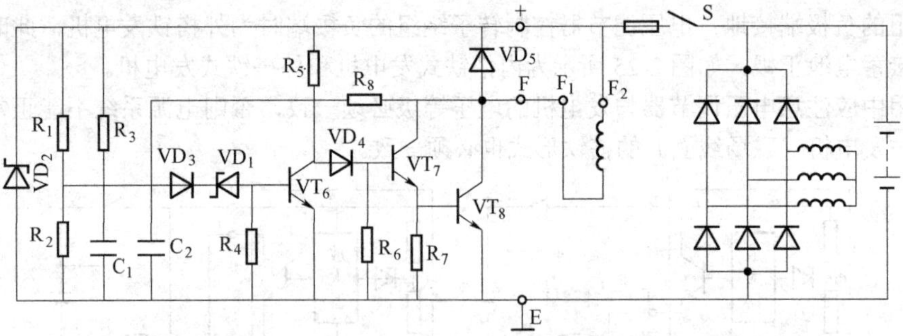

图 2-26　CA1091 型汽车用 JFT106 型晶体管电压调节器的电路原理

晶体三极管 VT_6、VT_7、VT_8 组成复合大功率二级开关电路，利用其开关特性控制磁场电路的接通或断开。

（1）启动发动机并闭合点火开关时，蓄电池通过分压器将电压加在 VD_1 两端，由于此电压低于 VD_1 的稳定电压值，VD_1 截止，使 VT_6 截止，VT_7、VT_8 导通，这时蓄电池经大功率三极管 VT_8 供给励磁电流，使发电机处于他励状态，建立电动势。

（2）发动机带动发电机，转速逐渐升高。当发电机端电压高于蓄电池端电压时，发电机便由他励转为自励的正常发电工作。由于此时转速尚低，输出电压未达到调节电压值，VT_6 仍然截止，VT_7、VT_8 仍然导通，因此发电机的端电压可以随转速和自励电流的增大而升高，逐渐提高输出电压。

（3）当发电机转速升至一定值，使输出电压达到调压值时，经分压器加至 VD_1 两端的反向电压达到稳定电压值，VD_1 反向击穿导通，使 VT_6 导通，VT_7、VT_8 截止，断开了励磁电路，发电机端电压便下降。当发电机端电压下降到调压值以下时，经分压器加至 VD_1 两端的反向电压又低于稳定电压值，使 VT_6 又截止，VT_7、VT_8 又导通，又一次接通了励磁电路，发电机端电压又上升。如此循环下去，就能自动调控发电机的端电压，使其恒定在调压值上。

JFT106 型晶体管电压调节器中其他一些电子元件的作用如下：

（1）电阻 R_4、R_5、R_6、R_7 为晶体管的偏置电阻。稳压管 VD_2 起到过电压保护作用，利用稳压管的稳压特性，可对发电机负载突然减小或蓄电池接线突然断开时发电机所产生的正向瞬变过电压起保护作用，并且可以利用其正向导通特性，对开关断开时电路中可能产生的反向瞬变过电压起保护作用。

（2）二极管 VD_3 接在电压敏感电路中的稳压管 VD_1 之前，以保证稳压管安全可靠工作。当发电机端电压很高时，它能限制 VD_1 的电流使其不致因电流过大而烧坏；当发电机端电压降低时，它又能迅速截止，保证 VD_1 可靠截止。二极管 VD_4 接在 VT6 集电极与 VT_7 基极之间，提供 0.7 V 左右的电压，使 VT_7 导通时迅速导通，截止时可靠截止。二极管 VD_5 反向并联于发电机励磁绕组两端，起续流作用，防止 VT_8 截止时磁场绕组中的瞬时自感电动势击穿 VT_8，从而保护了大功率三极管 VT_8。

（3）反馈电阻 R_8 具有提高灵敏度、改善调压质量的作用。电容 C_1、C_2 能适当降低晶体三极管的开关频率。

技师指导

在图 2-26 中，若蓄电池正、负极接错，不仅会导致电流通过整流板的 6 个二极管和稳压管 VD_2，还会损坏电压调节器或整流板。

5．集成电压调节器

夏利汽车发电机内装集成电压调节器及充电系统电路如图 2-27 所示。该调节器是由一块单片集成电路和晶体管等元件组成的混合集成电压调节器，装于发电机内部，构成整体式交流发电机。

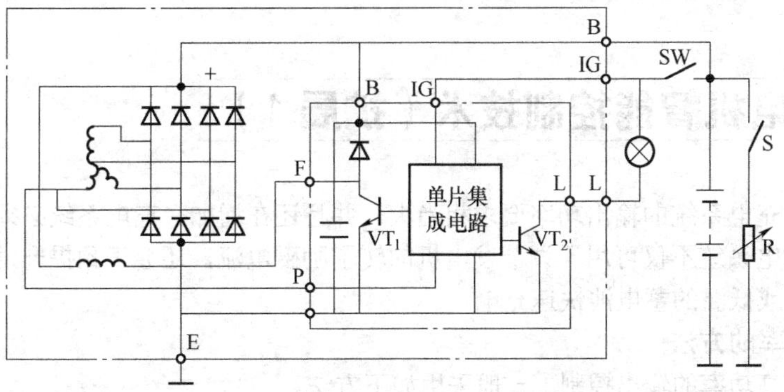

图 2-27 夏利汽车发电机内装集成电压调节器及充电系统电路

电压调节器的工作过程如下：点火开关接通且发电机未转动时，蓄电池端电压经接线柱 IG 输入单片集成电路，使三极管 VT_1、VT_2 均有基极电流流过，于是 VT_1、VT_2 同时导通。VT_1 导通，发电机由蓄电池进行他励，磁场绕组中有电流流过，电流流向为：蓄电池正极—接线柱 B+磁场绕组—VT_1—搭铁—蓄电池负极；导通时，充电指示灯亮，表示发电机不发电。

发电机运转后，其端电压高于蓄电池电动势而小于调节电压时，VT_1 仍导通，但发电机由他励转为自励，并向蓄电池充电。同时，由于 P 点电压输入单片集成电路使 VT_2 截止，故充电指示灯会熄灭，表示发电机工作正常。

当发电机电压随转速升高到调节电压时，单片集成电路检测出该电压，于是 VT_1 由导通变为截止，磁场绕组中的电流中断，发电机电压下降。当电压下降到略低于调节电压时，单片集成电路使 VT_1 又导通，如此反复，将发电机输出电压控制在调节电压范围内。磁场电路断路时，P 点电压信号异常，被单片集成电路检测到后，控制 VT_2 导通，点亮充电指示灯，以示异常。当发电机的输出端 B 断线时，发电机无输出，导致 IG 点电位降低。当单片集成电路检测到 IG 点电位低于 13 V 时，令 VT_2 导通，点亮充电指示灯，同时可根据 P 点电位将发电机端电压控制在 13.3～16.3 V。

技师指导

非智能集成电压调节器仅能根据采集点（蓄电池正极端子或发电机输出端子）的电压进行电压调节。

完成任务

根据图 2-27 写出 B、IG、L 分别在蓄电池充电和放电时的作用或电流走向，并写出三个缩写的全拼：

____

技师指导

蓄电池的温度和充电电压有关。温度升高，充电易产生气体，因此充电电压要根据温度进行控制，而充电电流和电压调节器的基板或散热片有关，因此可用基板或散热片温度估计蓄电池温度，通过电压调节器进行充电电压修正。

0℃低温时参考电压范围为 14.6～14.9V，50℃时参考电压范围为 14.0～14.4V。注意，这是调节器内部元件的温度。

2.6 发电机智能控制技术（扩展 1）

当今汽车对充电系统的输出功率要求相当大，并且还在增加。充电系统必须在各种工况下满足这些要求。充电系统不仅可用于调节发电机的转子励磁电流，还会干预提升发动机的转速，以保证能够对高温或低温的蓄电池快速充电。

1．提高功率的方法

发电机在提高功率的输出控制上一般采用如下方法。

1）改变传动比

如何在发动机低转速时使发电机有较大的功率输出？较好的解决办法是将发电机的皮带轮直径变小，改变原来发动机皮带轮和发电机皮带轮传速比为 0.5 的情况（发动机转速为 750 r/min 时，发电机转速为 1500 r/min，发电机开始发电）。现在的传动比可以更小。

2）采用发电机水冷技术

为降低功率电子元件的温度，提高工作电流，法国法雷奥（Valeo）发电机的解决办法是利用发动机冷却液对发电机进行冷却，这样可使发电电流增至 120～190A，效率相对提高 10%～25%。

3）引入智能控制

引入智能控制可使发电机的输出功率不受发动机转速波动和用电负荷的影响。这种精确的控制使得车辆可以采用小一些、轻一些的蓄电池和发电机。

2．智能控制方法

1）电压调节器的功能

能根据车辆的用电负荷需求调节输出电压，这与传统发电机电压调节器的功能是相同的。

2）发电机的负载率控制

减小发电机的体积有利于提高发电机的功率密度，但可能在发动机（或发电机）低转速时出现发电量不足，为防止这种情况发生，在发电机低转速时，电压调节器的末级功率三极管处于常导通状态（负载 100%），不能通过调节励磁电流增加发电量，这时发动机应将电子节气门稍开大（也就是电子节气门非线性控制中的用电负荷控制）。如图 2-28 所示为大众汽车的发电机电压调节器，发电机电压调节器的端子 DFM 与发动机计算机的 DFM 端子相连。

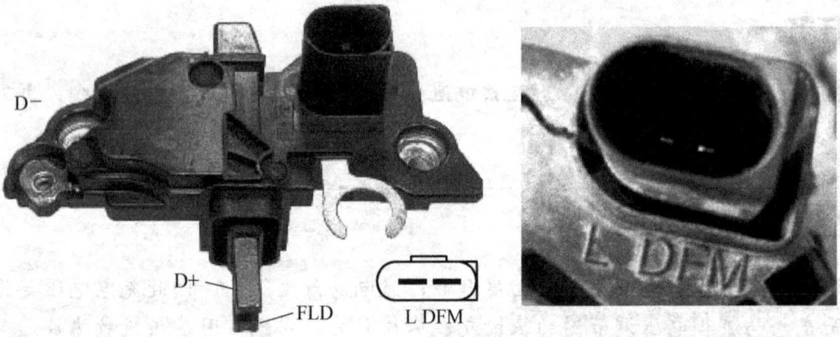

图 2–28 大众汽车的发电机电压调节器（智能电压调节器）

技师指导

高性能发电机和整流器的结构和传统发电机相比没有变化，仅智能电压调节器的功能发生了变化，因此故障类型还是传统发电机易损坏部件的故障。

完成任务

在图2-28所示的智能电压调节器中，L接__________；DFM接____________，用于控制发动机转速的提升。在非智能发电机中，L接__________。通过分析或测量DFM端子，判断其是发动机ECU向电压调节器输送信号，还是电压调节器通过DFM向发动机ECU输送信号：__________。DFM的汉语名称是________________。

※当大众汽车带有DFM端子的发电机定子绕组采用三角形接法时，由于无中性点，所以不会有中性点二极管。

3）发动机的转速波动控制

当大用电负载突然介入，如大灯或鼓风机打开时，若立刻调节发电机的电压调节器将使励磁电流增大，发动机运行阻力增加，进而产生发动机转速波动。为了减小或避免这种波动，在电压调节器内部采用励磁电流逐渐增加的方法，称为“励磁电流斜坡控制”。

3．带“启/停”的发电机控制

1）用电负荷介入监控功能

通过汽车确定的用电器负载，用车载网络单元监控用电器打开，而对应的接口用电器的功率是确定的，这样可确定用电负荷的大小，从而进行精确的发动机怠速转速提升控制，进而消除低怠速时用电器介入引起蓄电池端电压下降导致的怠速粗暴问题。

2）怠速稳定控制功能

在怠速工况，为稳定怠速转速可减小励磁电流，当用电负荷大时，可增加怠速工况转速，也可关闭个别用电设备。

3）减少磁性阻力功能

当汽车启动或急加速时，减小励磁电流，减少磁性阻力，可减小发动机负载，增加发动机的功率输出，提高发动机的启动性和行驶加速动力性。

技师指导

发动机怠速工况转速不稳的主要原因之一是交流发电机的负载发生变化，发动机计算机检测出发电机的负载变化，从而动态设置怠速工况转矩，这样在一定转速范围内可将怠速工况转速设计得尽可能低，有利于减小油耗和排放。当温度低时，用电器如大灯、后风窗、暖风鼓风机打开时用电电流增加，计算机可通知电压调节器增加发电机的励磁。

4）带有“启/停”功能的发电机LIN总线通信功能

带有“启/停”功能的发电机应用在“蓝驱”型汽车的发电机控制上。这种通信主要用于有12V蓄电池管理系统的汽车，如法雷奥多功能调节器。采用LIN输出发电机状态信号给发动机ECU，发动机ECU也可向发电机电压调节器发送控制信号，这样的系统需要一个蓄电池传感器。蓄电池传感器安装在蓄电池极桩上，可测量蓄电池的电流、电压和温度三个参数。需要说明的是，蓄电池温度是通过测量蓄电池极柱的温度推算出来的，这样的蓄电管理可保证蓄电池总处于较高的充电程度。新的德尔福第四代采用LIN2.0通信协议的蓄电池传感器，除了有电流、电压、温度检测功能外，还有荷电状态（State Of Charge，SOC）、健康状态（State Of Health，SOH）和功能状态（State Of Function，SOF）的检测功能。

技师指导

这种发电机的电压调节器是一种单片机调节器。发电机是发动机的一个传感器，同时也是一个执行器。励磁电流直接由 B+端子提供，不是由励磁二极管提供的，发电机不再有励磁二极管。

5）计算机的诊断能力

计算机诊断的故障类型如下：

（1）电压调节器与发动机计算机之间有无通信；

（2）利用发动机转速信号和发电机一相输出的交流信号对比识别发电机皮带打滑造成的发电机无输出；

（3）能诊断输出电压过低或过高故障，并从电控发动机计算机内读出故障的类型；

（4）励磁电路断路或短路造成系统电压不正常、转子或定子线圈故障、二极管故障、与发电机的连线断路；

（5）发动机计算机根据故障状态设定进入安全工作模式，点亮发动机故障灯。

2.7 充电系统性能检查和常见故障诊断

任务驱动项目

采用功能正常的发电机装在对应实车上进行充电系统的性能检查，由教师指导判别故障类型和解决办法，在这个过程中要注意安全。

1．充电系统的性能检查

1）目视检查

肉眼检查发电机接线，并手动检查接线是否处于良好状态；细听发电机是否有不正常的噪声；检查发动机运转时发电机是否有不正常的噪声。

2）检查放电警告灯电路

使发动机暖机后停机，断开所有的附件，将点火开关转到“ON”位置，检查放电警告灯是否亮。启动发动机，检查放电警告灯是否熄灭，如果放电警告灯不熄灭，应排除放电警告灯电路的故障。

3）检查无负载充电电路

将电压表和电流表接入充电电路的方法：脱开发电机端子 B 的配线，将它接到电流表的负极（-）端子，在电流表的正极（+）端子与发电机的端子 B 之间接一根试验导线，测量电流时也可用直流感应钳拾取电流；使电压表的正极（+）端子与发电机的端子 B 连接，电压表的负极端（-）接地。使发动机在怠速 2000r/min 运转，电流在 10A 以下；标准电压在 25℃时为 14.0～15.0V，在 115℃时为 13.5～14.3V，如果电压值大于标准值，应更换 IC 调节器。

4）检查有负载充电电路

使发动机以 2000r/min 转速运转，打开大灯远光，鼓风机转速置“HI”位置，检查电流表读数应≥30A。如果电流小于标准值 30A，应修理发电机。如果蓄电池电充得很足，有时电流会小于标准值。

2．发电机的检修

完成任务

拆开发电机进行发电机的检查，并说出修理方法。

1）转子和转子轴承的检修

在两集电环上测得转子标准冷态电阻一般为 2.8～3.0Ω，转子与轴相通时应更换转子；如果集电环已毛糙或烧伤，应更换转子；集流环最小直径过小应更换转子。如图 2-29 所示为磨损的集电环。

用手检查轴承是否运转阻力不均或磨损，如图 2-30 所示为轴承损坏的发电机，必要时，更换前轴承。后轴承一般在转子轴上，可用专用工具拆下轴承盖和轴承（不要损坏风扇）；安装时用专用工具和压力机压入一个新的轴承。

技师指导

最好在怠速工况和急加速时用螺丝刀进行轴承听诊，拆下再次检查，可确认异响是前轴承还是后轴承发出的。

图 2-29　磨损的集电环

图 2-30　轴承损坏的发电机

2）定子的检修

检查定子绕组的三个引出头之间是否导通。如果不导通，应更换定子绕组总成。若三相绕组的引出头与定子壳体之间导通，应更换定子总成。

技师指导

发电机的定子绕组和转子绕组开焊断路的情况很少，同时定子绕组与壳体连通或转子绕组与电机轴接地的故障情况也很少。

3）电刷的检修

可向车主咨询汽车发电机的使用时间，如看一下汽车里程表（因为电刷和集电环的磨损和里程有关，大多数情况下可参考）。检查电刷的外露长度一般为 10mm，如果外露长度小于最小值 1.5mm，应更换电刷。

4）整流器和电压调节器的检修

利用二极管的单向导通法检查正极侧的整流二极管、负极侧的整流二极管和其他辅助二极管，但需要拆开发电机。如图 2-31 所示为末级三极管击穿损坏导致发电量高的电压调节器，如图 2-32 所示为二极管损坏的整流器。

技师指导

最好在怠速状态测量发电机的波形，若波形异常，则说明有整流二极管损坏，不必知道哪个二极管损坏。如图 2-33 所示为正常和各种故障下的发电机波形。

图 2-31　损坏的电压调节器

图 2-32　二极管损坏的整流器

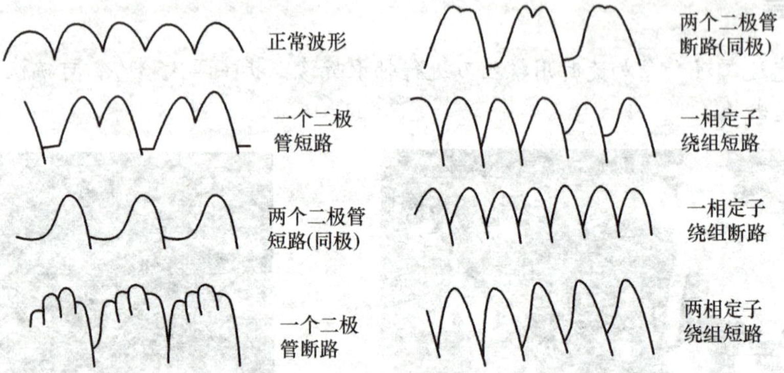

图 2-33　正常和各种故障下的发电机波形

完成任务

参考以上内容，结合厂家电路图针对实车测量汽车充电系统电路，测出启动和怠速时电流流向和大小分别为____。

打开大灯，测量电流大小为____________________________________。

提高发动机转速，测量电压和电流分别为__________________________。

将有不同种典型故障的拆车发电机装在对应的实车上，由教师指导判别故障类型和解决办法，在这个过程中要注意发电机的安装和皮带轮的调整。

3．发电机常见故障

硅整流发电机的常见故障主要有发电电压过低或过高、发电机不发电、发电机异响等。

1）发电电压过低

发电机发电量不足可以通过电压表或充电指示灯来判断。车辆运行时电压表电压低或指示灯亮，表明发电机的发电量不足，主要原因有以下几点：发电机皮带过松、有油污；连线有松动或锈蚀；怠速工况转速过低；调节器工作不良；发电机整流器的个别二极管损坏；发电机集电环脏污或磨损严重、炭刷与集电环接触不良；发电机定子绕组接线不良，或转子绕组有故障。

技师指导

实际发电机的可靠性比较高，发电量随使用时间降低属于正常现象，如使用 70 万公里以上时，炭刷变短与集电环接触不良最多，其他原因较少。解决办法是更换电刷和集电环。

2）发电电压过高

发电机发电量过高一般表现为照明灯泡经常烧损，伴随着蓄电池电解液消耗过快，发电机、点火线圈过热，车上一些无稳压的电子电路损坏。计算机电源电路中有稳压电路的一般不会损坏。

技师指导

发电电压高，原因就是励磁电流不能控制了。解决办法：假如有相应电压调节器的配件，可更换电压调节器，没有电压调节器则更换发电机。

3）发电机不发电

发电机不发电是最常见的故障，主要表现为充电指示灯常亮、蓄电池电量消耗过快、灯光逐渐变暗等。主要原因有：传动皮带过松或有油污；电刷使用时间较久，电刷接触不良；激磁电路断路或无激磁电流；转子和定子绕组出现短路、断路与搭铁；整流板二极管损坏等。

技师指导

传动皮带松动、电刷接触不良和调节器内控制励磁的功率管损坏是发电机发电不良的主要原因。解决办法是更换电刷或调节器，或直接换发电机。

汽车采用电控发动机后，从发动机电控单元中用检测仪可读出蓄电池端电压，为判别发电电压低和电压的波动提供了一个方便的读取蓄电池电压的方法。

4）发电机异响

发电机使用过程中有时会出现异响，异响主要由以下原因产生：整流器噪声、轴承噪声、电枢扫膛声、皮带噪声。

技师指导

电机轴承噪声故障概率较高，特别是皮带轮无压带轮张紧时，传动皮带调得过紧或轴承进水时更易出现。国内一些低档轿车，里程一般在几万公里左右就经常出现轴承异响，中高档轿车则出现得较少。驱动发电机的皮带也经常在换水泵后发出刺耳的噪声。解决办法是更换发电机两侧轴承或更换发电机总成。

完成任务

由测量结果分析发电机处于____________状态，依据是________________，通过____________作业可以使其功能恢复正常。

2.8 双蓄电池技术（扩展2）

1．双蓄电池技术简介

高档轿车为了解决启动机启动时电流大造成蓄电池输出电压低且不稳，导致其他控制单元的供电出现问题，以及点火系统的点火能量出现问题，提高各部分功能的供电可靠性，需要采用双蓄电池技术。此外，双蓄电池形式也可以避免忘关闭车身电器系统或车身电器系统损坏而漏电造成的启动困难。

双蓄电池中的一个称为启动蓄电池，通常放在发动机舱内，如图 2-34（a）所示；另一个称为车载电气蓄电池，通常放在后备箱内（通常采用充电时不产生气体的胶体电池或玻璃纤维网技术的蓄电池），如图 2-34（b）所示。

启动蓄电池要求在几秒给出 1.5～5kW 的电功率，通常冬季启动电流最大可达几百安培，为了增加瞬间的功率输出，一般可采用加水蓄电池，蓄电池极板薄，硫酸浓度低，一般在 1.20～

1.24g/cm³。车载电气通常采用免维护蓄电池，蓄电池极板厚，硫酸浓度高，一般在 1.27～1.30g/cm³，电压输出稳定，适合深度放电。采用双蓄电池形式后，即使启动蓄电池启动压降为 5V，向负载输出 8V 左右，点火系统仍为 13V 左右，保证了点火能量。

（a）发动机舱内的启动蓄电池（12V，40A・h）　（b）后备箱内的车载电气蓄电池（12V，95 A・h）

图 2-34　双蓄电池的位置

完成任务

为什么采用双蓄电池技术：______________________________。

2．双蓄电池技术的工作原理

奔驰汽车的双蓄电池技术的工况如下。

1）启动工况

当发动机冷态时或蓄电池处于低荷电状态时，通过大功率继电器 K57 可以实现两个蓄电池并联，以增大启动功率。

2）发电机发电工况

发电机发电时向车载电气蓄电池充电，同时为了防止两个蓄电池之间产生电流补偿，两个蓄电池之间安装有 DC/DC 转换器。在正常电压和温度情况下，继电器 K57 触点断开，发电机要通过 DC/DC 转换器向启动蓄电池充电。当启动蓄电池电压低时（如小于 9V），汽车蓄电池控制模块 N82/1 控制继电器触点闭合，此时两个蓄电池变为并联状态，发电机向启动蓄电池充电。

3）紧急操作工况

紧急操作工况是指车载电气蓄电池电量低或发电机工作不良时，为防止控制单元供电和点火系统点火能量出现问题，启动蓄电池反过来通过 K57 继电器开关向车载电气蓄电池供电。

当发电机发电时给车载电气蓄电池和启动蓄电池并联同时充电，当发电机发电电压低时，隔离继电器 K57 触点断开，仅向启动蓄电池充电。

为了保证启动蓄电池总处于充满电状态，蓄电池控制单元根据两蓄电池状态控制充电和断电继电器。

完成任务

为什么在采用双蓄电池技术的同时还要采用 DC/DC 技术？

____

____

如图 2-35 所示为汽车蓄电池控制模块（N82/1）位置。汽车蓄电池控制模块（N82/1）用于监测车载电气蓄电池 G1 的电流、电压和导线的物理温度，导线的物理温度用来确定车载电气蓄电池 G1 的温度。同时，蓄电池控制模块（N82/1）也监测启动蓄电池 G1/7 的电流、电压和导线的物理温度。利用当前的数据和过去的历史数据可确定蓄电池的电量。

汽车蓄电池控制模块（N82/1）的其他功能还有如保护电子设备免受电压变动冲击；提供负载短路保护；对用电消耗进行分级管理；进行蓄电池管理的故障诊断。

图 2-35　汽车蓄电池控制模块（N82/1）位置（乘客侧脚坑处）

如图 2-36 所示，正常情况下，继电器 K57 触点断开，只有在紧急模式下继电器 K57 触点才闭合。

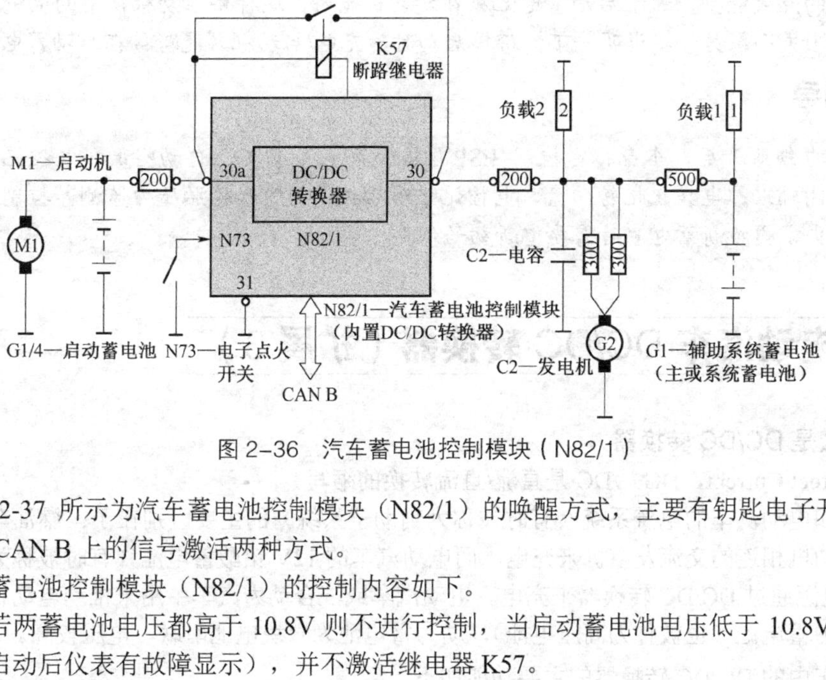

图 2-36　汽车蓄电池控制模块（N82/1）

如图 2-37 所示为汽车蓄电池控制模块（N82/1）的唤醒方式，主要有钥匙电子开关内微动开关激活或 CAN B 上的信号激活两种方式。

汽车蓄电池控制模块（N82/1）的控制内容如下。

（1）若两蓄电池电压都高于 10.8V 则不进行控制，当启动蓄电池电压低于 10.8V 时只是生成故障码（启动后仪表有故障显示），并不激活继电器 K57。

（2）启动蓄电池电压大于 10.8 V，车载电气系统蓄电池小于 10.8 V 时，“紧急模式”启动。在紧急模式下继电器 K57 触点闭合，启动蓄电池帮助车载电气蓄电池供电。同时，汽车蓄电池控制模块（N82/1）向 CAN B 总线发送供电优先级信息。

技师指导

双 12V 蓄电池系统和双电压供电系统是不同的。双电压系统主要用在微混型混合动力汽车上，一个供电网络是发电机发出 42V（或标称 36V），42V 用于集成启动/发电机（ISG）；另一个是 14V 系统（也就是标称的 12V 供电网络），42V 通过 DC/DC 转换器转换为 14V。

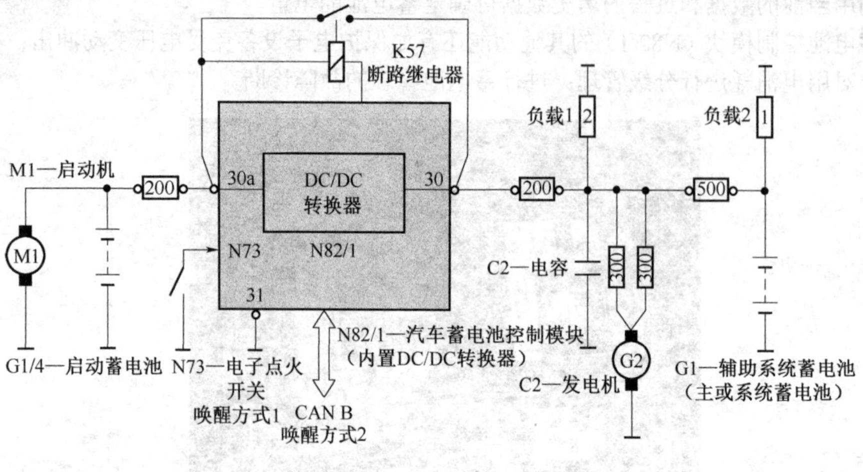

图 2-37　汽车蓄电池控制模块（N82/1）的唤醒方式

技师指导

双蓄电池形式的设计目的主要是为了保证发动机启动和启动时车载控制单元的工作，以及保证启动时的点火能量。通常启动蓄电池放在发动机舱内，这样供启动机使用的电缆长度短，导线的电压损失小。另外要说明一下，跨接启动时，充电/启动机只能跨接在启动蓄电池上。

技师指导

蓄电池电缆脱开后，车身稳定控制 ESP、电子节气门 ETC、自动空调、电控记忆电动座椅、后门关闭辅助、电控记忆转向盘、电控记忆观后镜、天窗和轮胎压力监测等控制单元的存储数据会丢失，更换新蓄电池时需要重新初始化。

2.9 电动汽车 DC/DC 转换器（扩展 3）

1. 什么是 DC/DC 转换器

DC（Direct Current，DC）/DC 是直流/直流转换的缩写。

燃油车和电动汽车的电气系统（有时被称为辅助子系统）的主要区别在于：燃油车的辅助蓄电池由与发动机相连的交流发电机来充电，而电动汽车的 12V 铅酸蓄电池（有时被称为辅助蓄电池）则由主电源通过 DC/DC 转换器来充电。电动汽车或混合动力汽车中用来推动电动机转动的能量来自于动力蓄电池（也被称为高压电池），动力蓄电池为数块电池串联，电压较高。

电动汽车中的 DC/DC 转换器的主要功能如下。

1）降压转换

单向 DC/DC 转换器把蓄电池直流高压降压为燃油汽车中发电机的直流电压，如 12V 或 24V。例如，400V 蓄电池在汽车行驶中会降到电动机不能工作的电压，如电压 280V，DC/DC 转换器可保证在 280～400V 变化区间内输出稳定的 14V 电压。

另外，当主蓄电池完全放完电之后，汽车已经不能行驶时，DC/DC 转换器仍能从蓄电池中吸取能量向电动汽车的基本辅助子系统（12V 系统）提供稳定的 14V 电力，向 24V 系统提供稳定的 28V 电力。

2）升压转换

可对12V铅酸蓄电池进行升压。当高压蓄电池容量不能驱动汽车时，为了让汽车离开路面，防止阻塞交通，可采用DC/DC转换器将12V/24V铅酸蓄电池的电压升为高压锂离子（或镍氢蓄电池）蓄电池的电压来驱动电动机。

2. 电动汽车用电功率低

电动汽车出现后，汽车由原来的发动机、底盘和电气三大系统增加到发动机、底盘、电气和电力驱动四大系统，其中电力驱动系统包括驱动电机变频控制、电动压缩机变频控制、空调PTC加热控制、DC/DC转换控制等。

在电动汽车中，发动机和底盘控制部分采用12V或24V电气系统供电，用电功率较小。而汽车电气系统的基本电气系统和辅助电气系统用电功率较多。

3. 保留铅酸蓄电池的必要性

电动汽车以动力蓄电池为电源，能够利用DC/DC转换器为铅酸蓄电池充电。汽车装备DC/DC转换器之后，可省去原车交流发电机。理论上也能省去12V/24V铅酸蓄电池，但实际上还是保留了铅酸蓄电池，这样做有两大原因。

1）能够降低整个车辆的成本

铅酸蓄电池能在短时间内向空调、雨刷及车灯等释放大电流。如果省去铅酸蓄电池，通过DC/DC转换器将动力蓄电池的电力用于空调及雨刷会导致DC/DC转换器的尺寸增大，从而使整体成本增加。另外，铅酸蓄电池便宜，因此目前将铅酸蓄电池置换成动力蓄电池（锂等）还没有成本上的优势。

2）确保电源的冗余度

铅酸蓄电池还有确保向低压供电的冗余度的作用。DC/DC转换器出现故障停止供电时，如果没有铅酸蓄电池，低电压时就会立即停止运行，导致夜间车灯不亮，雨天雨刷停止运行等，会影响驾驶。如果有铅酸蓄电池，便能够将汽车就近开到家里或修理厂。

4. 12/24V电气系统负荷

在电动汽车上，为了区别于12V电气系统，通常将高于60V的直流电压称为高压（这与工业用电和特种产品对高、低压的电压界限是完全不同的，实际上千伏以下都称为低压）。汽油车电气系统通常采用12V供电，因此DC/DC转换器降压输出14V，对于24V电气系统的柴油车要降压为28V。

电动汽车电气系统的能量消耗比燃油车大得多。各种辅助子系统的功耗如表2-3所示。从表中可以看出，连续用电器中的空调器是电动汽车辅助子系统中功耗最大的子系统，它的功耗大约占所有辅助子系统功耗的60%～75%。为了减少空调器的损耗，通常采用120V电压等级供电。此外，为了避免辅助蓄电池在短时间内耗尽，大功率的子系统，如空调器、动力转向系统、液压制动或气动制动和化霜器等，应当只有在接触器闭合时才能工作，这样可以直接从主电源中获取所需的动力。

表2-3 汽车用电功率（12V/24V系统）

12V用电功率	工作状态	功耗/W	12V用电功率	工作状态	功耗/W
混动汽车暖风加热	连续	250	仪表	连续	30
逆变桥驱动	连续	150	停车灯、转向灯及车内灯	断续	50
电池能量管理系统	连续	150	电动转向助力系统	断续	400
车头灯和尾灯	连续	120	收音机	连续	20
喇叭	断续	10	电动窗升降	断续	80
雨刮器	连续	40	高压配电箱接触器	连续	20
电动真空泵	断续	150	ABS回流泵电机	断续	200
空调鼓风机	连续	200	冷却电动机风扇	连续	300

注：对于12V或24V电气系统，同一负载的功率是基本相同的。

DC/DC 转换器的优化容量表示电池的充电和放电过程能够相互平衡，而且辅助蓄电池一直保持满充状态。如果选择更大的容量，则充电过程就比放电过程占优势，就会导致 DC/DC 转换器尺寸过大或出现辅助蓄电池过充的问题；如果选择小一点的容量，则电池的放电过程就比充电过程占优势，这会导致辅助蓄电池在紧急情况下使用时失去满充状态。

汽车电气用电负荷系统的能耗大约为 1kW，因此选择的 DC/DC 转换器至少为 1kW。若动力转向系统不采用 12V 供电，则 DC/DC 转换器的功率可以减小，但实际中为保险起见通常 DC/DC 转换器至少为 1.5kW。一般电动汽车只有一个 DC/DC 转换器，可以把高压直流电降压为 14V 或 28V 直流。高档电动车可以有两个 12V DC/DC 转换器。

2.10 典型 DC/DC 转换器举例（扩展 4）

1. 控制功能

DC/DC 系统原理框图如图 2-38 所示。DC/DC 转换器将 HV 蓄电池的公称直流电压 201.6 V 降至大约直流 14 V，从而为电气零部件供电，并为 12V 铅酸蓄电池（图中称为辅助蓄电池）再充电。

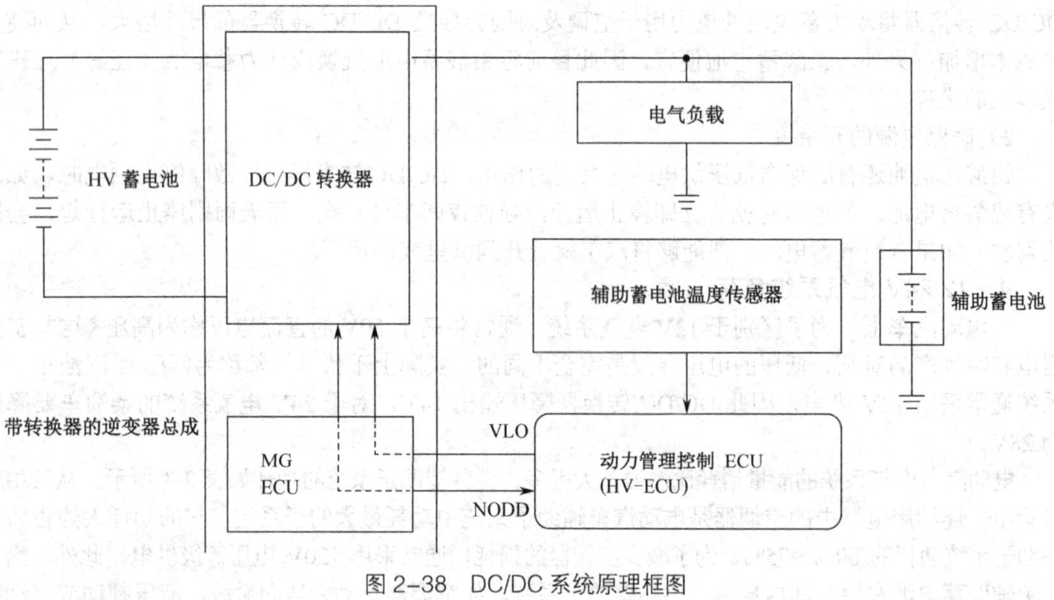

图 2-38 DC/DC 系统原理框图

为调节 DC/DC 转换器的输出电压，动力管理控制 ECU（HV-ECU）根据 12V 蓄电池温度传感器信号将输出电压请求信号传输至 DC/DC 转换器。

2. 降压 DC/DC 转换器的组成

由于第二代混合动力普锐斯发电机的输出额定电压为 DC 201.6V，因此需要用 DC/DC 转换器将这个电压降低到 DC 12V 来为备用蓄电池充电。这个转换器安装于变频器的内部。

3. 降压 DC/DC 转换器的原理

降压 DC/DC 转换器的原理如图 2-39 所示。

1）形成交流电

在一次侧的绕组 L0 处用四个开关管 T_1、T_2、T_3、T_4 振荡出一个交流电，方法是开关管 T_1、T_4 导通一次，再让 T_2、T_3 导通一次，反复这样将直流电转换为交流电。

2）整流、滤波

在二次侧的绕组 L_1、二极管 D_5 和绕组 L_2、二极管 D_6 处形成两个半波整流路，再经绕组 L 和电容 C 形成的 LC 滤波电路滤波。电流经 AMD 端子输出，再经 120A 主熔丝向 12V 蓄电池充电。

3）电压反馈

S 端子的作用是监测 12V 蓄电池的电压，当 12V 蓄电池的充电电压低时让 DC/DC 转换器提升充电电压；当 12V 蓄电池的充电电压高时让 DC/DC 转换器降低充电电压。其本质相当于传统汽车的蓄电池电压检测法。

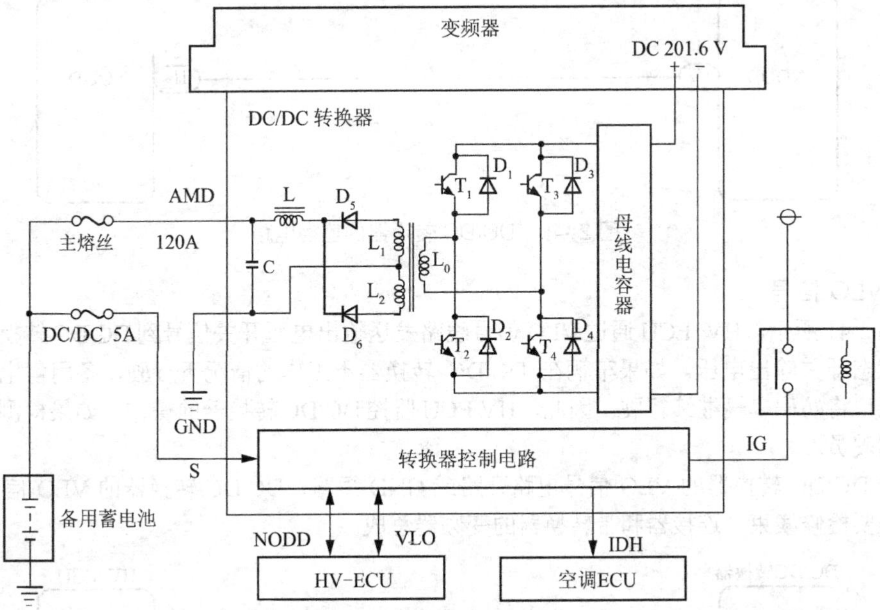

图 2-39 降压 DC/DC 转换器的原理

完成任务

用万用表测量 12V 蓄电池的开路电压和不同工况的端电压，把测得的电压值写入下列表格中，要求精确到小数点后两位。

工况	开路电压	供电开关 OFF	供电开关 ON	供电开关 READY	发动机启动后
电压					

写出 12V 降压 DC/DC 转换器在什么工况才向蓄电池充电：________________。

S（Sensor）端子感应蓄电池端电压，用于 DC/DC 输出电压调节，AMD（Ampere Direct）为直流，VLO 为 DC/DC 控制端子，IDH 为 PTC 加热禁止控制端子。

技师指导

传统 S 端子是发电机电压调节器进行蓄电池电压检测的端子，S 是 Source 电源的缩写。当蓄电池端电压偏离基准值时，电压调节器做出反向的电压调节。AMD 端子相当于发电机的+B 端子。

4. NODD 信号

如图 2-40 所示，HV-ECU 通过 NODD 信号线路发送停止转换指令到 DC/DC 转换器，并接收 DC/DC 转换器的 12V 充电系统状态正常或异常的信号。

HV ECU 通过 NODD 端子监控 DC/DC 转换器的状态。如果 ECU 检测到 DC/DC 转换器内部电路故障，将停止转换器的操作，这时备用蓄电池无法充电，电压会逐渐降至 11V 以下，则 ECU 输出故障码。如果车辆在 DC/DC 转换器不工作的情况下行驶，备用蓄电池的电压将会降低，将妨碍车辆继续行驶。因此，HV ECU 监控 DC/DC 转换器的操作，如果检测到故障，将警告驾驶员。

对于 DC/DC 转换器的 NODD 信号电路开路或 GND 短路，以及 DC/DC 转换器的 NODD 信号电路+B 短路这两种故障，需要检修线束、连接器和带转换器的变频器总成。

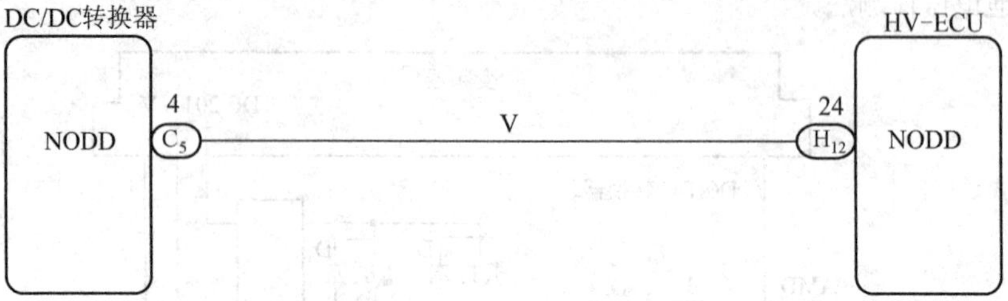

图 2-40　DC/DC 转换器的监控电路

5. VLO 信号

如图 2-41 所示，HV-ECU 通过 VLO 信号线路发送输出电压开关信号到 DC/DC 转换器，以根据车辆状态开关输出电压。如果车辆在 DC/DC 转换器不工作的情况下行驶，备用蓄电池的电压将会降低，将妨碍车辆继续行驶。因此，HV ECU 监控 DC/DC 转换器的操作，如果检测到故障，将警告驾驶员。

对于 DC/DC 转换器的 VLO 信号电路开路或 GND 短路，DC/DC 转换器的 VLO 信号电路+B 短路，需要检修线束、连接器和带转换器的变频器总成。

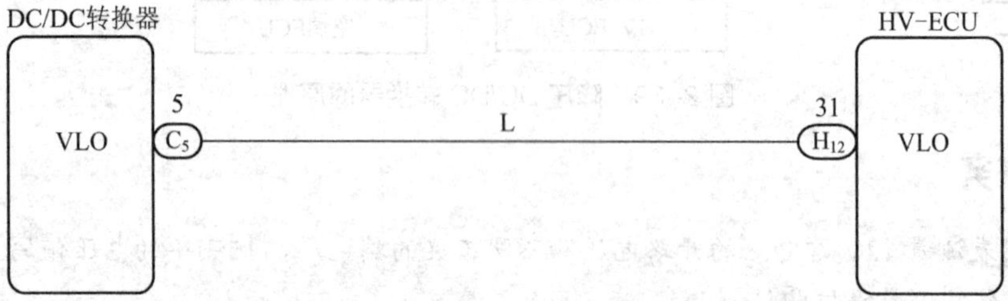

图 2-41　VLO 信号电路图

6. 系统监控检修

1）故障码（DTC）和故障部位

（1）DTC 检测条件。

① 检测到 DC/DC 转换器内部电路故障。

② DC/DC 转换器进入安全保护模式。

③ 备用蓄电池电压降至 11 V 以下。

（2）故障可能发生部位。

① 备用蓄电池。

② 保险丝。

③ 熔丝（12V 电子设备）。

④ 发动机室继电器盒。

⑤ 变频器冷却软管。

⑥ 带电机和支架的水泵总成。

⑦ 冷却风扇电机。

⑧ 2 号冷却风扇电机。

⑨ 线束或连接器。

⑩ 带转换器的变频器总成（DC/DC 转换器）。

2）检查备用蓄电池端子的电缆连接情况

（1）关闭电源开关。

（2）在下列各点检查备用蓄电池（12 V）电缆连接情况：蓄电池正极和负极端子有没有松动；蓄电池负极电缆的车身接地有没有松动；保险丝螺母有没有松动（正常是都没有松动）；检查线束和连接器（带转换器的变频器总成——蓄电池和车身接地）。

（3）断开 C_5 和 C_6 连接器 C。

（4）打开电源开关（IG），测量线束侧连接器的电压。标准电压：S—车身接地始终为蓄电池电压；AMD—车身接地始终为蓄电池电压；电源开关打开 IGCT—车身接地电压应为 8～16 V。

（5）检查线束侧连接器间的电阻。标准电阻 NODD—车身接地 100～140 Ω。

3）检查带转换器的变频器总成的工作情况

（1）连接 C_5 和 C_6 连接器 C。

（2）将带 AC/DC 400 A 探针的电气测试仪连接到 C_6 连接器 C 的线束上。

（3）将 114 和 115 连接器（颜色为橙色）连接到变频器。

（4）安装变频器盖，安装检修塞卡箍。

（5）打开电源开关（READY），等待 5 分钟。

（6）操作下面列出的电子装置，将用电负荷开至最大：将灯开关设定为远光，将加热器鼓风机风扇设定至 HI，打开除雾器，踩下制动踏板，同时按下车窗玻璃调节器主开关上的所有开关，向右或左转动转向盘。

（7）测量电流和电压。标准 DC/DC 转换器输出电流应为 40～100 A；蓄电池电压应为 13～15 V。

4）检查变频器冷却液

（1）检查变频器冷却液量是否正常，软管是否弯曲、扭曲、损坏或堵塞。

（2）检查电动机是否正常转动。正常：储液罐中的冷却液液面波动。也可用蓄电池直接向电动机加电检查冷却电动机风扇，风扇应转动平稳，电动机工作电流为 92～110 A。

·第 3 章·

汽车供电控制系统

3.1 不带电源控制 ECU 的供电系统

在不带电源控制 ECU 的供电系统中，由点火开关的输出端子完成供电控制。由于负载的电流要流经点火开关，所以容易导致点火开关损坏，同时也会导致一些误操作。

1. 点火开关功能

传统型点火开关和点火开关符号如图 3-1 所示。其功能如下。

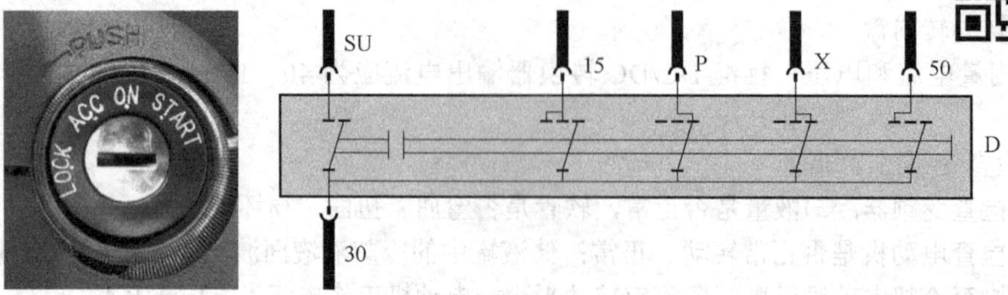

图 3–1　传统型点火开关和点火开关符号

1）汽车锁/关闭（LOCK/OFF）

在 LOCK 位，钥匙可拔出（自动变速器在 P 挡），同时转向盘锁死，切断各挡的供电。

2）附件挡（ACC）

收音机、车灯等可以正常使用，主要给小功率电器供电。

3）点火挡（ON）

除了启动机外的设备都被供电。发动机启动后（发电动工作），ON 是汽车正常运行工作挡。

4）启动挡（START）

启动电机运转。点火（START 挡）时，ACC 位停止其他电器的供电，点火完成、释放钥匙后会自动返回 ON 位置。

机械钥匙手柄处也可能配有电子防盗芯片，而在点火开关底座上装有防盗器天线线圈。

2. 点火开关供电端子

点火开关直接进行供电控制，一般电流进入点火开关后，可从 SU、15、P、X、50 五个端子实现对外供电，如图 3-2 所示。以下为点火开关的输出端子。

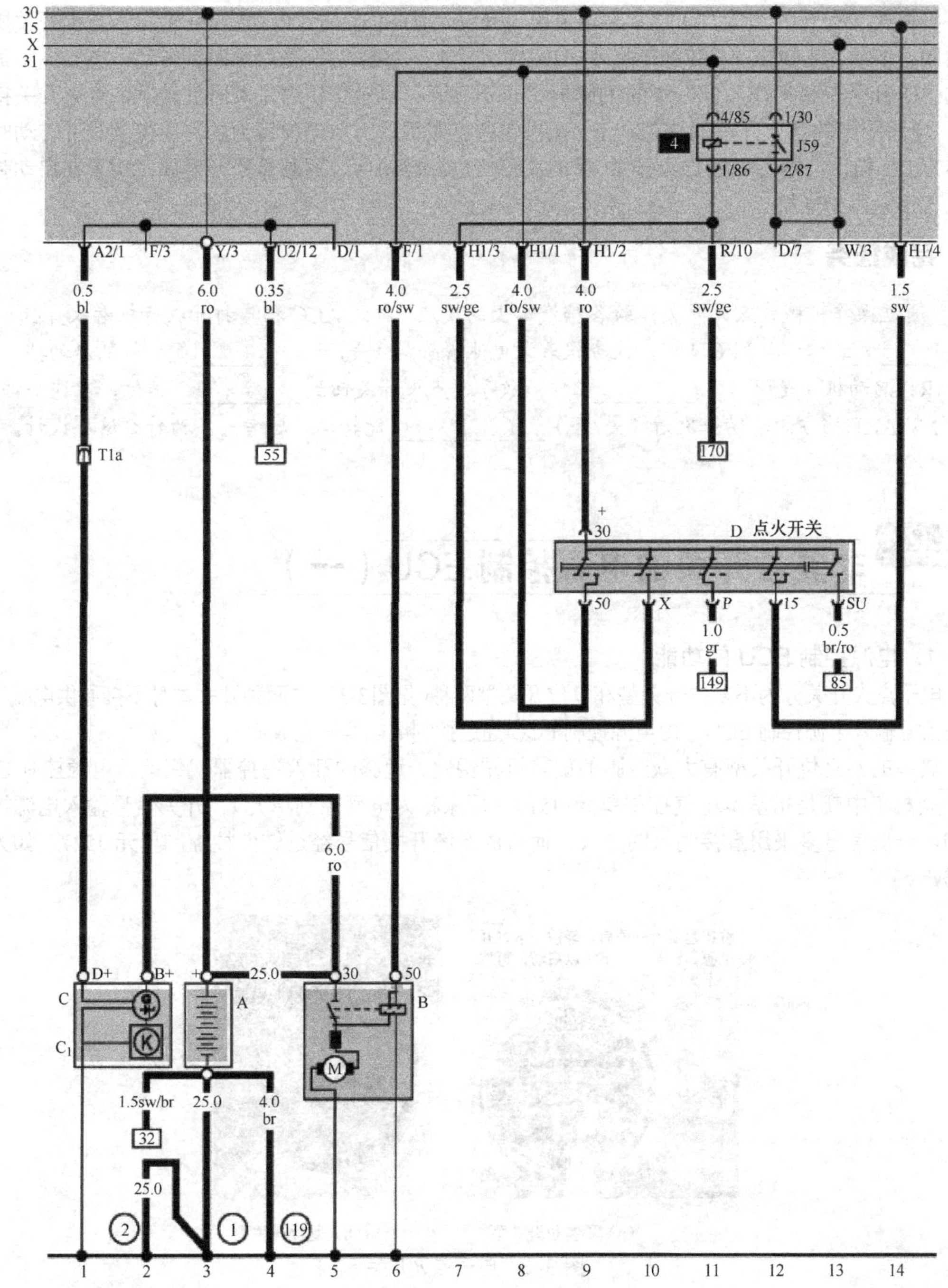

图 3-2 不带电源控制 ECU 的供电系统

（1）30 端子：常有电端子。

（2）SU（Supplement，附件的缩写）：附件端子，在附件挡 ACC 时输出。

（3）15 端子：点火端子，是点火开关位于 ON 时输出的挡位。

（4）P（Park 的缩写）：驻车端子，是钥匙插入后实现输出的一个挡位。

（5）X 端子：卸荷端子，用于功率用电器的供电控制。

（6）50 端子：启动端子，为启动挡输出端子。

机械式点火开关 D 从 30 端子将电流引入开关，从 SU、15、P、X、50 输出。点火开关操作从右向左依次为 LOCK（OFF）、ON 和 START 三个挡，操作钥匙稍做顺时针转动，电路图中最右侧的 SU 开关左移工作，但右侧的 ON 开关仍不接通；再操作钥匙做顺时针转动，点火开关接通 ON，电路图中的点火开关 D 左移一位；操作钥匙克服钥匙内启动弹簧力的作用做顺时针转动时接通 START 挡，电路图中的点火开关 D 向左移二位；启动后，驾驶员松开钥匙，钥匙在启动弹簧力的作用返回 ON 挡。

完成任务

通过操作机械式点火开关体验各挡汽车上的反应：打到 ACC 挡，打开收音机看收音机（是/否）______工作；打到 ON 挡，检查仪表蓄电池警告灯（是/否）________亮；打到启动挡，看 START 启动机（是/否）__________工作；放手，点火开关回到__________挡位，在这个挡位再向 START 挡方向转动一次看（是/否）____________能转动，思考一下为什么这样设计。

3.2 非复位开关的电源控制 ECU（一）

1．电源控制 ECU 的功能

电子点火开关分为不复位开关型和复位开关型两种（见图 3-3），这两种开关本身不接通供电端子，开关信号输入电源控制 ECU，由电源控制 ECU 通过控制继电器来完成输出。

典型的不复位开关型有大众速腾的旋转机械钥匙、迈腾的插入遥控器式钥匙。电源控制 ECU 在大众汽车中就是指基本电气控制单元 J519（厂家称为电网控制单元）。开关信号输入电源控制 ECU，一般信号多采用直接输入的方式，而有的系统开关信号经过转向柱控制单元 J527，如大众速腾。

（a）不复位开关型　　（b）复位开关型

图 3-3　电子点火开关

2．非复位开关形式

带电源控制 ECU 系统中，驾驶员操作的供电信号输入方式有盒置开关式、传统插钥匙的旋转式两种。

带有防盗控制和中控锁控制的钥匙需要插入电子点火开关内部，触发相应的机械触点来产生作用。例如，钥匙插入电子点火开关后，向下按第一个深度为 ACC；再向里按到第二个深度为 ON；再向里按达最深时（制动踏板踩下）为 START 挡。其开关与位置（Position）有关，如图 3-4 所示。

进入和启动授权开关 E415 的引脚定义如图 3-5 所示，其处于不同位置的接通触点如图 3-6 所示。用钥匙将压入距离转换成电信号（P—驻车挡、S—附件挡、15—点火挡、50—启动挡）。集成有识别钥匙身份的防盗发射和接收读写线圈 D_1。N376 断电可将钥匙拔出（解除锁止），目的是防止钥匙在车行驶振动中从钥匙槽中脱出发生意外。在自动挡车上，插和拔钥匙的控制条件相同，即换挡手柄在 P 挡，释放锁止按钮（内部有开关）。L76 为照明灯。

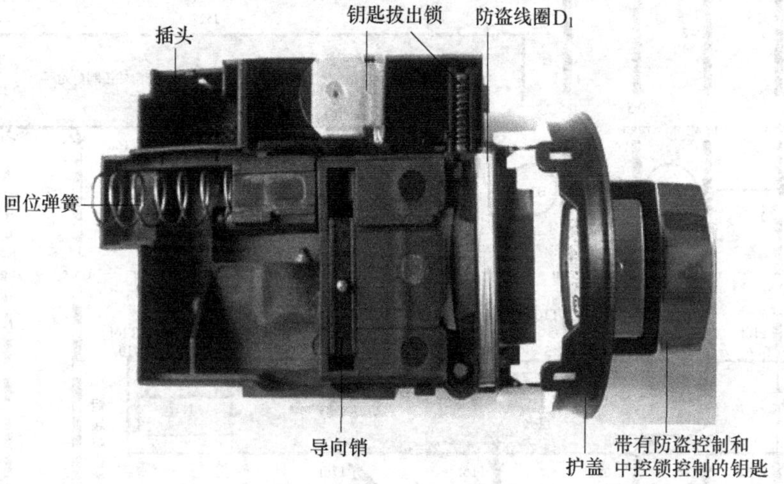

图 3-4　进入和启动授权开关 E415

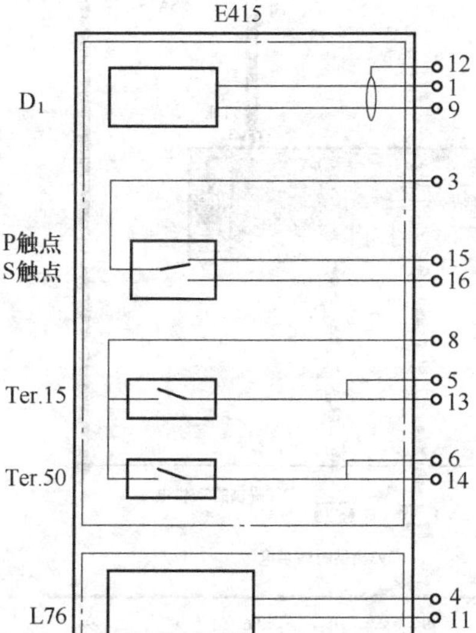

图 3-5　E415 的引脚定义

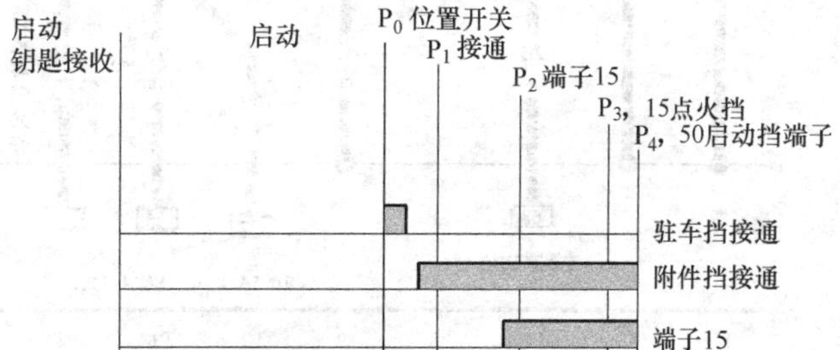

图 3-6　E415 处于不同位置的接通触点

进入和启动授权开关 E415 的电路图如图 3-7 所示。

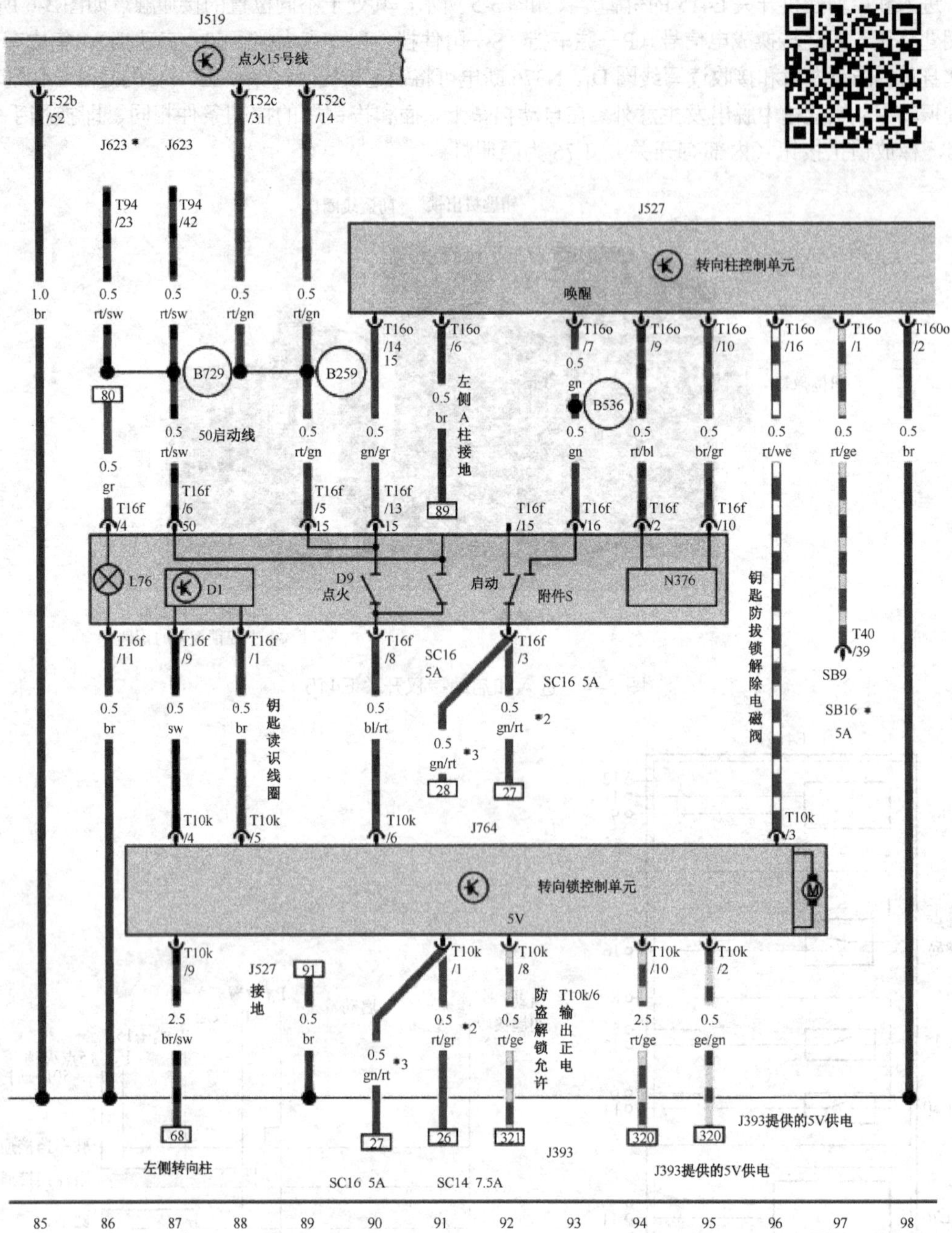

图 3-7　进入和启动授权开关 E415 的电路图

3.3 非复位开关的电源控制 ECU（二）

大众速腾没有专门的电源控制 ECU，而是采用了基本电气控制单元 J519 作为电源控制 ECU。

1．点火开关

大众速腾点火开关电路和点火锁总成如图 3-8 所示。

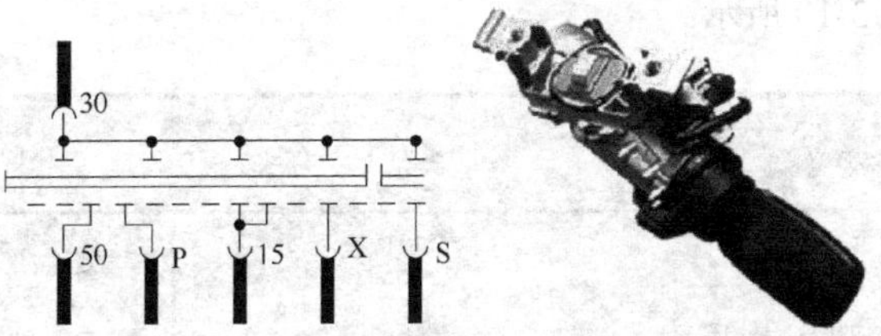

图 3-8　大众速腾点火开关电路和点火锁总成

完成任务

根据图 3-8 写出点火开关的 5 个输出挡位的名称：

50—________；P—________；15—________；X—________；S—________。

完成任务

根据图 3-9 所示的大众速腾点火开关电路图分析：

N376 名称：______________；作用是：__________________，受图中______开关控制。

S：__________挡开关；E227：__________挡开关；E45：__________挡开关。

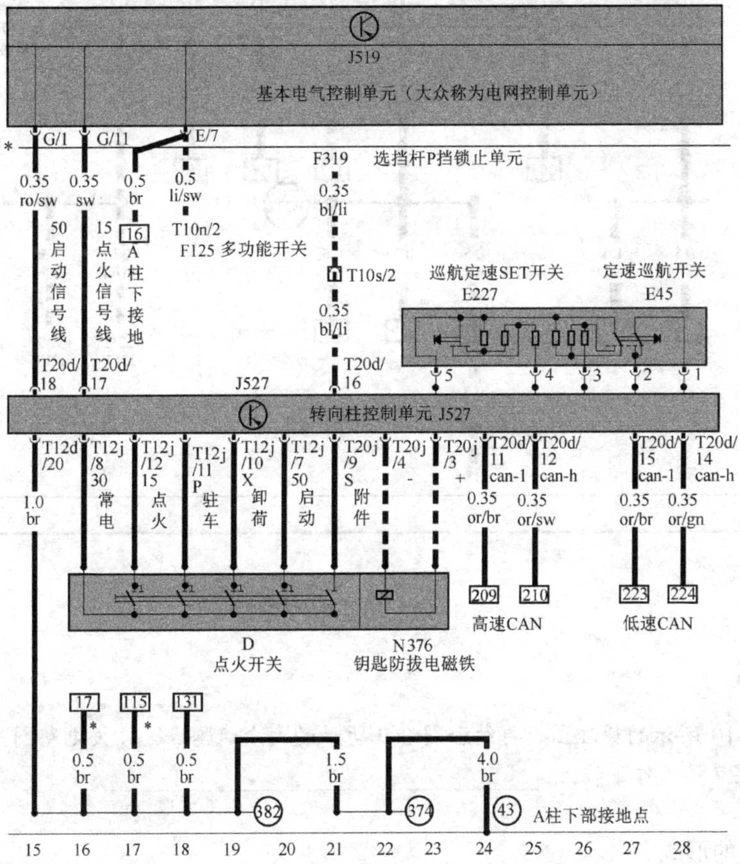

图 3-9　大众速腾点火开关电路

2．点火开关各种正电的形成

1）15 正电的形成

15 正电的形成如图 3-10 所示。

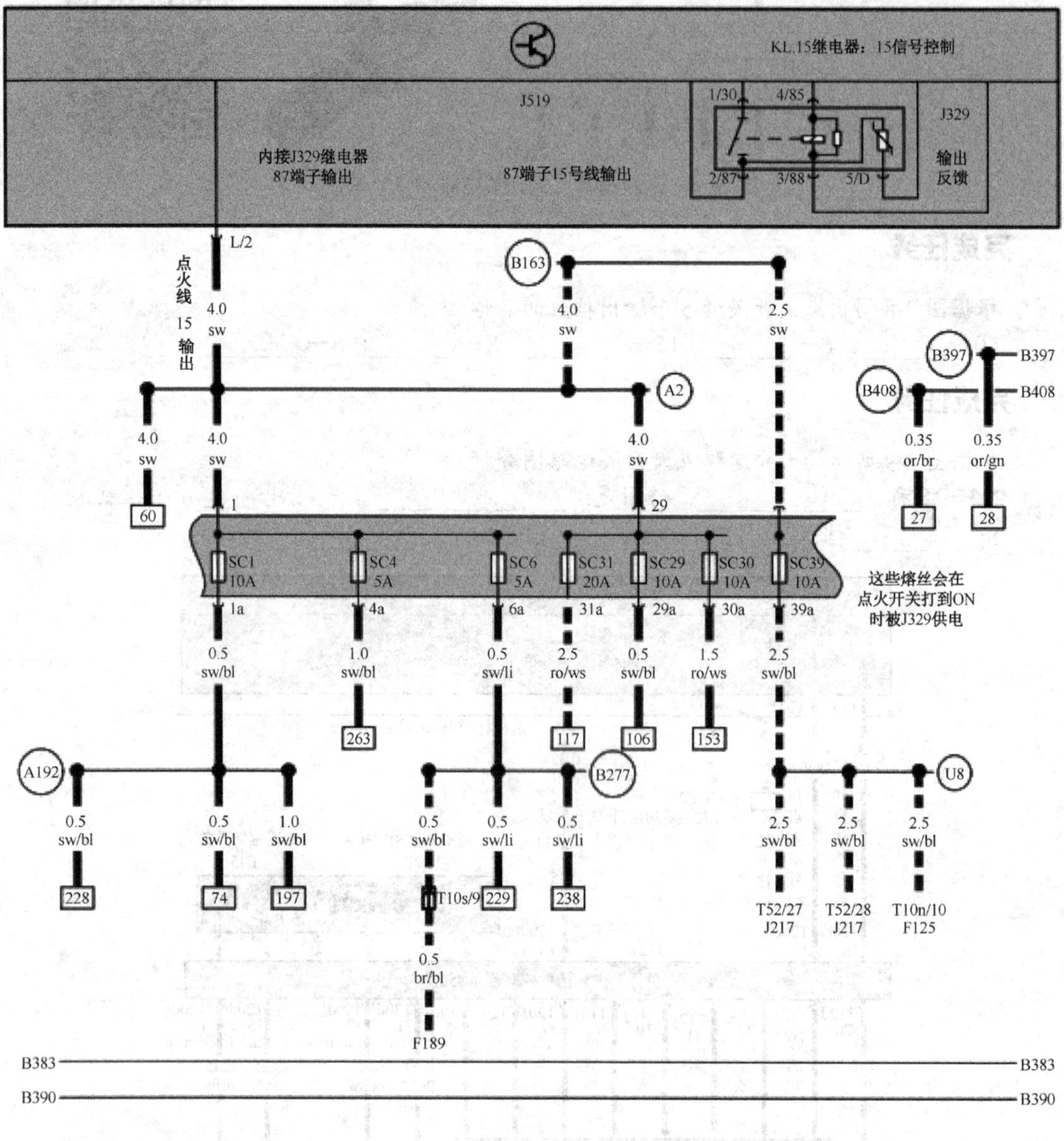

图 3–10　15 正电的形成

完成任务

根据图 3-10 所示的原理图，再结合图 3-9 所示的大众速腾点火开关电路图分析车内 15 号供电继电器 J329 的工作过程：____________________。

2）50 正电的形成

50 正电的形成如图 3-11 所示。

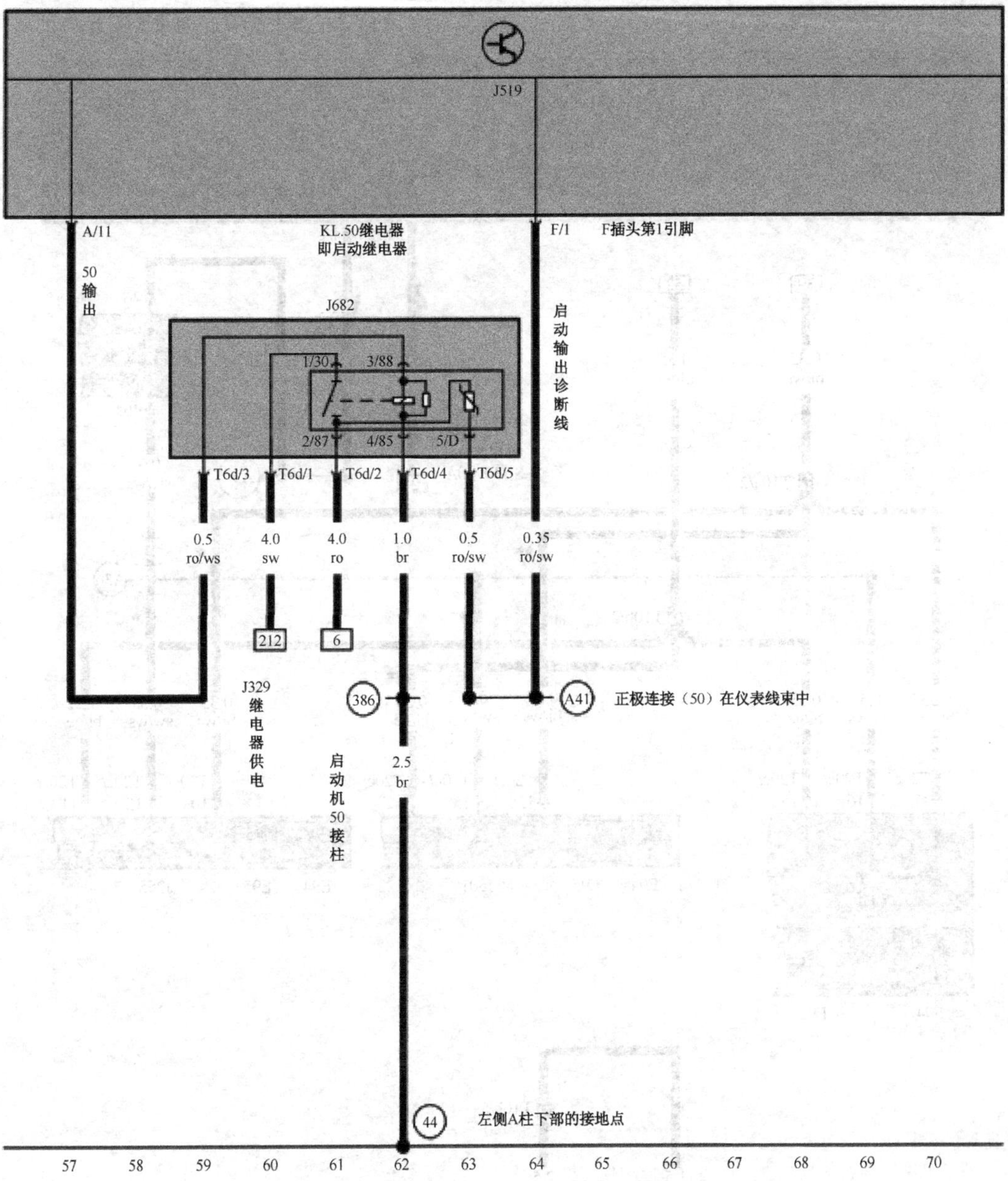

图 3-11　50 正电的形成

完成任务

根据图 3-11 所示的原理图，分析 50 端子对启动继电器 J682 的控制：____

3）75 正电的形成（X 卸荷正电）

75 正电的形成（X 卸荷正电）如图 3-12 所示。

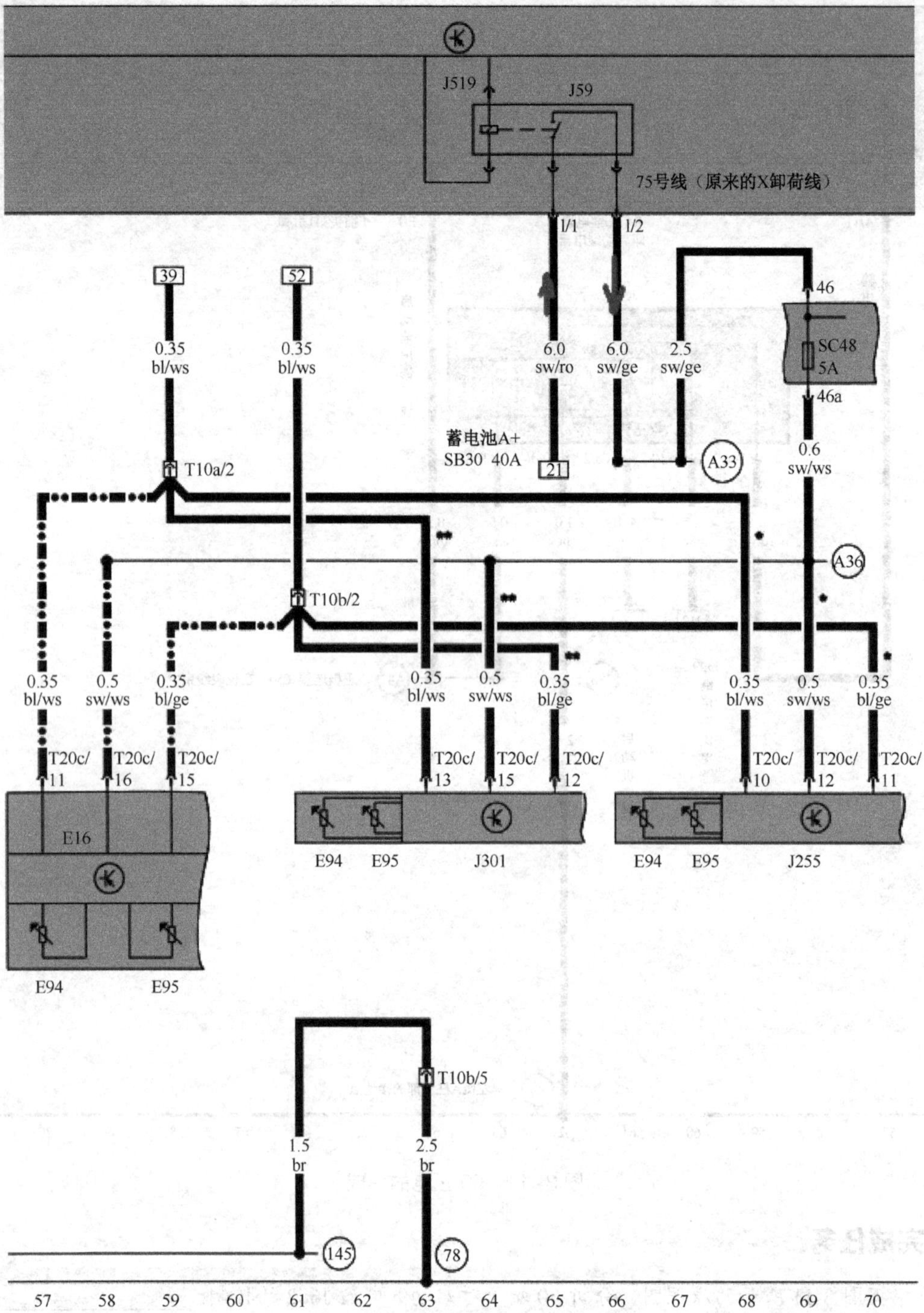

图 3-12　75 正电的形成（X 卸荷正电）

完成任务

根据图 3-12 所示的原理图分析车内 X 线供电继电器 J59 的工作过程：____________________

____

____

4）P 正电的形成（驻车正电）

当图 3-9 中的点火开关位于 P 位时，J527 将 P 位信号经 CAN 总线给 J519，J519 接通 J329 继电器，实现 15 号线的接通。

完成任务

根据图 3-9 所示的原理图分析车内供电继电器 J329 的工作过程：________________

____

5）S 触点正电的形成（86S）

当图 3-9 中的点火开关位于 S 位时，J527 将 P 位信号经 CAN 总线给 J519，J519 接通 J329 继电器，实现 15 号线的接通。

完成任务

根据图 3-9 所示的原理图分析车内 S 挡的工作过程：________________

____

3.4 复位开关+非复位开关的电源控制 ECU

采用一键启动的传统燃油汽车或电动汽车必须配有电源控制 ECU。本节介绍复位开关+非复位开关的电源控制 ECU 的例子。复位开关产生钥匙各挡位信号，非复位开关启动发动机。

1. IG 保持电路

电源控制 ECU 根据从按钮开关、制动开关和 ECU 接收的信号控制按钮启动。电源控制 ECU 通过 BEAN（车身电气局域网）与收发器钥匙 ECU 及智能进入和启动系统 ECU 保持通信。此外，还有一条专门的串行通信线独立地与收发器钥匙 ECU 及转向锁 ECU 保持通信。

如图 3-13 所示，当 IG1 和 IG2 继电器激活电路出现故障时，电源控制 ECU 提供一个保持电路以维持 IG1 和 IG2 的启动。该电路可防止车辆行驶过程中由于 IG1 和 IG2 继电器激活电路出现故障而导致电源被切断。当 IG2 继电器激活电路有故障时，保持电路直接输出，这时 IG1 和 IG2 继电器同时工作。

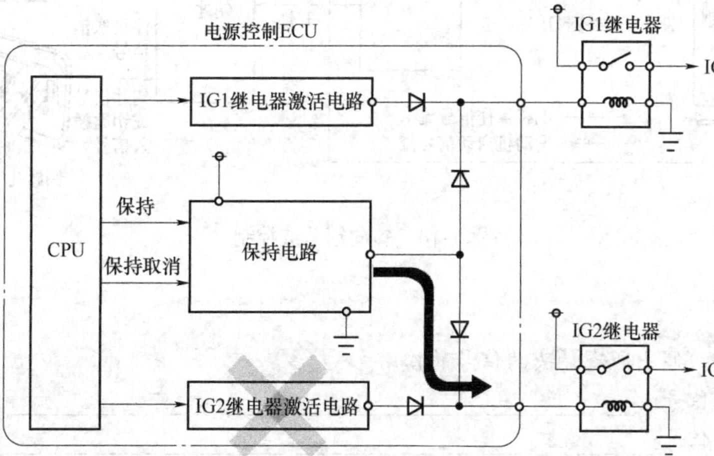

图 3-13 保持电路工作原理

电源控制 ECU 在存储器中不断地存储当前的电源模式（LOCK 或 OFF、ACC、ON、START）。如果拆下蓄电池而导致电源控制 ECU 中断，通过蓄电池重新连接后的一瞬间电源控制 ECU 模式为 OFF。因此，最好在拆下蓄电池之前确保发动机开关处于 OFF 状态，并将钥匙从钥匙孔中取出。

完成任务

保持电路的工作条件是________________发生故障。

2. 转向锁总成

1）简述

如图 3-14 所示为转向锁总成控制。伴随一键按钮启动功能的采用，转向锁系统也一起被采用，锁止电机实现电力锁止转向柱和开锁。当驾驶员将钥匙插入钥匙孔后，按下发动机开关或通过持有的钥匙进入车辆后，该系统打开转向柱。当电源模式为 OFF 或 ACC 时，驾驶员将钥匙从钥匙孔中拔出后，系统锁止转向柱。同样，在换挡杆处于 P 挡时，一个车门处于打开状态（发动机停止状态下），系统锁止转向柱。

转向锁 ECU 集成在转向锁总成中，通过控制锁止电机来控制转向锁总成中的锁条。转向锁 ECU 检测锁条的位置（锁止/开锁）并将信息发送给电源控制 ECU、收发器钥匙 ECU 和其他 ECU。如图 3-14 所示，转向锁 ECU 和电源控制 ECU、收发器钥匙 ECU 相连接。当收到后两个 ECU 的批准信号后，转向锁 ECU 开动锁止电机。转向锁 ECU 也将开锁信号发送给电源控制 ECU 和收发器钥匙 ECU。收到信号后，电源控制 ECU 允许发动机 ECU 启动发动机，收发器钥匙 ECU 使停机系统无效。

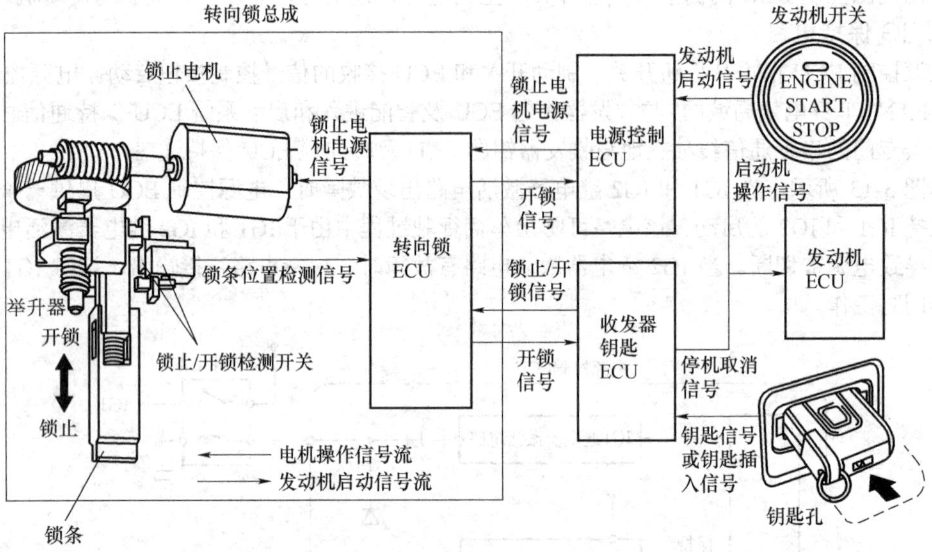

图 3-14　转向锁总成控制

完成任务

根据图 3-14，写出所有箭头的信号的作用。

发动机启动信号：________________

启动机操作信号：________________

停车取消信号：________________

钥匙信号或钥匙插入信号：________________

电源控制 ECU 的开锁信号：________________

电源控制 ECU 的锁止电机电源信号：________________

收发器钥匙 ECU 的锁止/开锁信号：________________

收发器钥匙 ECU 的开锁信号：________________

锁条位置检测信号：________________

锁止电机电源信号：________________

举升器的开锁和锁止运动：________________

技师指导

仅更换转向锁总成中的转向锁 ECU 是不可能的。如果 ECU 发生故障，整个转向锁总成都必须更换。

2）结构和工作原理

如图 3-15 所示，转向锁 ECU 和执行器内置于转向锁总成中。执行器由一个提供动力的电机、传送动力的多个减速齿轮、一个锁止转向柱的锁条和检测锁条位置的多个检测开关组成。齿轮将电机的旋转运动转换为举升器的垂直运动。这就导致了集成于举升器的锁条沿着垂直方向运动。因此，锁条的顶端在转向柱中齿轮齿间的凹处实现啮合，从而有效地锁止转向柱。检测开关检测决定转向柱是否锁止锁条位置。随后，将信息发送给转向锁 ECU。

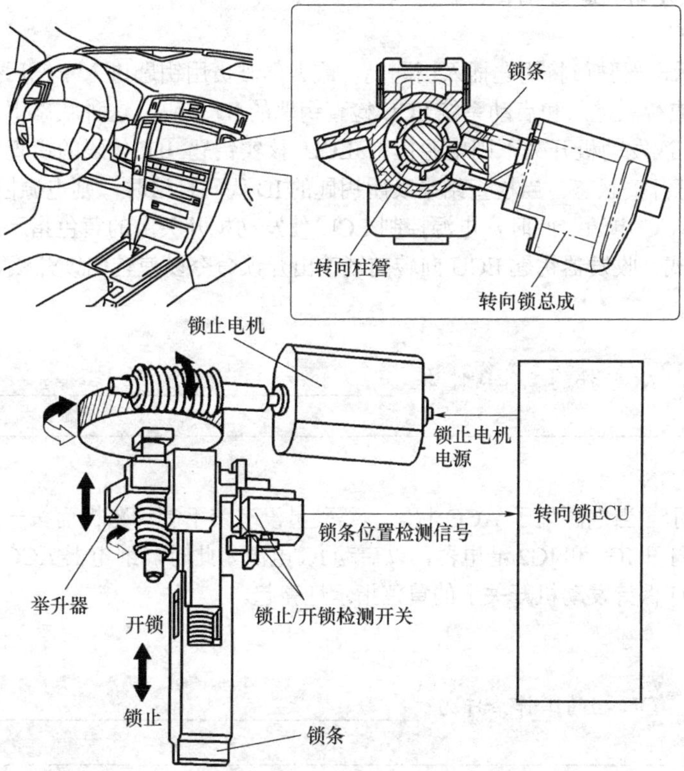

图 3-15　转向锁控制

3）系统工作原理

按钮启动功能具有如下控制。

（1）开关控制

如果驾驶员用钥匙操作发动机开关，则电源控制 ECU 启动室内振荡器，将请求信号发送给钥匙。接收到信号后，钥匙将 ID 代码信号发送给智能进入和启动系统 ECU。

收发器钥匙 ECU 接收由智能进入和启动系统 ECU 通过 BEAN 传来的检查结果并对其进行核实，然后将其发送给电源控制 ECU。电源控制 ECU 根据这些结果来批准发动机开关的操作。

（2）转向锁控制

根据从收发器钥匙 ECU 和电源控制 ECU 传来的信号，锁止电机启动锁止或开锁转向柱。

（3）诊断

当电源控制 ECU 检测到故障时，电源控制 ECU 诊断并存储故障部分。

3．发动机开关控制

1）简述

驾驶员将钥匙插入钥匙孔后，收发器钥匙 ECU 识别钥匙的 ID 代码，或者驾驶员用钥匙进入车辆、按下发动机开关后，智能进入和启动系统 ECU 识别钥匙的 ID 代码，电源控制 ECU 批准发动机开关的操作。结果，电源转换为发动机开关选定的模式。当换挡杆在 P 挡时，每次按下发动机开关，电源模式都经历三个阶段（OFF→ACC→IG-ON→OFF）。无论以前是何种模式，如果驾驶员踏下制动踏板（导致制动灯开关打开）的同时按下发动机开关，则电源模式转换成发动机启动状态。电源模式处于 ACC 大约一小时后，电源控制 ECU 将自动关闭电源。

一般来说，车辆行驶过程中发动机开关的操作是无效的。但是，如果在车辆行驶过程中遇到紧急情况要求发动机必须停止，驾驶员可以按下发动机开关持续 3 秒或更长的时间以使发动机停止（发动机开关从发动机运转→ACC 状态）。

2）OFF→ACC

如图 3-16 所示，驾驶员将钥匙插入钥匙孔，或者驾驶员用钥匙进入车辆后按下发动机开关，收发器钥匙 ECU 或智能进入和启动系统 ECU 检查钥匙的 ID 代码。这种状态下，如果驾驶员不踏下制动踏板而按一次发动机开关，则电源控制 ECU 核实钥匙 ID 代码的检查结果和收发器钥匙 ECU 提供的制动灯开关状态。当检查结果表明钥匙的 ID 代码合法时，则电源控制 ECU 打开 ACC 继电器，并启动 ACC 电源。此时，电源控制 ECU 使发动机开关上的黄色指示灯亮起，以通知驾驶员 ACC 电源模式。收发器钥匙 ECU 向转向锁输出开锁命令以使转向锁开锁。

完成任务

根据图 3-16，ACC 挡的工作条件为：____

____

3）ACC→IG-ON

如图 3-17 所示，当电源处于 ACC 状态，驾驶员没有踏下制动踏板而按一次发动机开关时，电源控制 ECU 将打开 IG1 和 IG2 继电器，以启动 IG 电源。此时，继电器 ACC 保持 ON 状态。同时，电源控制 ECU 保持发动机开关上的黄色指示灯亮起。

完成任务

根据图 3-17，ON 挡的工作条件为：____

____

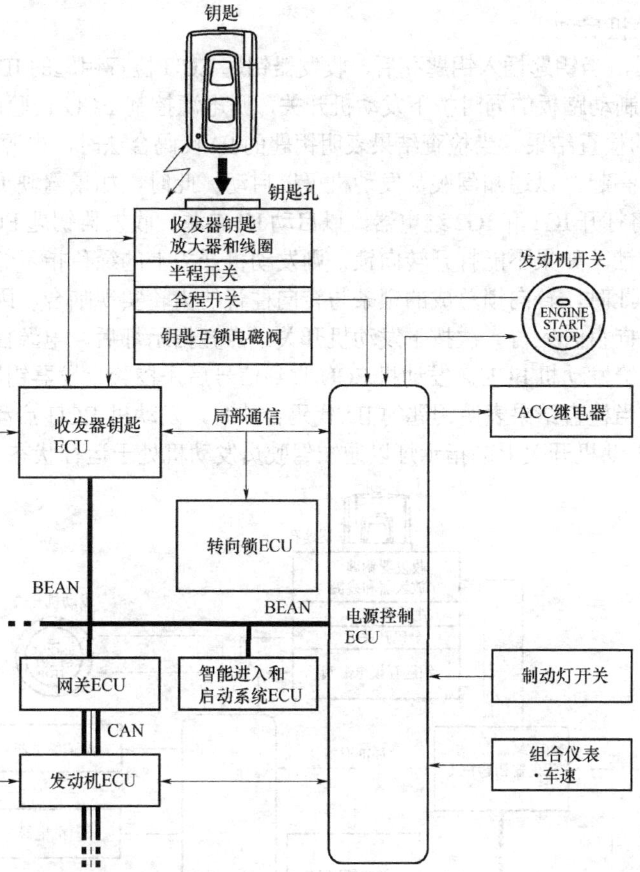

图 3-16 OFF→ACC 控制

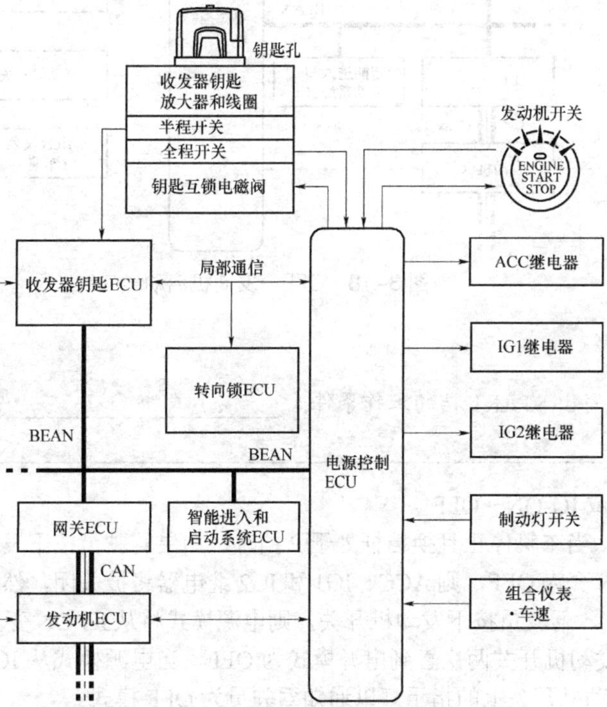

图 3-17 ACC→IG-ON 控制

4）OFF→发动机启动

如图 3-18 所示，当钥匙插入钥匙孔后，收发器钥匙 ECU 检查钥匙的 ID 代码。这种状态下，如果驾驶员在踏下制动踏板的同时按下发动机开关，则电源控制 ECU 校验由收发器钥匙 ECU 提供的钥匙 ID 代码的检查结果。当检查结果表明钥匙的 ID 代码合法时，电源控制 ECU 使发动机开关上的绿色指示灯亮起，以通知驾驶员发动机可以启动。此时，如果驾驶员按一次发动机开关，则电源控制 ECU 将打开 IG1 和 IG2 继电器，以启动 IG 电源。收发器钥匙 ECU 向转向锁输出开锁命令以使转向锁开锁。如果不能打开转向锁，则发动机开关上的绿色指示灯闪烁，以通知驾驶员发动机不能启动。此时，转向锁总成的锁条与转向柱管的齿轮实现啮合。因此，想顺时针方向或逆时针方向转动转向盘时应再一次按下发动机开关。点亮指示灯后，电源控制 ECU 将把发动机启动指示信号发送给发动机 ECU。发动机 ECU 收到信号后，校验收发器钥匙 ECU 提供的钥匙 ID 代码的检查结果。当检查结果表明钥匙的 ID 代码合法时，发动机 ECU 启动发动机。此时，电源控制 ECU 将关闭发动机开关上的指示灯以通知驾驶员发动机处于运行状态。

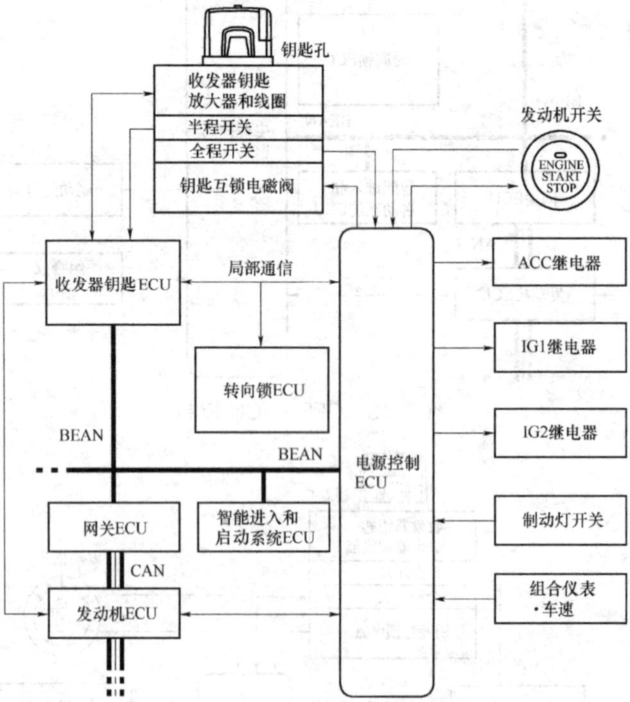

图 3-18　OFF→发动机启动

完成任务

根据图 3-18，写出 START 挡的工作条件：______________________________

____

5）发动机运转或 IG-ON→OFF

如图 3-19 所示，当车辆停止且换挡杆处于 P 挡时，如果驾驶员按下发动机开关使电源模式从发动机运转或 IG-ON 变为 OFF，则 ACC、IG1 和 IG2 继电器将被关闭，然后关闭电源。如果换挡杆处于 P 以外的挡位，驾驶员按下发动机开关，则电源模式将从 IG-ON 变为 ACC。因此，将换挡杆置于 P 挡并按下发动机开关两次直到电源模式为 OFF。当电源模式从 IG-ON 变为 ACC 时，电源控制 ECU 关闭发动机开关上的指示灯以通知驾驶员为 OFF 模式。

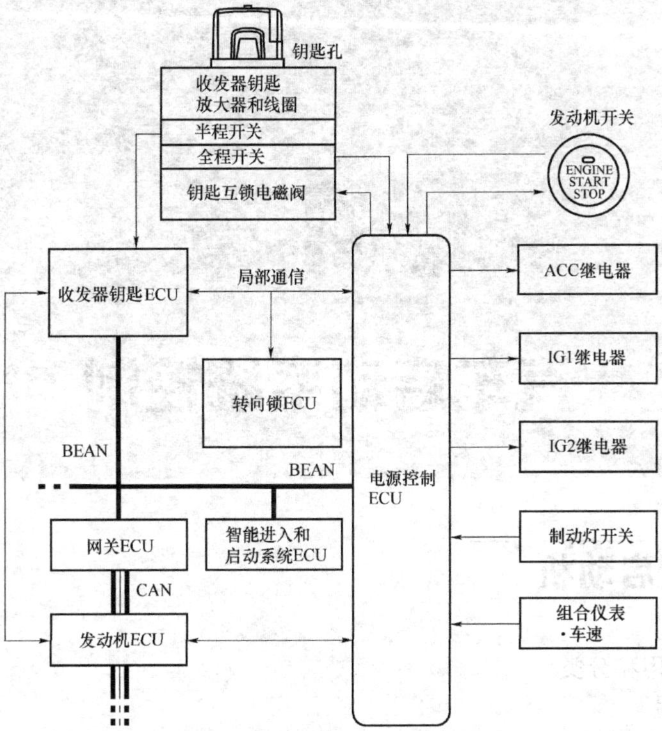

图 3-19　发动机运转或 IG-ON→OFF

4．转向锁控制

转向锁的开锁与锁止操作受到以下条件影响。

1）开锁操作

驾驶员将钥匙插入钥匙孔或用钥匙进入汽车后，收发器钥匙 ECU 或智能进入和启动系统 ECU 识别钥匙的 ID 代码。然后，驾驶员按下发动机开关，使转向锁开锁。操作条件（以下条件必须依次满足）：

（1）完成 ID 代码识别；

（2）按下发动机开关。

2）锁止操作

当发动机正在运行（车辆停止）时，置换挡杆于 P 挡，按下发动机开关，然后拔出钥匙或打开所有门中的任何一个，这就使得转向锁锁止。操作条件（以下条件必须依次满足）：

（1）换挡杆位于 P 挡；

（2）电源模式为关闭；

（3）拔出钥匙或打开所有门中的任何一个。

·第 4 章·

汽车启动系统控制

4.1 低压启动机

1. 启动机作用和分类

1）启动机作用

过去驾驶员靠摇把拖动发动机曲轴转动启动汽油机或柴油机，现代多采用电机代替人力拖动。另外，在大功率的柴油发动机中可采用先启动辅助汽油机，再启动柴油发动机的方式。启动机分为高压启动机和低压启动机两种，以下介绍的启动机分类专指低压启动机分类，关于高压启动机的内容在本套教材的《汽车电力驱动系统构造》中讲解。

2）启动机分类

启动机是启动系统的重要组成部分，而且种类繁多，大致有以下几种类型。

（1）按结构分类

① 普通启动机

普通启动机的特点是传动机构无减速、电机定子用电磁励磁。它无特殊结构和装置，如东风EQ1090 型汽车配用的 QD124、QD1212 型，解放 CA1090 型汽车配用的 QD1215 型和桑塔纳轿车配用的 QD1225 型启动机均为普通启动机。

② 永磁启动机

永磁启动机的电机定子使用永磁磁铁。电机磁极用永磁材料（铁氧体或铁硼等）制成，由于取消了磁场线圈，因此结构简化、体积小、质量小，如奥迪 100 型轿车配用的启动机。

③ 减速启动机

减速启动机有圆柱齿轮减速或行星齿轮减速两种形式。传动机构设有减速装置的启动机后，电机可采用高速、小型、低力矩电机，其质量和体积比普通启动机可减小 30%～35%。其缺点是：结构和工艺比普通启动机复杂，如切诺基吉普车配用的 DW1.4 型永磁式减速型启动机，奥迪 100 型轿车 5 缸增压型发动机用启动机，以及丰田皇冠（CROWN）轿车用日本电装（DENSO）11E14 型启动机。

（2）按控制方式分类

① 机械控制式

机械控制式启动机用手拉杠杆或脚踏联动机构直接控制启动机的主电路开关来接通或切断主电路。由于机械控制式要求启动机、蓄电池靠近驾驶室而受到安装和布局的限制，且操作不便，因此已很少采用。

② 电磁控制式

电磁控制式启动机用点火开关或按钮控制电磁铁，再由电磁铁控制主电路开关来接通或切断主电路。由于电磁铁可进行远距离控制，且操作方便省力，因此现代汽车大都采用这种启动机。

（3）按传动机构啮入方式分类

① 强制啮合式：依靠电磁力或人力拉动杠杆机构，拨动驱动齿轮强制啮入飞轮齿圈。其工作可靠性高，被现代汽车广泛采用。

② 惯性啮合式：驱动齿轮借旋转时的惯性力啮入飞轮齿圈，工作可靠性较差，已很少采用。

③ 电枢移动式：依靠磁极磁通的电磁力使电枢产生轴向移动，从而将驱动齿轮啮入飞轮齿圈，其结构比较复杂，东欧国家采用得较多，如太脱拉 T111、T138，斯柯达 706R，却贝尔 D250、D420、D450 等汽车。

④ 齿轮移动式：依靠电磁开关推动电枢轴孔内的啮合杆，从而使驱动齿轮啮入飞轮齿圈，如奔驰 Benz2026 型越野汽车用波许（Bosch）KB 型启动机。

将不同的控制方式与啮合方式进行组合，就可成为不同类型的启动机，如将电磁控制方式和强制啮合方式组合，就形成电磁控制强制啮合式启动机。

2. 启动机结构组成

启动系统由启动机及控制电路两大部分组成。启动机用来产生力矩，并通过小齿轮驱动发动机的飞轮转动，使发动机启动；控制电路用来控制启动机的工作。启动机由直流电机、电磁开关、传动机构（拨叉、单向离合器）三大部分组成，其结构组成如图 4-1 所示。启动机控制电路后面进行详细介绍。

完成任务

根据图 4-1 写出丰田 8A-FE 启动机三个主要机构的名称：________、________、________。同时说出哪些元件归到哪个机构。

3. 启动机构造和工作原理

行星齿轮啮合式减速启动机如图 4-2 所示，其结构紧凑、传动比大、效率高。由于输出轴与电枢轴同心、同旋向，电枢轴无径向载荷，可使整机尺寸减小。除了结构上增加行星齿轮减速机构之外，由于行星齿轮啮合式减速启动机的轴向位置结构与普通启动机相同，因此配件可通用。

1）直流电机构造和工作原理

直流电机由磁极、电枢、换向器等组成，电枢绕组与励磁绕组串联的直流电机又称为串励式直流电机。

（1）定子励磁磁极

磁极由固定在机壳上的磁极铁芯和励磁绕组组成，如图 4-3 所示，一般采用 4 个磁极，功率大于 7.35kW 的启动机有采用 6 个磁极的。

励磁绕组的一端接在外壳的绝缘接线柱上，另一端与两个非搭铁电刷相连，其内部电路的连接如图 4-4 所示。启动机工作时，通过电枢绕组和励磁绕组的电流达几百安培或更大，因此其励磁绕组和电枢绕组一般采用矩形断面的裸铜线绕制。

（2）转子电枢

电枢由外圆带槽的硅钢片叠成的铁芯和电枢绕组组成，如图 4-5 所示为电枢总成。换向器由许多换向片组成，换向片的内侧制成燕尾形，嵌装在轴套上，其外圆车成圆形。换向片与换向片之间均用云母绝缘。电刷和装在电枢轴上的换向器用来连接励磁绕组和电枢绕组的电路，并使电枢轴上的电磁力矩保持固定方向。电刷用含铜石墨制成，装在端盖上的电刷架中，通过电刷弹簧保持与换向片之间的适当压力。

4 个磁极的电机装有 4 个电刷，其中 2 个与机壳绝缘，接励磁绕组的尾端，电流通过这 2 个电刷进入电枢绕组，另外 2 个为搭铁电刷，通过电枢绕组的电流通过这 2 个电刷搭铁。

（3）直流电机的工作原理

直流电机是将电能转变为机械能的设备，它是根据载流导体在磁场中受到电磁力作用而运动的原理进行工作的。直流电机的作用是产生力矩。为获得较大的启动力矩，一般均采用直流串励式电机，由于电机工作电流大、力矩大、工作时间短（一般为 5～10s），因此要求零件的机械强度高，电路电阻小。直流电机的原理如图 4-6 所示。

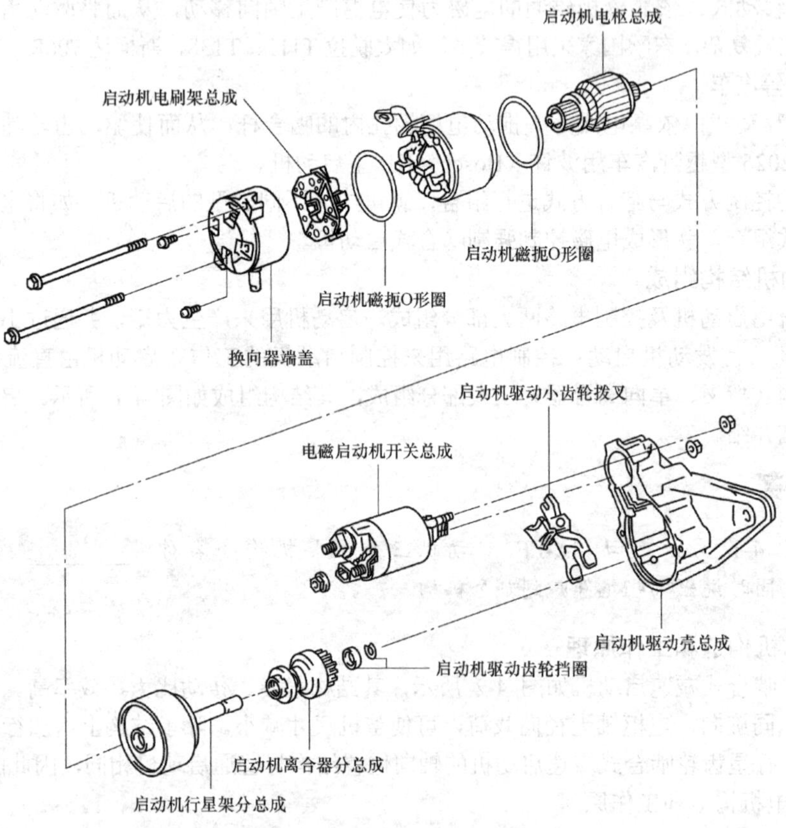

图 4-1　启动机结构组成（丰田 8A-FE 启动机）

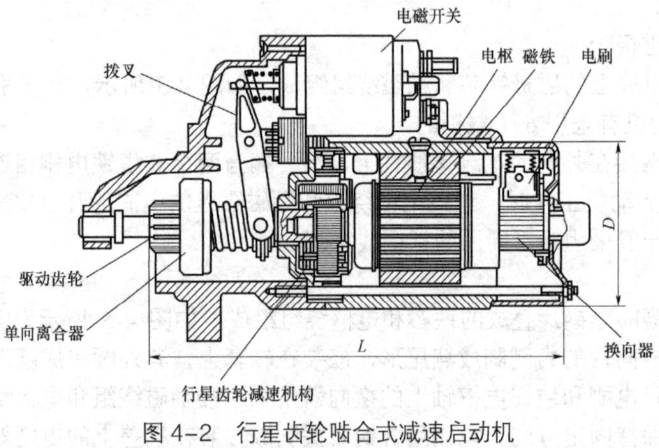

图 4-2　行星齿轮啮合式减速启动机

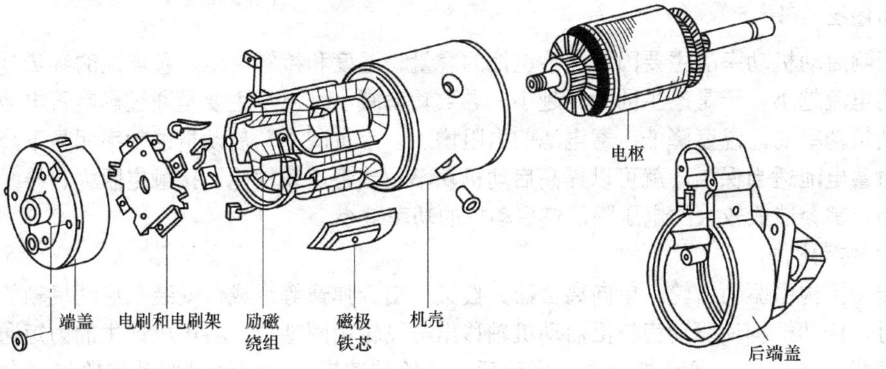

图 4–3　普通直流电机的组成

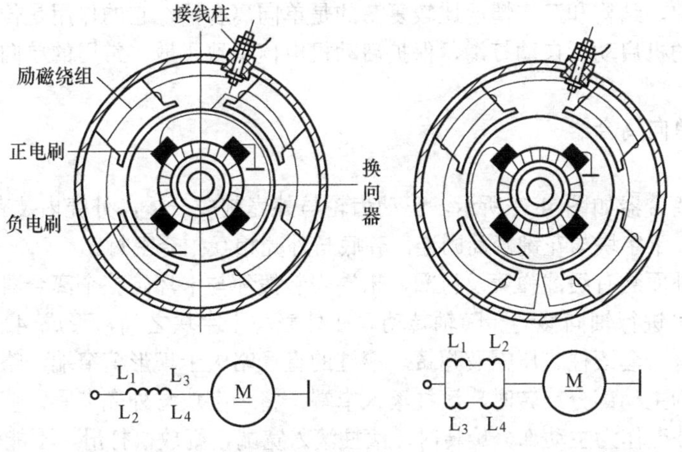

（a）四个绕组相互串联　　（b）两个绕组串联后再并联

图 4–4　励磁绕组的接法

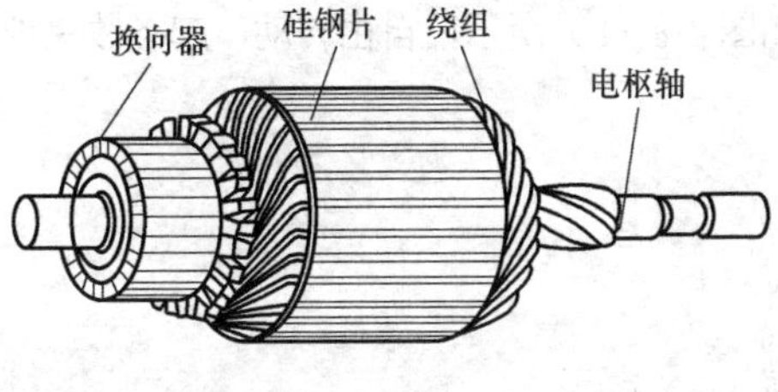

图 4–5　电枢总成

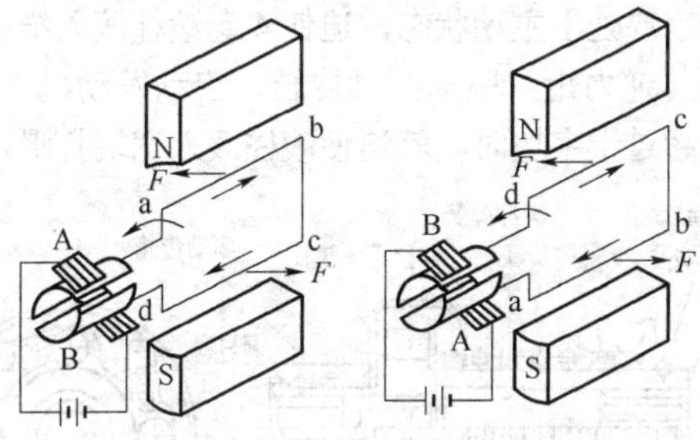

（a）　（b）

图 4–6　直流电机的原理

在磁场中放置一个绕组，绕组的两端分别与两片换向片连接，2 个电刷分别与两片换向片接触，并与蓄电池的正极和负极接通。电流方向为：蓄电池正极→正电刷→换向片→绕组→负电刷→蓄电池负极，如图 4-6（a）所示。绕组中的电流方向为 a→d，由左手定则可以确定导体 a、b 受向左的作用力，c、d 受向右的作用力，整个绕组受到逆时针方向的力矩作用而转动。当绕组转过半周，如图 4-7（b）所示，换向片 B 与正电刷接触，换向片 A 则与负电刷接触，绕组中的电流方向变为 d→a，绕组受力矩作用仍按逆时针方向转动。这样当电源连续向电机供电时，其绕组就不停地按同一方向转动。

实际电机为了增大输出力矩和运转均匀，电枢采用多匝绕组，换向片的数量也随绕组匝数的增多而增多。

影响启动机功率的主要因素有蓄电池的容量、温度和接触电阻。蓄电池的容量越小，供给启动机的电流越小，于是产生的力矩越小，导致功率减小。温度主要是通过影响蓄电池的内阻而影响启动机功率的。温度降低，蓄电池的内阻增加，容量减小，启动机的功率明显下降。因此，冬天时对蓄电池适当保温，就可以提高启动机功率，改善启动性能。接触电阻大、导线过长及截面积过小，都会造成较大的电压降，使启动机的功率减小。

2）传动机构

传动机构由驱动齿轮、单向离合器、拨叉、啮合弹簧等组成，安装在启动机轴的花键部分。启动时，传动机构使驱动齿轮沿启动机轴移出与飞轮齿圈啮合，将电机产生的力矩通过飞轮传递给发动机的曲轴，使发动机启动；启动后，飞轮转速提高，将通过驱动齿轮带动电机轴高速旋转，引起电机超速。因此，发动机启动后，传动机构应使驱动齿轮与电机轴自动脱开，防止电机超速。传动机构中，结构和工作情况比较复杂的是单向离合器，它的作用是传递电机力矩，启动发动机，而在发动机启动后自动打滑，保护启动机电枢不致飞散。常用的单向离合器主要有以下几种。

（1）滚柱式单向离合器

① 构造

滚柱式单向离合器如图 4-7 所示，驱动齿轮与外壳制成一体，外壳内装有十字块和 4 套滚柱、压帽和弹簧。十字块与花键套筒固连，壳底与外壳相互扣合密封。

花键套筒的外面装有缓冲弹簧及衬圈，末端安装拨环与卡环。整个离合器总成套装在电机轴的花键部位上，可进行轴向移动和随轴转动。在外壳与十字块之间，形成 4 个宽窄不等的楔形槽，槽内分别装有一套滚柱、压帽及弹簧。滚柱的直径略大于楔形槽窄端，略小于楔形槽宽端，因此当十字块作为主动部分旋转时，滚柱滚入窄端，将十字块与外壳卡紧，使十字块与外壳之间能传递力矩；当外壳作为主动部分旋转时，滚柱滚入宽端，则放松打滑，不能传递力矩。

② 工作过程

启动时，拨叉动作，将离合器推出，驱动齿轮啮入飞轮齿圈后，电机通电，带动十字块旋转。由于十字块处于主动状态，迫使 4 套滚柱滚入窄端。受力分析如图 4-8（a）所示，它将十字块与外壳卡紧，传递力矩，驱动曲轴旋转，启动发动机。启动后，飞轮齿圈带动驱动齿轮与外壳高速旋转，当转速超过十字块时，就迫使滚柱滚入宽端打滑，如图 4-8（b）所示，自由转动，起飞散保护作用。

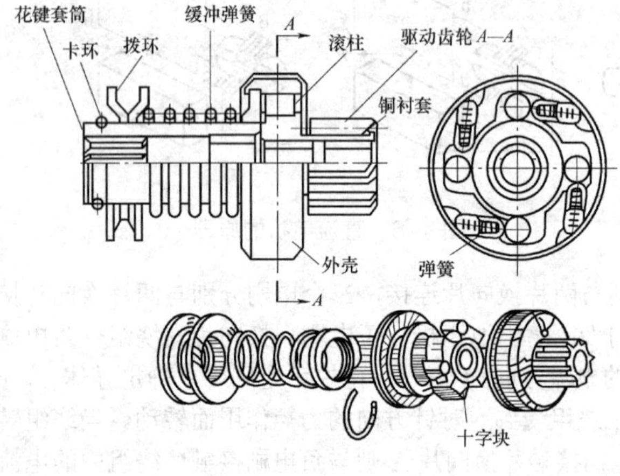

图 4-7　滚柱式单向离合器

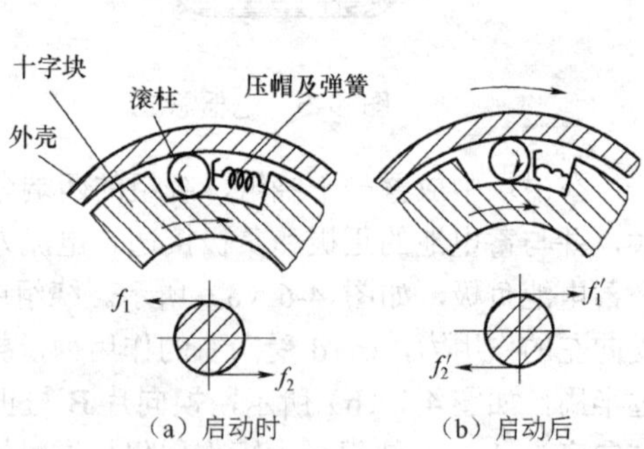

图 4-8　滚柱的受力分析

技师指导

汽车启动机上基本都采用了滚柱式单向离合器，使用多年后会导致冷车时启动打滑，即小齿轮与齿圈啮合，电机也转了，但两者发生松脱，重新启动滚柱换位后也可能不松脱；热车的这种松脱趋势会变小，这种情况下可花50～100元更换单向离合器，时间20分钟，也可花三四百元更换启动机。

（2）摩擦片式离合器

中等功率和大功率的启动机多采用摩擦片式离合器。它是通过摩擦片的压紧（传递力矩）和放松（防止飞散）来实现离合的。其结构和工作原理如图4-9所示。

① 构造

外接合毂1用半圆键装配在电机轴上，弹性圈2和压环3依次沿电机轴装入外接合毂中。主动摩擦片4（青铜材料）的外凸齿装入外接合毂的切槽中，被动摩擦片5（钢制）的内凸齿插入内接合毂6的切槽内。内接合毂的内圆切有螺旋花键，并装在电机的驱动齿轮柄9的三线螺旋花键上。齿轮柄自由地套在启动机轴上，其内垫有减震弹簧8，并用螺母固定，以防从轴上脱落。

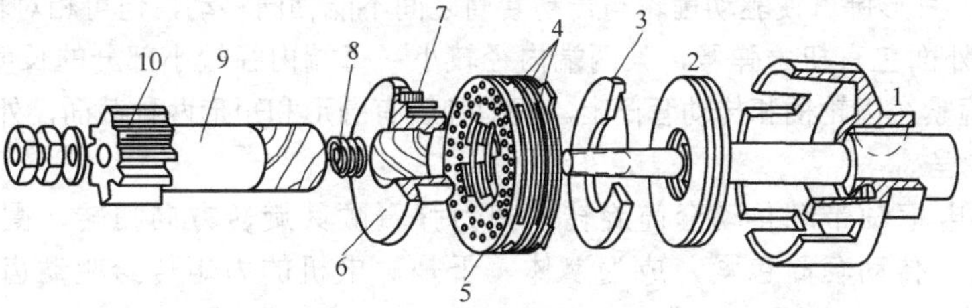

（a）结构

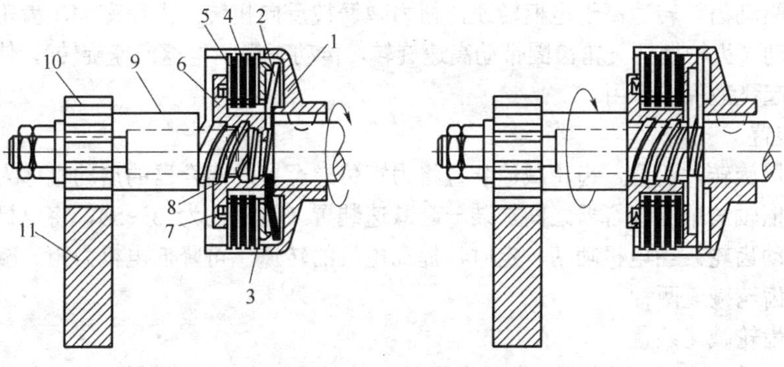

（b）压紧　（c）放松

1—外接合毂；2—弹性圈；3—压环；4—主动摩擦片；5—被动摩擦片；6—内接合毂；7—小弹簧；8—减震弹簧；9—齿轮柄；10—驱动齿轮；11—飞轮

图4-9　摩擦片式离合器

② 工作过程

启动时，当驱动齿轮啮入飞轮齿圈后，电机通电旋转，内接合毂由于螺旋花键的作用向右移动，摩擦片被压紧而将启动机的力矩传给驱动齿轮。当发动机的阻力矩较大时，内接合毂会继续向右移动，增大摩擦片之间的压力，直到摩擦片之间的摩擦力足够传递所需的启动力矩，带动曲轴旋转，启动发动机。

启动后，驱动齿轮被飞轮齿圈带动，其转速超过电枢转速时，内接合毂沿螺旋花键向左退出，摩擦片之间的压力消除。这时驱动齿轮虽然高速旋转但不会带动电枢，起飞散保护作用。

（3）弹簧式离合器

① 构造

弹簧式离合器如图 4-10 所示。

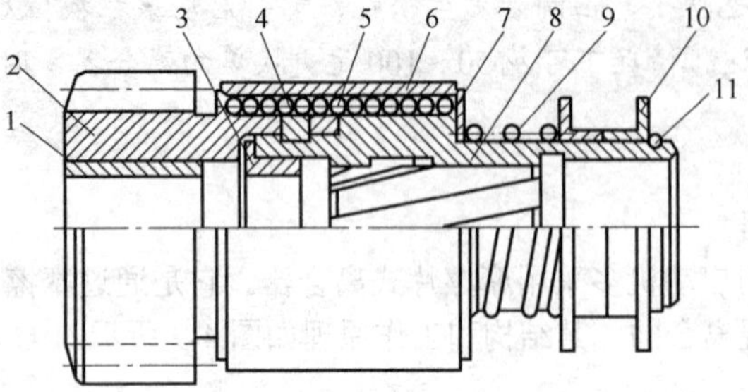

1—衬套；2—驱动齿轮；3—挡圈；4—月形键；5—扭力弹簧；6—护套；
7—垫圈；8—传动套筒；9—缓冲弹簧；10—移动衬套；11—卡簧

图 4–10　弹簧式离合器

传动套筒套装在电枢轴的螺旋花键上，驱动齿轮则套在电枢轴的光滑部分上，两者之间由两个月形键连接。月形键可使驱动齿轮与传动套筒之间不能轴向移动，但可相对转动。在驱动齿轮柄与传动套筒外面包有扭力弹簧，其两端内径较小（每端内径较小部分的长度占弹簧总长度的 1/4），并分别箍紧在齿轮柄和传动套筒上。扭力弹簧有圆形和矩形两种截面，外部有护圈封闭。

② 工作过程

启动时，电枢轴带动传动套筒旋转，扭力弹簧顺其旋转方向扭转，圈数增加，内径变小，将齿轮柄与传动套筒包紧，成为整体。于是，电机的力矩传给驱动齿轮，带动曲轴旋转，启动发动机。

启动后，驱动齿轮转速高于电枢转速，扭力弹簧被反向扭转，内径变大，齿轮柄与传动套筒松脱，各自转动（齿轮柄被飞轮齿圈带动高速旋转，传动套筒随电枢低速旋转），使发动机力矩不能传给电枢，起飞散保护作用。

3）减速装置

启动机电枢旋转时，通过齿轮减速装置将力矩传递至单向离合器的启动机称为减速启动机。减速是指在电枢轴与单向离合器之间加装一套减速装置（减速比为 3～5），将电机的转速降低、力矩增大后驱动齿轮。当电机功率一定时，提高电机的转速，可降低电机力矩。减速分为普通齿轮减速和行星齿轮减速两种。

（1）普通齿轮减速装置

一些柴油货车或轿车为降低成本采用平行轴外啮合齿轮减速装置，该装置中设有 3 个或 2 个齿轮。3 齿轮式有电枢轴齿轮、中间齿轮（惰性轮）及减速齿轮，其结构组成如图 4-11 所示。

（2）行星齿轮减速装置

采用行星齿轮减速装置的启动机中设有 3 个行星轮，1 个太阳轮（电枢轴齿轮）及 1 个固定的内齿圈，其结构组成如图 4-12 所示，啮合关系如图 4-13 所示。

行星架是一个具有一定厚度的圆盘，圆盘和驱动齿轮轴制成一体。3 个行星齿轮连同齿轮轴一起压装在圆盘上，行星齿轮在轴上可以灵活转动。驱动齿轮轴一端制有螺旋键齿，与离合器传动导管内的螺旋键槽配合。太阳轮制成 11 个齿，压装在电枢轴上，并保持与 3 个行星齿轮同时啮合。用塑料铸塑的内齿圈制有 37 个齿，3 个行星齿轮在其上滚动。内齿圈的外缘制有凸起，嵌放在后端盖上的凹坑内，以保持固定。该齿轮的减速比为 $i=1+Z_2/Z_1=1+37/11=4.4$，式中的 Z_1 为太阳轮齿数；Z_2 为内齿圈齿数。

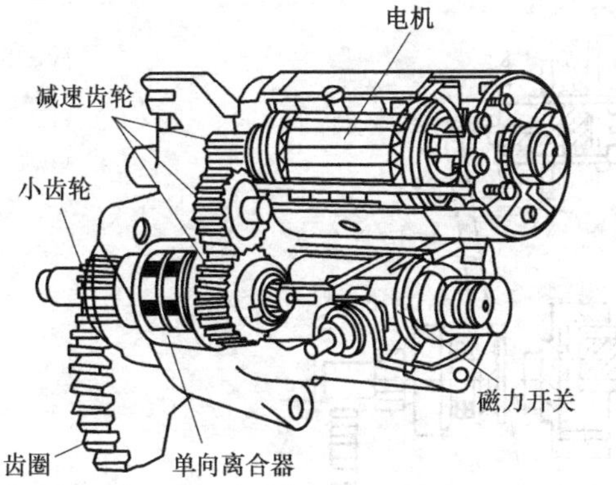

图 4-11　普通齿轮减速装置的结构组成

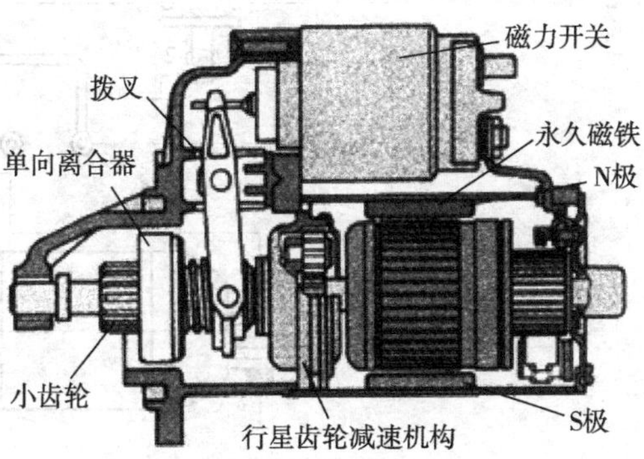

图 4-12　具有行星齿轮减速装置的启动机的结构组成

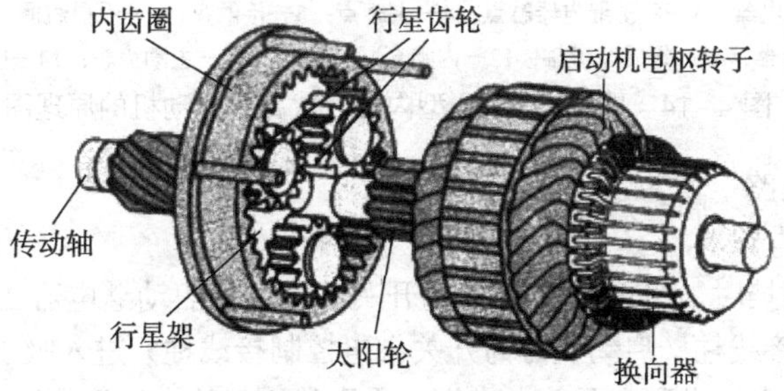

图 4-13　具有行星齿轮减速装置的启动机的啮合关系

4.2 启动机控制电路

控制装置的作用是控制驱动齿轮与飞轮齿圈的啮合与分离；控制电机电路的接通与切断。常用的控制装置有机械式和电磁式两种，在现代汽车上，启动机均采用电磁式控制电路，电磁式控制元件也称磁力开关。

1. 磁力开关

磁力开关本质上是一个螺线管继电器，只不过在移动的铁芯上又加了拉动拨叉的挂钩。磁力开关上有 3 个接线柱，一个是主电路接线柱端子（常电 30），一个是控制端子 50，另一个接线柱用于把电流引入直流电机。磁力开关内部有两个线圈，名称为吸引线圈和保持线圈。两线圈外接磁力开关的端子 50，吸引线圈的另一端接启动机开关主接线柱端子 30，经保持线圈的另一端搭铁。活动铁芯与拨叉通过调节螺钉相连，固定铁芯的中心装有推杆，其上套有接触盘、活动铁芯及推杆，接触盘上装有复位弹簧。如图 4-14 所示是国产 QD254 型内啮合式减速启动机的原理图。

2. 启动继电器

装启动继电器的目的是：减小流过点火开关的电流，防止点火开关烧损。启动继电器的 4 个接线柱分别接启动机、电池、搭铁和点火开关，点火开关与搭铁接线柱之间是继电器的电磁线圈，启动机和电池接线柱之间是继电器的触点。接线时，点火开关接线柱接点火开关的启动挡，电池接线柱接电源，搭铁接线柱直接搭铁，启动机接线柱接启动机电磁开关上的启动机接线柱，如图 4-14 所示。汽油车的启动继电器通常是 12V，由于给磁力开关的用电电流较小，所以其形状与普通继电器大多相同。柴油车的启动继电器通常是 24V，由于给磁力开关的用电电流较大，所以其形状与普通继电器可能有较大的差别。

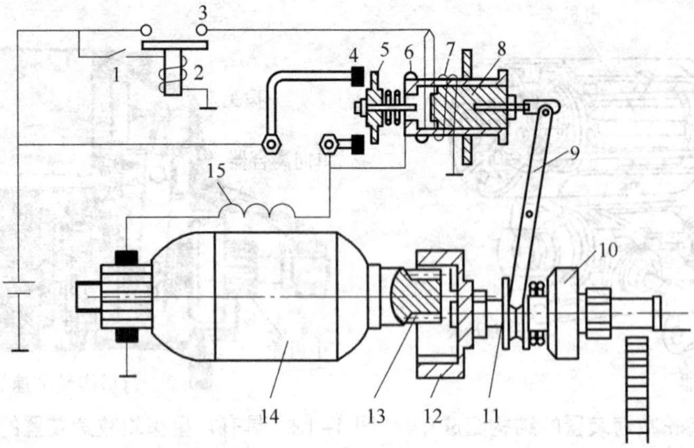

1—启动开关；2—启动继电器；3—启动继电器触点；4—主触点；5—接触盘；6—吸引线圈；7—保持线圈；8—活动铁芯；9—拨叉；10—单向离合器；11—螺旋花键轴；12—内啮合减速齿轮；13—主动齿轮；14—电枢绕组；15—励磁绕组

图 4-14 国产 QD254 型内啮合式减速启动机的原理图

3. 启动机控制电路

1）磁力开关控制电路

点火开关打至启动挡时，图 4-14 中的启动开关 1 接通，启动继电器 2 通电，触点 3 接通。电流经磁力开关的 50 号接线柱（启动机磁力开关供电控制接线柱）进入吸引线圈 6 和保持线圈 7，经保持线圈 7 的电流在启动机磁力开关上搭铁。吸引线圈 6 的电流流经励磁绕组 15 后，经电刷再搭铁。两线圈通电后产生较强的电磁力，克服弹簧弹力使活动铁芯移动，一方面通过拨叉带动驱动齿轮移向飞轮齿圈并与之啮合，另一方面推动接触盘 5 移向常电 30 和输出两个主接线柱触点，在驱动齿轮与飞轮齿圈啮合后，接触盘将两个主触点接通，使电机通电运转。

2）电机工作电路

驱动齿轮进入啮合之前，由于经过吸引线圈的电流经过了电机，所以电机在这个电流的作用下会产生缓慢旋转，以便于驱动齿轮与飞轮齿圈啮合。当两个主接线柱触点接通之后，蓄电池的电流直接通过主触点和接触盘进入电机，使电机正常运转，此时通过吸引线圈的电路被旁路失效，因此吸引线圈中无电流通过，主触点接通的位置靠保持线圈来保持。发动机启动后，切断启动电路，保持线圈断电，在磁力开关内弹簧的作用下，活动铁芯回位，切断了电机的电路，同时也使驱动齿轮退出与飞轮齿圈的啮合。

启动机工作时电流大、转速高，因此在使用启动系统时，应注意以下几点。

① 每次接通启动开关使用启动机的时间不得超过 5s，连续两次接通启动机应间隔 15s 以上时间，当连续三次接通启动机仍不能启动发动机时，应查明原因并排除故障后再接通启动开关进行启动。

② 接通启动机时，如果测量蓄电池端电压低于 9.6V，则说明蓄电池存电不足或有硫化、短路等故障，应及时补充充电或更换电池。

③ 汽车每行驶 6000～7500km，应检查启动机工作是否正常，有无异常噪声；每行驶 12 000～15 000km，应检查启动机外观、导线连接与紧固情况是否正常。

技师指导

发动机启动的最低转速要保证曲轴位置传感器输出可识别的信号。发动机旋转阻力受发动机式样（排气量、汽缸数、压缩比、周期数、行程、气门数等）、变速器油黏度、变速器油底壳内油面以下齿轮数目多少、工作温度及发动机油底壳润滑油黏度的影响。

启动机的功率取决于蓄电池的容量，小容量蓄电池即使配高功率启动机也不能发挥实力；电缆铜线发生铜锈变绿而使电阻变大，会导致线电压增大和电缆线过热，减少启动机的输入电压。

当知道了启动机总成内部电路的工作原理后，以后只分析启动机外部的电路即可。

完成任务

请根据你分解的启动机，完成表 4-1 的任务。

表 4-1　启动机分解任务

定子是感应型还是永磁型		找到磁力开关的常电接线柱 30 了吗	
单向离合器采用哪种类型		找到磁力开关的控制接线柱 50 了吗	
是哪种减速启动机		找到定子绕组的接线柱 C 了吗	

4．30 号端子断电继电器

蓄电池正极与启动机磁力开关的 30 号电源接线柱连接的这条大电流电源线，始终是带电的，由于启动机在启动瞬间的电流很大（可达上几百甚至上千安培），因此基本上都未设置熔断器等保护装置，若安装、维护或使用不当，极易引发自燃事故。另一种故障是启动机磁力开关内的两个触点烧熔短接而不能断开，或者启动机驱动齿轮与发动机飞轮齿圈不能回位断开，此时启动机不受点火开关的控制而处于长期通电状态，因启动机电枢绕组匝数少，通过大电流发热而损坏启动机，若不及时断开蓄电池正极点电源，甚至还会发生火灾。

如图 4-15 所示为 30 号端子断电继电器的外形，其四个接线柱功能的标注为：A 端就近接蓄电池正极；B 端经大电流导线接启动机磁力开关的电源接线柱；C 端接点火开关启动挡；D 端接蓄电池负极或搭铁；故障指示灯在 C、D 之间。

当启动开关闭合时 C、D 导通使 A、B 端内部开关导通，蓄电池电压经 A、B 接点向磁力开关的常电 30 号接线柱供电。启动开关断开后，A、B 内部断开，因此 B 端连接启动机的大电流导线无电源电压，从而彻底解决了蓄电池电压与启动机连接的大电流导线长期带电的不安全缺陷，并可大大减少汽车在行驶途中或停车时发生的自燃事故。

图 4-15　30 号端子断电继电器的外形

30 号端子断电继电器与磁力开关的常电 30 号接线柱间无工作电流，启动开关刚开的一瞬间这段线上有几个毫安的故障诊断电流，监控元件内置在继电器内部。当与启动机连接的大电流导线任一点因某些原因搭铁短路时，监控装置内设的故障自诊断电路立即自动保护，并随即输出一个故障信号。在这种状态下，若接通启动开关，因监控装置内部已保护，故 B 端无电压输出，启动机不工作。若将此故障信号用一导线接到驾驶室仪表台上，可为驾驶员提供故障信息，为检修此类故障提供了方便。

若启动机磁力开关的两个触点烧熔短接而不能断开，或者启动机驱动齿轮与发动机飞轮齿圈不能回位断开而使启动机磁力开关触点闭合，监控装置立即自动保护，并随即输出一个故障信号，在这种状态下，若接通启动开关，启动机也不工作，从而保护了启动机，还可避免因启动机烧毁而引发的火灾事故。

在启动过程中，若与启动机连接的大电流导线任一点搭铁短路，监控装置立即自动保护，A、B 端内部开关断开。监控装置只在启动开关闭合的较短时间内工作，断开启动开关后监控装置不工作。

一旦指示灯有故障信号输出，驾驶员看到故障灯亮后应熄火。

完成任务

若一台无“30 号端子断电继电器”的货车想要加装此继电器，以图 4-15 为例应如何装：____________________。另外，故障指示灯亮，停车后，应如何检修：____________________。

5．汽车的几种典型启动电路

任务驱动项目

采用实车测量启动电路，并归纳该车属于哪种类型。

除启动机本身电路以外的启动电路称为启动系统的控制电路。启动系统的控制电路随车型的不同而有所不同。

1）启动电路分类

（1）按变速器配置可分为手动速器车的启动电路和自动变速器车的启动电路

为了防止启动机引起车辆前移危险，驾驶上要求变速器在空挡启动，一般不将空挡开关串入启动电路。自动变速器上设计有操纵手柄在 P、N 挡时才能将启动控制电路接通；若有启动继电器，启动继电器的线圈可串接到防盗器的防盗继电器上。

（2）按控制方式可分为直接控制型启动电路和间接控制型启动电路

直接控制是指点火开关启动挡直接控制启动机磁力开关电路，也可通过启动继电器控制。间接控制是指点火开关启动挡仅作为一路输入，P 或 N 挡位中的一个作为另一路输入，两者逻辑相“与”同时成立时，输出一路控制电流送往磁力开关，完成启动控制。例如，启动挡、P 或 N 挡位两路信号输入启动继电器后控制启动电路（如大众配自动变速器的启动电路）。三路“与”的情况是再加入 BRAKE 制动开关信号（如大众配备 DSG 自动变速器的启动电路）；四路“与”是把防盗器输出作为一路信号，一般不这样做是因为前三路是防止启动时发生意外事故，具有共性，而第四路即使工作，也不能起防盗车作用，因为启动机可以在发动机舱内的启动机上短接启动。事实上，防盗功能启动后，信号输入发动机控制单元控制停止给点火放大器、喷油器、油泵继电器的驱动信号，阻止发动机着火的设计居多。

2）典型启动电路举例

（1）直接控制型启动电路

① 手动变速器启动机电路

直接型手动变速器启动机电路分为无继电器和有继电器两种，如图 4-16 和图 4-17 所示。

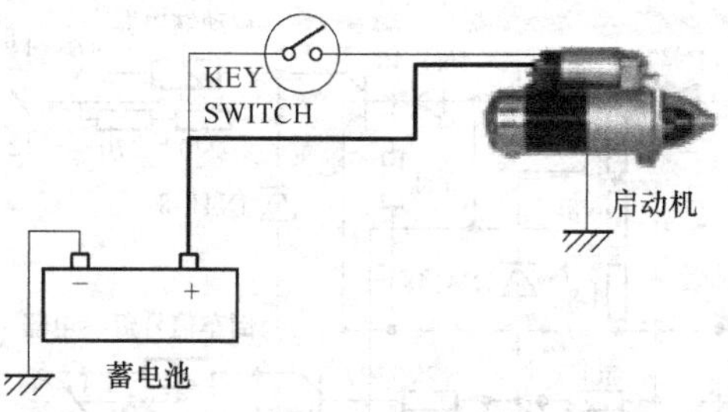

图 4–16 直接无继电器型启动电路

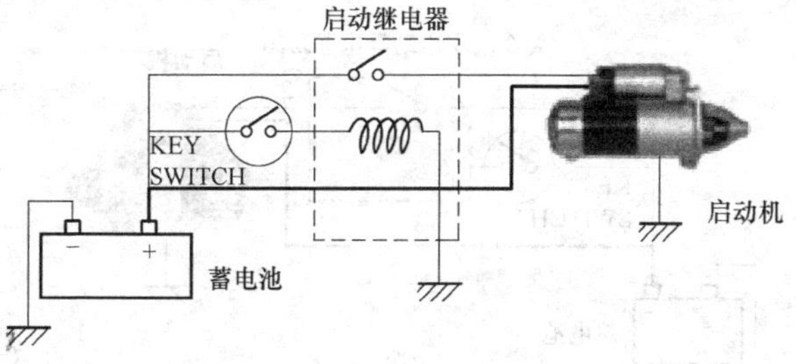

图 4–17 直接有继电器型启动电路

如图 4-18 所示，一般后装防盗器的启动系统，防盗器内的继电器开关电路可接入启动继电器线圈电路的搭铁回路，即经防盗器外部的常闭继电器触点后再搭铁。

② 自动变速器启动电路

如图 4-19 所示，装用自动变速器的车辆只有操纵手柄在 P 挡和 N 挡时才能启动启动机。带自动变速器的启动机控制电路，按多功能开关形式可分为普通型和编码型。普通型多功能开关位于变速器壳体上，磁力开关的电流要流过多功能开关。

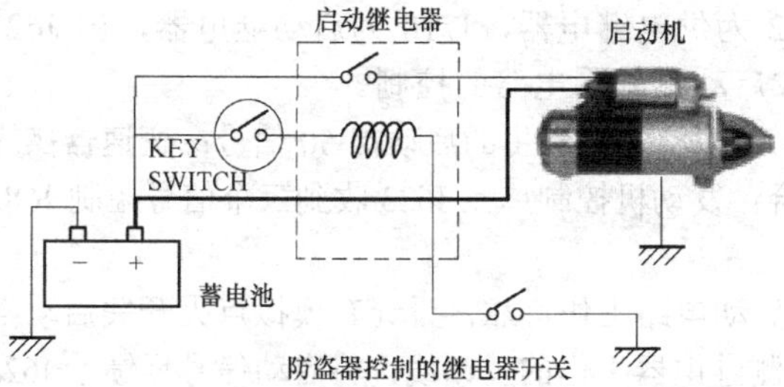

图 4–18 直接型启动继电器+防盗器

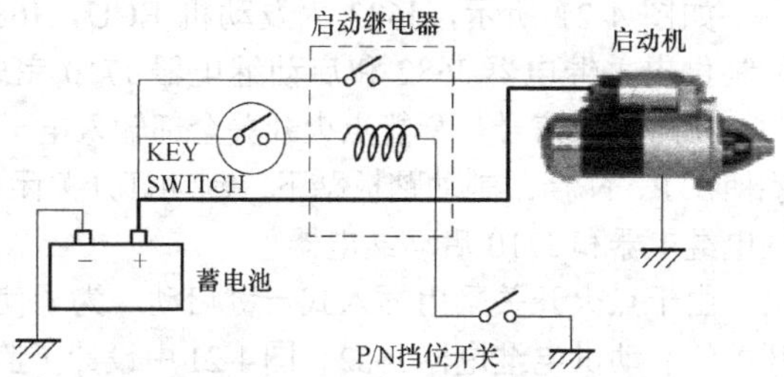

图 4–19 直接型自动变速器启动电路

（2）间接控制型启动电路

① 自动变速器带编码式多功能开关的两路启动电路

如图 4-20 所示，编码式多功能开关把 P 挡或 N 挡的信号输入启动继电器，启动信号输入后由点火开关启动挡输出。编码式多功能开关多位于变速器壳体上，少数汽车的多功能开关位于变速器内部的电脑板上，磁力开关的电流不流过多功能开关，多功能开关识别 P 挡和 N 挡后控制启动继电器工作。启动继电器和倒车继电器在大众汽车里通常集成在一起。

技师指导

如图 4-20（b）所示为启动继电器 J226 的内部电路图。它位于中央继电器盒上，为组合式继电器。倒车信号灯继电器控制倒车信号灯开关，启动机继电器可保证发动机只能在 P 和 N 挡位启动。继电器中的 2、5 接电源正极，点火开关打到启动挡时，6 接供电，7 接搭铁，4 接倒车信号灯，8 接启动机，1、3、9 接控制单元 J204 和多功能开关 F125，5 和 4 之间为倒车继电器触点，2 和 8 之间为启动继电器触点。

当 9 为低电平时，5 和 4 不接通，2 和 8 也不接通，倒车信号灯继电器开关和启动机继电器开关均断开，对应 D、3、2、1 挡。当 9 为高电平，1 和 3 也同时为高电平时，5 和 4 接通，倒车信号灯继电器开关闭合，倒车信号灯亮，而 2 和 8 不接通，启动机继电器开关断开，对应 R 挡。

当 9 为高电平，1 和 3 不同时为高电平时，5 和 4 不接通，倒车信号灯继电器开关断开，而 2 和 8 接通，启动机继电器开关闭合，对应 P、N 挡。

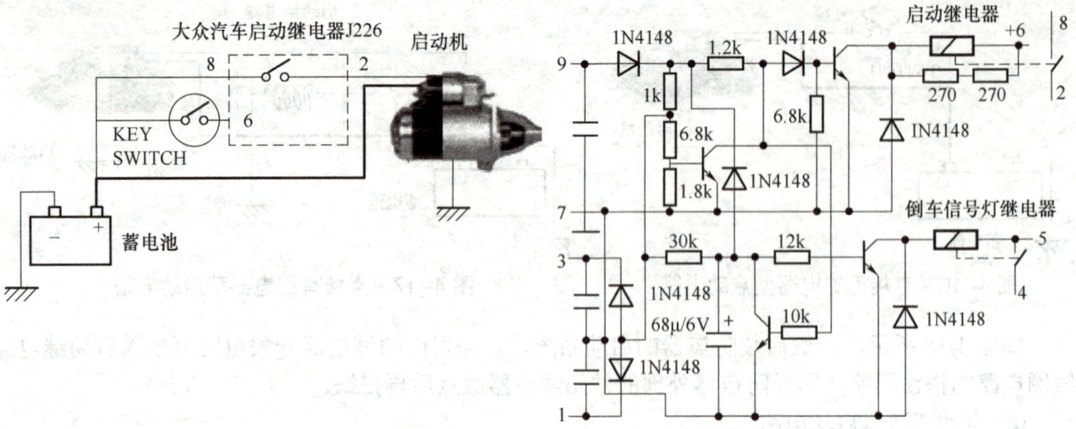

（a）启动继电器 J226 的外部电路　　（b）启动继电器 J226 的内部电路

图 4–20　大众汽车 AG4 自动变速器启动电路

② 自动变速器三路间接控制启动电路

如图 4-21 所示，J623 为发动机 ECU，J682 为供电继电器，J710 为启动继电器，由 J623 控制供电主继电器 J682 和启动继电器 J710 完成启动机外围电路的控制。

三路输入信号是智能点火开关全部输入电子点火锁 E415 产生的启动挡 50 信号；变速器操纵手柄在 P、N 挡；制动踏板踏下；制动灯开关闭合；发动机控制单元 J623 收到三个信号控制 J682 供电继电器和 J710 启动继电器。

由于点火开关采用插入式一键启动，为了使启动电路工作可靠，设计有模拟点火开关启动挡开关的启动供电继电器 J682。图 4-21 中设计了监测继电器工作的反馈线，将启动信号反馈给 J623 的 T94/74 引脚，这样当两继电器线圈串联通电时，J623 的 T94/74 引脚应收到高电位，否则说明两个继电器中有一个有故障。采用两个继电器开关串联的目的是为了防止其中一个继电器触点开关熔焊出现不能断开的情况，导致启动电路出现无法退出工作的危险情况。这样设计电路还有一个好处，在传统没有一键启动的汽车上，汽车司机在启动车辆后可依靠发动机启动后的突然振动来判断发动机已启动，由此放开对点火开关的控制。对于双继电器控制启动电路，在发动机计算机中通过发动机转速传感器 G28 识别出发动机已经启动后，迅速控制供电继电器 J682 和 J710 退出工作，可防止发动机启动后仍向启动机供电的现象发生。

完成任务

实车测量启动电路后，归纳该车的启动属于哪种类型：________________。
实车启动电器元件的车上位置：（有/无）机械点火开关________________。
（有/无）启动继电器________________________________。
启动继电器采用哪种方式控制：________________________。

技师指导

大众汽车启动电路中采用供电继电器 J682 和启动继电器 J710 串联的结构形式时，控制 ECU 可以是发动机控制单元 J623，也可以是汽车电气控制单元 J519。

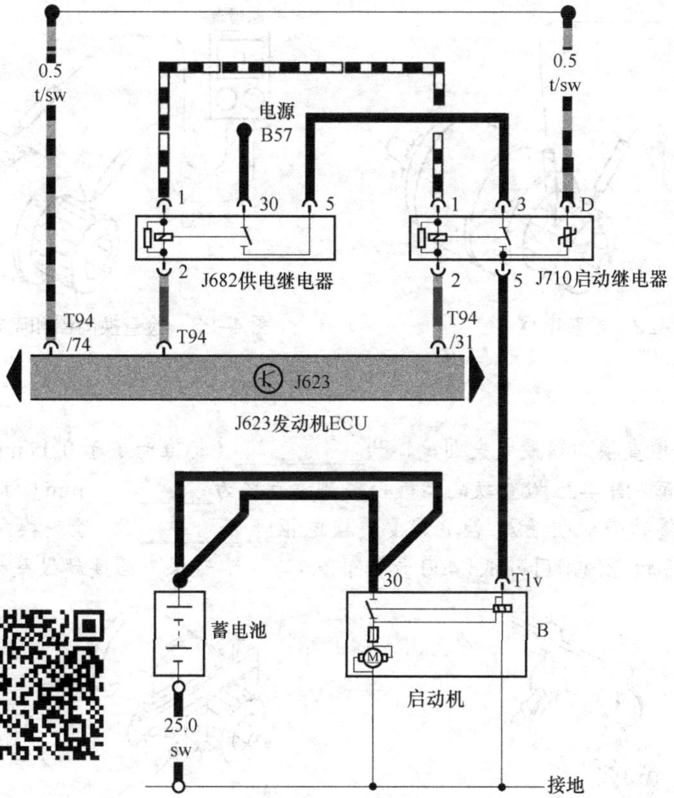

图 4-21　自动变速器三路间接控制启动电路

4.3 启动机检修和性能测试

1. 启动机检修

任务指导

拆装实车启动机，参照本节的检修方法进行检修，只有这样才能保证装配和调整是正确的，其中应润滑保养的项目也一并指出，以确保装回的启动机无故障。为减小损耗可采用服务站有故障的启动机进行拆装，查找出故障后，用互补修理法修复，并上车测试。

1）检查启动机电枢总成

启动机电枢总成检修如图 4-22～图 4-28 所示。

完成任务

请按图 4-22 检查电枢，万用表的显示为__________Ω，说明__________。

请按图 4-23 检查换向器和电枢绕组铁芯，万用表的显示为______Ω，说明______。

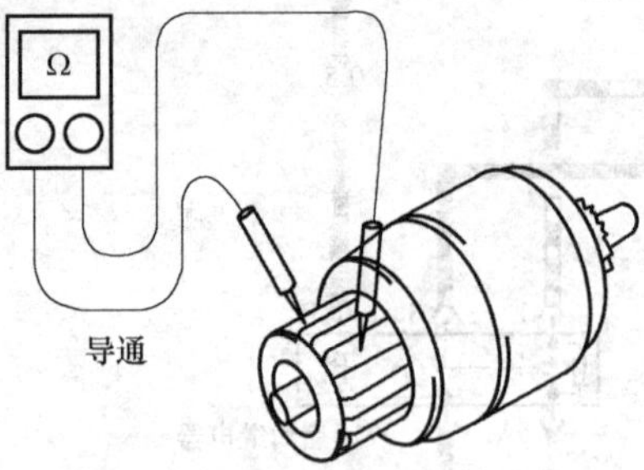

图 4-22　检查电枢

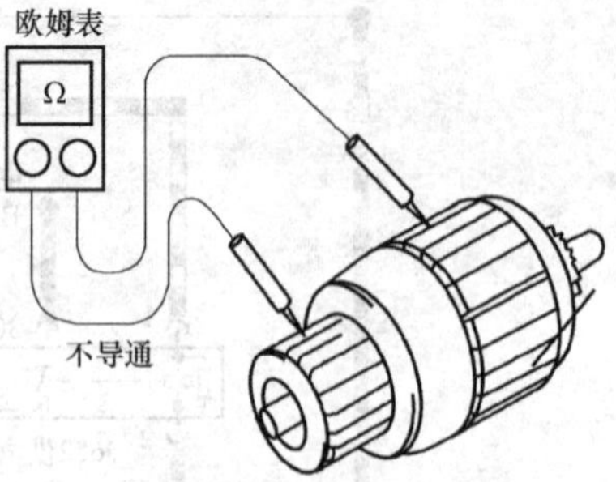

图 4-23　检查换向器和电枢绕组铁芯

完成任务

请按图 4-24 检查换向器最大失圆度，为__________（标准为小于 0.05 mm），测量结果说明__________。请按图 4-25 检查换向器直径，测量直径为__________mm（标准为磨损 1mm 后应更换电枢，测量结果说明（是/否）需要更换电枢：__________。检查换向器脏污和表面烧蚀。如果表面脏污和烧蚀，用砂纸（400 号）打磨或车削。如果失圆度超过最大值，车削修复。

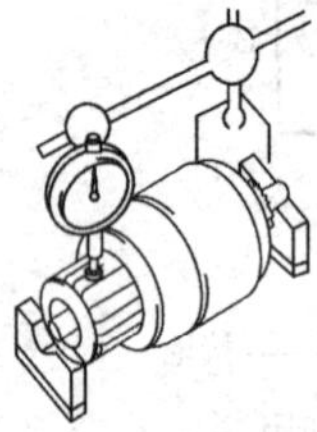

图 4-24　检查换向器最大失圆度

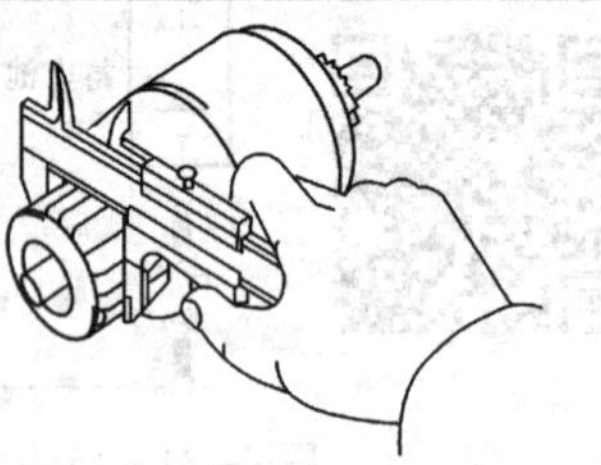

图 4-25　检查换向器直径

完成任务

请按图 4-26 清除凹槽杂物，检查换向器凹槽深度为__________（标准为大于 0.2 mm），测量结果说明__________。如果凹槽深度小于最小值，使用锯条刮削或更换电枢。

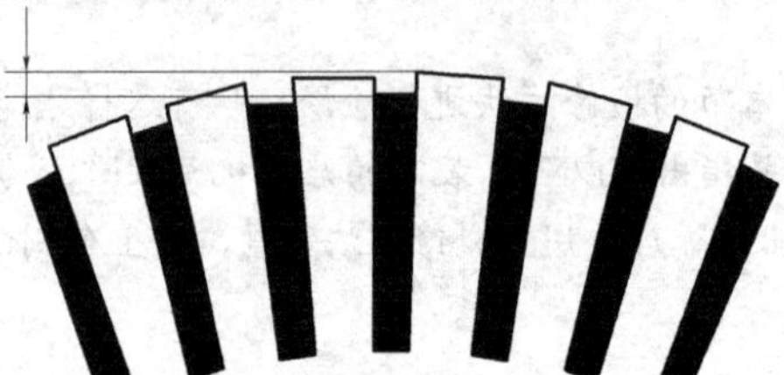

图 4-26　换向器深度检查

2）检查定子

启动机定子检修如图 4-27 与图 4-28 所示。

完成任务

请按图 4-27 检查定子绕组，万用表阻值为__________Ω，测量结果说明__________。

请按图 4-28 检查定子搭铁情况，阻值为__________Ω，测量结果说明__________，（是/否）需要更换定子：__________。

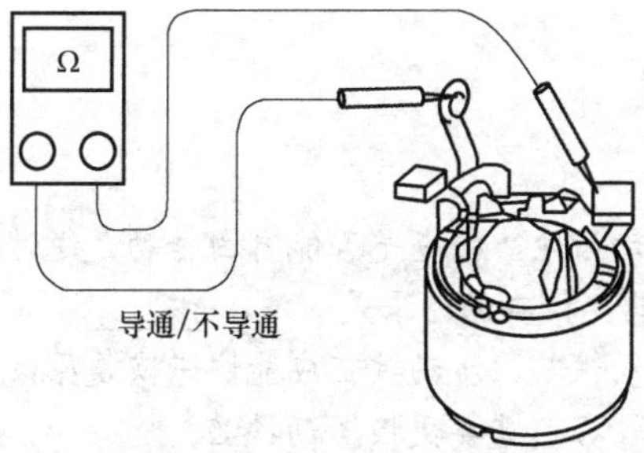

图 4-27　定子绕组检查

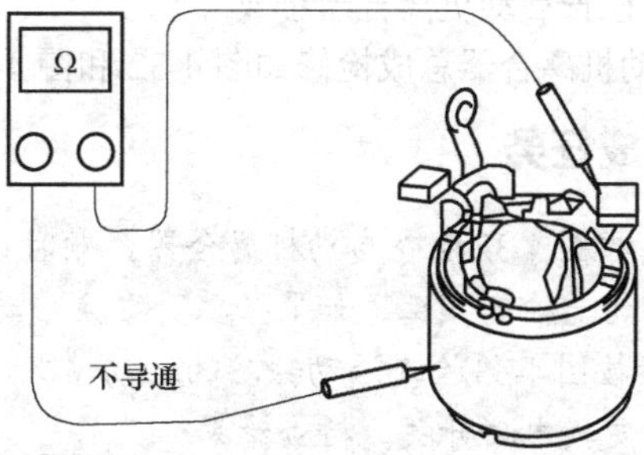

图 4-28　检查定子搭铁

3）检查电刷

启动机电刷的检修如图 4-29～图 4-31 所示。

完成任务

请按图 4-29 测量电刷长度为＿＿＿＿＿mm，最小长度标准为 9.0 mm，如果长度小于最小值，更换启动机磁扼或电刷架，并用砂布研磨。

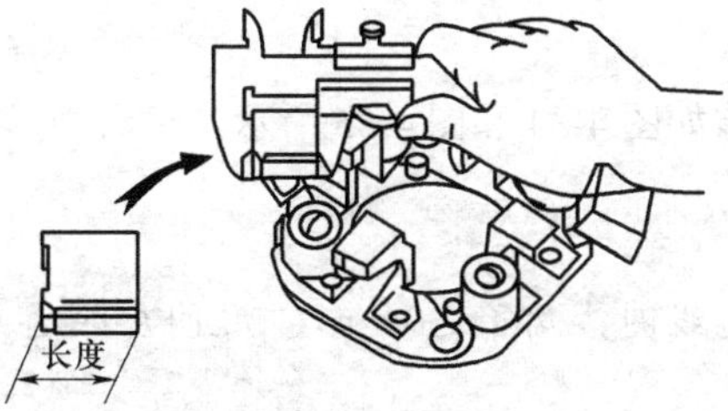

图 4-29　电刷长度测量

完成任务

请按图 4-30 测量电刷弹簧的安装载荷为＿＿＿＿＿N，若最小安装载荷为 8.8 N，（是/否）需要更换弹簧：＿＿＿＿＿。

请按图 4-31 测量正、负极电刷架电阻为＿＿＿＿＿Ω，说明＿＿＿＿＿＿＿。

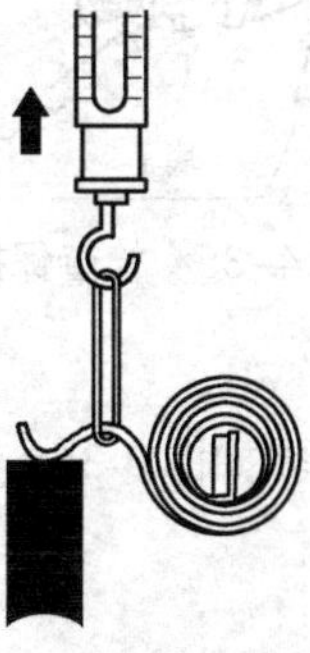

图 4-30　测量电刷弹簧的安装载荷

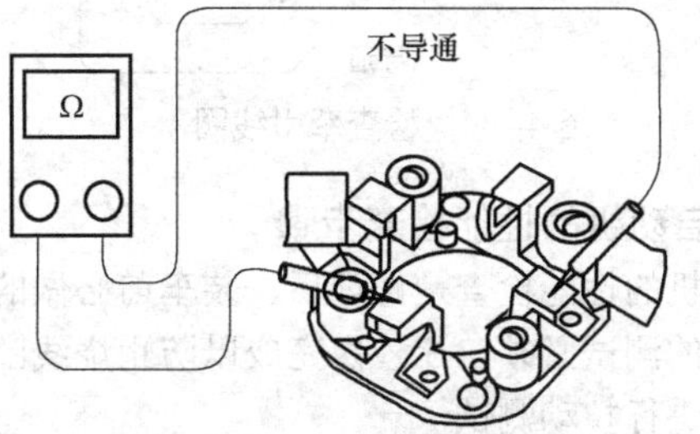

图 4-31　正、负极电刷架

4）检查启动机离合器总成

启动机离合器总成检修如图 4-32 和图 4-33 所示。

完成任务

请按图 4-32 检查启动机离合器，顺时针转动驱动齿轮，检查是否能自由转动。逆时针转动驱动齿轮，检查锁止。如果必要，更换启动机离合器。检查的结果是：________。

请按图 4-33 检查活动铁芯的运动情况，推入活动铁芯，活动铁芯应能快速恢复原位。如果不能，更换电磁开关。检查结果：__________（是/否）需要更换活动铁芯。

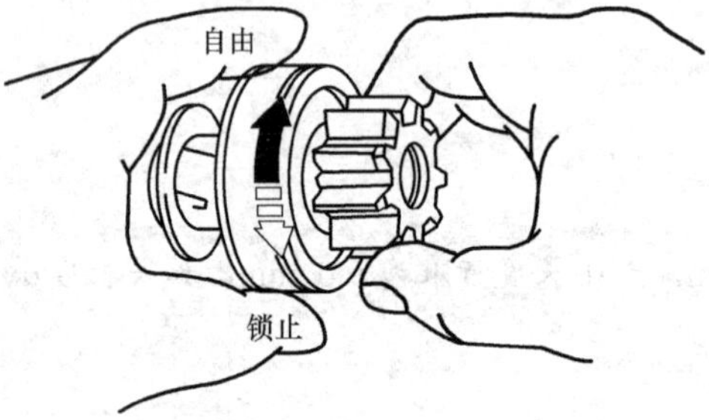

图 4–32　检查启动机离合器

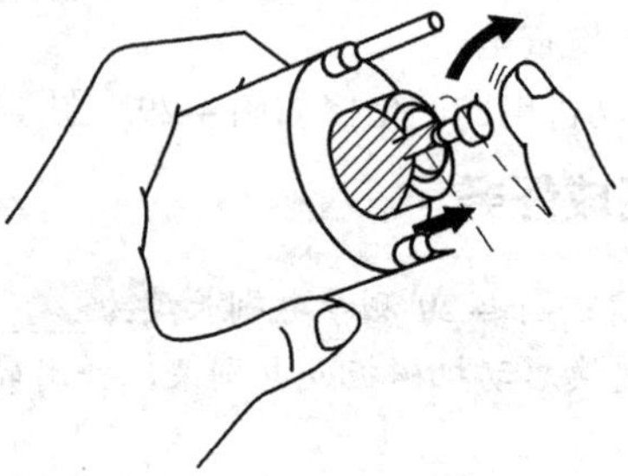
图 4–33　检查活动铁芯

5）检查电磁开关总成

启动机电磁开关总成检修如图 4-34 和图 4-35 所示。

完成任务

请按图 4-34 检查牵引线圈，端子 50 和 C 之间应导通，电阻为________Ω，说明__________。

请按图 4-35 检查保持线圈，检查端子 50 和开关外壳电阻为________Ω，说明__________。

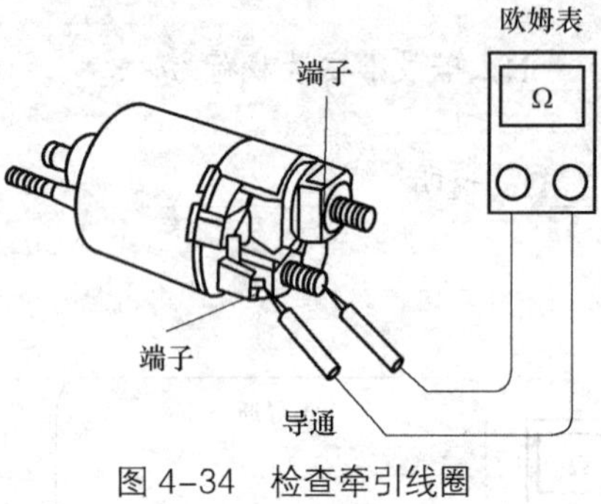

图 4–34　检查牵引线圈

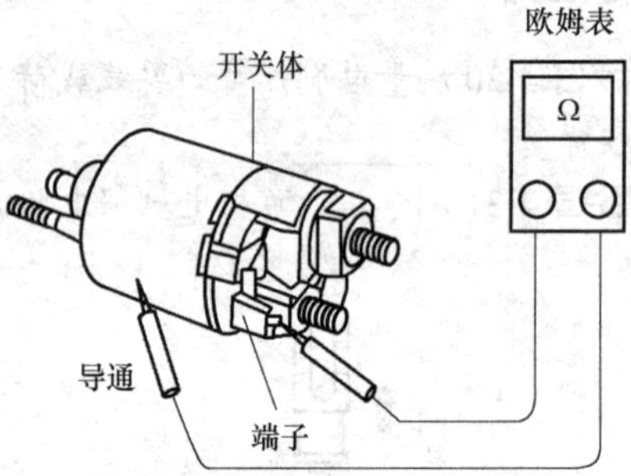

图 4–35　检查保持线圈

2. 启动机的性能检查步骤

启动机的性能检查是修理后、装车前必做的一个试验，步骤如图 4-36～图 4-39 所示。

下面的测试必须在 5 秒内完成以防止烧线圈。

（1）进行拉动测试

① 如图 4-36 所示，从端子 C 断开导线。

② 将蓄电池连接到电磁开关上，检查离合器小齿轮是否拉出，如果小齿轮不移动，应更换磁性开关总成。

（2）进行保持测试

如图 4-37 所示，断开端子 C 的负极导线，检查小齿轮是否仍然拉出，如果小齿轮往里缩回，应更换磁性开关。

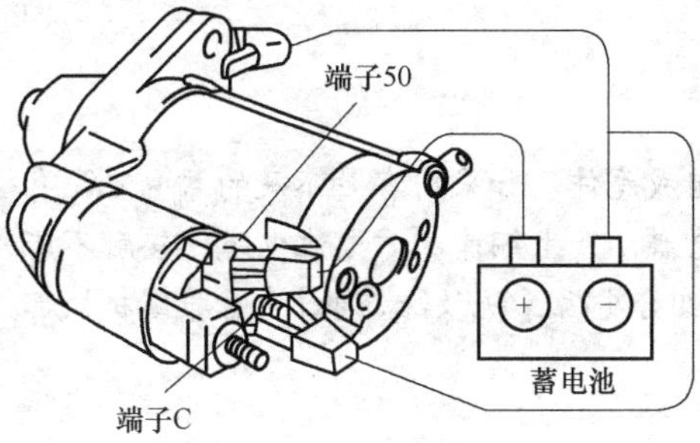

图 4–36　进行拉动测试

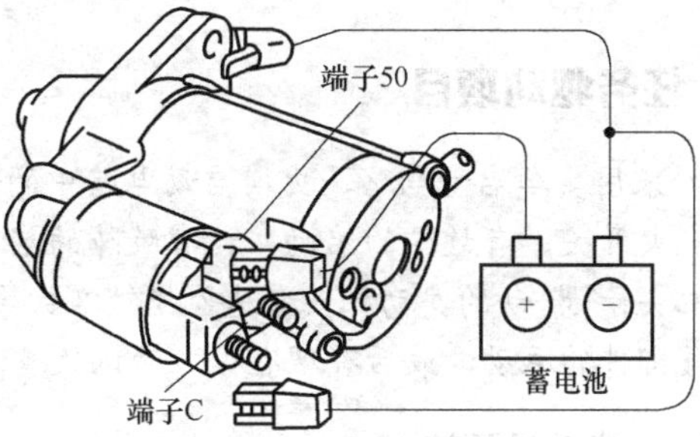

图 4–37　进行保持测试

（3）检查离合器小齿轮复位

如图 4-38 所示，断开启动机上的负极（-）导线，检查离合器小齿轮是否返回内部，如果小齿轮不回位，应更换磁性开关。

（4）进行空载测试

① 如图 4-39 所示，将导线连接到端子 C 上。扭矩为 9.8 N·m。

② 用台钳夹住启动机。

③ 将蓄电池和电流表连接到启动保持启动机上不变动，将蓄电池（+）端子接安培表，然后再将安培表与启动机的端子 50 和 30 连接起来。将蓄电池（-）端子与启动机连接起来。用小齿轮向外移动来检查启动机旋转是否平滑和稳定，并读取安培表的读数。1.6kW 型电流表应为 90A 以下（此时启动机电压降为 11.5V）。

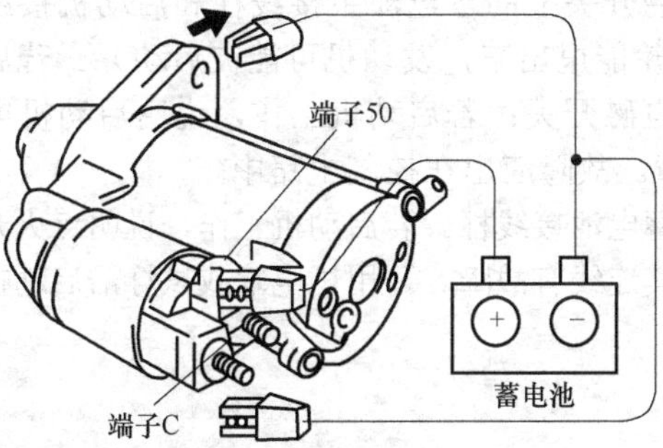

图 4–38　检查离合器小齿轮复位

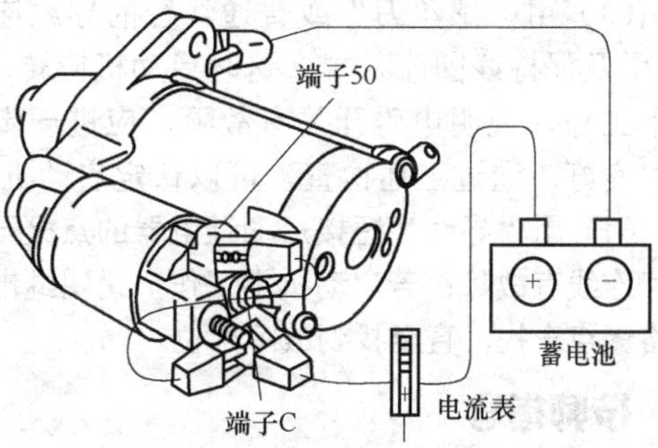

图 4–39　进行空载测试

完成任务

启动机测试为什么必须在 5 秒内完成：＿＿＿＿＿＿＿＿＿＿＿＿＿＿＿＿＿＿。

进行拉动测试在测试哪些部件的什么功能：＿＿＿＿＿＿＿＿＿＿＿＿＿＿＿＿。

进行保持测试在测试哪些部件的什么功能：＿＿＿＿＿＿＿＿＿＿＿＿＿＿＿＿。

进行空载测试在测试哪些部件的什么功能：＿＿＿＿＿＿＿＿＿＿＿＿＿＿＿＿。

4.4 启动系统故障诊断

任务驱动项目

采用实车启动电路，更换启动电路中的部分组成元件，如采用容量不足的蓄电池、有缺陷的点火开关、有故障的启动机、有故障的启动继电器、产生铜绿的蓄电池电缆、接触不严的蓄电池夹子、松动的发动机或变速器搭铁螺钉等，并组合电源系统故障，通过声音推断机械部件、电气部件的运动，最后有理有据地确认故障。

1. 启动机不转

1）故障现象

打点火开关至启动挡，启动机不转。

2）判断步骤与方法

（1）查看蓄电池的状况和电源导线连接情况。

① 按喇叭或开前照灯，若喇叭响声变小或前照灯灯光暗淡，说明蓄电池容量过低（使用年限过长或发电机不发电造成）或电源导线接触不良。

② 应对蓄电池的正极线、搭铁线及各接线柱和总电源开关进行检查，若有脏污或松脱，应清洁或紧固。

（2）用“螺丝刀”当导线短接启动机电磁开关上的两个粗接线柱（这时启动机应转动，但用轮甩不出来，因此不用担心发动机被启动）。若启动机不转且无火花，说明电机有故障，应解体检修；若启动机运转，说明电机正常。

（3）用“螺丝刀”或普通线径的导线连接电磁开关上的蓄电池主接线柱和启动机接线柱（吸引及保持线圈流入端，这时启动机应转动，甩轮能甩出来，发动机可能被启动）。若启动机不工作，说明电磁开关有故障，应进一步检查电磁开关；若启动机工作，说明启动机电磁开关良好。通过上述检查，可以认定启动机无故障。故障应出在控制电路中。

（4）用“导线”短接启动继电器的点火开关与蓄电池接线柱。若启动机工作，说明点火开关及其连线有故障；若启动机不工作，说明继电器及其连线有故障。可用试电笔或试灯沿启动控制电路逐点查找，直至找到故障部位。

技师指导

用“螺丝刀”短接的方法是最方便、快捷且对车没有什么损坏的方法。启动时电机不工作（没有声音）多为 KEY SWITCH 内部断开或接触不良，熔丝断也时有发生，蓄电池不良放电和端子接触不良也多发生。启动时“嗒咯嗒咯”响而发动机不启动多为 EARTH 线接地不良，或 BATT（+）、（-）端子连接及氧化而接触不良。

2. 启动机转动无力

1）故障现象

启动机转动缓慢无力，带动发动机困难，接通启动开关后，启动机只有“咔嗒”一声并不转动。

2）判断步骤与方法

（1）检查蓄电池容量和电源导线的连接情况。

（2）在确认蓄电池容量足够、线路连接良好的情况下，用“螺丝刀”短接启动机电磁开关的两个主接线柱，如果短接后启动有力，说明启动机电磁开关内主触点和接触盘接触不良；如果短接后启动仍然无力，则可认为电机有故障，或其搭铁不良，需进一步拆检。

（3）接通启动开关后，启动机有连续的“咔嗒”声，如果短接启动机电磁开关的两个主接线柱，启动机转动正常，说明电磁开关保持线圈断路或短路。

技师指导

启动机启动时，在啮合状态下发动机出现旋转吃力现象，可能为蓄电池正极或负极夹子未拧紧，发生腐蚀和 BATT 本身放电不良，蓄电池接地线接地不良及未拧紧、腐蚀、喷漆造成绝缘现象。

3．启动机空转

1）故障现象

接通启动开关，启动机只是空转，不能带动发动机运转。

2）判断步骤与方法

（1）启动机空转时，有较轻的摩擦声音，启动机驱动齿轮不能与飞轮轮齿啮合而产生空转，即驱动齿轮还没有啮合到飞轮轮齿中，电磁开关就提前接通，说明主回路的接触盘行程过短，应拆下启动机，进行启动机接通时刻的调整；或者飞轮上的齿圈在飞轮上滑转。

（2）启动机空转时，有严重的碰擦轮齿的声音：说明飞轮轮齿或启动机驱动齿轮严重磨损，应拆下启动机进一步检查，根据实际情况更换驱动齿轮或飞轮轮齿。

（3）启动机空转时，速度较快但无碰齿声音：说明启动机单向离合器打滑，即驱动齿轮已经啮入飞轮轮齿中，但不能带动飞轮旋转，只是启动机电枢轴在空转，应更换单向离合器总成。

技师指导

启动机启动时空转一定是启动机本身有故障了。

完成任务

教师设计故障的现象是：____。

你确认是上面三种故障中的哪一个故障：____________________________。

是通过哪种方法确认的：____。

4．常见实车启动部件损坏实例

1）点火开关故障

除启动继电器损坏和熔丝熔断外，点火开关下部的点火底座损坏（见图 4-40）会导致无法启动、启动后钥匙不回位或点火开关本身内部启动触点短路。点火开关经常转动且有电流流过，因此经常有机械损坏或烧蚀故障，更换率较高。

图 4-40 钥匙下部的点火底座损坏导致无法启动

2）正、负极电缆线

蓄电池负极搭铁电缆线松动，发动机、变速器与车身的负极电缆搭铁不良；正极电缆线电池夹子松动。

技师指导

启动机、发电机和火花塞等在发动机上接地的部件，发动机和车身的搭铁线必须搭铁良好，否则不仅启动困难，而且会有经油门拉索线到踏板支架去车身搭铁的可能，这时会烧拉索护套，也有可能从离合器拉索和离合器踏板支架间构成回路，启动时仪表指针出现乱指示，如发动机转速表和车速表的指针上升，实际上曲轴未转动，同时汽车也未动；当搭铁不良时，发动机即使表面正常工作，实际隐藏着发电机充电不良，或发电电压过高、过低（与发电机的电压检测法有关），会导致行车过程中点火不良进而导致怠速不稳和加速不良，应引起足够重视。

3）磁力开关

吸拉线圈负极处焊锡点开焊，导致磁力开关吸力不足；30 号端子螺母松动、螺杆松动导致不能启动或松动点冒烟；50 号端子松动或插头松动导致不能启动。

如图 4-41 所示，电磁开关触片、触点烧蚀的原因主要是局部过热。而产生局部过热的因素主要有两点：一是触片、触点接通时间过长，大电流持续流过产生很大的热量；二是开关触片和触点频繁接触，产生大量的电弧火花。

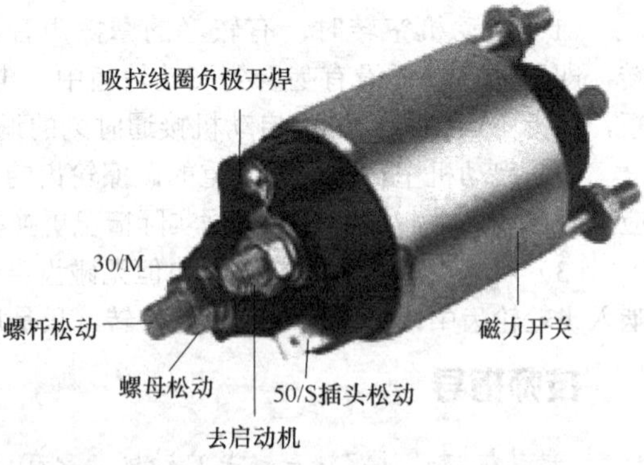

图 4-41　磁力开关易损坏点

技师指导

启动机工作时，尤其是在启动发动机瞬间，电流非常大。轿车启动机夏季为 60～100A，冬季可达 200～300A。对于大功率柴油机，夏季启动的电流接近几百安培，冬季可高达上千安培。

4）啮合产生噪声

如图 4-42 所示为飞轮齿圈和启动机小齿轮同时损坏。无法啮合多为固定启动机的安装口偏心或安装了其他品牌的启动机。

图 4-42　飞轮齿圈和启动机小齿轮同时损坏

技师指导

可拆下启动机观察飞轮和小齿轮齿面情况，对于看不见的飞轮齿圈可用手摸。

5）进入杂质

如图 4-43 和图 4-44 所示，进入启动机的杂质有防冻液、泥水、机油等。

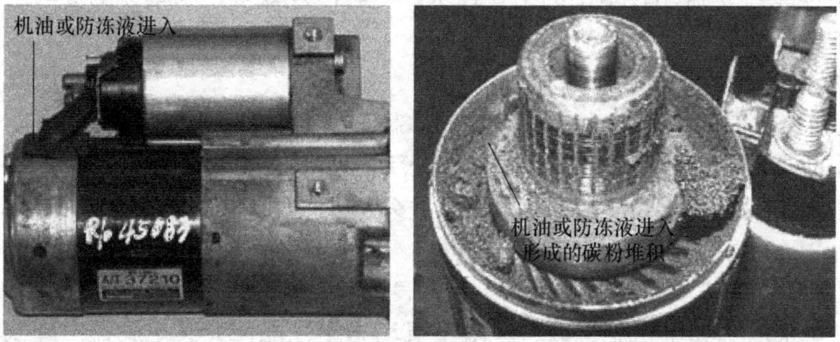

图 4-43　机油或防冻液进入启动机导致转子换相器黑化和电刷碳粉堆积

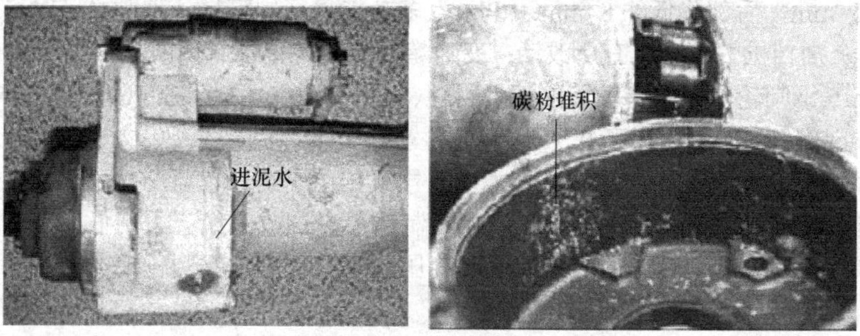

图 4-44　启动机进水导致碳刷架发青和内部堆积腐蚀物（白色斑点）

6）小齿轮不回位导致扫膛故障

如图 4-45 所示，启动机小齿轮不回位，飞轮齿圈带动小齿轮高速转动，电机内部破损，结果导致电枢、弹刷架、定子激磁绕组等烧坏，也称为扫膛故障。

7）启动时间过长烧毁或融化内部电刷架和转子换向器

如图 4-46 所示，启动时间过长，电机内部产生高热烧毁或融化内部电刷架、转子换向器和转子绕组。

图 4-45　小齿轮不回位导致扫膛故障

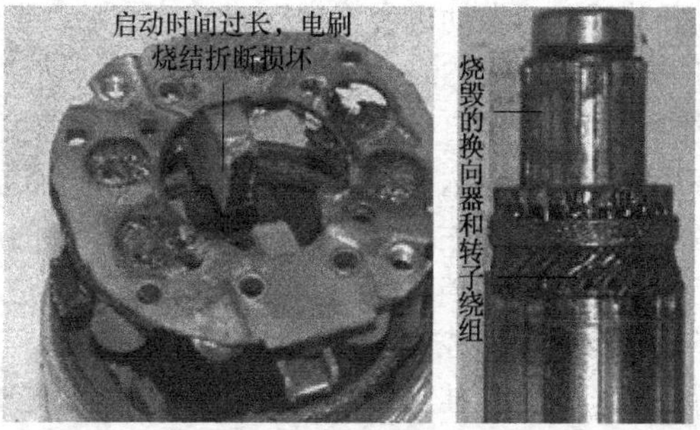

图 4-46　启动时间过长烧毁电刷架和换向器

4.5 发动机启/停系统（扩展 1）

大众公司的第一代 CO_2 减排战略，即第一代蓝驱技术（BlueMotion），是从 2006 年开始推行的。发动机启/停系统是蓝驱技术中的主要技术，内容涉及众多控制单元的参与工作，同时网络共享信息更加复杂。

1．蓝驱技术（BlueMotion Technology）

贴有蓝驱标识的车型每 100 km 的油耗比基本款车型至少低 0.5L。

蓝驱采用的技术手段如下：启/停系统；低滚动阻力轮胎；制动能量回收；旋压钢转向盘；智能引擎控制；低摩擦驱动轴；更高的齿轮比；多功能显示器中的变速杆挡位指示；优化的空气动力学性能。

第一代蓝驱技术的主要目标是：通过机械改良降低油耗，进而减少有害物质的排放。因此，第一代蓝驱主要采取了如下措施：改善车辆空气动力学性能，尤其是底盘；降低车轮的滚动阻力；降低发动机转速；以最小的附加成本实现百公里油耗下降 0.6～0.7 L；改善废气排放；车身前部降低约 15 mm，后部降低约 8 mm；“Plus”多功能显示屏可提示驾驶员及时换挡；与批量生产车型相比，个别挡位的传动比有所改动；变速箱的传动比范围有所改动；采用带有 Trendline 车轮饰盖的 6½Jx16 钢制轮辋；改善轮胎的滚动特性（采用 Best-in-Class Energy 轮胎 205/55 R 16 Conti Premium Contact 91H）；胎压提高 0.3 bar。

在第一代蓝驱技术的基础上，2008 年大众公司又推出了第二代蓝驱技术。第二代蓝驱技术将现有成功的技术改进措施扩展到下列范围：再生制动能量回收系统；采用低摩擦传动轴；采用滚动阻力更小的轮胎（经济型轮胎）；采用流动旋压成型法制造的钢制轮辋；经济挡位（变速箱内的挡位设计）；启/停系统。

用于降低油耗的技术创新如下：Start/Stop 系统；制动能量再生；降低怠速转速；带换挡提示的多功能显示器；更宽的传动比范围；低滚动阻力轮胎；车型相关的底板和后桥盖板；降低的车身和运动悬挂；低阻力的驱动轴。

2．蓝驱的主要功能

1）启/停装置

能源的涨价和更加严厉的废气排放法规的出台，促使人们不得不为汽车的驾驶寻找节省能源或减少废气排放量的种种可能性。基于这个出发点，开发出了一种启/停装置（Start/Stop），这个装置能使车辆在铁路栏杆或红绿灯前停车时，发动机自行短时熄火，重新开始行驶时，不需要操作点火开关钥匙，发动机会再次启动。

启/停装置（Start/Stop）：该系统能够降低燃油消耗，发动机在停车时自动切断，在驾驶员想要出发时，发动机又自行启动。汽车以 3 km/h 速度以下行驶约 4 秒，启/停装置模式便激活。

该系统能减少高达 10%的油耗，并且在都市道路上能更显著地实现减能。值得一提的是，引擎在堵车时能够自动关闭，同时还可以避免噪声的产生。

工作过程：手动挡车型遇到红灯时，驾驶员进行制动使车辆完全停下来，将挡位换入空挡并完全释放离合踏板，控制系统自动将发动机熄火；绿灯放行时，驾驶员踩下离合器，发动机则自动重新启动，驾驶员挂入挡位即可继续前行。而自动挡车型的操作更为简单，驾驶员只要施加完全制动使车辆停止，发动机则自动熄火，释放制动后，驾驶员加油，发动机将自动启动。

这种节能的驾驶方式并没有改变人们日常的驾驶习惯，不会给车主带来任何使用上的麻烦。然而，却带来了显著的节能减排效果。启/停装置功能经发动机管理系统实施，并集成安装在发动机控制器软件中。

启/停装置的一个重要作用是对蓄电池的放电状态能否允许再次启动发动机进行判断。这个过程也被称为启动电压预测。它说明对与发动机重新启动有关的所有特性和数值的分析评估。为此，应对蓄电池的状态和发动机特性曲线持续进行分析。在启动电压预测的基础上，确定是否能够执行起止运行，并确定必须关闭某些用电器以保证功率需求不再继续升高。目前涉及的用电器包括座椅、后窗玻璃和后视镜。它们在发动机重新启动前和启动过程中都被切断。

2）能量管理及回收系统

斯柯达汽车的 GreenLine II 环保版能够在制动过程中实现将能量再生部分的动能通过发电机以电的形式输送给蓄电池，因此避免了燃料的消耗。即使是对蓄电池进行充电的交流发电机也不会对燃料的消耗构成压力。当驾驶员释放油门踏板或施加制动，车辆减速，产生了多余的能量，再生制动能量回收系统将多余的能量回收，在发电机控制单元的调节和控制下，将发电机的电压升高，给电池系统进行充电，将多余的能量以电能的形式回收存储。

该系统还控制在车辆加速或匀速行驶时降低发电机的电压，甚至完全关闭发电机，以降低发动机负载，从而提高燃油经济性。为实现再生制动能量的回收，能量管理系统和发动机控制系统的软件要专门进行开发和改进。

3．启/停功能操作

（1）启/停系统按键（见图 4-47）可以关闭该功能。

图 4–47 启/停开关（最右侧）

（2）将钥匙拔出后再插入点火开关，启/停系统会自动开启（15 端子激活）。

（3）车速超过 3 km/h，持续 4 秒，则启/停功能开启。

（4）手动变速器启/停功能工作过程：

① 红灯：踩制动至停车→挂空挡，并松离合器→发动机熄火，仪表指示符号亮。

② 绿灯：踩离合器→发动机启动，仪表指示符号熄灭→挂挡，松离合器行驶。

（5）配有 DSG 的自动变速器启/停功能工作过程：

① 红灯：踩制动至停车，并保持踩制动→发动机熄火，仪表指示符号亮→等待过程中一直踩制动。

② 绿灯：松制动→发动机启动，仪表指示符号熄灭→踩油门，行驶。

4．启/停控制系统的结构组成和功能

如图 4-48 所示为带启/停系统的发动机控制系统的结构组成。

1）蓄电池监测控制单元 J367

蓄电池监测控制单元 J367（见图 4-49）是集成在网关中的蓄电池能量管理模块 J520 的子控制单元。

蓄电池监测控制单元 J367 也称电池监测模块（Battery Detective Module，BDM）。蓄电池监测控制单元 J367 安装在蓄电池负极桩上部，作用是向 J533（集成在网关中的蓄电池能量管理模块，诊断地址为 61）提供下列信息：蓄电池温度、蓄电池电压和蓄电池电流。

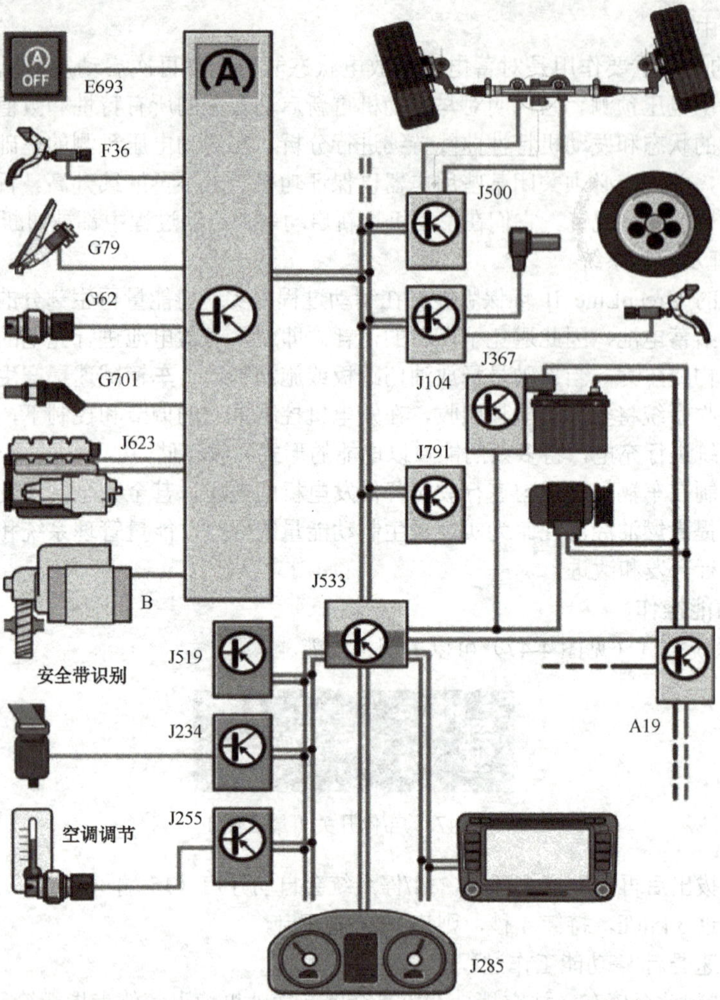

E693—启/停功能关闭开关；F36—离合器开关；G79—油门踏板位置；G701—空挡挡位识别；G62—发动机水温；J623—发动机控制单元；B—启动机；J500—电子机械转向控制单元；J104—ABS 控制单元；J367—蓄电池监测控制单元；A19—DC/DC 稳压器；J791—半自动泊车系统；J533—网关；J519—汽车电气控制单元；J235—安全气囊控制单元；J255—自动空调控制单元；J285—组合仪表；F—制动灯开关（图中未标出）；C—发电机（图中未标出）

图 4-48　带启/停系统的发动机控制系统的结构组成

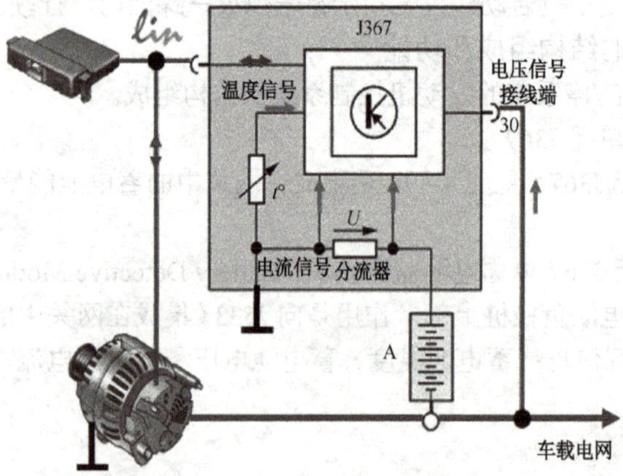

图 4-49　蓄电池监测控制单元 J367 的控制原理

（1）测量蓄电池电流

在蓄电池负极上测量蓄电池电流。蓄电池负极中的所有电流流经蓄电池监控控制单元 J367。分流电阻是一个“毫欧”电阻，分流电阻的电压与流过的电流成比例。由此可以计算出流入或流出蓄电池的电流。

（2）测量蓄电池电压

通过电压测量直接在蓄电池正极上确定蓄电池电压。为此将接地导线从正极接至蓄电池监控控制单元 J367。

（3）测量蓄电池温度

蓄电池监控控制单元 J367 中的 NTC 温度传感器用于测量蓄电池温度。因为它可直接安装在蓄电池上，所以可通过该测量装置可靠地确定蓄电池温度。

蓄电池监测控制单元 J367 的充电注意事项：J367 上部的壳体上贴有强烈的提示，提示内容为“要外接充电器充电时，充电器的负极绝不能接在蓄电池的负极上，必须连接到发动机（车身）的接地”。这是因为蓄电池负极连接了 J367，如果充电器的负极接在蓄电池的负极上，则电流没有经过 J367，J367 不能检测到电流，就需要时间重新计算蓄电池充电状态。更换蓄电池后，J367 同样需要基本设定。但通常正常行驶 20 分钟，蓄电池监测控制单元 J367 就可以自动实现基本设定了。

在自诊断中，蓄电池能量管理模块 J520 中蓄电池调节菜单的长编码字节可激活或停用车辆中的启/停系统组件。

打开点火开关，不启动发动机，蓄电池监控控制单元 J367 中的发电机数据在诊断地址处为 61，数据组为 011。

2）启动时的 A19 稳压控制

满足开启启/停系统的先决条件是发动机控制单元必须协调启/停系统与车辆其他系统之间的工作。与不带启/停系统的车辆相比，由于需要频繁启动发动机，所以必须监控蓄电池电压和发电机的充电工作情况。

在发动机重新启动过程中，通过一个安装在驾驶员座椅下面的 200W 稳压器 A19（见图 4-50），确保乘客能看到（或听到）的收音机/导航装置、车内鼓风机、组合仪表、转向柱控制单元 J527 的供电电压保持在约 12 V，防止启动中乘客受到干扰。如果稳压器 A19 损坏，则车辆无法发动，点火开关无法打开。该稳压器没有 LIN 总线。

该稳压器是一种 DC/DC 变压器，如图 4-51 所示。变压器的核心部件是一个大容量电容器，它可以将电能存储一定的时间。另外，还需要一个内部电子开关，该开关用于控制电容器内电能的流出。

图 4-50 稳压器 A19

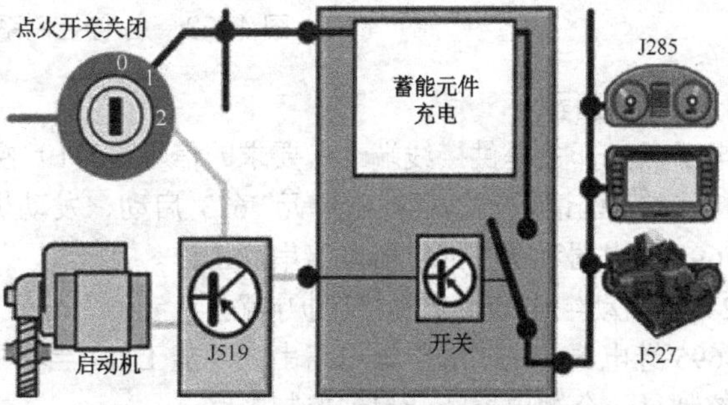

图 4-51 稳压器 A19 的工作原理图

如果点火开关转到“点火开关打开”状态，接线端 15 通电，稳压器工作，大容量电容器开始充电，但用于控制电容放电的内部开关仍要保持断开。随着启动机启动（接线端 50 通电），稳压器 A19 由电气控制单元 J519 接线端 50R（R 表示反馈）接收到一个开启信号。开启信号控制电子开关闭合，电容器的电能就会从大容量电容器中流出，用以补偿电压的波动。

3）其他新结构和功能

启动机采用了新的工艺和结构设计，使启动机的使用次数由普通启动机的 5 万次提高到了 25 万次。新型转速传感器 G28 带有曲轴反转的检测功能，如图 4-32 所示，可以精确确定曲轴位置，启动更平顺。

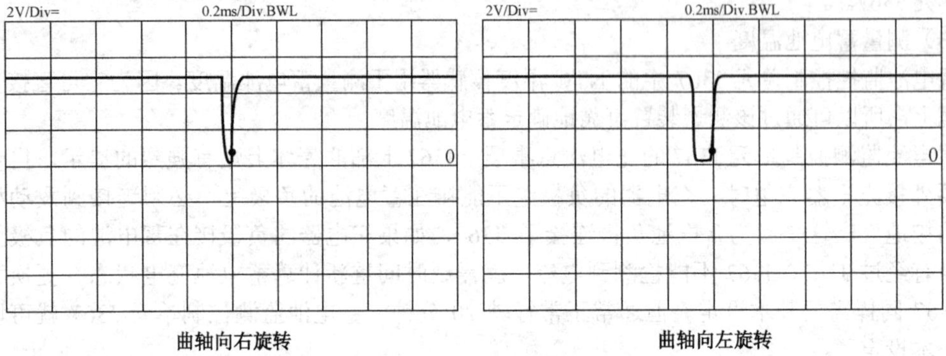

图 4–52　新型转速传感器 G28 对转动方向的识别

5. 启/停控制系统电路

启/停控制系统电路如图 4-53 所示。

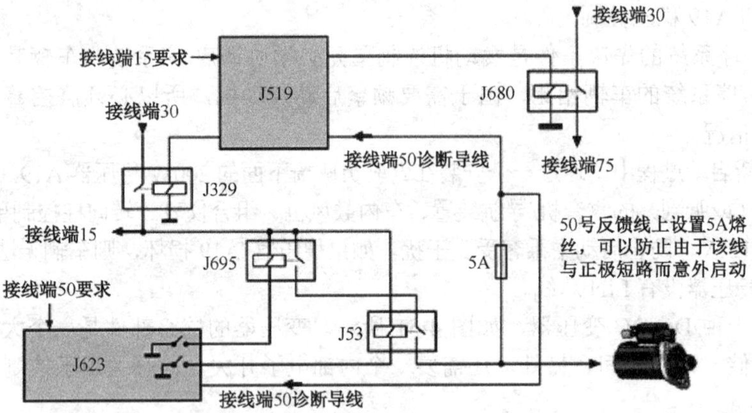

图 4–53　启/停控制系统电路

1）启动过程

电子点火开关提供接线端 15 要求的信号，J519 控制点火开关继电器 J329 工作，向全车供电。接线端 50 请求发动机控制单元 J623 启动，发动机控制单元 J623 控制内部两个电子开关闭合，J695 继电器和 J53 继电器电路串联工作。

2）防启动继电器触点粘接保护电路

J695 继电器和 J53 继电器电路串联才能工作，当其中一个继电器触点闭合粘接打不开时，J623 仍能控制另一个继电器断开启动控制电路。

3）延长继电器“平均寿命”的方法

延长继电器“平均寿命”的方法：发动机控制单元 J623 内部两电子开关先后接通，即 J623 接通两个继电器的先后次序每次启动后会调换一下，这样设计是因为先接通的继电器没有负载，不受到电弧冲击，寿命长，后接通的继电器有电弧冲击，寿命短，为延长继电器的“平均寿命”则采用轮流承受电弧冲击的优化设计。启动继电器 J53 输出的反馈信号给电气控制单元 J519 和发动机控制单元 J623 提供启动诊断。

6．启/停功能控制

启/停功能软件集成在发动机控制单元中，启/停功能协调单元的输入信号分为以下三组。

1）驾驶员意愿/行驶情况表现

（1）启/停功能关闭开关 E693（来自发动机控制单元，地址为 01）。

（2）加速踏板（来自发动机控制单元，地址为 01）。

（3）制动灯开关（来自发动机控制单元，地址为 01）。

（4）调车识别（来自变速箱控制单元，地址为 02），则禁止停止发动机。

2）部件协调

（1）发动机冷却液温度是否超出运行极限（运行极限为 25～110℃）。

（2）发动机怠速提高（发电机负荷>85%）。

（3）前窗玻璃加热装置是否打开。

（4）蓄电池充电状态（充电量 SOC≥60%）。

（5）空调设定的额定温度与实际温度偏差过大（热温差大于 10℃，冷温差大于 8℃）。

3）涉及安全性的系统状态

（1）识别到碰撞信号（来自安全气囊控制单元）启/停功能锁闭。

（2）真空传感器（制动泵）（来自发动机控制单元，地址为 01）。

（3）转弯角>270°（电机械助力转向控制单元，地址为 44），则禁止停止发动机，确保快速转弯。

（4）车辆倾斜>10%（来自 ESP 控制单元，地址为 03），则禁止停止发动机。

（5）驾驶员安全就座识别（安全气囊控制单元，地址为 15），则禁止停止发动机。

7．启/停系统激活/关闭

1）启/停系统激活状态

15 号端子激活。车速超过 3km/h，持续 4 秒（如果有车辆调头识别则车速要大于 10km/h）。踩停并用脚制动（自动挡）或踩停放空挡松离合（手动挡），其他系统条件满足，即进入启/停系统激活状态。处于启/停系统激活状态的汽车，当发动机熄火时显示如图 4-47 所示的符号，当重新启动时，该显示内容消失。

2）启/停功能暂时关闭

15 号端子激活。启/停模式按钮（E693）按下或驾驶员暂时离座（30 秒内驾驶员安全带和制动踏板的电路断开再闭合）。当驾驶员踩停汽车时，车辆行驶状况满足系统开启条件，但由于其他条件不满足，则汽车处于启/停功能暂时关闭状态，执行此显示方案。当驾驶员踩停汽车期间（发动机熄火，系统状态是激活）激活的设备发出重新启动的请求时（如打开了空调，额定温度与实际温度差大于 8°），发动机重新启动，也执行此显示方案，汽车处于启/停功能暂时关闭状态。

3）启/停系统闭锁 1

15 号端子激活。由于驾驶员长时间离座（离座超 30 秒），系统会提醒驾驶员“关闭点火开关”（仪表和声音），30 秒后系统闭锁。

4）启/停系统闭锁 2

15 号端子激活。在系统闭锁的状态下，如果有激活的设备发出重新启动的请求，如驾驶员切换 P 挡到 D 挡，松开脚制动。注意：此状态下，15 号端子是激活的。蓄电池电量有消耗完的可能。启/停系统闭锁时，如果有激活的设备发出重新启动的请求，则每 1.5 秒交替显示“手动”和“启动”。

下面的这些条件会使启/停系统工作中断，此时系统的状态是闭锁。

（1）已经用启/停系统按键关闭了启/停系统。

（2）蓄电池的充电状态无法再次启动发动机（启动电压预测）。

（3）除霜功能已开启。

（4）前风窗玻璃加热已开启。

（5）空调操作单元上设置的温度与车内实际温度之差大于 8℃。

（6）发动机转速高于 1200 r/min。

8．主动/被动系统

1）主动参与系统

出于安全性、功能性、部件保护和法律规定方面的要求，控制发动机停止或重新启动的那些控制单元称为“主动参与系统”。一般汽车上的主动参与系统有：发动机控制单元 J623；变速箱控制单元 J220；制动系统 ESP（J104）；网关 J533；汽车电气控制单元 J519；空调 J255；蓄电池监测控制单元 J367；助力转向（J500）；安全气囊控制单元 J234。

主动参与系统形成的非驾驶员意愿的重启（按需启动）条件：

（1）车辆停在坡道上时发生溜坡，需要使用制动助力和转向助力；如果车辆移动速度超过 5 km/h，则发动机会自动启动；

（2）发动机冷却液温度不在 25～100℃之间；

（3）制动助力不足；

（4）蓄电池充电不足；

（5）按下了除霜按键，鼓风机挡位提高超过了 4 级，提高了空调的制热或制冷要求（出风口目标温度和实际温度之差大于＞8℃）。

2）被动参与控制单元

将需要发动机当前停止或重新启动的信息，但对启/停运行不产生任何影响的控制单元称为被动参与控制单元，即通过接收所有启/停功能信号，被动参与控制单元能够对预计启动电压进行干扰，采取应对措施或对能量分配进行调整，以便确保尽可能长时间的停止状态。例如，当启动电机运转时，电动窗电机暂停工作；发动机熄火，电动窗电机恢复继续工作。

一般汽车型上的被动参与系统有：车门控制单元（玻璃升降）；天窗控制单元（玻璃移动）；电气控制单元（J519）；车外后视镜加热装置；后窗玻璃加热装置；座椅加热装置。

9．大功率用电器的状态控制

应根据“启动电压预测”的具体情况，来判定启/停系统是否可以使用，或者是否需要关闭某些用电器（以避免用电需求过大）。目前涉及的用电器有座椅加热装置、后风窗加热装置、后视镜加热装置。这些用电器在发动机再次启动前会被关闭，并在发动机启动过程中不工作。可参考下面的测量数据：发动机熄火后，测蓄电池电压约为 12.6V；发动机工作时，蓄电池电压为 14.7V。发动机熄火后的电流如下。

（1）关闭灯/收音机：电流约 8.5 A。

（2）打开灯/关闭收音机：最大电流约 17.8 A。

（3）打开灯和收音机：最大电流约 18.9 A。

事实上，不同汽车的电流数据是不同的，仅作参考。

10．带能量回收系统车辆的能量管理组件

如图4-54所示为带能量回收系统车辆的能量管理组件。带有能量回收系统车辆的发电机上装有LIN调节器。这种发电机有两个插头，一个是B+插头，另一个是两芯插头，通常一个被LIN导线占用，另一个空着。数据总线诊断接口 J533 发送 LIN 信息给 LIN 调节器。该信息根据车载电源状态给出 12.2～15V 的额定电压值，该值可随后由电压调节器调节励磁电流后调出。如果 LIN 导线断

路，被发电机的电压调节器识别到后，在规定的时间内可调节到恒定为 14.3 V 的发电机电压。

AGM 蓄电池是带有启/停系统汽车的专用蓄电池，但成本较高。EFB（Enhanced Flooded Battery）增强湿式蓄电池是为了节省成本所采用的一种普通蓄电池。

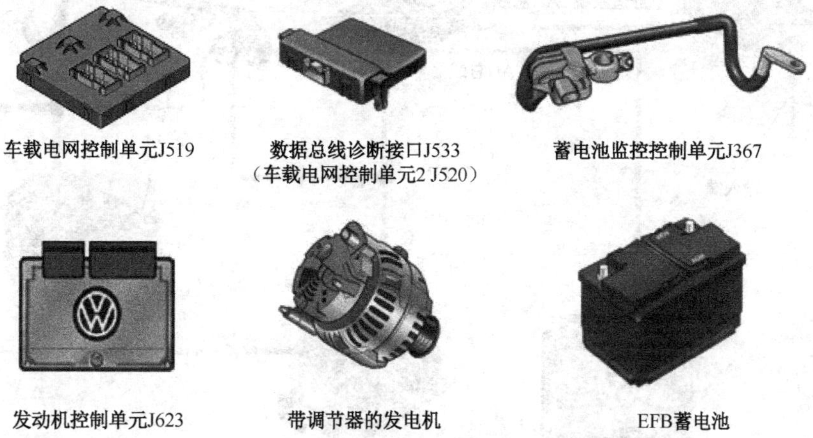

图 4-54　带能量回收系统车辆的能量管理组件

如图 4-55 所示为蓄电池警告灯的熄灭过程控制。仪表 J285 内的发电机充电指示灯在“端子 15 接通”时亮起，一旦发电机发电，发电机的电压调节器通过 LIN 向 J533 提供充电电压，通过 J533 中的能量管理系统 J520（诊断地址为 61），借助发电机内部评估进行发电机检测。J533 通过 CAN 总线将发电情况发给 J285，J285 将充电指示灯熄灭。带有 LIN 发电机的车辆也可以读取发电机的故障记忆存储器（诊断地址为 61）。

图 4-55　蓄电池警告灯的熄灭过程控制

11. 汽车工作模式

如图 4-56 所示为能量管理及回收系统的电路元件组成。

1）汽车加速模式

汽车加速时，电路如图 4-57 所示，为让汽车的加速性强，可让发电机的输出电压低于蓄电池电压，如下降至 12.2V，且发电机的输出电流降低，发动机负荷减小，同时，燃油消耗及 CO_2 排放量也会降低。

其工作原理是集成在网关中的蓄电池能量管理模块 J520 通过 LIN 总线与发电机的电压调节器通信，控制发电机减小励磁电流。

2）滑行行驶（能量回收）模式

汽车滑行阶段，电路如图 4-58 所示，发电机的电压再次升高，重新为蓄电池充电，其本质是将发动机制动能量转化为电能。

制动时的典型能量回收数据如下。

（1）未踩制动时，发动机转速为 1530 r/min，节气门开度为 20.8%，车速为 35km/h，发电机的发电量为 45.5A。踩制动后，发动机转速下降到 1000 r/min，节气门开度下降到 11.4%，车速下降到 22km/h，发电机的发电量上升到 69.1A。

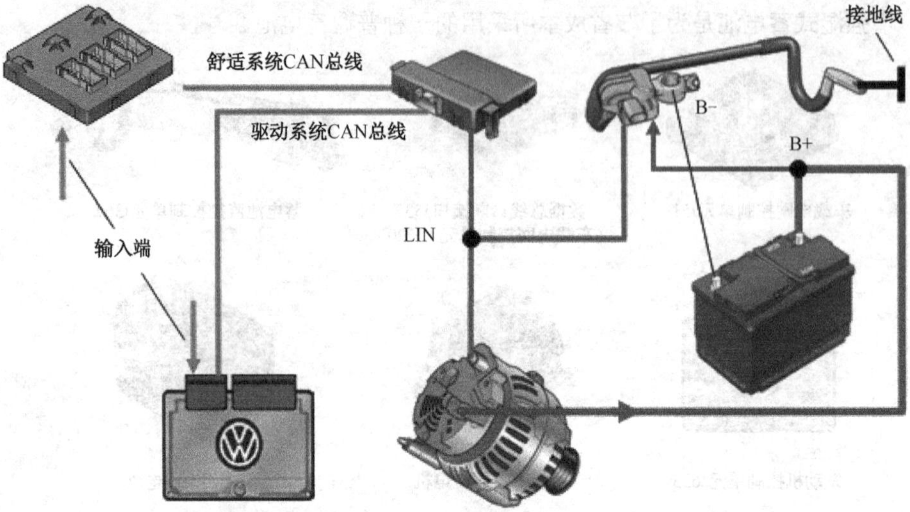

图 4-56　能量管理及回收系统的电路元件组成

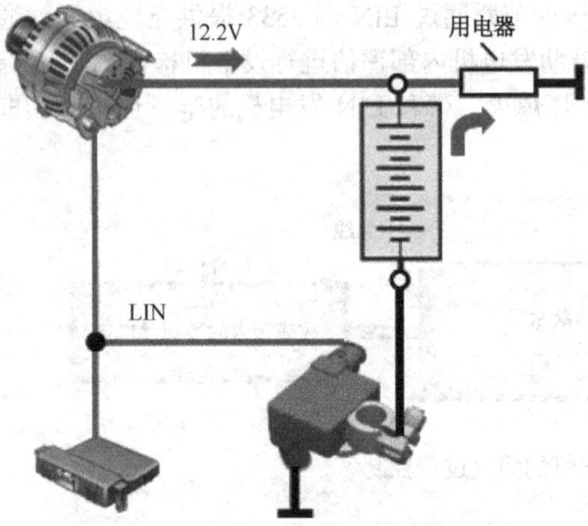

图 4-57　汽车加速模式

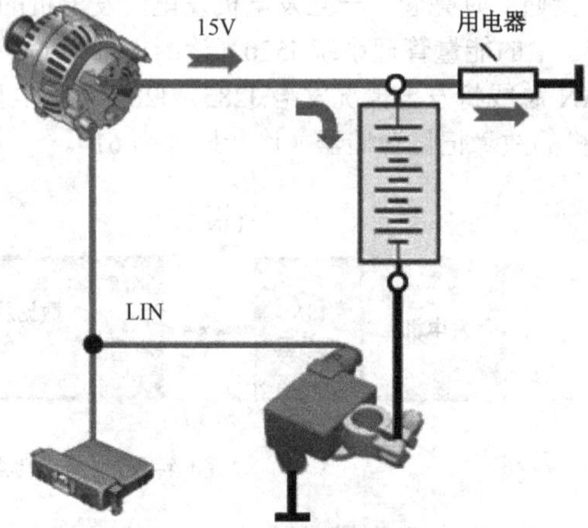

图 4-58　滑行行驶（能量回收）模式

（2）踩制动时，节气门关小，车速下降，发动机转速和发电机的转速同步下降，但是当发电机电压调节器控制提高励磁绕组电流，磁场增强，驾驶员制动车辆时，车身动能通过发电机转化为电能，储存在蓄电池中，为下一次发动机启动提供电能。另外，制动时，除了提高发电机的发电电流外，同时还提高了发电机的发电电压。

4.6 汽车漏电故障诊断（扩展 2）

汽车漏电是造成汽车无法启动的一个主要原因。漏电电路的存在会导致下一次启动时出现无法启动的故障，同时电控单元也会因供电电压过低而无法上电运行。在汽车电路中，对应的漏电负载电路称为隐蔽性负载电路，对它们的故障诊断通常采用测量“静态电流”的方法。

1．蓄电池放电的因素

请根据图 4-59 分析导致蓄电池放电的因素。

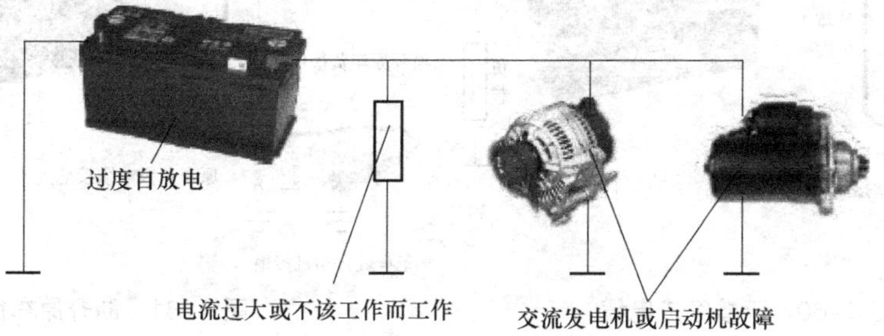

图 4–59 蓄电池放电的因素

完成任务

请列出蓄电池放电的内因：____。

请列出蓄电池放电的外因：____。

请列出可能工作的用电器：____。

为防止修理后仍出现返工，造成客户满意度下降的情况出现，一定要做三方面检查：对蓄电池用放电计测量容量、对发电机测量充电电流、查找关闭失效或未关闭的用电器。

2．静态电流测量法

静态电流测量的目的是找到产生漏电的用电器，并排除这个负载故障。

技师指导

驾驶员下车锁车，远离汽车后，汽车车上的时钟和防盗控制单元及一些其他控制单元仍可能在工作，也可能存在关闭失效造成用电器工作，如座椅加热、后风窗加热和后备箱灯等，这个电流称为静态电流。

控制单元过去的静态放电电流通常在 30～40mA。现在控制单元的功耗大幅度降低，车辆静态电流多在 15mA 左右（当然，控制模块过多，也可能电流比 15mA 大一些，可针对正常无故障的具体汽车测量作为对比数据）。

为了保证正确测量静态电流的数值，一定要创造驾驶员离车后的条件，这些条件称为静态电流测量的前提条件，如下。

（1）点火开关关闭。

（2）全车用电器开关全部关闭。

（3）车门上锁：针对仅有中控锁功能，而无防盗的汽车。

（4）防盗上锁：对无钥匙进入的车辆要距车一定距离，否则车上如控制单元一直检测电子钥匙，并试图通信，以及有人拉动开门的手柄等，都会导致静态电流降不下来。

（5）对于有前机盖开启开关的汽车，要人为将前机盖开启开关按下，否则会在锁车时发生声光报警。测量完静态电流后，记得开启前机盖锁之后，再将机舱盖放下，否则可能损坏机舱盖的机械锁。

1）在线电流表测量

为保证在连接测试导线时电流不中断，要先在蓄电池正极 B 和接地点之间接一条保证工作的续流电缆，如图 4-60 所示。拆开蓄电池的接地电缆，如图 4-61 所示，拆下续流电缆，将电流测量表串入负极电缆来测量电流，如图 4-62 所示。

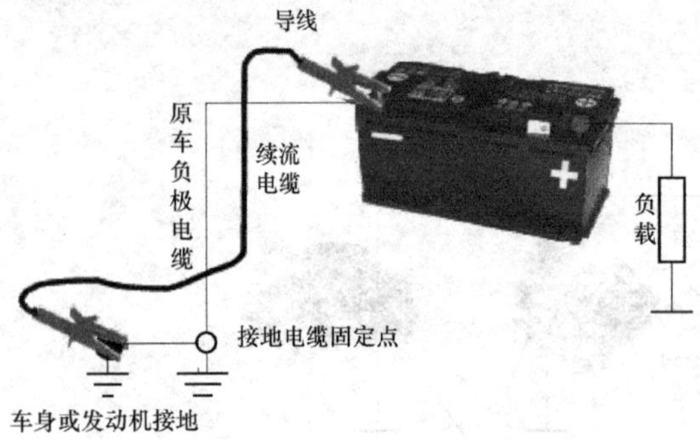

图 4-60 跨接续流电缆

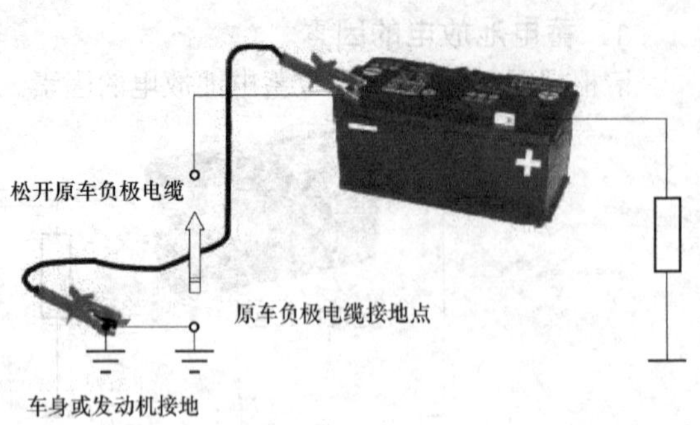

图 4-61 断开原车负极电缆

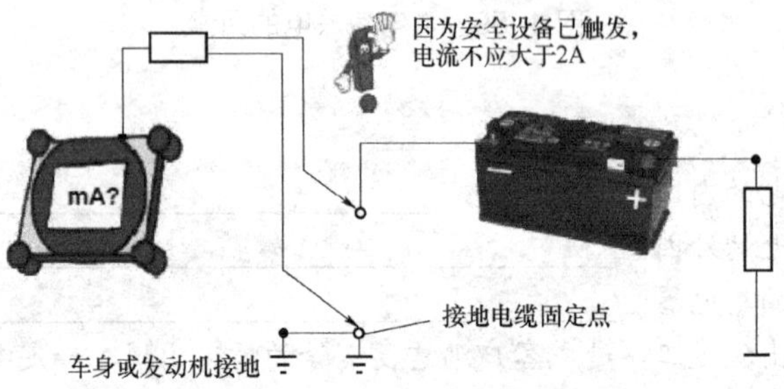

图 4-62 直接电流测量法

技师指导

过去在测量漏电电流后，要通过拔熔丝的方法观察漏电电流是否消失，以此来查找漏电电路，现在汽车的很多电路若采用这样的方法将会导致生成故障码，也可能影响测量结果。直接测量电流时，也可不采用跨接续流电缆的方法，而是将电流测量仪器的两个测量探头同时放在负极上，拆开负极电缆时，一个不动，另一个跟随拆下的负极电缆，这种方法被笔者命名为“双笔分开跟踪测量”。但这个方法需要操作技巧，操作时手不稳很容易造成蓄电池断电，导致前功尽弃，在时间成本和人力配合成本上要求较高，因此实际中还是多采用跨接续流电缆的方法。此外，在正极操作不如在负极操作容易，主要是因为负极接地点易于拆开跨接续流电缆。

2）电流钳测量法

使用大众汽车诊断仪 VAS5052/VAS5051B，测量电流时要切换到“测量模式”，即万用表和示波器模式。电流钳测量法主要用于测启动机的启动电流。采用电流钳测量电流是最为方便的测量方法，如图 4-63 所示。但对于一般放电电流小于 100mA 的情况，电流钳测量方法不精确，反而容易引起较大的错误，同时量程小的电流钳未必一定精度就高，有时量程为 100A 的电流钳比 50A 的电流钳更精确。

因此，实际工作中电流钳可用于粗测电流，一旦测量电流较小，可换万用表的电流挡测量。

3）熔丝电压损失的测量

熔丝电压测量法如图 4-64 所示。测量熔丝电压，查表推导出电流的方法有以下三点需要注意：

（1）原厂熔丝才能保证阻值准确；

（2）这种方法对于支路电流测量较为有效；

（3）最大意义在于替代了过去用拔熔丝检查关闭失效或未关闭的用电器的方法。

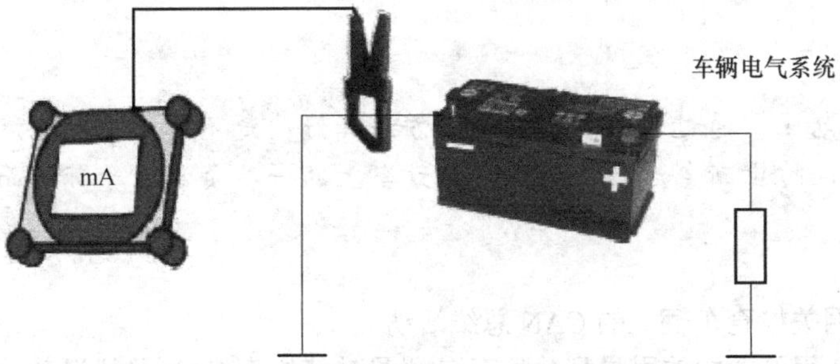

图 4-63 电流钳测量法（间接测量法）

如果有不该工作的电路工作或应该工作的电路电流变得过大，在故障查询期间最好不要拆下任何熔丝，以保证原漏电电路工作不受断电、重新上电的影响，也避免生成其他故障码。

通过测量用电设备的熔丝电压可知哪个工作电路正在工作，这个电压是熔丝的电阻与电流的乘积（不同额定熔丝的电阻不同）。厂家内部一般提供不同额定熔丝的信息或可参考的表格，虽然不同型号熔丝的电阻不同，但发热对电阻仅有微小的影响，因此电压和电流是可以类推的。如表 4-2 所示为大众汽车熔丝型号、电压（mV）和电流（mA）的关系表，该表也说明了类推是可行的。

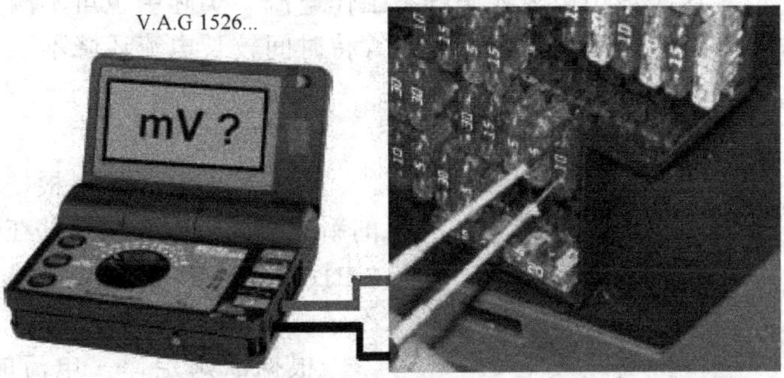

图 4-64 熔丝电压测量法（图中的万用表笔串有测量工具套件 VAG1594C）

表 4-2 大众汽车熔丝型号、电压（mV）和电流（mA）的关系表

型号 / 电压	小型 5A	小型 7.5A	小型 10A	标准 5A	标准 10A	标准 15A	标准 20A	标准 25A	标准 30A
0.1 mV	6mA	10mA	14mA	7mA	13mA	23mA	30mA	47mA	62mA
0.2 mV	12mA	20mA	28mA	13mA	27mA	45mA	61mA	94mA	123mA
类推	类推	类推	类推	类推	类推	类推	类推	类推	类推
10 mV	600mA	997mA	1421mA	660mA	1338mA	2263mA	3047mA	4691mA	6159mA

熔丝电压法测量是现在推荐的方法。实际工作中，由于厂家未提供电流多少为正常，所以可通过一台正常的车进行一下对比测量，若发现过大，说明有不正常的用电器在工作。

完成任务

组织一次漏电电流的测量，请分别使用上述三种电流测量方法，可暂时不设用电器漏电故障。比较三种测量方法的优缺点。完成用续流电缆辅助的直接电流法测量后，再完成一次不用续流电缆的直接电流法测量。

技师指导

采用测熔丝电压，通过表格查找电流的方法，好处是不断电测量电流，可以保证全车用电器状态不变，防止断电后，重新上电导致车上的一些负载由于苏醒而工作，进一步增加静态电流。

4）通过外部网关检查车辆上的 CAN 总线活动

通过 VAS 5051 用网关中的引导型故障查询/引导功能检查 CAN 总线活动。对于较老的车型，可通过万用表或示波器（建议）测量 CAN-LOW（CAN 总线的 LOW 线），检查舒适系统 CAN 总线的活动。

测量总线能判断总线是否休眠，总线不休眠说明有元件在工作，这个工作的元件在消耗电流。此种方法不能确定故障点。其测量方法如图 4-65 所示。

关闭点火开关，离车锁车后，低速和高速总线进入休眠状态。通常，低速总线的休眠时间较短，一般为几秒。动力总线要用较长时间休眠，有时要达到 10 分钟以上，要有耐心才能从示波器中看到波形休眠。

将图 4-65 中的万用表换为示波器即可通过示波测量总线是否进入休眠状态，进入休眠时电流会下降到最小值，这个最小电流才是静态工作电流。实际中也可不测总线工作情况，直接等待电流由较大下降到正常的静态电流，若等待时间较长电流还降不下来，再用示波器检查总线的工作情况。

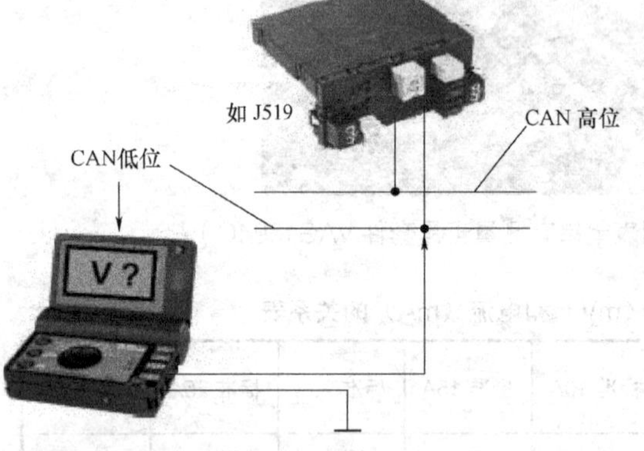

图 4-65 万用表（或示波器）总线测量法

5）熔丝示波法

熔丝示波法是笔者根据本人亲身实践得出的新的诊断方法，对一些在熔丝下游的用电器（由控制开关控制）或查找虚接电路非常有用，不必测量用电器两端。

根据欧姆定律，电流的瞬变会导致流过熔丝的电压产生相应的变化，因此通过示波器测量熔丝波形也是判别故障的一种方法，特别是在测量有动态控制的电路时很好用；在进行线路虚接检查时需要人为摇动线束看波形以查找虚接部位。

熔丝示波法在检察其他电路故障时也非常好用，这种方法不仅可以知道被测电路的动态变化，还可以知道变化发生的时刻和现象对应的参数变化情况[主要指变化的方向(电流是增大，还是减小)]。

3. 问诊

对于任何诊断工作，工作前问诊都是十分重要的，以下方面的询问将有助于快速发现问题：

（1）蓄电池的使用时间是否越来越短，启动机的启动能力是否越来越弱？

（2）这种故障现象是首次，还是更换电池后还发生？

（3）什么时间发生？什么地点发生？什么情况发生？发生频率如何？

（4）从对车进行了哪些改装后发生的？

（5）是否有未关闭的用电器，如驻车灯或示宽灯等？

（6）请客户重新展示一下离车操作手法。

·第5章·

点火系统

5.1 传统点火系统简介

完成任务

过去三代传统点火系统的名称分别是：＿＿＿＿＿＿＿＿、＿＿＿＿＿＿＿＿和＿＿＿＿＿＿＿。现代汽车点火系统是由＿＿＿＿＿＿＿＿系统控制的。

火花塞跳火（击穿）的原理如第1章所述是利用变压器一次绕组（旧称初级线圈）和二次绕组（旧称次级线圈）的匝数不同实现升压，不过电子开关（晶体三极管或场效应管）何时断开一次绕组，在二次绕组上产生高压和高压的能量控制在现代电控发动机上具体是如何实现的并未深入讨论。

讲解现代汽车点火系统之前，需要简单介绍一下早期点火是如何控制的。

早期汽车点火控制包括：机械触点式点火系统、磁感应式点火系统和霍尔点火系统。

1．机械触点式点火系统

如图5-1所示，机械触点式点火系统由分电器总成（又包括分电器分电部分、断电器断电部分、真空点火提前角调节装置、离心点火提前角调节装置）、点火线圈、高压线、火花塞和点火开关等组成。如图5-2所示，分电器轴在发动机凸轮轴的驱动下转动，分电器的下半轴和上半轴采用由转速控制的离心飞块实现上半轴与下半轴角度上的错位，不同转速的上半轴和下半轴错位的角度不一样，发动机转速越高，上半轴超前下半轴角度越大。上半轴和凸轮是一体的，凸轮上有与发动机缸数相等的凸轮用于顶开断电臂，从而产生触点的开闭，控制一次绕组通/断电。

完成任务

机械触点式点火系统的工作原理：＿＿

真空调节机构是一个真空膜盒，膜盒上有一根通往发动机化油器节气门体后的真空管，当发动机节气门体后部的真空度大时，膜盒上的拉杆拉动断电器下部的支架逆时针转动，使断电臂提前被凸轮顶开，实现断电。在点火线圈中互感出的高压经中心高压线至分电器内的分火头，分火头转动时把高压电分至分电器内的六个旁电极，高压通过旁电极到达分缸高压线，最终到达火花塞，经电离的空气，电流从缸体搭铁构成回路。电容器可以防止烧白金触点开关。其电流工作路线可描述为，一次电路为蓄电池→点火开关→一次绕组→断电器→分电器壳体→车身地；二次电路为二次绕组→中心高压线→分火头→分缸高压线→火花塞→缸体→地。

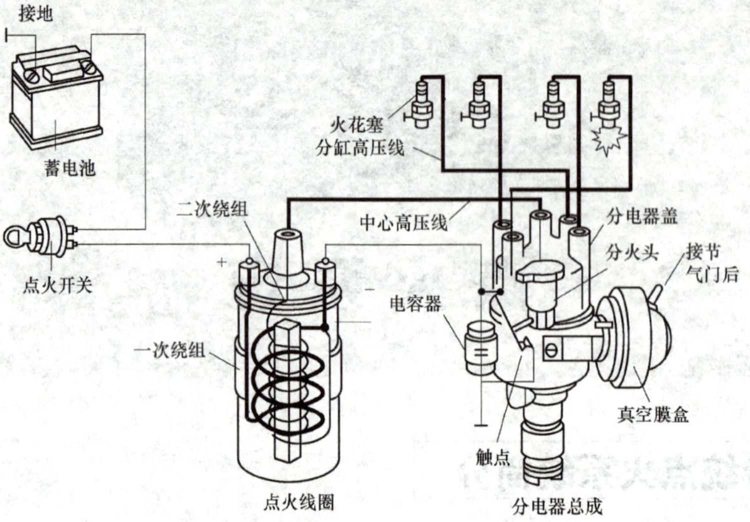

图 5-1　传统机械触点式点火系统组成

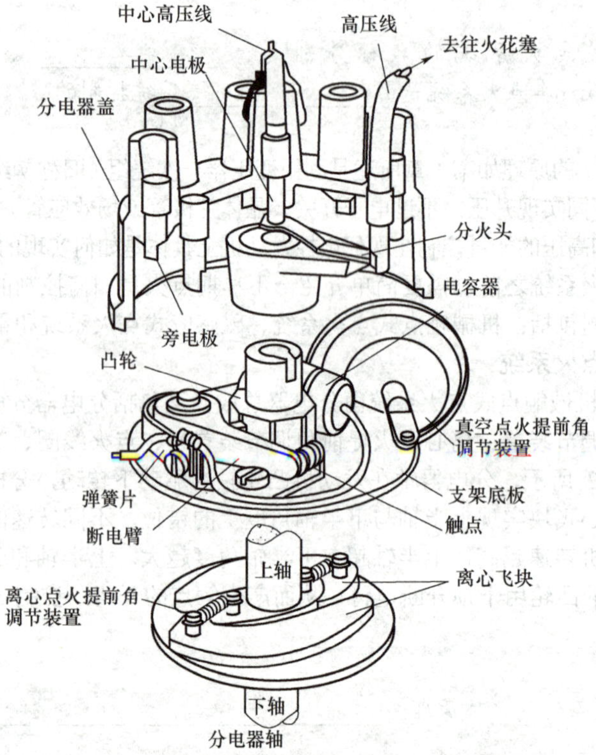

图 5-2　分电器结构

技师指导

传统点火提前角=辛烷值调整器确定的初始角+(离心机构和真空机构确定的动态角)。

离心点火提前角和真空点火提前角是两个随工况变化的动态角。点火时刻即白金触点开关断开的时刻。白金触点开关的断开时刻由发动机转速和发动机节气门后的真空度决定。具体是发动机转速高时上半轴超前下半轴实现提前点火。发动机怠速时，节气门体后的真空度大，也要实现提前点火。当节气门全开时，真空膜盒控制真空点火提前角达到最小。

为了适应不同汽油标号和发动机缸内压缩比发生的变化，设计上要允许分电器壳体转动，这时壳体上会有刻度，因此也称之为辛烷值调节器。在出厂或修理厂修理时，可调节辛烷值调节器转动一定角度以适应不同汽油标号和发动机缸内压缩比发生的变化。辛烷值调节器本质上是分电器壳体上的一个长条孔，用螺钉固定分电器壳体在发动机缸体上。当调节初始点火提前角时，修理人员一只手控制节气门进行急加速或急减速操作，另一只手转动分电器壳体，若听见有轻微的发动机爆震声，将螺栓锁死分电器壳体，这样就确定了初始点火提前角。

传统点火提前角控制，在发动机空载急踩油门时，使用正时枪测量出发动机的点火提前角，可看到点火提前角是先减小后增大，原因是在急踩油门时，空气质量轻，惯性小，迅速占领进气管，使进气管绝对压力上升，点火提前角变小，稍后一会儿，发动机转速上升后，使进气管绝对压力下降，点火提前角又向提前方向变化，加上发动机转速上升后，离心点火提前角变大，两者确定的点火提前角整体变大。如图 5-3 所示为机械式点火提前角数字化后的脉谱图，显示出了机械触点式点火系统的整体变化规律。

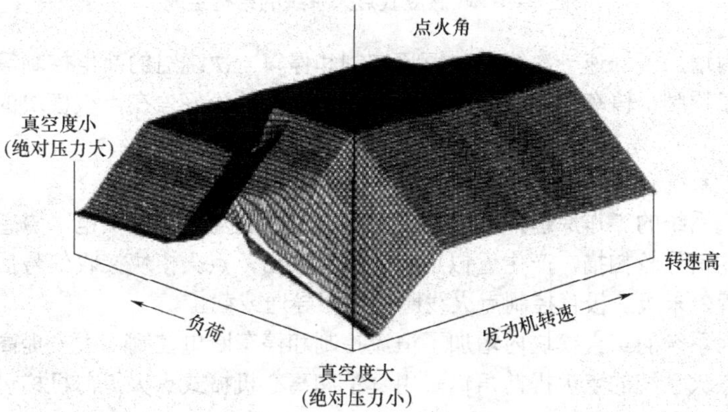

图 5-3 机械式点火提前角数字化后的脉谱图

怠速时进气管真空度大（绝对压力小），即负荷小，真空点火提前角需要控制提前。若发动机转速较低，离心点火提前角较小，最终两者决定的最后点火提前角较小。

发动机在部分负荷时，节气门开小，发动机转速高，进气管真空度较大，点火提前角较大，加上发动机转速很高，离心提前角也大，两者决定的最后点火提前角达到最大。

发动机在上坡时，进气管真空度小，绝对压力大，真空提前角较小，但发动机转速较高，两者决定的最后点火提前角也较大。

对于点火系统的点火能量即一次绕组电流的大小，传统点火系统可通过调节支架在支架底板上的位置实现调节，但其范围较窄，特别是多缸发动机可能提供的触点闭合时间不够，一次绕组的电流不能在发动机的高转速时达到最大值。同时，传统点火系统也不能在发动机的低转速时实现一次绕组内电流的最大限制。

2．磁感应式点火系统

传统点火系统有机械触点损坏较快和点火能量较低等诸多缺点，被后来出现的磁感应式点火或霍尔点火系统取代。这两种点火系统在 1998 年之前，我国不能生产电控发动机前使用，全国最后一批化油器汽车在 2001 年 9 月停止销售。

磁感应式点火系统和霍尔点火系统把分电器内的凸轮制成信号轮，信号轮轮齿或窗口个数与发动机缸数对应。如图 5-4 所示为磁感应式点火系统的结构组成，当分电器转动时，信号轮扫描传感头，产生磁脉冲信号或霍尔信号，信号给点火模块，点火模块控制末级功率晶体管从而控制一次绕组电路断开产生高压。点火提前角由分电器内的离心机构和真空机构控制，而且也有辛烷值调节器。

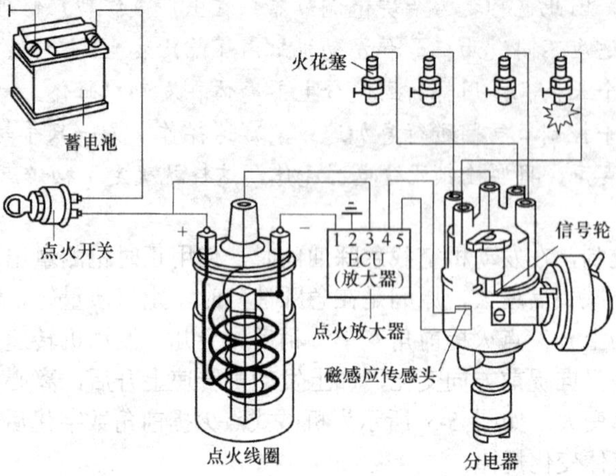

图 5-4　磁感应式点火系统的结构组成

在点火模块内增加了低速一次绕组的恒流控制和停车一次绕组的断电控制等。一次绕组的恒流控制实现了能量控制，停车断电保护防止了分电器信号轮恰好停在点火模块的末级三极管导通的状态。

磁感应式点火系统会从分电器内分出两根线，两根线有正负之分。

磁感应式点火系统的工作原理：点火开关向点火线圈和点火模块供电，磁感应传感器的传感头受分电器轴上的信号轮扫描，产生近似正弦的信号输出，点火模块接收信号后，控制点火模块内部的末级三极管，末级三极管控制点火线圈负极端导通或截止。

磁感应式点火系统的点火模块内增加了恒流控制和停车断电控制，大大提高了点火系统的性能。但磁感应式点火系统的点火提前角仍采用真空和离心机械式点火提前机构进行控制，且仍有辛烷值调节器。

完成任务

磁感应式点火系统的工作原理：____

____

3. 霍尔点火系统

如图 5-5 所示为捷达化油器汽车的霍尔点火模块，如图 5-6 所示为捷达化油器霍尔点火系统的组成。霍尔点火系统分出三根线，端口引脚以+、0、-标定，分别为霍尔电源、信号输出和接地。

图 5-5　捷达化油器汽车的霍尔点火模块

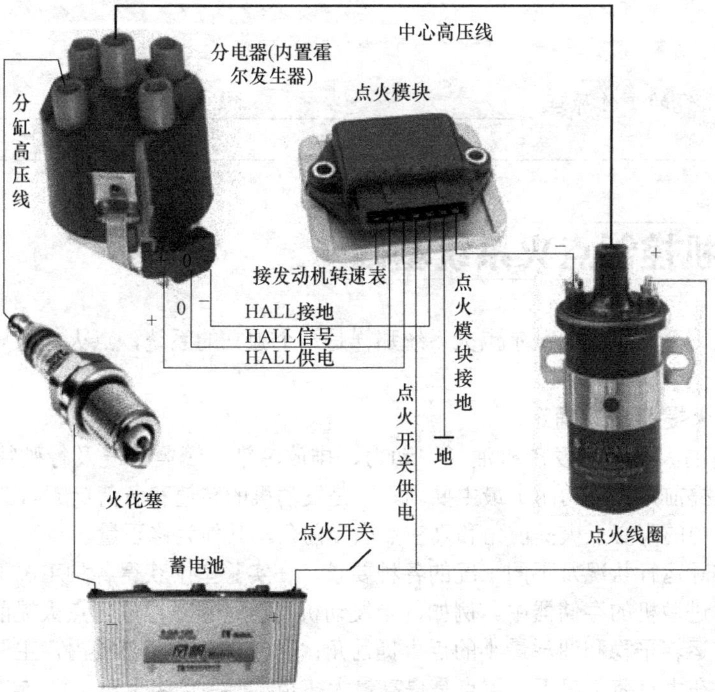

图 5-6 捷达化油器霍尔点火系统的组成

霍尔点火系统的工作原理：点火开关向点火线圈和点火模块供电，霍尔传感器由点火模块供电，分电器轴转动，扫描霍尔传感器，信号由霍尔传感器的 0 脚输出，点火模块接收霍尔信号后，控制内部的末级三极管，末级三极管控制点火线圈负极端导通或截止。

霍尔点火系统的点火模块内虽增加了闭合角控制、恒流控制等，并大大提高了点火系统的性能，但霍尔点火系统的点火提前角仍采用真空和离心机械式点火提前机构进行控制，且仍有辛烷值调节器，其主要缺点为：

（1）点火提前角的控制不精确，考虑影响点火提前角的因素（如发动机水温）不全面；

（2）为了避免大负荷时的爆震，必然采用妥协方式降低点火提前角；

（3）仍脱离不开机械控制范围，造成点火提前角脉谱图山顶较平缓。

1997 年我国国内开始大量采用电控发动机控制的微机点火系统，截至 2001 年 9 月国内不再生产霍尔点火系统。现代微机控制点火系统在点火正时控制上更加精确，同时还保留了霍尔点火系统的闭合角控制、恒流控制和停车断电控制功能。微机控制点火系统除能随发动机转速控制一次绕组的通电时间外，还可以通过电子手段控制发动机各工况时的点火提前角，使发动机在动力性、经济性、加速性和排放等方面达到最优。

微机控制点火系统主要由下列元件组成：监测发动机运行状况的传感器；处理信号、发出指令的微机；响应微机发出指令的点火模块、点火线圈等。该点火系统主要有以下优点：

（1）废除真空、离心点火提前装置，由发动机负荷信号和发动机转速信号代替控制基本点火提前角。

实际点火提前角=初始点火提前角+基本点火提前角+修正点火提前角。

动态的实际点火提前角由微机控制，从而使发动机在各种工况都可最佳地调整点火时刻，而不影响其他范围的点火调整。

（2）修正点火提前角中最主要的是爆震修正。一旦爆震，计算机推迟点火提前角，可保证在各种工况下将点火提前到发动机刚好不致产生爆震的范围。

完成任务

霍尔点火系统的工作原理：____

____

5.2 微机控制点火系统基础

微机控制点火系统不再像霍尔点火系统那样是一个独立的系统，点火功能只是电控发动机微机控制功能中的一个。

1．最佳点火提前角的确定

点火提前角的大小会对发动机油耗、动力、排放污染、爆震情况及行驶特性等产生较大影响，而影响点火提前角大小的两个最主要因素就是发动机的转速和负荷（节气门体后的真空度），即传统点火系统中的离心点火提前角和真空点火提前角，其他为修正量。

根据汽车实际运行状况及不同工况的各种要求，在实验室中获得各种工况下的最佳点火提前角数据，将其写进微机的存储器中。例如，当发动机怠速运转时，最佳点火提前角就是使有害气体排放量最低，运转平稳和油耗最小的点火提前角；而在部分负荷范围内，主要要求提高行驶特性和降低油耗；在大负荷工况下，重点是提高最大扭矩，避免产生爆震。图 5-7 表示的是存于存储器中的一个标准的三维点火特性脉谱图。图中的三个轴分别代表发动机转速、负荷和点火提前角。若已知转速和负荷就可以从图中的 z 轴找出相应的最佳的“基本点火提前角”。

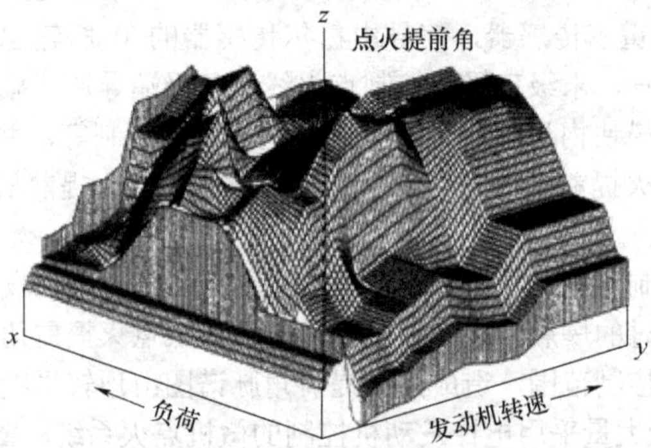

图 5-7　三维点火特性脉谱图

技师指导

过去的书籍认为节气门开度是负荷信号，事实上节气门开度是反映驾驶员动力需求的信号。

从传感器角度讲，发动机的进气歧管真空度小时，表明发动机负荷大。若汽车装有进气歧管压力传感器，则负荷由压力传感器确定；若装有空气流量计，则由空气流量计确定。从控制系统内部讲，根据空燃比公式，通过进气量可以推导出基本喷油量，基本喷油量由基本喷油时间决定，因此基本喷油时间也可代表负荷。

基本点火提前角之所以称为基本点火提前角，是因为不能直接用作点火提前角，如果直接使用这个角，与传统的真空和离心机构确定的点火提前角就没有太大分别了。实际点火提前角的确定依据厂家不同，其控制方法也不相同。下面以丰田汽车的电控点火系统为例，讲述其实际点火提前角的控制方法。

丰田汽车的依据：实际点火提前角=原始设定点火提前角+基本点火提前角+修正点火提前角。这个公式在发动机启动时并不适用，启动时点火提前角通常为负值，主要考虑的是利于启动。

1）原始设定点火提前角

原始设定点火提前角也称为固定点火提前角，其值为上止点前 10°。

2）基本点火提前角

基本点火提前角储存在微机的存储器 ROM 中。它分为怠速的基本点火提前角和正常行驶时的基本点火提前角两种。怠速的基本点火提前角是指节气门位置传感器的怠速触点闭合时的基本点火提前角。其值根据空调是否工作而略有不同，空调工作时基本点火提前角为 8°，不工作时其值为 4°。也就是说，同样怠速运转，空调工作时，其实际点火提前角将从上止点前 14° 增加到 18°，以防因空调负荷使发动机运转不稳。

正常行驶的基本点火提前角，是指节气门位置传感器怠速触点打开时的基本点火提前角。微机根据发动机的转速和负荷（用进气量表示），从微机的 ROM 中进行查表，选出最佳点火提前角。

3）修正点火提前角

原始设定点火提前角加上基本点火提前角所得点火提前角，必须根据相关因素加以修正。修正的点火提前角具有暖机和稳定怠速两种点火提前特性，分述如下。

（1）暖机点火提前角

暖机点火提前角指在节气门位置传感器怠速触点闭合（电子节气门体的位置在最小开度）时，微机根据发动机冷却水温进行修正的点火提前角。当冷却水温较低时，必须增大点火提前角，以促使发动机尽快暖机。

（2）稳定怠速点火提前角

为使怠速稳定运转，当使用空调或使用动力转向时，可用微机控制增大点火提前角。

除上述暖机修正和怠速稳定性修正外，其他点火提前角的修正还包括空燃比反馈修正和爆震修正。

① 空燃比反馈修正

装有氧传感器的电子控制燃油喷射系统，微机根据氧传感器的反馈信号对空燃比进行修正。随着修正喷油量的增加和减少，发动机的转速在一定范围内波动。为了提高发动机转速的稳定性，当反馈修正喷油量减少时，点火提前角要适当地增加。

② 爆震修正

爆震修正如图 5-8 所示，当通过曲轴和凸轮轴位置传感器及爆震传感器确定某缸爆震后，实际点火提前角会快速推迟，不爆震时再缓慢提前。读数据流观察点火提前角，点火提前角有推迟说明爆震传感器的信号传给微机（计算机）后正在进行爆震修正。

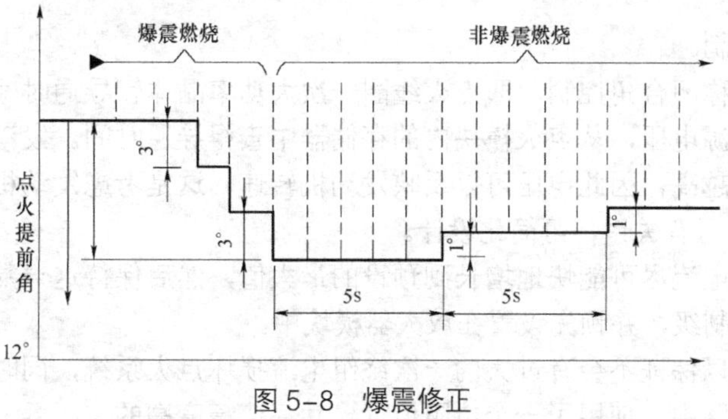

图 5-8　爆震修正

当微机计算出的实际点火提前角超过最大或最小点火提前角的允许值时，微机以最大或最小点火提前角的允许值进行调整。其他车系的点火提前角控制可参考丰田车系。

当传感器检测出发动机的转速和负荷有变化时，微机就使点火提前角做出相应的改变，发动机每旋转 1 周，微机就可计算并输出一次点火提前角的刷新数据。

如图 5-9 所示为最佳点火设置的逻辑选择流程图，不同车系可能略有差别。

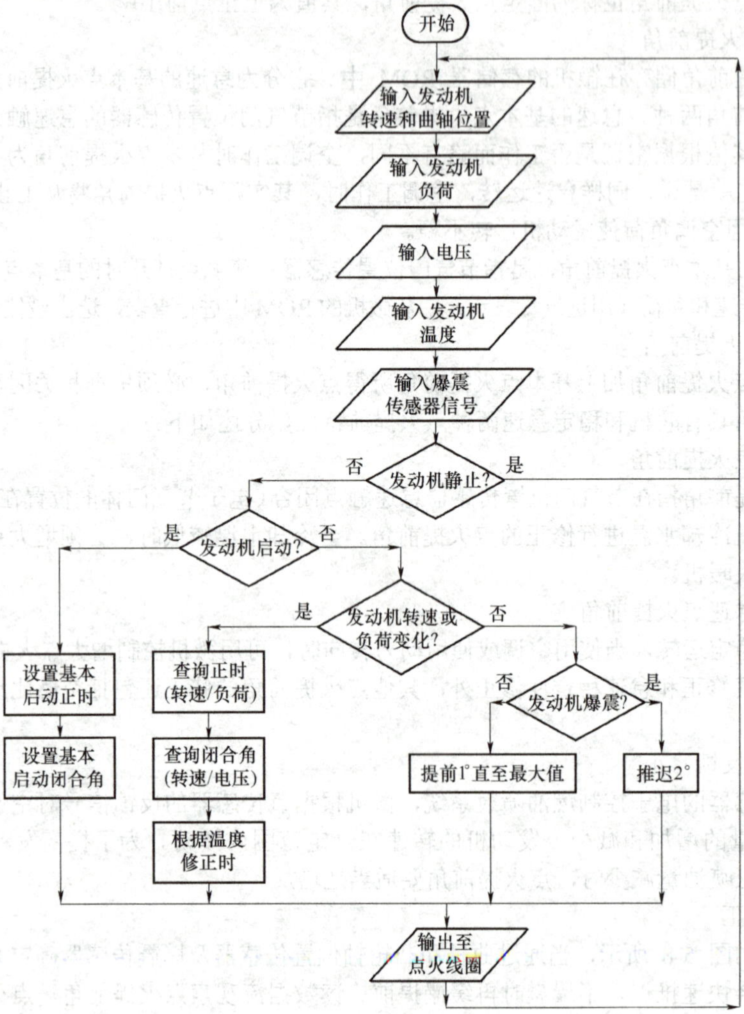

图 5-9　最佳点火设置的逻辑选择流程图

2. 点火能量控制

点火能量控制也称闭合角控制，即点火线圈一次大功率晶体管导通时间的控制方法。有的车系是点火模块根据电源电压，从点火模块内的存储器中查得导通时间。发动机运转转速越高，发电电压在调节范围内越高，因此电压可以反映发动机转速。这是考虑发动机转速和一次绕组的电感/电抗都与蓄电池电压有关系，可简化设计。

该系统能使一次电流尽可能快地增长到预设的最大值，然后保持这一数值。一次电流的实际值被反馈到电路的控制级，并预先设置在放大器模块中。

一次电流限制可以保证不会有过大的一次绕组电流损坏点火系统，同时它也是恒定能量系统的一部分。在这一电路中，使用了一个电阻值低、功率值精度高的电阻器，该电阻器与功率晶体管及点火线圈串联。有一个电压传感电路跨接在这一电阻器上，可以获取预设电压（与电流成正比），这将使输出级保持电流值不变。如图 5-10 所示为闭合角闭环控制系统的框图。

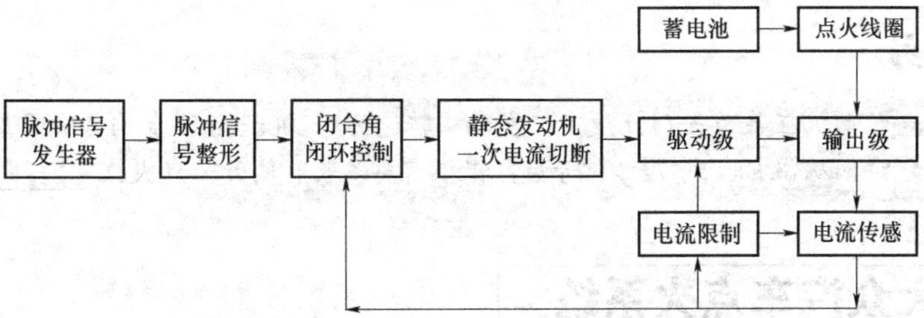

图 5-10　闭合角闭环控制系统的框图

发动机的一次电流切断功能是指在点火开关接通，发动机不启动工作时，由一个简单的定时电路在 1s 后切断输出级电流。

3．微机控制点火系统

下面以大众捷达轿车控制点火的方法为例来介绍微机控制点火系统，其他发动机控制方式与其基本相同。计算机进行点火正时控制的工作步骤如下。

1）点火提前角确定

例如，在某种运转状态下，微机综合发动机转速信号（决定离心点火提前角）、发动机负荷信号（决定真空点火提前角）从存储器中取出基本点火提前角，这个基本点火提前角经其他如发动机水温、节气门怠速开关状态、氧传感器的反馈信号、外加负荷（如空调）介入、动力转向介入、变速换挡介入、用电器负荷介入等修正信号进行修正。如果有爆震发生，最后还要经过爆震传感器确定的爆震推迟角进行修正，假设此工况最后的最佳点火提前角为 30°，这个 30° 为下面的备用数据。

2）压缩上止点前 72° 信号确定

如图 5-11 所示为点火时刻控制原理。由于点火发生在压缩上止点前，因此凸轮轴位置传感器的信号要提前向微机反映信号，这个信号要比最大点火提前角提前，如大众汽车的凸轮轴位置传感器信号在 1 缸的压缩上止点前 72° 出现。

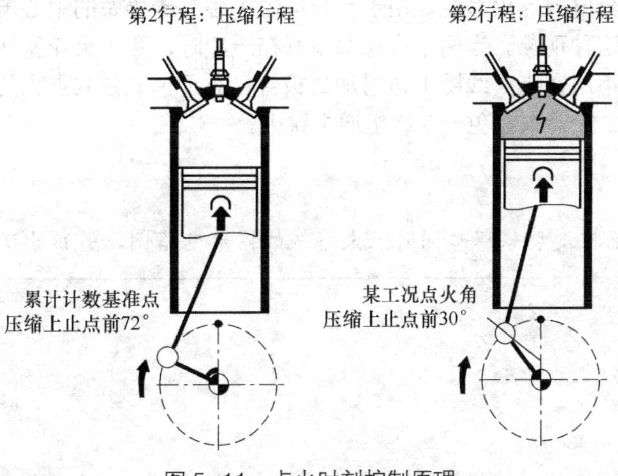

图 5-11　点火时刻控制原理

其他车系的这个提前信号出现在 1 缸压缩上止点前是多少度，可自行参看相关资料。

3）1° 计算机时间计算

72°−30°=42°，由此可推导出当微机收到 72° 信号后，再等 42 个 1° 计算机时间即可控制一次绕组的开关管断开，从二次绕组互感出高压。

完成任务

大众汽车发动机在某节气门开度下，发动机转速为 1200r/min，查询这瞬间工况的点火提前角为 24°，试问从微机收到 72° 信号后，微机需要多长时间开始点火：______________。

5.3 大众汽车点火系统

任务驱动项目

以大众捷达、高尔夫或奥迪 1.8T 实车作为对象，通过示波器观察点火系统工作的控制信号。

1．捷达 ATK 两阀发动机

1997 年年末，一汽大众停止生产化油器车型的汽车。1998 年以后，一汽大众生产的大众电喷发动机直接采用无分电器点火系统，该点火系统分为双缸同时点火式和单缸独立点火式两种方式，大众汽车从此宣布分电器点火系统终结。捷达轿车采用双缸同时点火方式，如图 5-12 所示为捷达 ATK（两阀）发动机双缸同时点火系统的电路图。就点火而言，如果四缸发动机点火顺序为 1—3—4—2，则点火线圈 1、3 缸配一套一次点火线圈，2、4 缸配一套二次点火线圈。如图 5-13 所示为集成在一起的双缸同时点火线圈和点火模块。

发动机的两个汽缸共用一个点火线圈，即一个点火线圈有两个高压输出端，分别与一个火花塞相连，负责对两个汽缸点火。汽缸在配对选择时，应注意当一个汽缸处于压缩行程时，另一个汽缸应为排气行程。必须确保在排气行程中所产生的点火火花既不点燃要排出的残余废气，也不点燃刚要进来的新鲜的混合气。双缸同时点火的缺点是对点火提前角调整的范围有一定的限制。

当一次电流接通时，二次绕组中会感应出 1～2kV 系统并不需要的电压，它的极性与点火高压的极性相反。对于分电器点火系统，由于有分电器中心有碳棒做的中心电极和旁电极的间隙，所以可以有效地消除这种现象。当两个火花塞串联在一起时，两个火花塞间隙很大，消除了开关跳火现象，因此可以不用在点火线圈上再附加二极管。对于单缸独立点火的系统来说，一般是在点火线圈中串联一个二极管来避免一次绕组通电跳火。

完成任务

画出捷达轿车电控发动机双缸同时点火系统的内部电路图，并说出工作原理：

请在捷达双缸同时点火线圈上找到 A、B、C 和 D 标记，并根据图 5-13 插上实车的高压线，写出插对高压线的现象是________________；插错高压线的现象是________________。

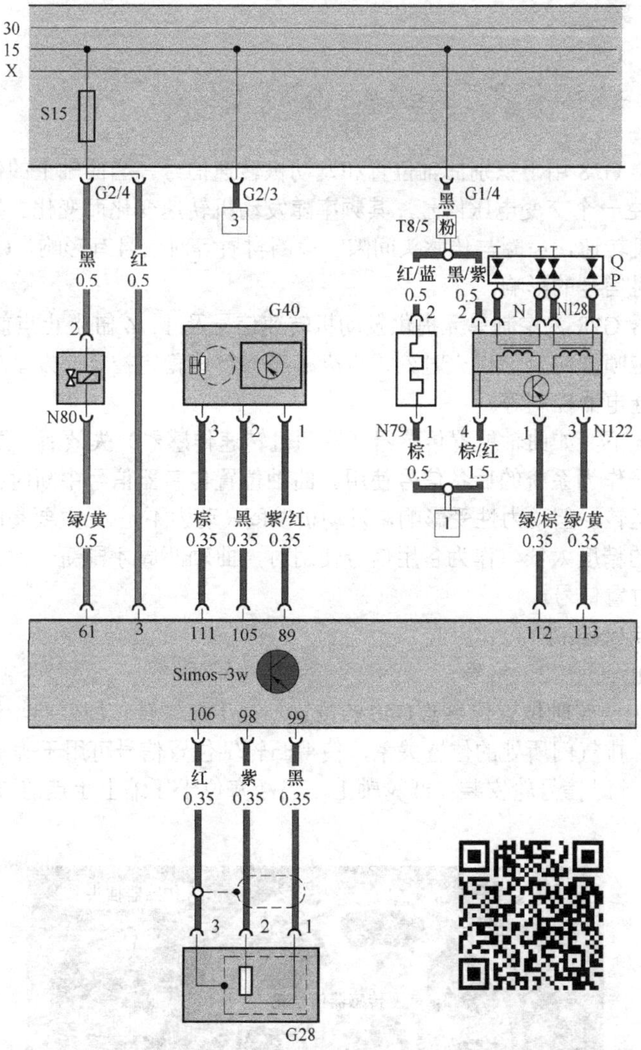

图 5-12　捷达 ATK（两阀）发动机双缸同时点火系统的电路图

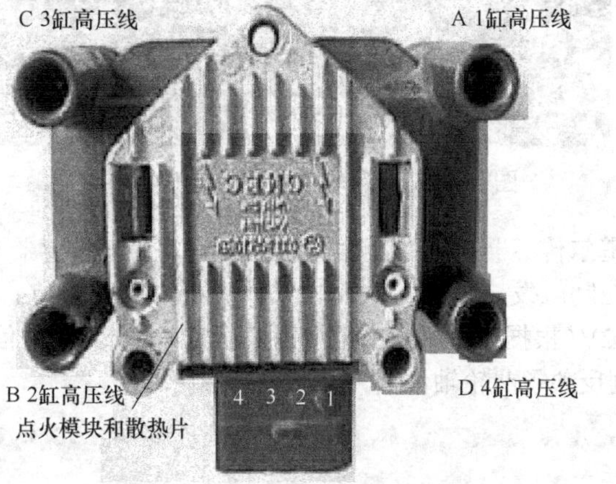

图 5-13　集成在一起的双缸同时点火线圈和点火模块

技师指导

捷达双缸同时点火线圈壳体开裂会造成点火能量不足。

曲轴位置传感器 G28 用于识别曲轴位置和发动机转速信号。当曲轴上的信号轮扫过磁感应式传感器 G28 时，产生一个交变电压信号，其频率随发动机转速变化而变化。控制单元根据交变电压的频率识别发动机转速，齿圈与传感头间隙、齿圈材质等对信号有影响。G28 有静电屏蔽线，可减弱外界电磁场对信号的影响。

曲轴位置传感器 G28 为控制单元提供发动机转速信号及 1、4 缸上止点前 72° 参考点信号，两个信号可用于确定喷油时刻、点火时刻、点火顺序、怠速稳定控制、发动机最高转速控制、超速切断控制、油泵继电器控制等。

在一些紧急情况下，如曲轴位置传感器（发动机转速传感器）失效后，发动机控制单元 J220 将凸轮轴的位置信号作为系统的后备信号使用。曲轴位置传感器信号中断时，五阀发动机停转，两阀发动机可继续运转，但动力性受影响，发动机发闷（动力不足），主要是因为凸轮轴信号产生的发动机转速信号的精度太低。作为备用信号使用时，曲轴两周才刷新一次点火提前角，因此它只能暂时代替曲轴位置信号。

2．双缸同时点火控制

1）1 缸压缩上止点前 72° 信号

如图 5-14 所示为凸轮轴位置传感器 G40 的位置。由于曲轴转二周，凸轮轴转一周的特点，加上凸轮轴和进气门、排气门所处的位置关系，使得凸轮轴位置信号可用于确定 1 缸“压缩”上止点前 72° 信号。设计时信号轮安装在凸轮轴上，当活塞位于压缩上止点前 72° 时，信号轮即可扫描霍尔传感头。

图 5-14　凸轮轴位置传感器 G40 的位置

如图 5-15 所示为霍尔传感器 G40 的电信号产生原理。霍尔传感器 G40 由 ECU 供电，随凸轮轴一起旋转的触发轮控制触发三极管，从而拉低计算机内的高电位。具体而言，三极管不导通时，信号线为高电位 12V（根据计算机内的电源高低而定），一旦导通信号线为低电位，接近 0V。高低电位变换点的时刻反映了凸轮轴位置。

完成任务

根据图 5-15 分析发动机计算机内的电源 12V 下边的上拉电阻的作用。

如果末级三极管不导通，发动机计算机接收________电位。

如果末级三极管导通，发动机计算机接收________电位。

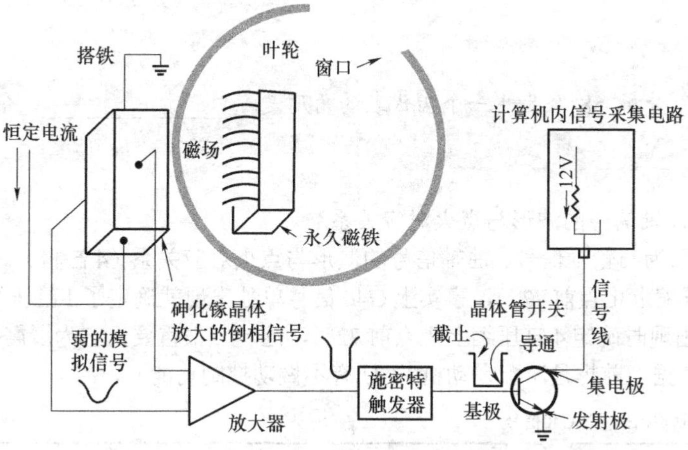

图 5-15 霍尔传感器 G40 的电信号产生原理

2）曲轴转速信号

发动机转速是电控系统中重要的输入变量之一。如图 5-16 所示为发动机转速和曲轴位置传感器 G28，一般将其简称为曲轴位置传感器 G28。它不但产生发动机转速信号，同时也产生 1 缸上止点前 72° 信号。其中曲轴转两周的一个信号是 1 缸压缩上止点前 72° 信号，另一个信号是 1 缸排气上止点前 72° 信号。

如图 5-17 所示为曲轴位置传感器 G28 和信号轮，曲轴信号轮一周有 60 个齿位，实际为 58 个齿，微机采集到的每个齿形的正向波形或负向波形均代表曲轴转过 3°，经转化变成曲轴转 1° 需要的计算机时间，称为 1° 计算机时间。72° −30° =42°，计算机延时 42 个 1° 计算机时间开始断开一次绕组的电子开关。曲轴信号轮少两齿部分会在 1 缸上止点前 72° 扫过 G28，因缺口较大，会产生突变信号。

图 5-16 发动机转速和曲轴位置传感器 G28

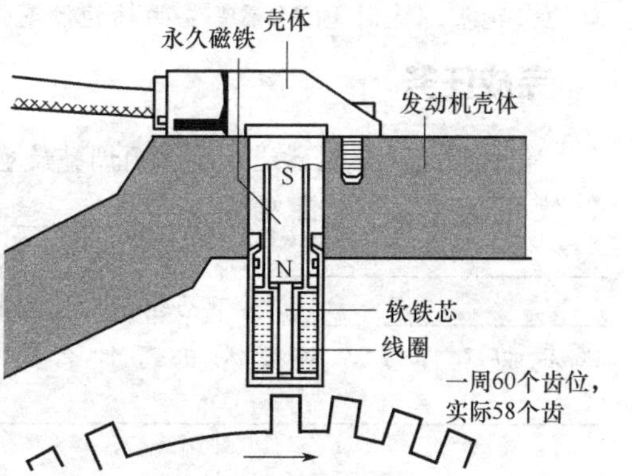

图 5-17 曲轴位置传感器 G28 和信号轮

技师指导

汽车发动机启动后，曲轴转速很高，大多数车系为降低成本，曲轴位置传感器都采用磁感应式，德国汽车的信号轮采用 60 齿位、58 齿形式，这种结构在欧洲有统一的趋势，而丰田车系为 36 齿位、34 齿形式。现代汽车的曲轴位置传感器少数采用了两线电流型霍尔传感器，如美国通用的别克汽车（三线霍尔式用在凸轮轴上）。

完成任务

根据图 5-17 分析 58 个齿，一个齿代表的角度是________。余下两个齿缺代表________度。

3）凸轮轴、曲轴信号的波形与点火对应关系

如图 5-18 所示为凸轮轴信号、曲轴信号的波形与点火对应关系（4 缸机）。当 G40 和 G28 信号重合时为 1 缸压缩上止点前 72°，事实上 G40 信号单独出现就确定了 1 缸压缩上止前 72°，因此 G28 信号单独出现时确定 4 缸压缩上止点前 72°，这一点很重要，它为爆震控制和以后的汽缸不做功控制提供依据（前提是所配发动机 ECU 有不做功控制功能）。

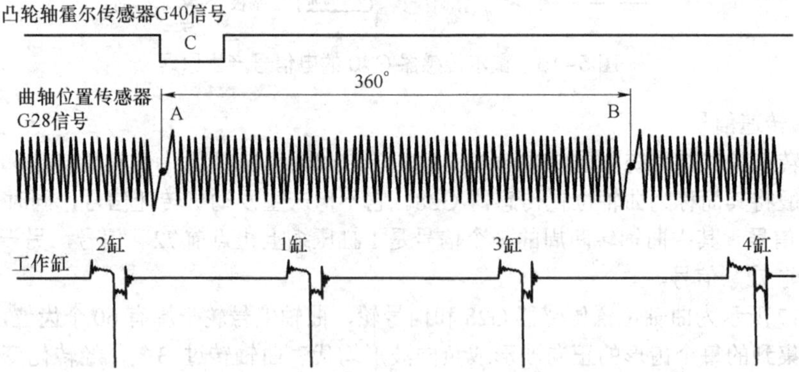

图 5-18　凸轮轴信号、曲轴信号的波形与点火对应关系（4 缸机）

技师指导

如果点火系统采用分电器点火，正确安装分电器后，分电器中的分火头将自动指向对应汽缸的火花塞。这时 ECU 不需要曲轴的位置信息，但需要凸轮轴位置和曲轴转速信息。

完成任务

你认为使用示波器进行哪两项调整最重要：________和________；你会使用高压感应钳吗：________；你用什么时基和幅值发现了三个波形：________；停车后，拆下曲轴位置传感器看发动机能否启动工作，分析为什么：________。拆下凸轮轴看发动机能否启动工作，分析为什么：________。若发动机启动工作了，对发动机有什么影响：________；分析这样设计的好处：________。

3. 单缸独立点火方式

1）单缸独立点火方式简介

一汽奥迪于 1999 年开始在 1.8T AWL 发动机上采用单缸独立点火方式，单缸独立点火方式需要提供更多的信息给 ECU，使它能够确定哪个点火线圈应该被触发。为此，系统必须获得凸轮轴的位置信息。

霍尔传感器 G40 位于发动机汽缸盖上或凸轮轴正时齿轮的后侧，采集发动机 1 缸压缩上止点前 72° 信号。发动机控制单元通过此传感器判断 1 缸在压缩行程。信号中断后不能识别爆震所在缸，发动机爆震控制从单独调节变为控制模式，即点火提前角均向后推迟约 15°。齿形皮带错

齿，仍诊断为传感器有故障。

2）点火线圈结构

点火线圈由一块铁芯构成，形成一个封闭的磁回路，并且有一个塑料外壳。在壳体内，一次绕组直接安装在铁芯的绕线管上，其外部缠有二次绕组。为了提高抗击穿能力，将绕组制成盘式或盒式（见图5-19）。为使两个绕组之间及绕组与铁芯之间实现有效绝缘，壳体内灌满环氧树脂。这种设计形式可与各个应用机型相匹配。

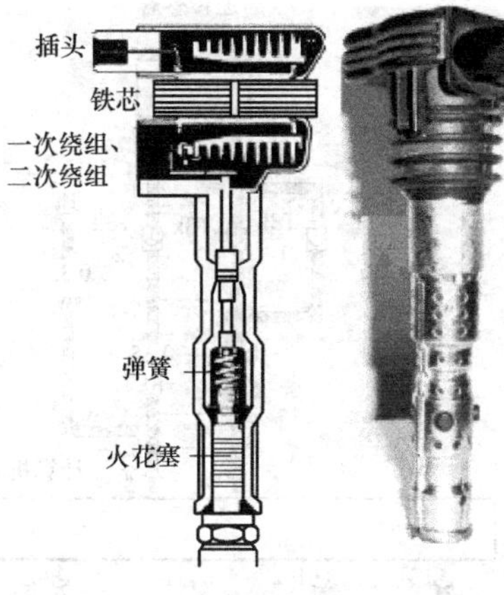

图5–19 奥迪1.8T发动机的点火线圈和点火放大器

由于增压发动机压缩终了的汽缸压力较高，放电较为困难，因此所需击穿电压较高，导致实际中点火线圈损坏的概率很高。

3）单缸独立点火方式电路图

如图5-20所示为奥迪1.8T发动机点火系统。

技师指导

分电器点火系统中，用示波器的高压感应钳可以测量高压线的电压波形，通过分析点火波形可确定故障点。在单缸独立点火系统中，既没有分电器和点火线圈之间的中心高压线，也没有分缸高压线时，高压测量必须采用专用感应元件。

单缸独立点火系统中的每个汽缸安装一个线圈和一个放大器，由控制单元按点火次序触发。这种分电器系统可以灵活安装，用于任何缸数的发动机上，而且它在点火提前角的调整方面也没有任何限制。但是必须注意的是，这种形式的分电器必须安装同步装置，同步信号由凸轮轴传感器G40产生。

完成任务

画出奥迪汽车电控发动机单缸独立点火系统的电路图，并说出其工作原理。

单缸独立点火系统没有高压线，无法进行高压线吊火，若给你一个备用火花塞，如何判别高压火是否产生？

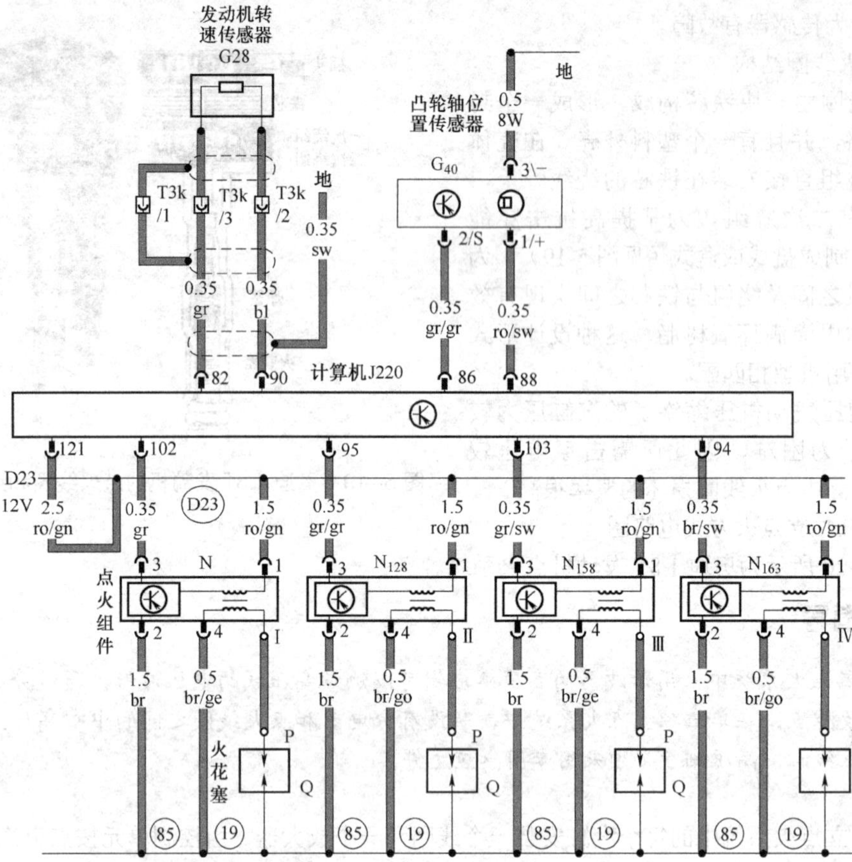

图 5-20　奥迪 1.8T 发动机点火系统

5.4 尼桑汽车分电器点火系统

1．尼桑汽车分电器点火系统简介

尼桑车系公爵、光荣、蓝鸟、阳光等，国内红旗世纪星引进的尼桑发动机等，它们有一个分电器，发动机控制单元从分电器上获得上止点提前信号和转速信号。

技师指导

由于分电器点火系统的计算机不需要知道下一次高压火分给谁，因此只需要凸轮轴产生一个上止点前信号，再有一个能确定曲轴转 1° 需要多少计算机时间的传感器，这个信号实际取自分电器内的凸轮轴信号。

2．尼桑汽车分电器结构

如图 5-21 所示为尼桑四缸发动机光电式曲轴位置传感器，双光电传感器在分电器内，它由信号发生器和带光孔的信号盘组成，信号盘安装在分电器轴上，其上外侧有 360 条缝隙（光孔），产生 1° 信号，内侧间隔 90° 分布着 4 个方孔，产生 180° （曲轴转角）信号，其中有一个较宽的方孔产生一缸上止点对应的 180° 信号，而其余的是 3、4、2 缸的上止点对应的 180° 信号。

光电信号发生器固装在分电器壳体上，主要由两个发光二极管、两个光敏二极管和波形处理电路组成。两个发光二极管分别正对着两个光敏二极管，发光二极管以光敏二极管为照射目标。

信号盘位于发光二极管和光敏二极管之间，当信号盘随发动机凸轮轴运转时，因信号盘上有方孔，则产生透光和遮光的交替变化，造成信号发生器输出表征曲轴位置和转角的脉冲信号。

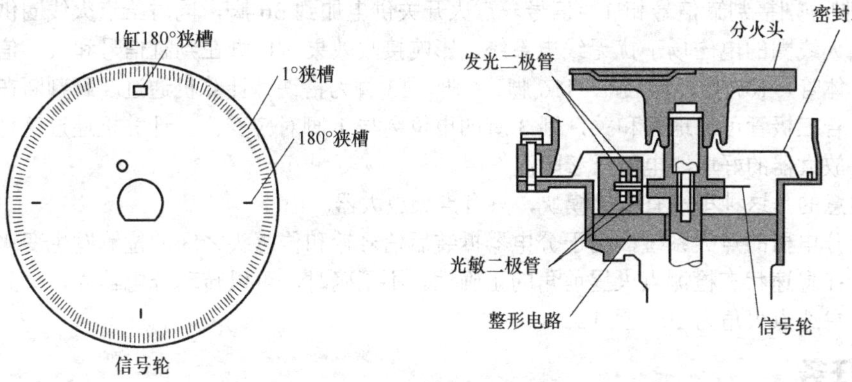

图 5-21　尼桑四缸发动机光电式曲轴位置传感器

当发光二极管的光束照射到光敏二极管上时，光敏二极管受光后产生电压；当发光二极管的光束被遮挡时，光敏二极管产生的电压为零。将光敏二极管产生的脉冲电压送至波形电路放大整形后，发动机即向发动机计算机输送曲轴转角的 1° 信号和 180° 信号。因信号发生器安装位置的关系，180° 信号在活塞上止点前 70° 输出。发动机每转两圈，分电器轴转一圈，则 1° 信号发生器输出 360 个脉冲，360 个脉冲表征了曲轴的 720° 转角。

3. 点火系统电路图

尼桑车系的 1° 信号非常准确，点火基准信号输入计算机后，计算机只要数 1° 信号的高低电位个数即可。如图 5-22 所示为尼桑蓝鸟 U13 发动机点火系统电路。这里以 4 缸发动机 U13 为例进行介绍，国内有相同原理的有红旗世纪星 4、6 缸 VG20 发动机，公爵、光荣车型发动机的原理也与 VG20 发动机的原理基本相同。

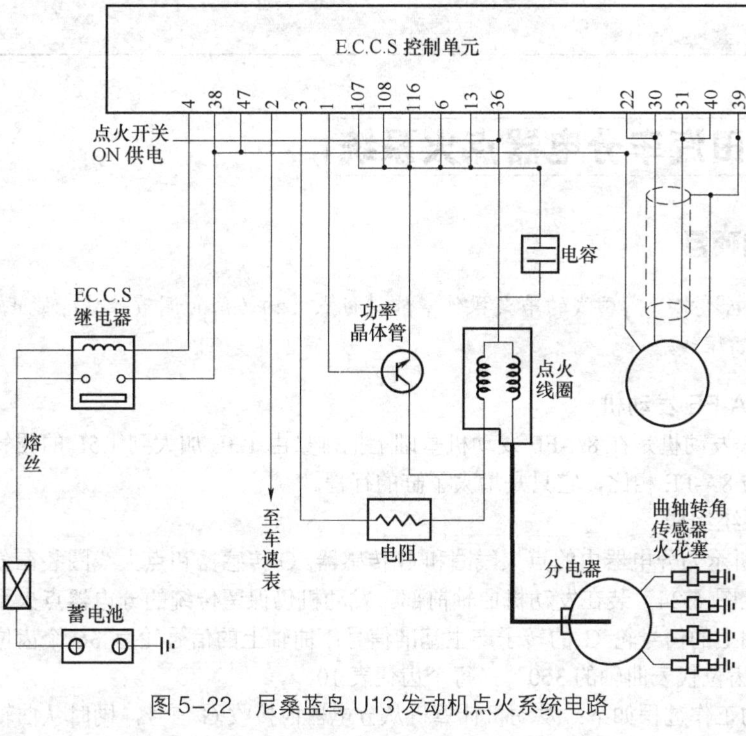

图 5-22　尼桑蓝鸟 U13 发动机点火系统电路

如图 5-22 所示，启动时的转速信号触发计算机的 4 脚内部搭铁，尼桑发动机控制单元（简称 ECCS）主继电器向 38 脚、47 脚供电，同时向分电器供电。39 脚是传感器搭铁，22 脚、30 脚与 31 脚、40 脚分别接判缸信号和 1° 信号。点火开关供电加到 36 脚，同时给点火线圈供电，电容用于防止点火线圈的电磁场干扰无线电系统，影响接收效果。1 脚在判缸信号和 1° 信号控制下控制功率晶体管，107 脚、108 脚、116 脚、6 脚、13 脚为搭铁。计算机通过 3 脚判断在 1 脚触发三极管后，若三极管可靠地开和关，则 3 脚的电位会与 1 脚对应变化，计算机通过这种对应变化来判断点火放大器的好坏，电阻只起限流作用。

值得注意的是这种车没有点火模块，只有点火放大器。

对于带分电器的点火系统，由于分电器拆装后信号轮和传感头之间的位置发生变化，所以要通过正时枪在怠速状态检测点火提前角的正确性。不正确时，可以转动分电器壳，直到暖机后温度正常时，怠速点火角为 10° 至 12° 。

完成任务

请画出尼桑发动机分电器点火系统的结构示意图，并说出其工作原理；对于光电式分电器点火系统，怠速时，捕捉凸轮轴转速信号、一缸波形提前标记和其他三缸波形提前标记的完整波形，并将所用的时基和幅值记录下来：______________；分析这样设计的好处：______________________。

5.5 丰田汽车分电器点火系统

任务驱动项目

能进行分电器中心高压线的吊火操作；能进行点火初始角的调节操作；能正确插分电器点火系统的分缸高压线。

1. 丰田 5A-FE 发动机

丰田 5A-FE 发动机是在 8A-FE 发动机基础上把排量由 1.3L 加大到 1.5L 的四气门、双顶置凸轮轴发动机。与 8A-FE 相比，它只是增大了缸的行程。

2. 点火系统组成

如图 5-23 所示为分电器内的点火线圈和 G 传感器。G 传感器和点火线圈装在分电器内，曲轴位置传感器（见图 5-24）装在发动机曲轴前部。发动机仍保留传统的分电器点火系统。在分电器内部，分电器轴上的信号轮 G 的转子产生基准信号；曲轴上的信号轮有 36 个齿位，实际上只有 34 个齿。36 个齿位代表曲轴的 360° ，每个齿代表 10° 。

点火系统的工作过程如下：发动机计算机从分电器内接收 G 信号，同时从曲轴信号轮上接收转速和曲轴位置信号，通过 IGT 引脚触发点火模块内的波形变换电路，控制功率管的导通和截止，从而控制一次绕组的通断，在二次绕组上产生高压经高压输出端至分电器盖内，到达分火头顶部，分火头的转动把高压火分至各个工作缸。

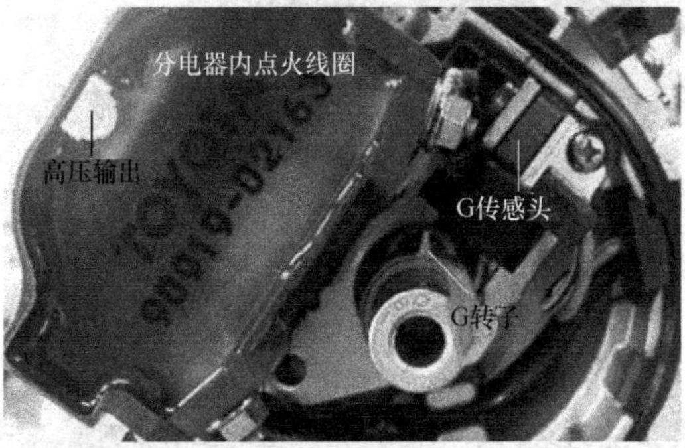

图 5-23 分电器内的点火线圈和 G 传感器

图 5-24 曲轴位置传感器

3. 点火控制电路

点火控制电路是点火模块（点火模块）内的恒流控制电路。一方面，它通过监测恒流电阻上的电压降控制功率管的导通角，既能使一次点火线圈提供足够的点火能量，又能防止一次绕组过热。另一方面，当功率管损坏或一次线路有故障，功率管不能导通和截止时，恒流控制电路通过失效保护电路把一次绕组不能正常导通和截止的信号反馈给计算机，计算机上输出相应失火的故障码。如图 5-25 所示为丰田 5A/8A 发动机点火系统框图。

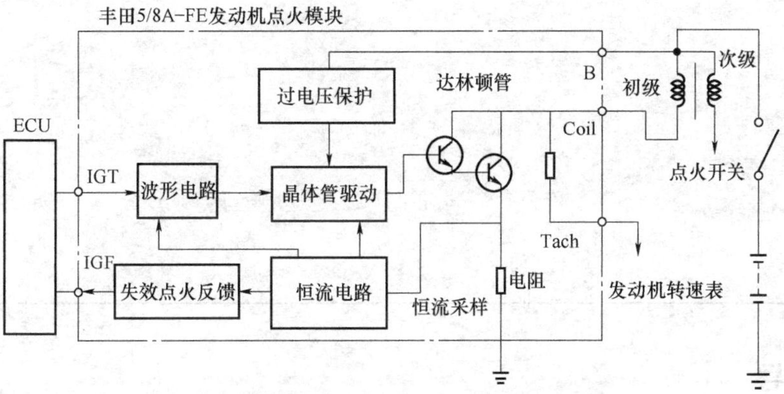

图 5-25 丰田 5A/8A 发动机点火系统框图

为便于记忆，丰田车的很多重要电子元件的引脚采用了英文缩写。例如，B（Battery，蓄电池）；C（Coil，线圈）；IGF（Ignition Feedback，点火反馈），其中 F（Feedback，反馈）；EXT（EXHAOST），其中（EX，输出；T，Tachometer，发动机转速表）；G（凸轮轴位置信号）；IGT（Ignition Trigger，点火触发），其中 T（Trigger，触发）；NE（N，转速；E，Engine，发动机）。如图 5-26 所示为丰田点火模块上的英文缩写。

技师指导

丰田点火模块位于发动机舱右侧、减振器座附近，由于点火模块外壳搭铁，易出现壳体搭铁不良的故障。

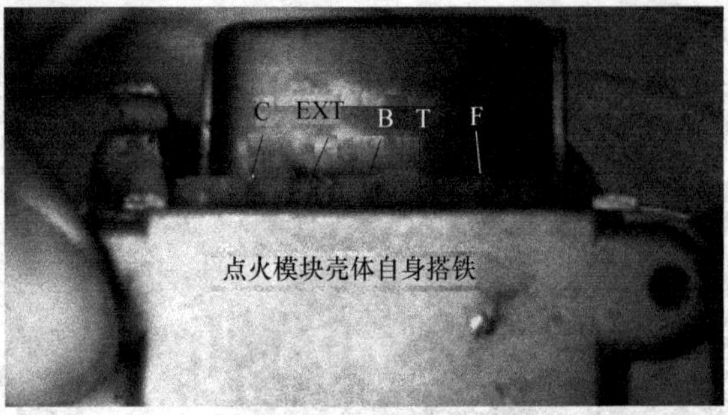

图 5-26 丰田点火模块上的英文缩写

完成任务

画出丰田 8A-FE 发动机分电器点火系统的结构示意图，并说出其工作原理；怠速时，用示波器捕捉 G、NE 信号和高压信号，并将所用的时基和幅值记录下来：______；并用手机拍下波形分析，描述其特征：______________________。

写出点火模块的端子字母缩写的英文：C—______；EXT—______；B—______；T—______；F—______。

技师指导

国内夏利三缸和丰田科罗拉采用的是分电器点火系统。尽管分电器点火系统是较早的点火系统，但在实践中，教师对分电器点火系统的掌握反而不足，主要是因为分电器点火系统有易出错的高压线插错和点火正时调整不正确故障。更换分电器总成后，在调节点火正时过程中，大多数教师由于未经过实践，只知道转动分器，并不知道要先将发动机一缸调节到压缩上止点，再插入分电器轴至凸轮轴齿上；需要保证分电器的分火头在分电器盖一缸线位置，合上分电器启动，等发动机水温正常时，用正时灯检查正时是否为 12°，不是则调整分电器壳体。当曲轴前部皮带轮处和后部飞轮处无正时刻度时，在无法用正时枪确定点火正时的情况下，可采用左手急加速节气门，右手转动分电器，听燃烧有轻微的爆震声音（类似于柴油机车上坡的声音）的方法。

5.6 其他点火系统举例

1. 一个点火模块内置多个放大器

奥迪1.8T的点火线圈和点火模块做成了一体，只要微机给一个微弱的驱动信号即可。下面再介绍一个有单独点火模块的直接点火系统，如图5-27所示，该点火模块内有四个放大器，分别对应四个点火线圈，四个点火线圈分别对应四个缸。为了描述清楚，图中只画了一个缸的信号线和一个缸的点火线圈。二极管用于防止晶体管放大器在导通时造成缸内点火。

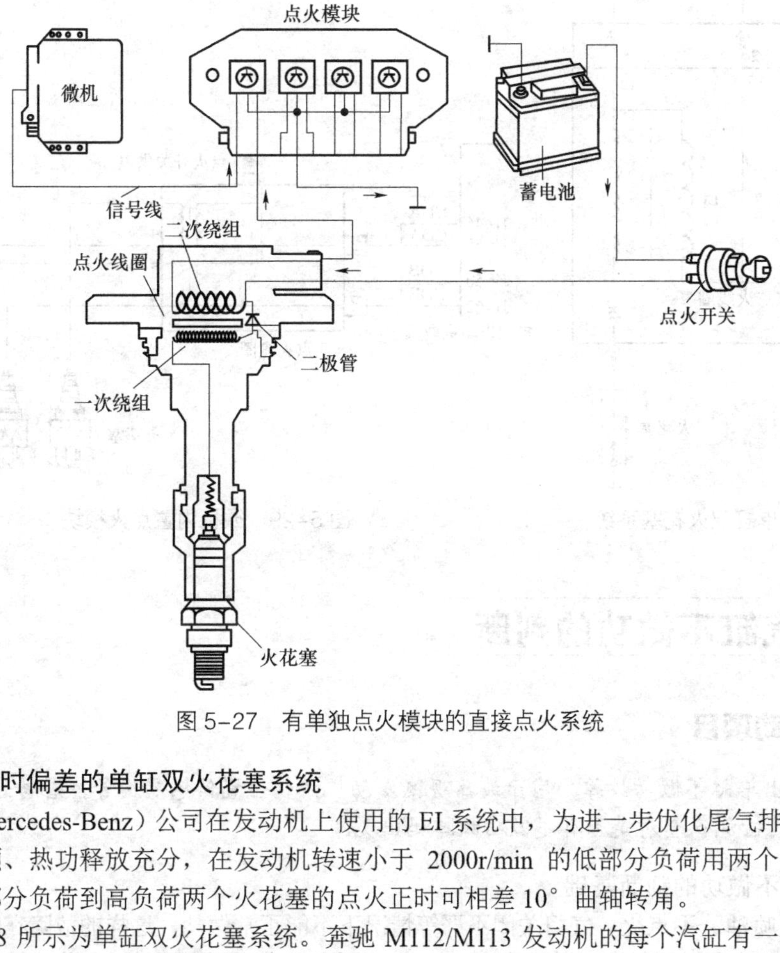

图5-27 有单独点火模块的直接点火系统

2. 带正时偏差的单缸双火花塞系统

奔驰（Mercedes-Benz）公司在发动机上使用的EI系统中，为进一步优化尾气排放，使发动机工作安静平顺、热功释放充分，在发动机转速小于 2000r/min 的低部分负荷用两个火花塞同时点火，在中间部分负荷到高负荷两个火花塞的点火正时可相差10° 曲轴转角。

如图5-28所示为单缸双火花塞系统。奔驰M112/M113发动机的每个汽缸有一套点火线圈，每套点火线圈有两个独立的绕组（包含两个一次绕组和两个二次绕组）、两个火花塞，点火线圈安装在摇臂罩盖上，用一根短的高压线和火花塞相连。当点火开关位于RUN和START位置时，两个一次绕组全供电，由计算机控制哪个一次绕组先断电。两个独立的二次绕组和火花塞相连，汽缸中的两个火花塞分别称为A火花塞和B火花塞，独立的点火线圈能够保证发动机的高速性能和对各个汽缸的单独控制。

双火花塞系统能够保证燃烧更完全，特别是能保证汽缸壁附近的燃烧，有利于减少污染排放。这个系统在混合气被 EGR 气体稀释后，还能保证可靠性。在发动机中等负荷和大负荷工况下，两个火花塞的点火时间略有差距，以防止汽缸压力升高太快，产生爆燃。两个火花塞的点火时间差距在 0° 至 10° 曲轴转角内。为了防止一个火花塞比另一个火花塞磨损快，两个火花塞轮流领先点火，首先 A 火花塞先点火，然后 B 火花塞先点火，接下来是 B，再是 A，再接下来是 A，再然后是 B，等等。

3．点火模块集成在微机内部

点火模块也可集成在微机里，如国内的江铃全顺用的 4G64 发动机。如图 5-29 所示为微机内置点火模块。

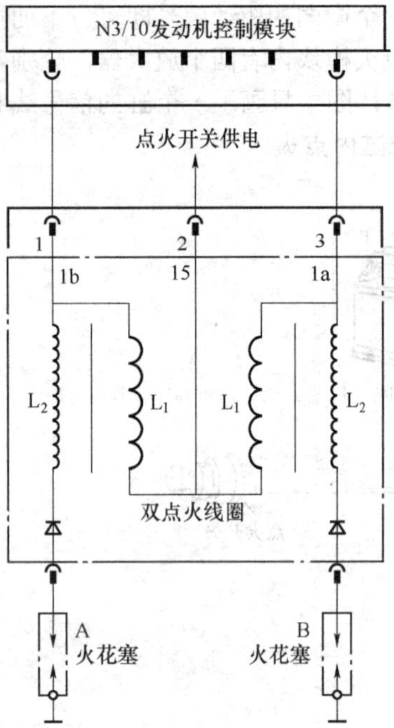

图 5-28　单缸双火花塞系统

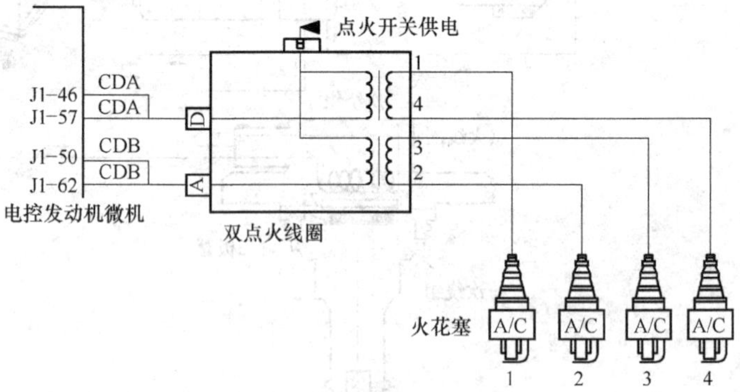

图 5-29　微机内置点火模块

5.7 汽缸不做功的判断

任务驱动项目

人为做出单缸不做功故障，用示波器观察发动机曲轴位置传感器信号，看转速信号变动情况，然后通过检测仪查看是否有不做功故障码出现。

1．汽缸不做功的判断基础

汽缸在不喷油、不点火、气门关闭不严等情况下不能正常做功，这样的故障在汽车上危害很大，因此有必要判断出哪个缸正在不做功，一旦判断出哪个缸正在不做功即停止这个缸的喷油。停止喷油可以防止未燃的混合气进入排气系统，造成排气管放炮，烧坏三元催化器造成堵塞和烧坏氧传感器，同时可防止未燃汽油沿活塞进入油底稀释机油造成拉缸，还可防止因发动机动力不足造成驾驶员进一步加大油门使油耗升高、发动机高温开锅、变速器油温过高等。

技师指导

在发动机动力不足的情况下，一方面，驾驶员会加大油门（操作电子加速踏板）来弥补发动机动力不足，节气门开大了（发动机计算机控制电子节气门），但实际上发动机转速并不高，进气管内压力高，压力传感器误认为进气量多，自动加大喷油量；另一方面，由于不做功汽缸不消耗氧气，氧气直接进入排气管内与一部分汽油在排气管内发生氧化反应，即放炮，但氧气仍剩余较多，导致氧传感器误认为混合气稀，信号传给计算机后，计算机加大喷油量，以致混合气更浓，直到氧传感器达到调整上限+25%，即增加+25%的喷油量。

汽缸不做功主要由点火系统和喷油系统引起。点火系统如点火放大器模块损坏、火花塞烧损、火花塞积炭会导致火弱、高压线帽和点火线圈漏电等。喷油系统出现一个缸不喷油，会发生氧传感器信号使发动机 ECU 加大全部缸的喷油量，耗油量增加。

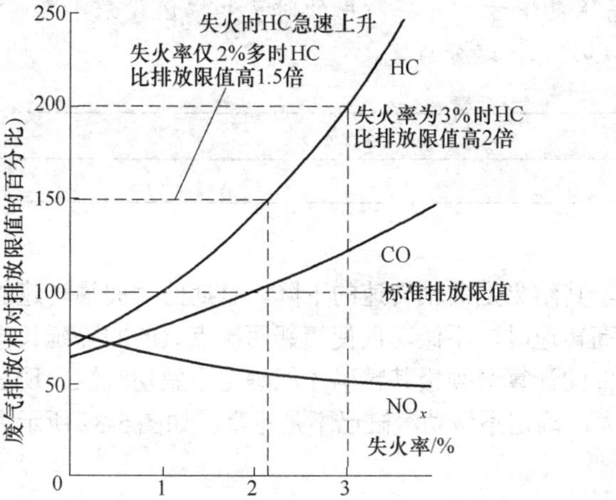

图 5-30　燃烧失火对三元气体排放的影响

2．失火率与排放的关系

如图 5-30 所示为燃烧失火对 HC、CO、NO_x 排放的影响。限制标准为纵坐标 100，很显然，在不失火时 HC、CO、NO_x 三者的排放值都低于限制值 100%。

当失火率为 3%时，HC 的排放值比限定值多出了一倍；CO 的排放值比限定值多了许多；NO_x 的实际排放值比新车时的排放值少了许多。

目前常用的失火检测方法有两种：监控末级功率三极管的失火监测方法和监测曲轴转速变动的失火检测方法。

3．监控末级功率三极管的失火监测方法

如图 5-31 所示为丰田汽车初级点火反馈技术。当点火模块回路中的功率三极管进入放大状态不能正常截止时，点火模块内的点火监测电路得不到功率三极管交替导通和截止的信号，ECU 也得不到点火模块的反馈信号（IGF），ECU 判定点火系统发生故障。此时 ECU 立即采取措施，使喷油器停止喷燃油，防止损坏三元催化器。

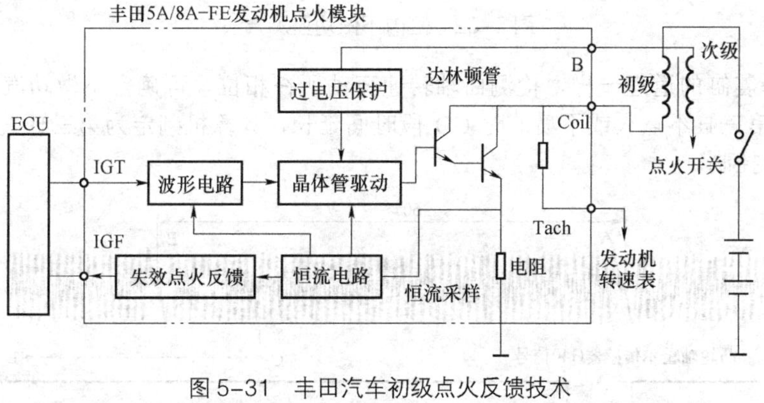

图 5-31　丰田汽车初级点火反馈技术

如果由于某种原因，偶尔出现一次“不正常”信号，诊断系统并不判定其为故障。一般“不正常”信号必须持续一段时间。例如，计算机在 6 次以上通过 IGT 触发点火模块，点火模块连续 6 次没有 IGF 信号输入 ECU，才判定为故障。

初级点火反馈技术只能确定初级三极管造成不点火的故障，对于这种故障更换点火模块即可。当“初级”正常通断时，由于高压线断路或漏电、火花塞漏电或积炭、点火线圈开裂或断路等就不能确定“次级”是否真正在汽缸内点火，更谈不上其他因素，如喷油嘴不喷油、气门关闭不严等造成的缸内不做功。

完成任务

急速工况时，捕捉 IGT、IGF 信号和高压电信号，并将所用的时基和幅值记录下来：________；将 IGT、IGF 信号和高压电三个波形放在一起分析。

描述特征：____

____

____

4．监测曲轴转速变动的失火检测方法

汽缸不做功必定伴随着短时间的转矩下降，其结果是曲轴转速的下降。早期监测曲轴转速的微小变化是很困难的，因为发动机在低负荷的高转速时，不做功仅使相邻两次点火的间隔延长千分之二。因此，计算机硬件的速度和计算机软件的计算必须极其精确才能确定不做功汽缸。现在中高档轿车的管理系统的故障监测功能相当强大，确定不做功汽缸已不是难事。如图 5-32 所示为缸内不做功监测方法。

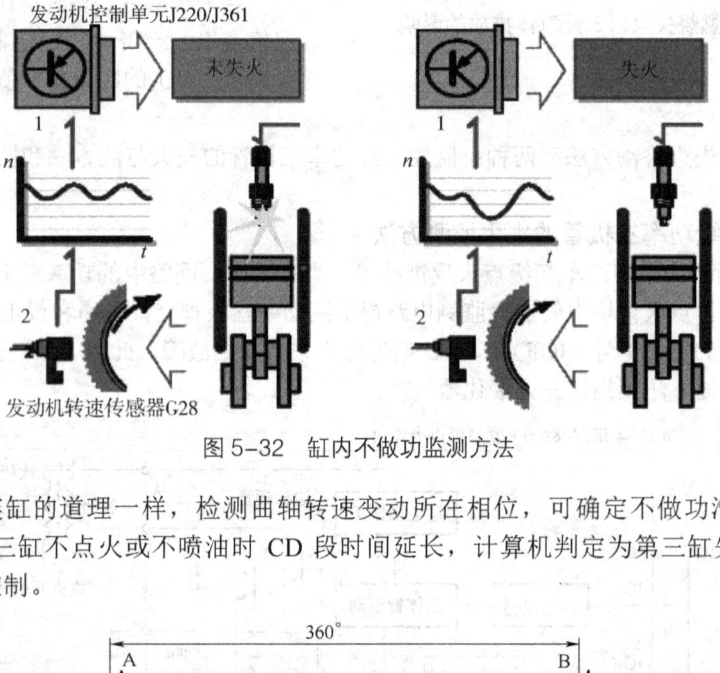

图 5-32　缸内不做功监测方法

与检测爆震缸的道理一样，检测曲轴转速变动所在相位，可确定不做功汽缸的位置。在图 5-33 中，第三缸不点火或不喷油时 CD 段时间延长，计算机判定为第三缸失火，开始对第三缸进行断油控制。

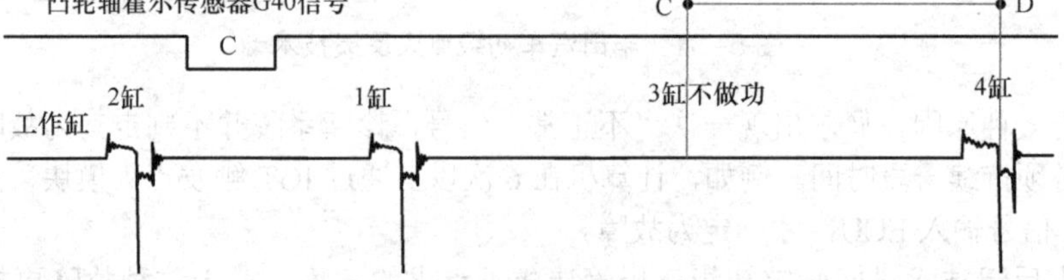

图 5-33　不做功汽缸的识别

技师指导

汽缸做功稍差时，计算机是不能判定为不做功故障的，主要是没有这个必要。不做功识别和初级电路三极管通/断监测是完全不同的，不要弄混。另外，实际发动机计算机内存储不做功故障码时，既可能是这个缸出现了不点火故障，也可能是这个缸喷油器不喷油。

因实际中不做功多为失火引起，所以不做功也称为失火故障。

大众发动机转速传感器 G28 把转速变化情况传给发动机计算机的 J220/J361（BOSCH 产品为 J220，SIMOS 产品为 J361）。假设计算机根据 G28 和 G40 判定第三缸点火后发生转速变化，则判定为第三缸发生失火故障。如表 5-1 所示为一汽大众 GOLF A4 发动机失火识别故障码。

表 5-1　一汽大众 GOLF A4 发动机失火识别故障码

故障代码	故障（部件）描述	故障排除
16685	1 缸失火识别	检查高压线及火花塞 检查点火线圈 用 03 功能检查各缸喷油嘴
16686	2 缸失火识别	
16687	3 缸失火识别	
16688	4 缸失火识别	

从表 5-1 中可以看出一汽大众 GOLF A4 发动机有失火识别功能。一旦出现某缸不做功，发动机计算机通过转速变化情况会立刻监测到失火的汽缸，同时把失火汽缸的故障码存储起来。

故障排除中已指出能用执行元件诊断 03 功能检查对应缸的喷油嘴，最好在喷油嘴上接二极管，且二极管应闪亮；也可用穿心螺丝刀听喷油器开启的电磁异响声。

技师指导

并不是每一台发动机的管理系统都有失火监测的功能。若想知道哪款车有这样的功能，可以看修理资料的故障码表，若有失火识别故障码出现，则本车的管理系统软件就有失火识别功能。知道有这项功能，就可以根据此功能的故障存储判断故障，使判断更准确。对于没有失火识别功能的发动机管理系统，可借助火花塞的外观和温度来判断。但在判断失火缸的过程中会很浪费时间，建议先将激光测温仪直接打在排气歧管或火花塞根部上，其依据是不做功汽缸歧管的温度比做功汽缸要低得多。同时，测量火花塞根部温度时，不做功汽缸火花塞的温度比做功汽缸要低得多，因此此法可节省时间。

完成任务

人为制造不做功和做功弱两种失火故障，怠速工况时用示波器捕捉凸轮轴信号、曲轴信号和二次高压信号，并将所用的时基和幅值记录下来：____________________；通过测温仪测量火塞尾部温度为____________________；是否能正确找出人为制造不做功的汽缸：____。

用大众专用 VAS5052 检测仪检查是否有失火故障码：____________________。

5.8 点火系统检查

任务驱动项目

设定的故障要反映实际可能故障，最好从服务站收集有故障的点火放大器、高压线、分电器等进行任务驱动。

任务驱动故障可分为以下6种类型：

（1）信号驱动故障；

（2）漏电造成的点火能量不足；

（3）分电器点火系统正时不正确；

（4）点火放大器过热不稳定或损坏；

（5）分电器点火系统的霍尔集成电路损坏；

（6）缸内点火工作条件不正常，如缸压和混合气等条件不足。

1．点火系统检查项目

在分电器点火系统中，通过吊火测试，能够判别故障在初级电路，还是在次级电路，并能进行细分判别操作；

能够进行分电器点火系统点火正时调整操作；

在双缸同时点火系统中，通过“备用火花塞吊火测试”，能够判别故障在初级电路，还是在次级电路，并能进行细分判别操作；

在单缸独立点火系统中，通过“备用火花塞吊火测试”，能够判别故障在初级电路，还是在次级电路，并能进行细分判别操作；

能够通过急加速测试点火系统的点火能量不足；

能够通过发动机和排气管的燃烧噪声、发动机的抖动，以及排气管的烟态和味道识别发动机缸内点火系统的状态；

能够进行火花塞的间隙检查和漏电的检查操作，并能进行火花塞的更换；

能够进行损坏的旧高压线电阻检查和漏电的检查操作，并能进行成组高压线的正确更换；

能够进行损坏的旧点火线圈检查、放大器的电阻检查和漏电的检查操作，并能进行点火线圈和放大器的更换；

能够操作示波器或发光二极管检查点火驱动是否正常。

初级电路故障时，检查点火线圈和点火模块是否有12V电源，然后检查点火模块是否搭铁良好，实践中的故障多为点火模块外壳搭铁不良。如果电源和搭铁良好，检查触发信号，可以用二极管串电阻测试，二极管应闪亮，也可用示波器测试约5V和0V的方波信号。若无方波信号，检查计算机是否有电源和搭铁。当计算机有电源和搭铁时，检查凸轮轴位置传感器和发动机转速传感器的信号，以上顺序是实际中最简洁明快的方法。

若有火判断是次级电路故障。此时检查点火线圈，测试分火头漏电、分电器盖漏电、分缸高压线漏电、火花塞积炭旁路等。

技师指导

在分电器点火系统中，当凸轮位置信号轮安装在分电器内时，点火正时是能通过转动分电器壳体调整的。在带分电器的点火系统中，由点火线圈产生的高压电要通过分电器传递到需要点火汽缸的火花塞上，由于系统使用电子装置实现分电器的点火角控制功能（传统为真空机构和离心机构），分电器内不再有真空提前角调节机构和离心点火提前角调节机构，但初始点火提前角功能还是要手动调节的，因此仍要转动分电器壳体进行点火正时调整作业。

2. 火花塞检查

技师指导

火花塞的中心电极和接地电极电阻应为无穷大，但由于积炭、汽油、机油或燃烧后的添加剂堆积在白陶瓷体上，导致中心电极和接地电极之间的电阻变小，但至少也要大于最低标准限值10MΩ。通过加速发动机到4000r/min一段时间，让高速气流冲刷火花塞，然后检查火花塞，火花塞电极应是干的，若是湿的，其他缸的火花塞正常，应检查火花塞的螺纹和中心白陶瓷体是否损坏。

各缸都是湿的应检查点火线圈的点火能量是否正常。通过中心高压线对缸体跳火，火花为红色时为点火线圈故障，为蓝色时为点火线圈正常。分缸高压线对缸体跳火为红色时为分电器盖、分火头漏电，根据高压线对应的分火头和分电器盖进行检查。实际多为分火头和分电器盖漏电。分电器盖在凸轮轴前端固定，易发生开裂漏电、放炮、冒黑烟。

电极标准间隙为 1.1mm，最大间隙为 1.3mm。间隙过大时，点火线圈易损坏；间隙过小时，易积炭和积油，火花能量不足。

实际中，火花塞积炭、积油，汽油或机油中添加剂使火花塞陶瓷体变红棕色会导致形成导电层，只要清洗掉火花塞陶瓷体的堆积物仍可使用，不过修理人员通常不愿意这样去做，建议更换火花塞。

火花塞拧紧力矩过大将导致陶瓷体开裂漏电，甚至陶瓷体从火花塞尾部像子弹一样飞出。高压线嘴开裂时，会出现火花塞与缸体之间跳火，洗车后或下雨后打不着车。

火花塞裙部被红棕色的氧化物覆盖，表现为高车速时有耸车或加速耸车，就好像供不上油。

技师指导

若火花塞陶瓷绝缘体上积炭或火花塞陶瓷绝缘体上被红棕色的氧化物覆盖，会出现高速缺火现象。这是因为高速时汽缸内温度极高，火花塞陶瓷绝缘体上的红棕色氧化物电阻随温度升高阻值变小，这样在高速时击穿氧化物而出现中心电极和接地电极之间火弱甚至缺火现象，这种现象在侧电极为负极的线圈分配式的双缸同时点火系统的火花塞中更容易出现。

分电器式点火系统的所有火花塞的中心电极都是负极性的，因为中心电极的温度较侧电极的温度高，中心电极为负极时更易向侧电极发射电子，所以其工作更可靠。双缸同时点火系统中，有一半的火花塞中心电极是正极性的，侧电极向中心电极发射电子，但侧电极温度相对较低，不易发射电子，更易受污染。

一般的火花塞寿命为5万千米左右，铂金火花塞寿命为10万千米，但它只能保证在10万千米内的电极间隙变化很小，不能保证陶瓷绝缘体上不被污染进而造成漏电。这种红棕色氧化物与市场上的汽油质量参差不齐有关。另外，很多私家车耸车的火花塞为黑色积炭，这主要与新手开车车速一直很低、路程很短有关。

技师指导

发动机 ECU 若有点火识别功能，当识别出某些缸工作不良后，可令这些缸断油以控制发动机排放，并上失火故障码。发动机轻微失火运行时，氧传感器检测到多余的氧气，使氧传感器输出低电压，调节时计算机认为混合气稀，加大 25%的喷油量仍稀，喷油修正数据超上限，不能再调节。

技师指导

点火模块搭铁虚接在各个车速范围都可能会出现耸车现象或突然熄火，但只要没有剧烈振动，仍能跑到最高车速。

完成任务

火花塞检查的这些方法你都用过了吗：____________________________。

你用以上哪个方法发现了故障：____________________________。

故障是____。

3．点火能量判断

可用“吊火法”区分有无点火，利用跳火声音大小和火花颜色判别次级高压能量。

技师指导

可用“吊火法”区分有无点火，利用跳火声音大小和火花颜色判别次级高压能量，从而确定点火能量不足，并由学员找出可能的漏电部件。在这个过程中，由教师创造漏电方法：如高压线端部沾水模拟洗车；实车装用修理厂拆下的漏电高压线、生热开裂壳体的点火线圈、漏电的分电器盖、小间隙的火花塞、积炭火花塞等；学员根据吊火现象分析是否是漏电量不足故障，不是时要确认是哪类故障。

检查故障时，首先判断是初级电路导致的故障，还是次级电路导致的故障。方法是采用中心高压线对缸体的跳火试验，中心高压线距缸体距离为 12.5mm，应有明亮的蓝火同时伴随“啪啪”声。为避免各缸进油太多，每次启动不超过 2s。对于无分电器点火系统，拆出高压线和火花塞，将另一个新的火花塞拧入这个缸，将拆出的火花塞贴在缸体上，装好高压线启动发动机，注意发动机附近不能有汽油蒸气以防失火。

4．无点火和喷油的检查

技师指导

供电正常时检查信号。凸轮信号轮和磁脉冲式传感器在分电器内无接触，在分电器外测量传感器电阻和是否对地有短路。若拆装时移动了磁感应传感头，按标准间隙 0.2～0.5mm 装回。事实上，有的车在装磁脉冲传感头回原位方面很困难，因为传感头内的永久磁铁会吸分电器轴上的信号轮，而且吸力很大，用手在分电器内这个小空间里需要反复弄几次才能安装固定。若间隙不对，打着车后，几秒自动熄火，产生的故障现象和点火模块的故障现象差不多。NE 的间隙也必须正确，否则根本打不着车。

一般常用方法：用万用表测供电电压，用示波器测量计算机发送到点火放大器的驱动信号，未有驱动信号时，要用示波器来测量凸轮轴信号和产生 1° 信号的传感器。修理时点火模块上若有微机来的点火触发信号，但点火不正常，则判断为点火系统故障。实际上点火基准信号（凸轮轴位置传感器）和 1° 计算机时间信号部件很少有故障发生，一般为生锈故障，也有人为故障，如信号轮的间隙调节不当。曲轴转速信号也可通过发动机转速表指针是否摆动或油泵电机供电时的声音进行判断。

完成任务

点火驱动信号（是/否）正常：________________________。
没有驱动信号时，检查：________________________。
有驱动信号的检查点火线圈供电（是/否）正常：________________________。
结论：________________________。

5. 有漏电导致弱火的检查

技师指导

漏电检查元件包括火花塞、高压线、点火放大器和点火线圈这4个主要部件；对于分电器点火系统，还要包括分电器盖、装有限压电阻的分火头。

如图5-34所示为点火系统常损坏的部件。

图5-34 点火系统常损坏的部件

1）高压线检查

技师指导

高压线阻值为几千欧姆，常见的为5kΩ。低阻值高压线可为1kΩ，高阻值高压线可为30kΩ；高压线内部断路时可通过测量电阻检查出来。

高压线也是有使用寿命的，橡胶老化高压线会漏电，导致排放大量的HC和CO，在排气管内燃烧放炮，将排气管烧红，发动机加速无力，风扇2挡转动，发动机开锅。过热主要是因为驾驶员在发动机无力时会加大节气门开度，发动机转速不高，使混合气变浓，补燃期过长，发动机生热过多而开锅。掀开机盖发现高压线与缸体之间跳火，收音机有杂音，清洗发动机后打不着车，当这些情况出现时，可能是高压线漏电。高压线外皮损伤或老化漏电时，用手摸高压线会出现高压电击。

技师指导

高压线有漏电会影响发动机怠速的转速，从而影响发电机的发电电压，造成仪表内发电机指示灯闪烁，不过这种故障只出在早期的汽车上。现代丰田汽车发动机转速最低为750r/min，大众汽车发动机转速最低为840r/min，当发电机转速在1500r/min以上时，由于发电机皮带都有张紧轮，所以皮带打滑故障出现得很少（调间距的除外）。因此，发电机转速一般不会因发动机转速和皮带打滑影响发电机的电压。当高压线漏电时，对于出租车，可能干扰车速传感器向计价器传输正确信号，使计价器乱跳字；对于家用轿车，可能导致仪表显示不准。

对于单缸独立点火的点火线圈或双缸同时点火的火花塞，插在火花塞处的橡胶绝缘下降漏电较多。检测时用手捏单缸独立点火式点火线圈的橡胶嘴处会发现裂口，不捏则不易发现。开裂的橡胶嘴还能使火花塞白陶瓷体出现线沟状麻点。修理过程中，发现火花塞白陶瓷体出现线沟状麻点，即可更换高压线，这已证明橡胶嘴和接地电极间有电弧发生。橡胶嘴内的白色物质为绝缘物质，有白色物质为正常现象。

完成任务

高压线检查的这些方法你都用过了吗：________________________。

你用以上哪个方法发现了故障：________________________。

故障是____。

2）点火线圈故障

点火线圈一次绕组电阻为0.2～0.5Ω，二次绕组电阻为10.2～13.8kΩ，二次绕组电阻的修理具体可参考修理手册。

技师指导

带涡轮增压的发动机，特别是发动机的点火线圈属于点火控制模块和点火线圈集成一起的单缸独立式点火线圈，点火控制模块位于顶端，下部为线圈部分，二次绕组被一次绕组缠绕在中间，并由硬质绝缘材料封装，最外层则是金属屏蔽层。发动机出现怠速不稳，加速无力，主要原因是绝缘层绝缘性能不良。对已经损坏的点火线圈进行解体，会发现这些点火线圈几乎都是二次绕组绝缘层被击穿，有的在绝缘层上端被击穿，有的在绝缘层下端被击穿。绝缘层击穿并非电路设计问题，主要是绝缘层绝缘性能不良，使匝间、层间与极间出现短路现象，从而导致点火能量下降或直接对发动机缸体上的某个位置跳火，不再经火花塞跳火。

涡轮增压器对点火电压有影响。车辆正常行驶时，发动机和火花塞电极的温度都很高，此时的混合气很容易被电离击穿。涡轮增压器工作时，汽缸内的压力相对普通汽油机高，混合气的密度变大。而此时击穿火花塞的电压要比普通发动机高出 2～6kV（普通发动机为 8～12kV）。在大负荷和急加速时点火击穿电压将达到 20kV 左右，因此有些车在急加速时失火故障特别明显。

可用示波器观察点火波形电压，以观察点火波形是否异常，正常的高压点火电压约为7000V。冷车时，次级高压为 10kV。

有时点火线圈或点火模块只有在高温时才断火，低温时一切正常，因此可以用暖风机加热或长时间工作后再进行上述点火能量测试。

实践中双缸同时点火或单缸独立点火的点火线圈因为外壳为铸塑结构，时间长老化或点火线圈的电流不正常生热过多，都会导致塑料壳体开裂漏电。

完成任务

点火线圈检查的这些方法你都用过了吗：________________________。

你用以上哪个方法发现了故障：________________________。

故障是____。

以上故障现象既适用于有分电器的汽车，也适用于无分电器的汽车。但具体车型元件的参数最好参考具体车型数据。分电器点火系统所用击穿电压比双缸同时点火系统的击穿电压小，而且不存在火花塞上的高压火一半反跳降低点火能量的情况。从成本和性能上来说，有、无分电器点火系统各有千秋。

技师指导

点火系统故障主要是点火能量不足导致耸车和冒烟。点火系统主要控制点火正时和点火能量，曲轴和凸轮轴位置传感器（正时传感器）很少出故障，故障主要表现为点火能量不足，实际中只要能处理点火能量不足故障即可解决绝大部分点火故障。点火能量不足的故障点在点火放大器、点火线圈、高压线和火花塞。同时，分电器内分火头和分电器盖漏电也会导致点火能量不足。

·第 6 章·

基本电气分立控制

任务驱动项目

设定故障要反映实际可能故障，最好采用从服务站收集的有故障的开关和继电器等进行任务驱动。任务驱动可分为六种类型：第一种是一侧大灯无搭铁故障；第二种是一侧转向灯泡损坏；第三种是闪光继电器引起转向和遇险警告灯故障；第四种是更换转向盘下部的组合开关总成；第五种是喇叭开关导致的声音不正常；第六种是倒车灯电路的倒车灯开关损坏。可选择其中一种作为典型故障。

6.1 照明和信号简介

为了保证汽车行驶的安全性，减少交通事故和机械事故的发生，汽车上都装有照明系统、信号系统、仪表和警告系统。我国交通法规规定，在车辆的使用过程中要求这四类装置应齐全、完好、功能有效。

汽车灯光系统可分别用于照明和信号，图 6-1 中△开头的灯为信号灯，○开头的灯为照明灯。汽车灯光系统的功能是：照明道路，如前照灯总成中的远光灯和近光灯；在黑暗中显示汽车轮廓，如示廓灯、驻车灯；向其他的交通参与者显示行驶意图，如转向灯、制动灯；对其他交通参与者发出警告，如危险警告灯。

目前，多将前照灯（远、近光）、前示宽灯、前转向灯等组合起来，称为前照灯总成；将后示宽灯（也称尾灯）、后转向信号灯、制动灯、倒车灯，甚至后雾灯等组合起来称为后尾灯总成。前雾灯通常独立在汽车前保险杠杠皮下部。

1．照明系统

照明系统分为“室外照明”和“室内照明”两种。

1）前照灯

前照灯为照明灯，俗称大灯，有两灯制和四灯制之分。四灯制的前照灯装于外侧的一对使用双丝灯泡，装于内侧的一对为远光单光束灯。轿车多采用两灯制。

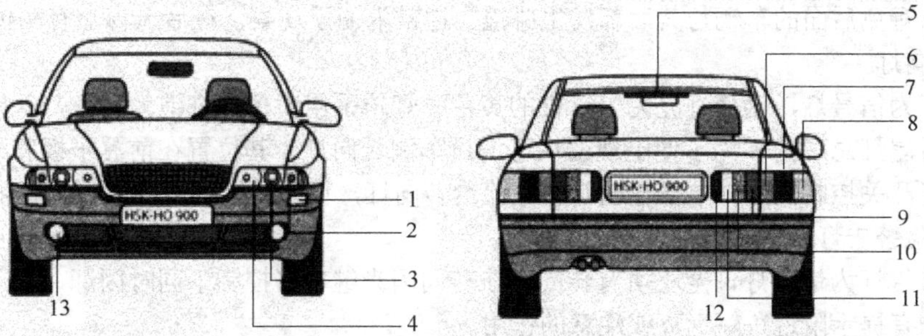

1—△驻车灯；2—△转向灯；3—○前照灯近光灯；4—○前照灯远光灯；5—△辅助制动灯（高位制动灯）；6—○尾灯；
7—△制动灯；8—△转向灯；9—△反光器；10—○后雾灯；11—△倒车灯；12—○牌照灯；13—○雾灯

图6-1 汽车灯光系统

现代高速汽车前照灯的照明距离应达到200～250m，交通法规规定，夜间两车会车时，必须在距对面来车150m以外关闭远光灯，改用近光灯，防止对方眩目。前照灯一般为双丝灯泡，其中远光灯丝功率较大（45～60W），位于反射镜的焦点位置，射出的光线远而亮；近光灯丝（功率为22～55W）位于反射镜焦点的上方或前方，并稍向外偏斜，由于其光线弱，且经反射后光线大部分向下倾斜，从而减少了对迎面来车驾驶员的眩目作用。

2）雾灯

雾灯为照明灯，装于车头的雾灯称为前雾灯，其位置比前照灯稍低；装于车尾的雾灯称为后雾灯。雾灯光色为黄色，因为黄色光波的波长较长，透雾性能好。雾灯在有雾、下雪、暴雨或尘埃等恶劣条件下可用于改善道路照明情况。

目前一些低档汽车采用后部只装一个雾灯或前部根本不装前雾灯的结构。

3）牌照灯

牌照灯为后部照明灯，用于照亮尾部车牌。当尾灯（小灯）点亮时，牌照灯也点亮。牌照灯安装于汽车牌照的上方或两侧，其亮度应保证在25m外能认清车牌照号码。

4）仪表盘照明灯

仪表盘照明灯为室内照明灯，用于夜间照亮仪表盘，使驾驶员能迅速地看清仪表盘的内容。当尾灯（小灯）点亮时，仪表盘照明灯也同时点亮。大多数中、高档汽车还加装了仪表盘照明灯光亮度调节装置，使驾驶员能调整仪表盘照明灯的亮度。

5）顶灯（阅读灯）

顶灯为室内照明灯，用于给车内乘客照明，其亮度不致使司机眩目。阅读灯受阅读灯开关和门控灯开关控制。

当车门打开时，门控开关将顶灯的电路接通，使顶灯点亮。当关闭车门时，门控开关将电路断开，顶灯熄灭。若进入汽车后仍需照明，可由阅读灯开关控制顶灯。

6）发动机舱灯

发动机舱灯为照明灯，在夜间，为了便于对发动机舱故障进行修理，通常在前机器盖内侧装有发动机舱灯，发动机舱灯由发动机舱灯边上的开关控制。

2. 信号灯

1）示宽灯

示宽灯（也称示廓灯）为信号灯，灯罩为红色。它为低亮度灯，用于夜间给其他车辆指示车辆位置与宽度。通常将位于前方的示宽灯称为示宽灯，而将位于后方的示宽灯称为尾灯。

2）制动灯

制动灯为信号灯，也称制动灯，灯罩为红色，安装在车辆尾部，用于通知后面的车辆该车正在制动，以避免后面的车辆与其后部发生碰撞。通常为便于观察，在后风窗上有高位制动灯。

3）转向灯

转向灯为信号灯，为使灯光为警示性的黄色，灯罩采用黄色或灯泡为黄色，一般在车辆前大灯总成和后尾灯总成内。为了便于观察也可增设车侧转向灯，其位置在前翼子板和外观后镜上。转向信号灯开关控制闪光继电器输出脉冲电流给转向灯，使转向灯以60～120Hz的频率闪烁。

4）危险警告灯

危险警告灯为信号灯，全车所有转向灯在转向闪光继电路控制下同时闪烁，用于车辆紧急停车或驻车，有提示附近车辆远离或注意的作用。

5）倒车灯

倒车灯为信号灯，安装于车辆尾部，给后车驾驶员提供信号。倒车灯为白色。

以上装置中前照灯、示宽灯及尾灯、倒车灯、转向信号灯、牌照灯、制动灯等都是强制安装的，其他灯光设备是在一定条件下强制安装或选装的。由于前照灯在所有照明设备中具有特殊的光学性质，因此下面将重点讨论前照灯。

完成任务

照明系统元件有____。

信号系统元件有____。

6.2 照明和信号系统

任务驱动项目

请进行灯泡更换作业和灯光光束的位置调整作业。能根据实习车的电路图资料，对大灯电路、雾灯电路、室内灯电路和牌照灯电路设计的任务驱动故障进行排除，任务驱动故障可以由教师自行确定。

1．前照灯

如图6-2所示为前照灯系统，双前照灯系统的远、近光灯泡装在同一个反射镜内，光源由双灯丝灯泡（双灯丝灯泡，H4 卤钨灯）产生。四组件前照灯系统有一对远光/近光灯泡，或者这对灯中只有近光灯丝，另一对只有远光灯丝。六组件前照灯系统是在四组件前照灯系统的基础上，根据布置的不同或者增加一对前雾灯，或者增加一对远光灯。

汽车前照灯灯泡种类如下。

1）白炽灯泡

由于钨丝在使用时蒸发损耗，使得灯泡的使用寿命缩短，为延长其寿命，将玻璃泡中的空气抽出，充入其他气体（惰性气体），即为白炽灯泡。

2）卤钨灯泡

若充入的是卤族元素（碘、氯、氟、溴）即为卤钨灯泡。卤钨灯泡从外形上可分为H1、H2、H3、H4四种，其中H4为双丝灯泡，广泛用于前照灯，H1、H2、H3为单丝灯泡，常用于辅助前照灯（如雾灯等）。如图6-3（a）所示为卤钨灯泡。

安装新灯泡时，在灯泡上不能留下手指指纹印迹，特别是在更换卤钨灯泡时，切勿用手指触及灯泡玻璃壳部分，受皮肤脂肪沾污过的玻璃壳，会大大缩短寿命，因此拿灯泡时应拿底座。

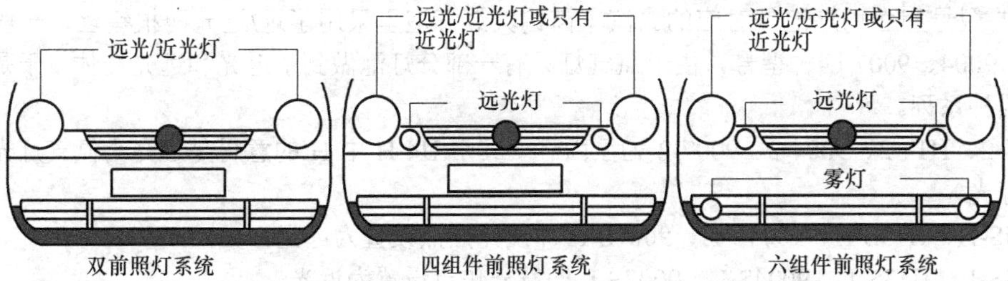

图6-2 二、四、六组件前照灯系统

3）气体放电灯

如图6-3（b）所示为氙气灯泡（High Intensity Discharge，HID），在抗紫外线水晶石英玻璃管内以多种化学气体充填，其中大部分为氙气（Xenon）与碘化物等，然后再透过增压器（Ballast）将车上12V的直流电压瞬间增压至24 000V左右，经过高压电场激发石英管内的氙气，产生游离电子，游离电子在两电极之间产生通路，形成光源，这就是所谓的气体放电。由氙气所产生的白色超强电弧光，可提高光线色温值，类似于白昼的太阳光芒。HID 工作时所需的电流量仅为3.5A，亮度是传统卤钨灯泡的3倍，使用寿命比传统卤钨灯泡长10倍。

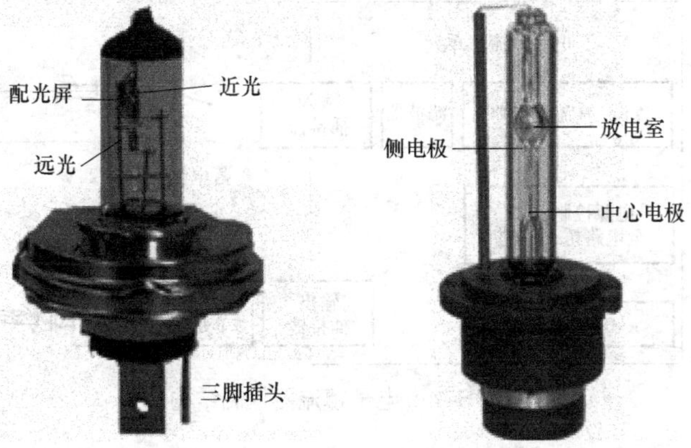

（a）卤钨灯泡 （b） 氙气灯泡

图6-3 前照灯灯泡

HID 一般由灯头、电子镇流器（也称安定器、稳压器等）、线束等组成。电子镇流器利用蓄电池12V的直流电压，经过一系列的转换、控制、保护、升压、变频等动作后，产生一个瞬间达24 000V的点火高压对灯头进行点火，点亮后再维持85V的交流电压。

其突出的优势如下：氙气灯发射的光通量［符号为 Φ，单位为流明（Lm）。发光体每秒所发出的光量之总和即为光通量］是卤钨灯的2倍以上，同时电量转化为光能的效率也比卤钨灯提高70%以上，因此氙气灯具有比较高的能量密度和光照强度，而运行电流仅为卤钨灯的一半，省电1/2（卤钨灯耗费60W以上的电力，氙气灯只需35W的电力）。由于氙气灯没有灯丝，因此不会产生因灯丝断而报废的问题，使用寿命比卤钨灯长得多。氙气灯的使用寿命相当于汽车平均使用周期内的全部运行时间。

当汽车的供电系统和电池出现故障时，安定器自动关闭停止工作。氙气灯一旦发生故障不会瞬间熄灭，而是通过逐渐变暗的方式熄灭（或快速点亮），使驾车者能在黑夜行车中赢得时间，紧急靠边停车。

氙气灯的劣势如下：氙气灯电源电压低时不能工作；开启后不能迅速达到最高亮度，在做远光时有一定的滞后性，如在打开大灯开关进入超车点动状态时；同时，其价格也高出很多。

HID 的型号和卤钨灯泡是对应的。汽车卤钨大灯灯泡里采用了远/近光两根钨丝，一般采用 H4、H13、9004、9007 四种型号。由于氙气灯只有一部分灯泡做到了近光和远光一体，于是分别有了下述四种系列。

① H4-2、H13-2、9004-2、9007-2 为氙卤灯（其中 H4-H 中 H 的意思是远光为氙气灯光，近光为卤钨灯光）。

② H4S-H、H13S-H、9004S-H、9007S-H 即发光焦点设置为远光。

③ H4S-L、H13S-L、9004S-L、9007S-L 即发光焦点设置为近光。

④ H4-H/L、H13-H/L、9004-H/L、9007-H/L 氙气灯均为远/近光一体的氙气灯；其中 H/L 是远/近光的代表（High/Low），此种型号“原车”的灯必须为远/近光同在一个灯泡上，原车灯泡里有远/近光两根灯丝。

电子镇流器单元（见图 6-4）是气体放电灯工作时必需的装置。电子镇流器单元能够产生 24kV 的高电压，使气体放电灯电极之间产生电弧，称为气体放电光灯“点火”。一旦气体放电灯被“点火”后，所需要的工作电压约为 85V（300Hz 交流电压），并保持 35W 的功率。

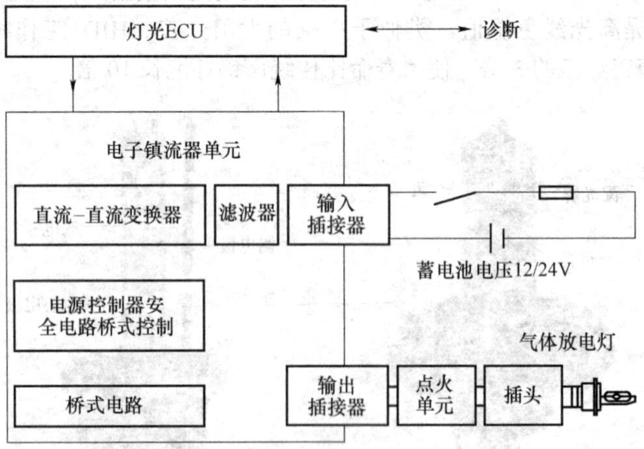

图 6-4　电子镇流器控制结构

由于气体放电灯在“点火”和工作期间都需要很高的电压，气体放电灯如果维护不当或损坏，就可能危及人身安全，因此必须遵守有关的安全法规。

电子镇流器单元内的安全电路能够检测出气体放电灯在点火和工作期间电弧是否中断。如果电弧中断，电子镇流器单元就会重新点火。如果由于气体放电灯或线路故障而不能点火成功，电子镇流器单元将切断电压。对于有自诊断功能的电子镇流器单元，故障将记忆在控制单元的故障存储器内。前照灯的故障可能引起漏电，如果漏电的电流达到 20mA，电子镇流器单元将切断灯的电源。

具有气体放电近光灯的汽车前照灯应具备以下技术性能：

① 照射范围自动控制；

② 前照灯洗涤刮水系统；

③ 当远光灯接通时，近光灯应自动工作；

前照灯“照射范围自动控制”和“前照灯洗涤刮水系统”可以避免前照灯眩目作用。

前照灯可以设计成反射系统或投射系统，对于投射系统，反射镜通常用“任意表面”技术制造。

（1）前照灯照射范围自动控制

照射范围自动控制系统可以在汽车载荷变化的情况下保证前照灯的灯光总是能够自动调整到

正确位置。装在汽车后桥上的汽车车身高度传感器可以检测出由于载荷不同而引起的悬挂高度的变化。照射范围自动控制系统可控制伺服电机调节前照灯光线照射的角度。

（2）前照灯照射范围动态控制

前照灯照射范围动态控制系统如图 6-5 所示，该系统根据车速、前后桥高度传感器的信号调整灯光。传感器通常采用三个，前桥两个，后桥一个。控制单元通过步进电机调节灯光向下倾斜的角度，这可以补偿由于制动或加速引起的汽车倾斜角度的变化。

气体放电灯同时作为前照灯的远光灯和近光灯（制造厂命名为 Bi-Xenon、Bi-Litronic）时，通常还有另外的气体放电灯 H7 作为光源的远光灯。

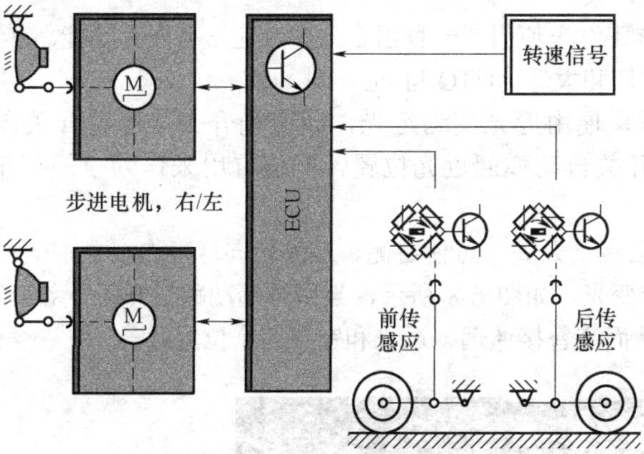

图 6–5　前照灯照射范围动态控制系统

4）发光二极管（LED）

根据需要的亮度及希望的灯光颜色，将一定数量的发光二极管连接成一体就构成了发光二极管灯。许多二极管组成的灯具减少了整个灯具失效的可能性。发光二极管的使用寿命约为 10 000h。发光二极管灯通常用作制动灯，因为发光二极管达到最大亮度需要的时间只有约 2ms，比金属丝灯或卤钨灯的都短。

2．前照灯开关和继电器

前照灯电路主要由灯光开关（变光开关）前照灯继电器及前照灯组成。

1）灯光开关

灯光开关的形式早期有拉钮式、旋转式和组合式三种。拉钮式开关已淘汰，现多为拉钮和旋转式组合，称为“拉旋式”。

（1）大众汽车“拉旋式”组合开关

如图 6-6 所示为大众汽车“拉旋式”组合开关，通常有四个功能。

① 顺时针转动开关，便可依次接通大灯自动 AUTO、示宽灯、前照灯近光。注意：灯光开关不是大灯的远光灯开关，远光灯开关是通过向下操作转向开关控制的。

② 向外拔出一挡为前雾灯，向外拔出二挡为后雾灯。

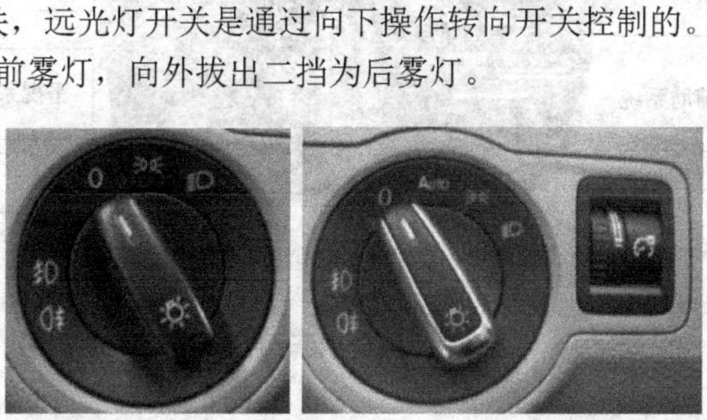

图 6–6　大众汽车“拉旋式”组合开关（右侧为仪表调光钮）

技师指导

大众汽车的灯光开关有的没有大灯自动挡，有的甚至只有后雾灯开关，没有前雾灯开关。

完成任务

灯光开关是不是远光灯开关：__________；若不是，远光灯开关在哪个位置：__________。

（2）丰田汽车组合开关

如图 6-7 所示为丰田汽车使用的一种组合开关，通常有四个功能。转动开关端部，便可依次接通前后示宽灯、前照灯和大灯 AUTO 自动。

① 将开关向下压，便由近光变为远光，即变光开关。若将开关向上扳动，也可变为远光，不同的是松手后开关自动弹回近光位置，此位置用来作为夜间行车时的超车信号或提醒注意信号。

② 分别向前、向后扳动开关，可使右侧、左侧转向灯工作。

有些货车采用脚踏变光，如图 6-8 所示，当用脚踏动踏钮开关 1 次，开关内推杆推动转轮向一个方向转动 60°，从而交替接通远、近光和空位三个位置。

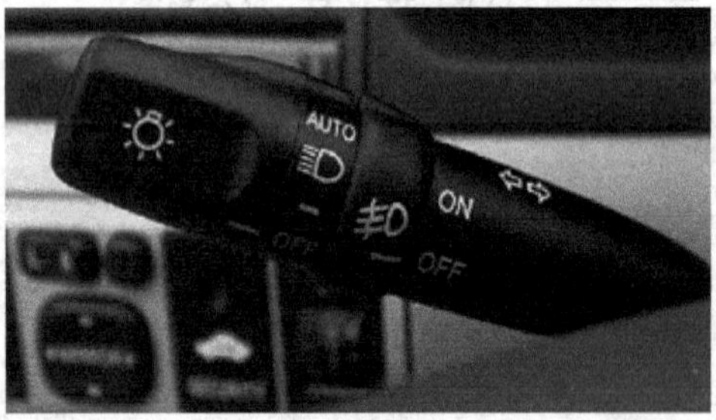

图 6-7　丰田汽车转向盘下左侧的组合开关

图 6-8　货车的脚踏变光开关

（3）奥迪汽车组合开关

奥迪汽车组合开关如图 6-9 所示。

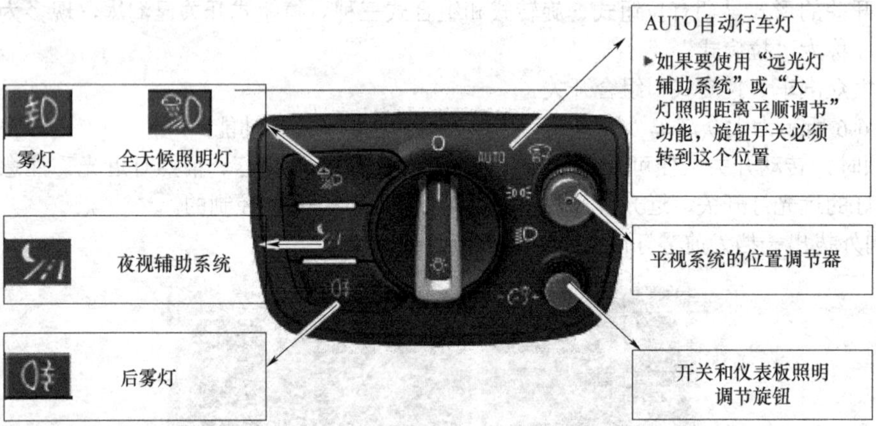

图 6-9　奥迪汽车组合开关

完成任务

根据图 6-9 画出奥迪汽车组合开关的开关图形。

前雾灯	后雾灯
夜视辅助系统	开关和仪表照明调节
小灯（示宽灯）	近光灯
平视系统的位置调节	

完成任务

平视系统的位置调节的作用是__________________________，与照明系统有关吗：__________。

完成任务

在奥迪汽车大灯总成图（见图 6-10）中，直接标出大灯总成所列 4 个灯和 1 个电机的名称。

2）前照灯继电器

前照灯的工作电流较大，特别是四灯制的汽车，如用车灯开关直接控制前照灯，车灯开关易烧坏，因此在灯光电路中设有灯光继电器、灯开关控制继电器线圈电路、继电器开关给灯供电。汽车采用中央电气控制单元后，前照灯继电器通常不在发动机舱的熔丝盒上，而是集成在中央电气控制单元中。

3）前照灯的分类

前照灯按结构又可分为可拆式前照灯、半封闭式前照灯、封闭式前照灯和投射式前照灯。

可拆式前照灯目前已淘汰。

半封闭式前照灯的反光镜和配光镜熔合为一体，但灯泡可换。半封闭式前照灯在拆装时，不必拆下光学组件，维护方便，因此得到了广泛应用，但其密封

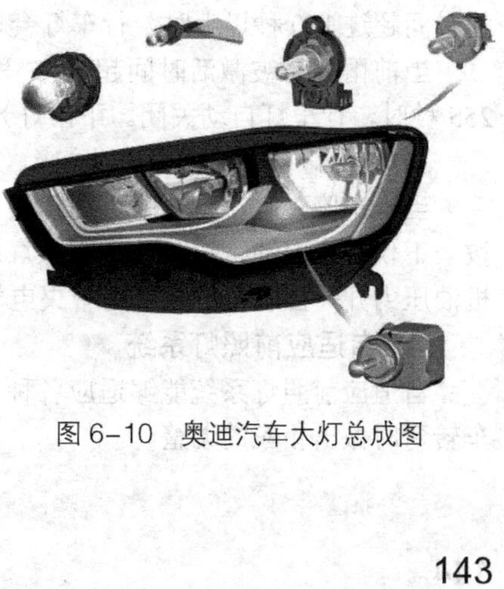

图 6-10　奥迪汽车大灯总成图

性能仍不良，导致经常有水蒸气出现，特别是在洗车或雨后。

封闭式前照灯又称真空灯，其灯丝焊在反射镜底座上，反射镜与配光镜熔合为一体，形成灯泡，里面充入惰性气体。当封闭式前照灯灯丝烧坏后，需要更换整个灯芯总成。更换时，先拔下灯脚与线束连接的插座，然后拆下灯圈，即可取下灯芯；安装灯芯时，应注意配光镜上的标记（箭头或字符），不应出现倒置或偏斜现象。

为使前照灯更亮、更远、更美观，现代汽车上出现了投射式前照灯和高亮度弧光灯。投射式前照灯装有很厚的无刻纹的凸形配光镜，反射镜为椭圆形，因此其外径很小。其结构如图 6-11 所示。它的这种配光特性可适用于前照灯近、远光灯，也可用作雾灯。采用投射式前照灯，可利用的光束增多，若将反射镜做成扁长断面，很多光束便可横向扩散，不仅结构紧凑，而且经济实用。

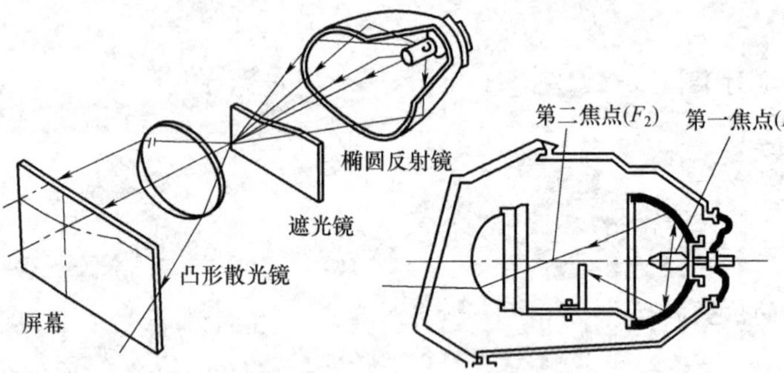

图 6-11　投射式前照灯的结构

3. 前照灯远光电路的自动控制功能

为了提高汽车行驶的安全性，很多新型车辆采用了电子控制装置对前照灯进行自动控制。

1）前照灯会车自动变光器

前照灯会车自动变光器以光敏器件为信号，当收到 150～200m 以外对方车辆灯光信号时，能够自动地将本车的远光变为近光。

2）前照灯昏暗自动开启控制功能、高速路功能、下雨灯光功能

在汽车行驶过程中（并非夜间行驶），当汽车前方自然光的强度减低到一定程度时，发光器便自动将前照灯电路接通，开灯行驶以确保行车安全。如图 6-12 所示为迈腾汽车的前照灯昏暗自动开启控制：如果将大灯开关 E1 设定在自动挡，智能点火开关 E415 设定在点火挡，雨量和光强传感器 G397 会自动检测外界光强信号。例如，当车辆经过隧道时，传感器会将信号传递给车载电网控制单元 J519，由 J519 控制行车灯点亮。

当车速超过 140km/h 的时间达 10 秒以上时，高速路功能会激活行车灯。当车速降到 65km/h 的时间超过 150 秒以上时，行车灯会自动关闭。高速路功能需要将大灯开关 E1 设定在自动挡。

当前雨刮臂被激活时间超过 5 秒时，下雨功能会点亮行车灯。当雨刮臂停止工作时间超过 255 秒时，行车灯自动关闭。下雨灯光功能需要将大灯开关 E1 设定在自动挡。

3）前照灯自动关闭延时功能

当汽车停驶时，该功能可为驾驶员下车离去提供一段照明时间。只要驾驶员关闭点火开关后按一下仪表盘上的按钮开关，前照灯即可延长一段时间后自动关闭。过去这个功能采用发动机的机油压力开关控制，现在采用中央电气控制单元控制。

4. 自适应前照灯系统

自适应前照灯系统能够适应各种不同的交通情况。这种具有动态转弯功能的前照灯能够在汽车转弯时做出相应的调整。

1）固定转弯灯

当汽车在十字路口处转弯时，固定转弯灯点亮，可起一定的辅助灯光照明作用，如图 6-13 所示。一旦控制单元检测到汽车处于转弯状态，即当汽车在转弯半径较小的情况下行驶时，就点亮固定转弯灯。

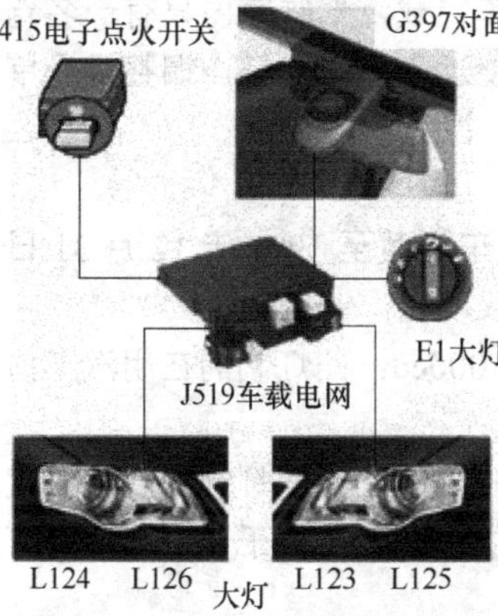

图 6-12　迈腾汽车的前照灯昏暗自动开启控制

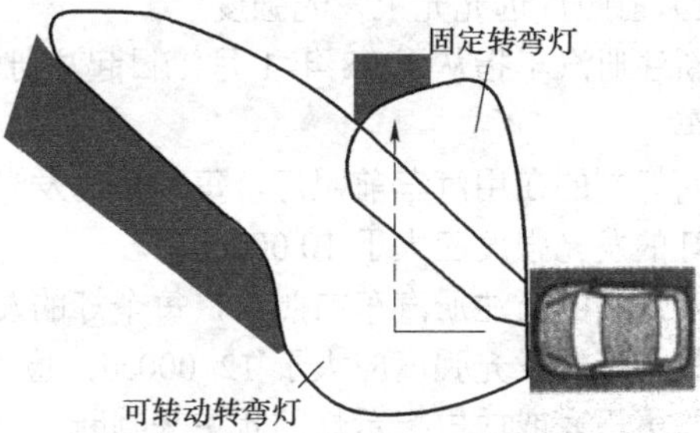

图 6-13　固定转弯灯

2）自适应前照灯

自适应前照灯由具有卤钨灯泡的辅助灯（固定转弯灯）和具有转动装置的投射灯组成，如图 6-14 所示。投射灯总成是一个双氙气（Bi-Xenon）前照灯，有一个活动的光闸在远光与近光之间转换。当汽车转弯时，投射灯总成根据转弯半径由步进电机通过涡轮蜗杆装置控制其绕垂直轴线转动一定的角度，如图 6-15 所示。汽车转弯半径可以通过检测转向盘的转动角度和车速得出，也可以通过检测汽车绕其垂直轴的回转角度得出。转弯半径经由控制单元接收并处理，然后控制步进电机带动反光镜移动，使投射灯光束发生转动。

图 6-14　自适应前照灯

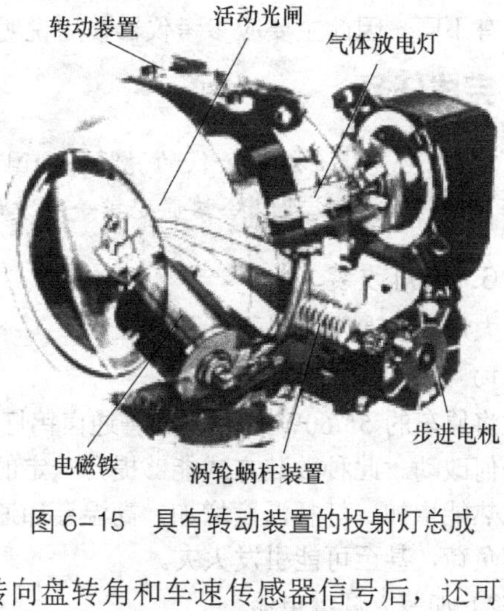

图 6-15　具有转动装置的投射灯总成

此外，动态大灯控制系统的电子控制单元接受转向盘转角和车速传感器信号后，还可实现车速超过如 80km/h 后启动大灯自动调平系统，提升远光，增加高速时的视野距离；在不利条件如雾、雨、雪情况下，有助于看清路的边，同时将光从前方近处除去，以便减轻地面反射；当城市内光照条件较好时，调节光束降低，增加横向光，可增加驾驶员对路边行人的识别能力，减轻眩目。

5. 前照灯的检测调整

国家标准 GB 7258—97《机动车运行安全技术条件》中，对汽车前照灯的发光强度和光束照射位置做了具体规定，并将其列为汽车安全性能的必检项目。其主要技术指标要求为：检验时，要求轮胎气压正常，场地平整，前照灯配光镜表面清洁，汽车空载，驾驶室内只有一名驾驶员。对装有两灯丝的前照灯，以调整近光灯形为主；对于只能调整远光光束的灯，调整远光单光束。采用四灯制的汽车，其中两个对称的灯达到两灯制的要求时，视为合格。

1）前照灯远光光束发光强度

新注册汽车指从 1998 年 1 月 1 日起注册的汽车，在用汽车指截至 1997 年 12 月 31 日已注册的汽车。

两灯制的在用汽车前照灯，每个灯的发光强度应大于 12 000cd；四灯制的在用汽车前照灯，每个灯的发光强度应大于 10 000cd。

两灯制的新注册汽车前照灯，每个灯的发光强度应大于 15 000cd；四灯制的新注册汽车前照灯，每个灯的发光强度应大于 12 000cd；检测时，要求汽车的电源系应处于充电状态（可通过电流表、电压表或放电指示灯的状态来判断）。

2）前照灯光束照射位置

检测机动车前照灯的近光束照射位置时，车辆应空载，允许乘坐一名驾驶员。前照灯在距屏幕 10m 处，若 H 为前照灯基准中心高度，则光束明暗截止线转角或中点的高度应为 0.60～0.80H，其水平位置向左、右均不得大于 100mm。

四灯制的前照灯，远光单光束灯在屏幕上调整时，要求光束中心离地面高度为 0.85～0.90H。水平位置方面要求左侧灯向左偏不得大于 100mm，向右偏不得大于 170mm。而右侧灯向左或向右偏均不得大于 170mm。

前照灯检查方法有屏幕调试法和检验仪调试法。前照灯检验仪根据其结构与原理的不同，可分为聚光式、屏幕式、投影式及自动追踪式四种，检验项目基本相同。检验仪的设计原理、使用方法有不同，因此主要应参考仪器使用说明书。

完成任务

在网上查找大灯检验仪的说明书和国标 GB 7258—97 的内容，找出其中与修理相关的内容，有条件的学校可以给学员安排一次大灯光束调节任务。

6. 大灯改装

大灯改装通常有以下几种方法。

1）更换大功率灯泡

将原车的 55/60W（H4）的普通卤钨灯泡直接换成 90/100W 的大功率灯泡，其余部分不需要做任何改动。此种改装方式能够提升一定的灯光亮度，但是会造成线路、开关及负荷严重增加、灯泡热能增加、灯杯温度增加，高温会加速反光镜的水银老化，大的工作电流易造成线路及开关的超负荷，甚至可能引发火灾。

2）加装大灯继电器

将蓄电池电压通过继电器触点直接加在大灯上，用灯光开关控制继电器线圈。由于工作电流不再绕经开关，线路的电压损耗小，这样可使大灯两端的电压与蓄电池电压基本接近。

3）改装氙气大灯

氙气大灯主要由氙气灯泡和安定器组成，安定器又称高压发生器。对于远、近光组合在一起的氙气大灯，还有一套用来变换远、近光的机械附属装置。根据目前市场上氙气大灯产品的不同，改装方式主要分为两种：第一种是整体式的专用总成改装，含灯罩、灯壳、反光罩、氙气大灯在内的全套大灯总成，一般是将远、近光都换成了氙气大灯，这种情况不需要进行灯泡焦点的调试和光束聚焦位置的调整；第二种改装方式是只更换HID灯泡，一般分成只更换远光、只更换近光和远、近光均更换三种。

技师指导

氙气大灯的改装需要另接电源和搭铁线。如图6-16所示，将原车左、右大灯插头拆下，取其中一个插至灯光继电器上，当车内远光开关打开时，远光继电器闭合向安定器供电，车外HID灯泡远光点亮；若有HID灯泡近光，则近光经近光继电器线圈至地，车外HID灯泡近光点亮。改装时安定器要远离热源、水箱，最好置于透气性和散热性较好的位置；电源取电时不能取到不该取的电路里，否则会导致原线路供电电流不够，或线路电流过大、超负荷而引起发热。氙气灯自动熄火一般是12V供电出现了如电压低、电压不稳和电路接触等问题。

7．灯泡的常见故障

卤钨灯泡的常见故障一般有灯光不亮、亮度下降和灯泡频繁烧坏等。

1）灯光不亮

造成灯光不亮的原因主要有灯泡损坏、熔断器熔断、开关或继电器损坏及线路故障等。进行故障诊断时，应根据电路图对电路进行检查，判断出故障的部位。

2）亮度下降

（1）发动机未启动时，若灯光亮度不足，多为蓄电池电量不足。

（2）发动机工作后，若灯光亮度不足，多为发电机发电量不足。

（3）导线接头松动或搭铁不良，供电线路沿程有电阻存在，会导致灯泡因供电电压不足而变暗。

（4）汽车洗车或淋雨后，灯罩内可能进入水，导致大灯的玻璃内有水蒸气，进而导致射出的光线暗淡。

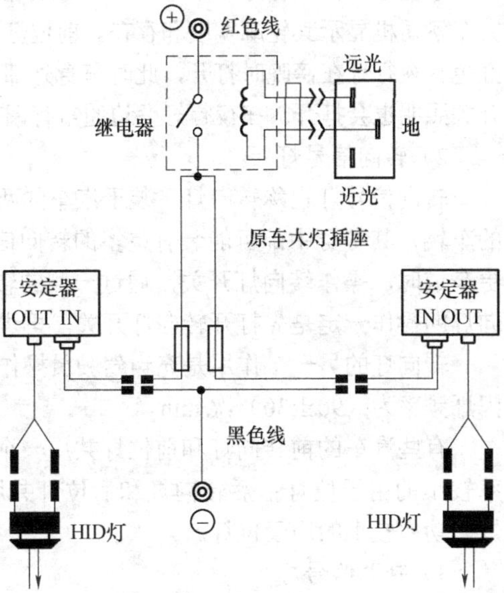

图6-16 氙气远光灯的电路

其他极少出现的故障还包括散光镜损坏、反射镜有尘垢、灯泡发黑和灯丝没有位于反射镜焦点上，它们均可导致灯光暗淡。

3）灯泡频繁烧坏

灯泡频繁烧坏一般是由于发电机内的电压调节器产生故障，使发电机输出电压过高造成的，应更换调节器。此外，接触不良也有可能造成灯泡频繁损坏，检查时也应注意这方面的情况。

完成任务

教师设计的大灯电路的故障现象是____________________；

故障原因是____________________。

教师设计的雾灯电路的故障现象是____________________；

故障原因是____________________。

教师设计的室内灯电路的故障现象是____________________；

故障原因是____________________。

教师设计的牌照灯电路的故障现象是________________________;
故障原因是____。

6.3 信号装置

任务驱动项目

根据实车相应的电路图排除对转向信号灯电路、遇险警告灯电路、制动灯电路、倒车灯电路和喇叭电路设计的故障。

信号系统主要用于向他人或其他车辆发出警告和示意的信号，其主要的信号设备如下。

1）示宽灯

示宽灯也称夜行灯、示廓灯、小灯或位灯，是名称最多的灯，装于汽车头部和尾部两侧，向对方车辆司机显示其轮廓宽度和存在。前位灯又称示宽灯，一般为白色或黄色；后位灯又称尾灯，为红色。夜行灯在傍晚时打开，此时车身外部前、后都会有灯亮，同时室内仪表盘及仪表台上的控制开关照明也会打开。在夜行灯旁边通常有调节室内开关照明和仪表照明亮度的滑动变阻器。

2）转向信号灯

转向信号灯也称转向灯，装于汽车的两侧前部、中部和后部各 2 个，共 6 个。对于车身较长的车辆，其车身中部可能装有更多的转向信号灯。转向信号灯一般为橙色，当驾驶员要转向或变更车道时，操作转向灯开关，通过一侧的转向灯闪动来向外部车辆显示本车将要转弯的方向。转向灯的操作一定是先打开转向灯开关，再进行转向操作，这样才能对外部车辆起到告知作用。

转向灯的另一个作用是充当驾驶员操作危险警告灯开关，这时两侧的 6 个转向灯全部闪烁，闪烁频率为（90±30）次/min。

有些汽车的前转向灯和前位灯共用一个双丝灯泡，其中功率较大的灯丝用于转向信号灯，功率较小的用于位灯；后转向灯和后位灯共用一个双丝灯泡，其中功率较大的灯丝用于转向信号灯，功率较小的用于位灯。

3）制动信号灯

制动信号灯也称制动灯，一般为红色，装于汽车后面左、右各一个，同时装配高位制动灯，共计 3 个。制动灯受位于制动踏板支架上的制动灯开关控制。

4）倒车灯

倒车灯开关在变速箱上，当汽车挂上倒挡时，倒车灯开关接通倒车灯电路，装于车后面的白色倒车灯点亮，可警告后面的车辆及行人，兼起一定的照明作用。

5）危险警告灯

危险警告灯由转向信号灯兼任。当汽车发生故障或遇有特殊情况时，按下标有三角形的红色按钮，此时汽车两侧的转向信号灯同时闪烁作为危险警告灯信号。国标规定，危险警告灯装置不受点火开关 IG-ON 控制。

6）驻车灯

点亮示宽灯单边时为驻车灯，用于侧位停车。

7）挂车标志灯

在挂车前部的左右各安装一个红色的标志灯，其高度要求高出全挂车的前栏板 300～400mm，距外侧车厢小于 150mm，以引起其他驾驶员的注意。

8）喇叭

根据道路交通许可法规规定，汽车必须有喇叭系统。汽车的标准喇叭或货车的高音喇叭可以用作信号喇叭。按下转向盘衬垫，使转向盘衬垫下侧的喇叭开关接通，即可接通喇叭电路。

9）大灯远光的信号功能

当操作转向盘左下侧的转向灯开关向转向盘方向移动时，大灯点亮；驾驶员释放开关大灯熄灭，开关将自动复位。如果驾驶员想从外侧超车，或者认为自己或他人处于危险的情况下，可以使大灯远光短暂发出灯光以对外提醒。

下面就几个主要的警告灯加以说明。

1. 转向灯和危险警告信号灯

1）转向灯和危险警告信号灯的功能

6个转向灯中，通常车前、后为4个21W灯泡，车侧为2个5W灯泡，光亮为淡黄色，每秒闪动1至2次。当转向开关按下时，仅为一侧3个灯闪动；当危险警告开关按下时，则是两侧6个灯闪烁。

2）电子闪光器

电子闪光器是实现转向灯闪烁的原因，可分为有触点式和无触点式两种。如图6-17所示为三脚闪光器。

（1）有触点式

6个转向灯的总功率为94W，功率较大，但因继电器带载能力较强，所以有触点式电子闪光器较为多用。有触点式电子闪光器的特点是按转向开关后能听到继电器触点“咔哒……”开闭的声音，继电器触点开闭的声音也有助于帮助判别故障。有触点式电子闪光器又分为带继电器触点的晶体管闪光器和带继电器触点的集成电路闪光器两种。

① 带继电器触点的晶体管闪光器：振荡电路由电阻、电容和晶体三极管组成，利用电容充/放电，通常简称为晶体管闪光器。

② 带继电器触点的集成电路闪光器：振荡电路部分由集成电路、电阻、电容组成，通常简称为集成电路闪光器。

（2）无触点式

① 无触点晶体管闪光器：即把有触点式晶体管闪光器中的继电器去掉，采用大功率晶体管来取代原来的继电器。

② 无触点集成电路闪光器：无触点集成电路闪光器与无触点晶体管闪光器相似，将闪光器中功率输出级的有触点式继电器改为无触点大功率晶体管，以实现对转向灯开关的控制。

无触点式闪光器的特点是按下转向开关后，闪光器没有继电器吸合/断开的声音，不利于修理，同时带载能力也有限，较少应用，最近几年有用仪表来模拟继电器声音的。

技师指导

由于闪光器的闪光控制利用了电容的充放电原理，因此如果一侧转向灯换成小功率灯泡或灯泡损坏，另一侧转向灯的闪动频率将加快。可自行操作试一试。

早期汽车的闪光器多放在中央熔丝盒上，现在一部分汽车的闪光器放在危险警告灯开关内部，如图6-18所示为转向信号灯继电器放在危险警告开关中，可接收防盗信号，因为防盗系统也要控制转向灯闪烁。

图 6-17　三脚闪光器

图 6-18　转向信号灯继电器放在危险警告开关中

完成任务

根据图 6-19 和图 6-20 所示的转向灯和危险警告信号灯电路图完成下列任务。

翻译 Flasher Relay：__________；翻译 Turn SW：__________；翻译 Combination SW：__________；翻译 Combination Meter：__________。

GND：________；EHW：__________；ER：__________；EL：______；E 的作用是正触发还是负触发：________。

车的一侧有__________个转向灯；它们是一条线路引出并联的吗：__________；组合仪表内的发光二极管的作用是__________。将转向灯泡取下一个时会出现__________现象；将一个小功率的灯泡换上去会有__________现象。

3）转向信号灯常见故障

转向信号灯常见故障：若两侧转向灯同时亮，原因是转向开关失效；若两侧转向灯闪烁频率不同，则是两侧灯泡的功率不等或有灯泡坏；若转向灯常亮不闪，是闪光器损坏；若闪烁的频率过高或过低，则是灯泡功率不当、闪光器工作不良、继电器触点间隙过大或过小，以及电源电压过高或过低。

2．制动灯

1）制动灯

制动灯也称刹车灯，主要用于在汽车制动时提醒行人及后面车辆的驾驶员，它分为车后两侧制动灯和高位制动灯，共 3 个。高位制动灯的作用是警示后面行驶的车辆，从而避免发生追尾事故。后车和底盘较低的汽车在近距离制动时，由于两后制动灯位置较低，通常亮度也不够，其后面跟随行驶的车辆驾驶员有时很难看清楚，有发生追尾事故的隐患，因此现代汽车制动灯除了两侧的两个之外，都安有高位制动灯。

2）制动灯开关

制动灯开关在踩下制动踏板时接通，一般装于制动踏板下方。对于货车的气压式制动系统，制动灯开关一般装于制动阀上。制动灯开关还分为两线和四线型两种。如图 6-21 所示为两线、四线和气压型制动灯开关。汽车常采用两线式“常开”制动灯开关来点亮制动灯。当制动灯开关为四线时，其中的两线“常闭”制动灯开关接到发动机控制单元上，用于发动机控制单元解除巡航控制。

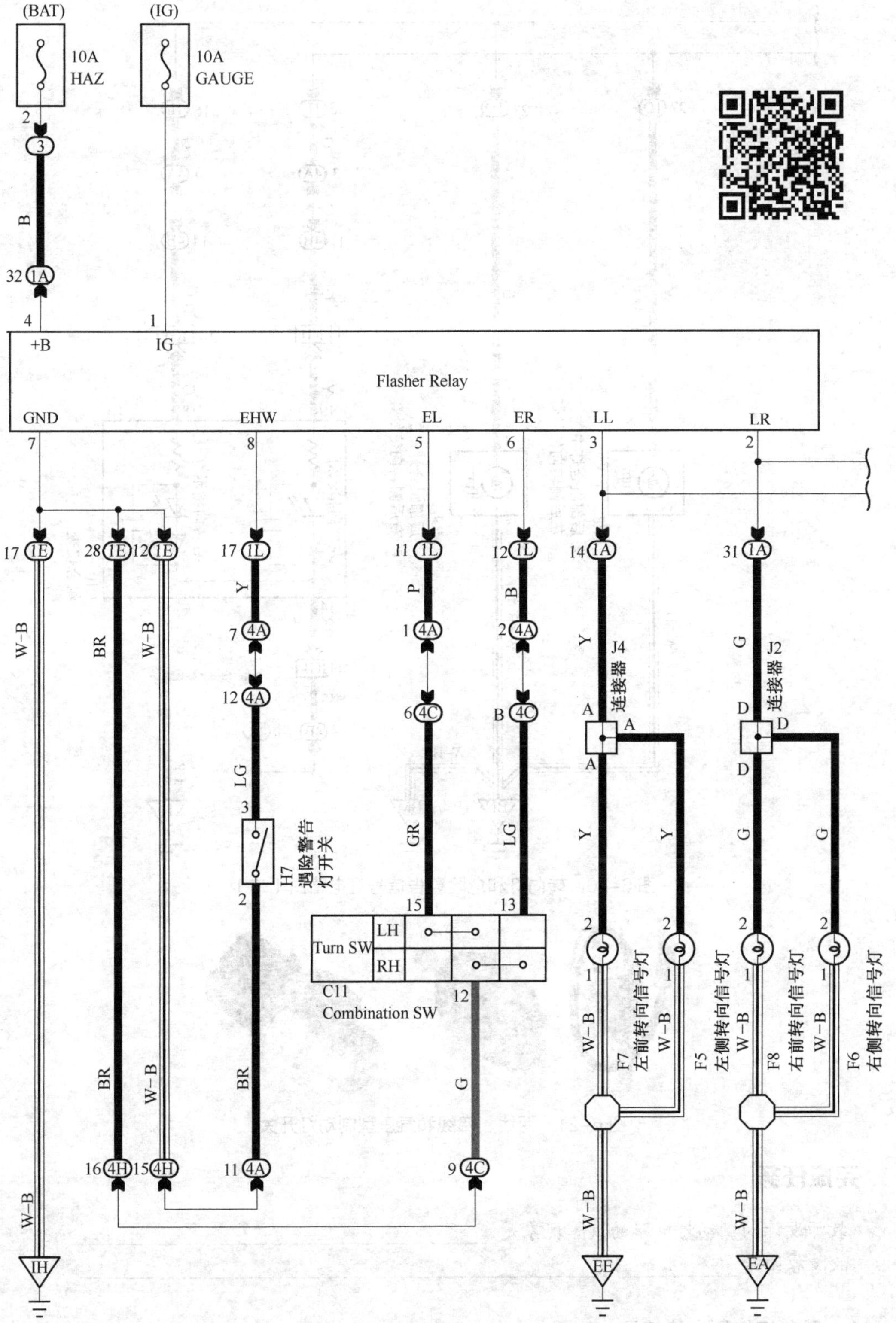

图 6-19　转向灯和危险警告信号灯电路图（一）

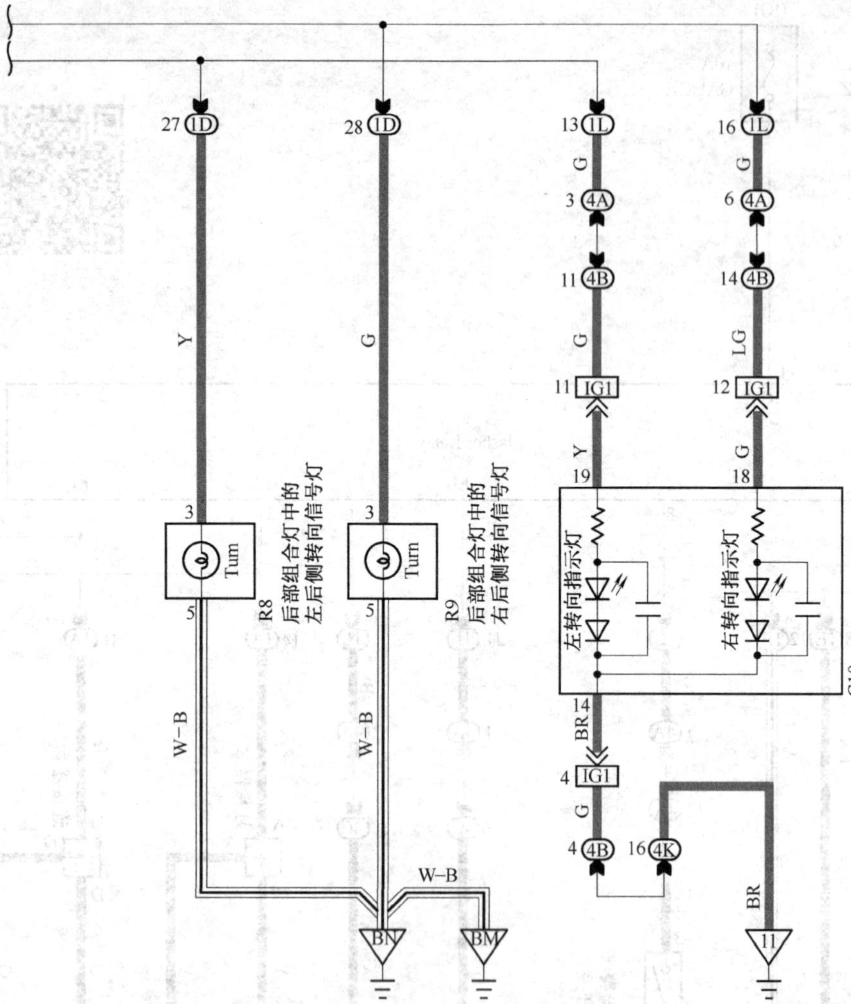

图 6-20　转向灯和危险警告信号灯电路图（二）

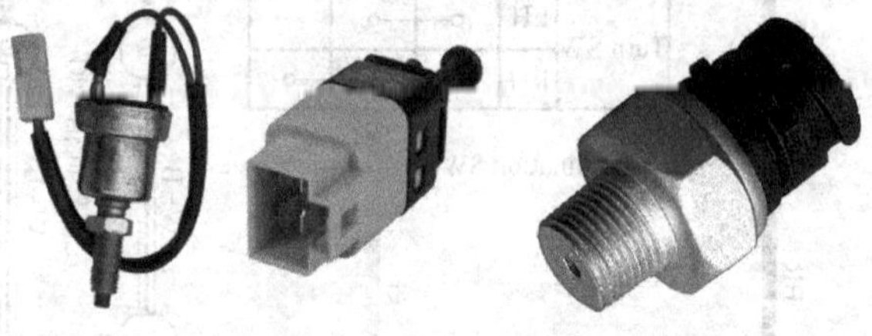

图 6-21　两线、四线和气压型制动灯开关

完成任务

教师设计的制动灯电路的故障现象是______________________________；
故障原因是______________________________________。

3. 倒车灯与倒车蜂鸣器

倒车灯为白色，位于车后部。在配有手动变速器的汽车上，倒车灯开关位于手动变速器上，其结构如图 6-22 所示。用变速杆将倒挡拨叉轴推到倒挡位置时，开关接通，点亮倒车灯。对配有自动变速器的汽车，由变速器的多功能开关在 R 挡时控制倒车继电器工作，进而控制倒车灯亮。

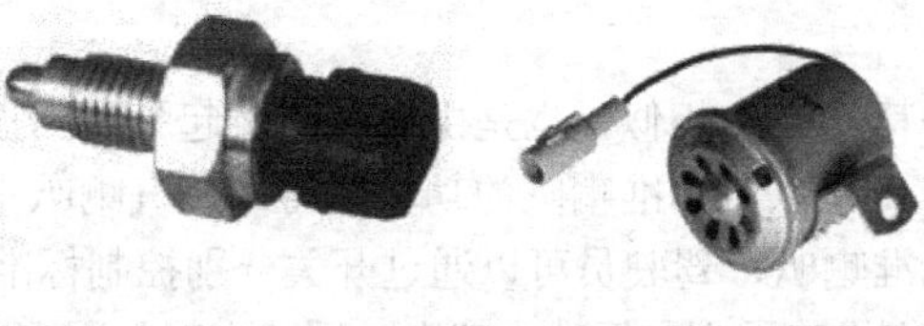

图 6-22　倒车灯开关和货车倒车蜂鸣器（壳体搭铁）

在货车上，倒车灯常需要并联倒车蜂鸣器。蜂鸣器带有振荡电路，通电即鸣叫，以通知车后人员此车正在倒车中，请注意避让。现在汽车多装有倒车雷达，倒车时，倒车信号进入驻车辅助控制单元，四个雷达探测后部障碍物的距离，当有障碍物到达设定距离时，倒车蜂鸣器向车内驾驶员提示有障碍物。货车用倒车蜂鸣器用声音“提示车外人员”注意避让，而带倒车雷达的倒车蜂鸣器是“向车内驾驶员提示”有障碍物，两者是不同的。

完成任务

倒车灯开关位置在__________；教师设计的倒车灯电路的故障现象是____________；故障原因是________________。

4．喇叭

喇叭按其发音动力分为电喇叭和气喇叭。气喇叭主要用于具有气压制动装置的重型载重车上，电喇叭具有结构简单、体积小、质量轻、声音悦耳且维修方便的特点，因而在中、小型车辆中获得了广泛应用。电喇叭分为普通电喇叭和电子电喇叭。如图 6-23 所示为盆形带机械触点的电喇叭和蜗牛喇叭，如图 6-24 所示为气压制动的气喇叭和液压制动的气喇叭。

盆形带机械触点的电喇叭多用在低档车上；蜗牛喇叭是蜗牛形状，既可以是机械触点式，也可以是电子式，机械触点式的蜗牛喇叭应用较多。气压制动的气喇叭是喇叭开关控制向喇叭供气的电磁阀；液压制动没有气源，喇叭开关控制向喇叭供气泵供电，气泵气体直接吹动喇叭发音。

1）标准喇叭的结构

标准喇叭由电磁铁、衔铁、振动盘、膜片及由衔铁控制的触点断电器组成（见图 6-23）。

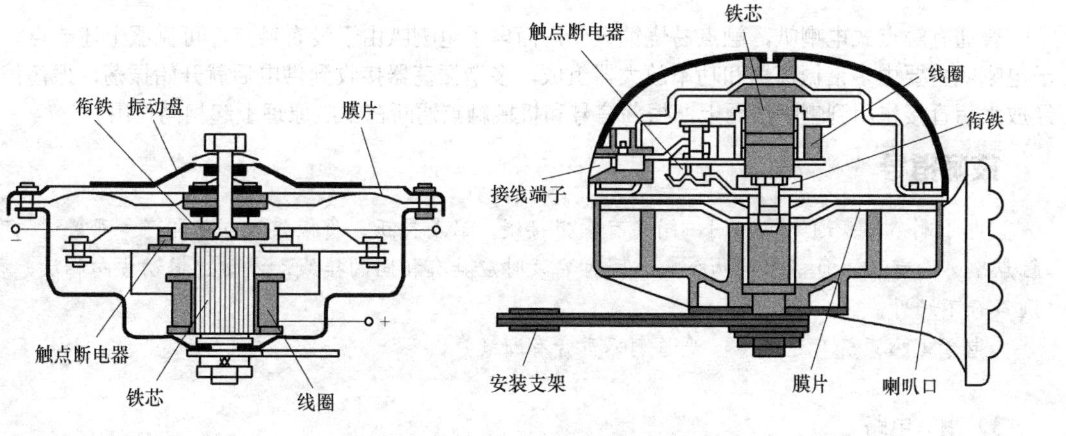

图 6-23　标准电喇叭结构和蜗牛喇叭结构

2）标准喇叭的工作原理

当喇叭开关接通时，与衔铁相连的膜片被电磁铁吸引，在衔铁撞到电磁铁前，即将触点断电器断开，衔铁在膜片的弹力作用下回位，触点重新闭合。喇叭工作时这一过程反复进行。衔铁撞击铁芯引起连接到膜片上的振动盘的振动（标准喇叭也称为碰撞喇叭）。振动盘前方的空气也开始振动并产生一个恒定的声音信号。

蜗牛喇叭的工作原理与标准喇叭相似，也是由电磁铁引起膜片的振动。蜗牛喇叭的空气柱振动产生了喇叭的高音特性。气喇叭比标准喇叭的功率大得多，气喇叭不允许在市内使用，因此货车的喇叭系统中还需要有标准喇叭，驾驶员可以通过开关分别控制标准喇叭和气喇叭。

为使电喇叭发音正常，应将其固定在缓冲支架上，缓冲支架与固定支架之间装有橡皮垫等弹性物质。此外，电喇叭触点应保持清洁，其接触面积不少于 80%。当触点严重烧蚀时，应及时进行检修。调整铁芯（音调调整螺栓）和音量调整螺钉分别可调整喇叭的音调和音量。可调整喇叭背部有调音调和音量的螺钉，当喇叭后部无调节螺钉时，说明喇叭不能进行调整，如图 6-25 所示。

图 6-24　气压制动的气喇叭和液压制动的气喇叭

图 6-25　喇叭音量和音调调整

技师指导

喇叭损坏的原因有汽车涉水后引起的进水生锈、烧触点及质量问题，还有如其内部的线圈应该用铜材，实践中拆开喇叭后，发现采用铝材代替了铜材。喇叭声音不正多为转向盘内的喇叭开关接触不好或喇叭接线松动。

喇叭和音响系统中扬声器的区别是，扬声器内部没有触点。

普通有触点式电喇叭，触点易烧蚀氧化，而电子电喇叭由于没有触点，可克服上述缺点。电子电喇叭主要由多谐振荡器和功率放大器组成，多谐振荡器接收到供电后就开始振荡，振荡信号经放大后直接作用到喇叭线圈上，振荡信号和机械触点通断在喇叭原理上起相同作用。

技师指导

电子喇叭与普通喇叭相同，同样有两根接线，只要按正、负极接入电路即可。而普通的有触点喇叭没有正、负极，但两个喇叭同时安装时应具有相同的接线，以防止振动方向相反，否则声音不好听。

电子喇叭声音有连续感，普通喇叭声音有断续感。

3）喇叭电路

由于现代汽车大多装有双喇叭，消耗电流较大，为保护喇叭触点不被烧蚀，通常在喇叭电路中设有继电器。喇叭按钮开关中只有小电流通过，用以控制喇叭继电器的线圈，而供喇叭使用的大电流只流经喇叭继电器的开关，其电路如图 6-26 所示，图中的 H 为喇叭开关，H_1 为喇叭，J_4 为喇叭继电器。

为了降低生产成本，有的实车采用喇叭电流直接流经喇叭开关，而取消继电器，直接在熔丝盒底上用铜片短接原继电器的线圈电路到原继电器的开关电路。例如，把图 6-26 中的喇叭继电器

J_4取消，用铜片短接继电器座的 2/87 和 4/85 插座。

技师指导

喇叭电路多采用喇叭继电器，一部分汽车为了降低成本，取消了喇叭继电器，在实车中继电器位置通常用铜片短接。货车通常采用一个继电器带动两个喇叭，如图 6-27 所示。

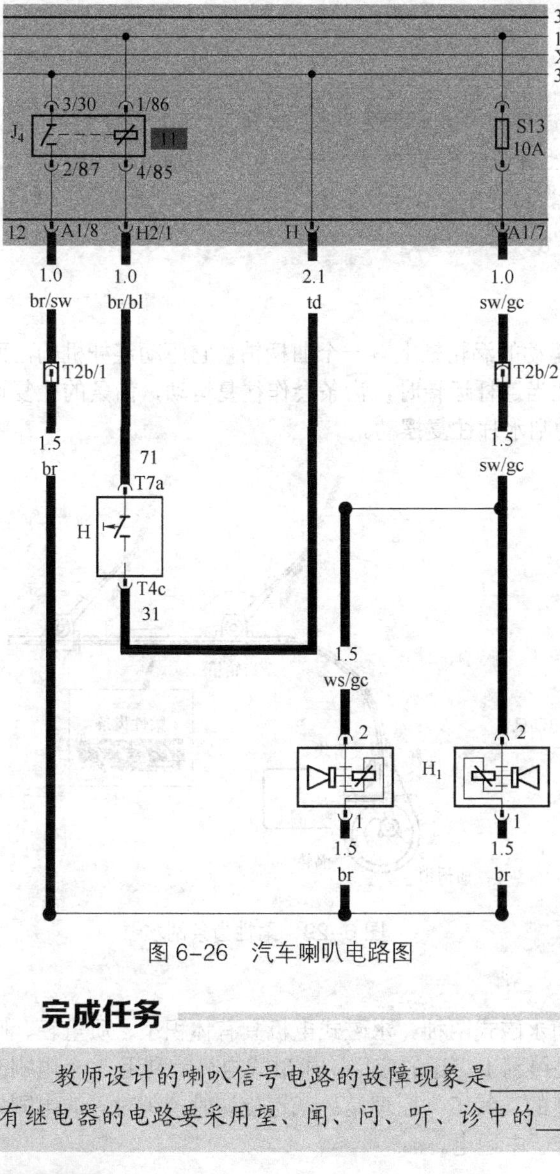

图 6-26　汽车喇叭电路图

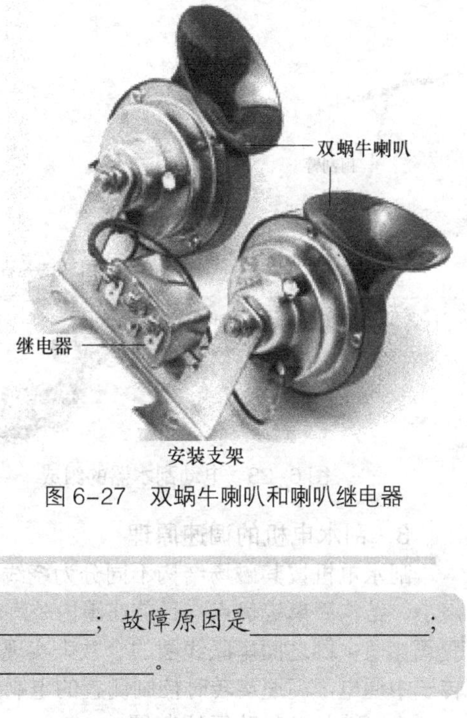

图 6-27　双蜗牛喇叭和喇叭继电器

完成任务

教师设计的喇叭信号电路的故障现象是________________；故障原因是________________；有继电器的电路要采用望、闻、问、听、诊中的________________。

6.4 刮水/洗涤装置

1．风窗刮水器的功能

为了保证汽车在雨天或雪天时驾驶员有良好的视线，确保其行驶安全，在汽车的挡风玻璃上装有刮水器。电动刮水器的动力源是直流电机。通过传动机构，可使刮水片在挡风玻璃外表面上往复摆动，以扫除挡风玻璃上的雨水、积雪或灰尘。

2．风窗刮水器的传动方式

1）刮水器的“刚性传动”方式

如图 6-28 所示为电动刮水器的组成。发动机的曲柄连杆机构是一个最直接的把直线平动转变成转动的例子，反过来，转动曲轴可以让活塞动起来，转动也可以转变成直线平动。电动刮水器中的电机相当于带动曲轴转动，连杆（相当于活塞）发生直线平动，连杆的平动推动摆臂以小角度转动，进而带动雨刮片在风窗上刮动。

技师指导

电动刮水器中的电机到雨刮臂的摇臂和连接的轴会由于运动磨损松旷，加上长时间不用还会在间隙处生锈导致运动阻力过大，以及产生噪声，需要更换连杆和摇臂。雨刮片不能刮净风窗或雨刮片自身随雨刮臂上下摆动，刮片不能充分压在玻璃上，以及刮片老化、开裂等都要更换雨刮片。

2）刮水器的“柔性传动”方式

如图 6-29 所示为柔性齿条刮水器，电机驱动的涡轮轴上有一个曲柄销，它驱动连杆机构，而连杆和一个装在硬管里的柔性齿条连接，因此当连杆运转时，齿条会作往复运动，齿条的往复运动带动齿轮箱中的小齿轮往复运动，从而驱动刮水片往复摆动。

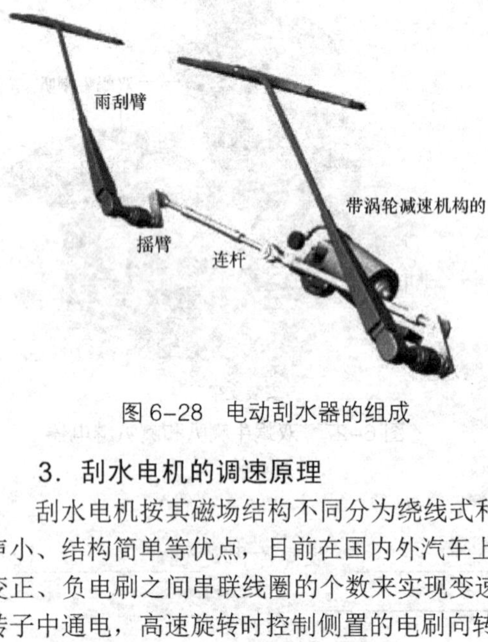

图 6-28　电动刮水器的组成

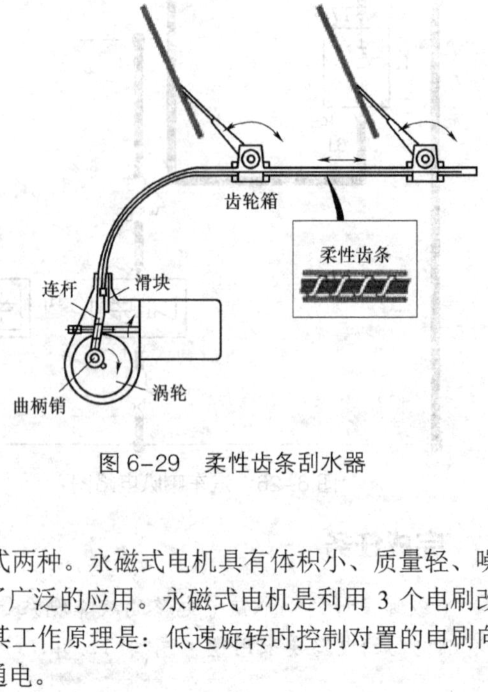

图 6-29　柔性齿条刮水器

3．刮水电机的调速原理

刮水电机按其磁场结构不同分为绕线式和永磁式两种。永磁式电机具有体积小、质量轻、噪声小、结构简单等优点，目前在国内外汽车上得到了广泛的应用。永磁式电机是利用 3 个电刷改变正、负电刷之间串联线圈的个数来实现变速的。其工作原理是：低速旋转时控制对置的电刷向转子中通电，高速旋转时控制侧置的电刷向转子中通电。

4．刮水器自动复位装置

刮水器自动复位装置分为电枢一端为正电压的两静触点式和电枢一端为负电压的三静触点式两种。

1）两静触点式

如图 6-30 所示，电机通过丝杆减速器推动从动塑料齿轮转动，塑料齿轮上设计有特定形状的铜片用来导电，A、B 两点是两静触点。

在图 6-30（a）中，尽管雨刮器开关关闭（OFF 挡，但开关内部线路接通），但电流流经 A 搭铁，电机继续转动。

在图 6-30（b）中，当车窗外雨刮臂回到前风挡下部位置时，减速器从动塑料轮恰好转动到 A、B 相通，导致电枢的两换向电刷两端电位为 12V，电机上没有电压差，电机停转。

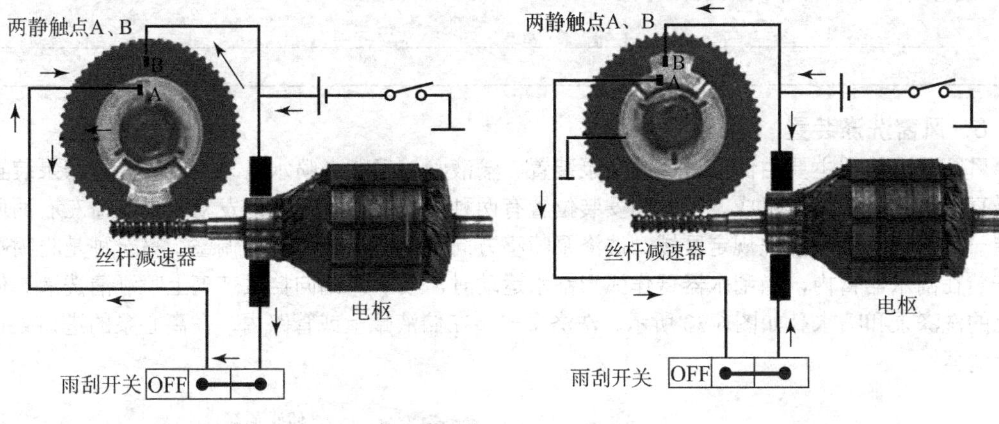

（a）OFF 挡：雨刮臂未回位　（b）OFF 挡：雨刮臂回位

图 6–30　两静触点式

2）三静触点式

三静触点（A、B、C）电极正极接地电机停止式电路如图 6-31（a）所示，当车窗外雨刮臂未回位到前风挡下部位置时，减速器从动塑料轮导电片恰好转动到 A、B 相通，构成回路，电机可继续转动。如图 6-31（b）所示，当车窗外雨刮臂回到前风挡下部位置时，减速器从动塑料轮导电片恰好转动到 B、C 相通，导致电枢的两换向电刷两端电位为 0V，电机上没有电压差，电机停转。

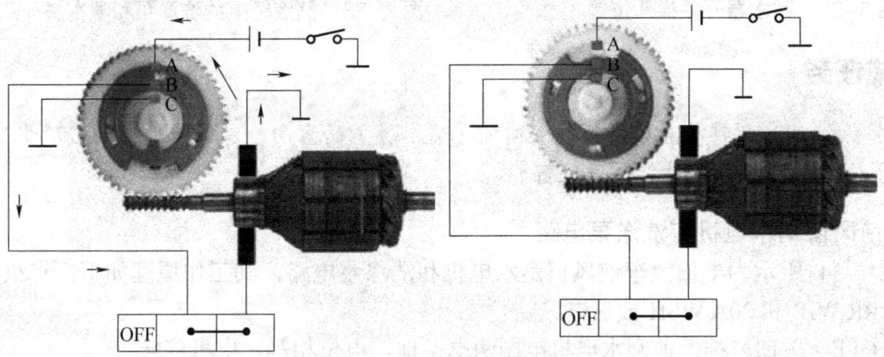

（a）OFF 挡：雨刮臂未回位　（b）OFF 挡：雨刮臂回位

图 6–31　三静触点式

5. 刮水器继电器的间歇控制

汽车刮水器继电器的间歇控制电路有多种形式，按照间歇时间是否可调有可调节型和不可调节型之分，它们都是在开关拨到间歇挡时才触发工作的，如图 6-32 中的 O 为空挡（OFF）、I 挡为间歇挡（Interval）、1 为低速挡、2 为高速挡、AUTO 为自动挡。一般汽车间歇挡的间隔时间可通过加装在控制开关上的滑动变阻器控制。高档汽车的间歇控制电路是自动调节式，其控制电路中的刮水器继电器内置的微控制器能根据外部雨量传感器确定的雨量大小，自动调节间歇时间。

完成任务

请操作一下实习车的雨刮器开关，描述一下挡位和功能：

____

____。

6．风窗洗涤装置

风窗洗涤装置主要由储液罐、洗涤泵装置、输液管、喷嘴（喷水鼻）等组成。洗涤泵装置由永磁直流电机和洗涤泵组成。喷嘴的安装位置有两种形式：一种是在前发动机机舱盖左右两侧各安装一个喷嘴，各自冲洗规定区域，洗涤泵喷嘴方向可以根据使用情况调整；另一种是将喷嘴直接安装在刮水器臂内，当刮水器臂作弧形刮水运动时，喷嘴即刻向挡风玻璃上喷洒清洗液。储液罐上的洗涤泵和喷水鼻如图 6-33 所示。洗涤泵安装在储液罐上或管路内，在离心泵的进口处设置有滤清器。

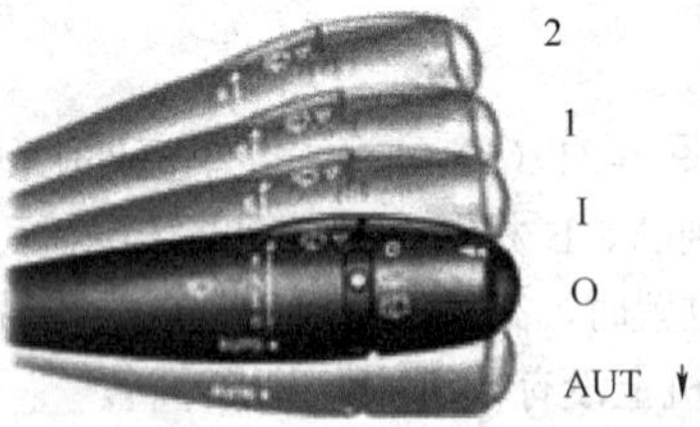

图 6-32　刮水器开关操作位置

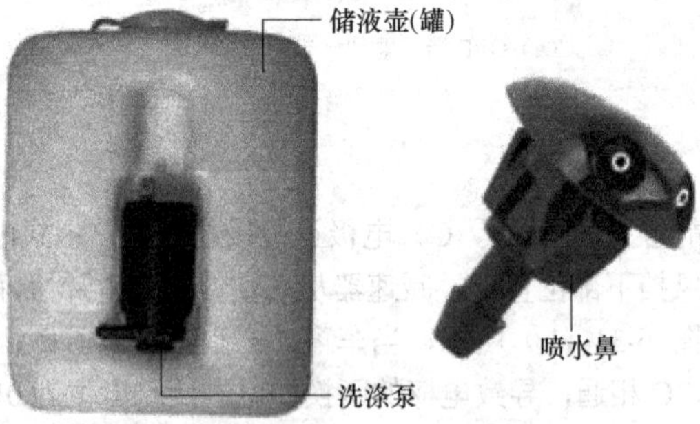

图 6-33　储液罐上的洗涤泵和喷水鼻

完成任务

请将钢针或曲别针抻直后调节一下喷嘴（喷水鼻）的方向，以保证喷出的玻璃水在风窗的指定位置，进而保证刮水片能刮净风窗。

7．前风窗刮水电机和洗涤泵电路

如图 6-34 所示为丰田汽车前风窗刮水电机和洗涤泵电路，其工作原理如下：点火开关打开后，30A RR WIP 和 20A WSH 被供电。

（1）OFF（关闭）挡：前刮水电机电刷两端接地，电位相等，电机停转。

（2）INT（间歇）挡：电流流过电阻 R1→调速开关（间歇时间调节开关）→电容 C1→复位开关→EA 接地，复位开关的动作使电容充电，电容 C1 的电压提高，这个电压经 INT 开关，经 D→R2→晶体管 T2，晶体管 T2 导通，继电器线圈电流流经晶体管 T2，继电器开关右摆将电流引入 INT 开关，再流至刮水器内的 L2→电机→Breaker（断路器）→EA 接地，这时接地开关断开，电容 C1 经 T2 的输入电路放电，T2 的基极电压下降，电机工作一个循环后，接地开关再次接地给电容充电，C1 如此反复充、放电，电机周期性循环。可用速度调节开关内的滑动变阻器调节 C1 的充电时间。

（3）LO（低速）挡：电流流经组合开关 LO，再经 L2→电机→断路器→搭铁。

（4）HI（低速）挡：电流流经组合开关 HI，再经电刷→电机→断路器→搭铁。

（5）MIST（点动刮水）挡：MIST 是自动回位开关，转动开关到 MIST 时，低速挡 LO 电路工作，只要松手，MIST 开关回位至 OFF。

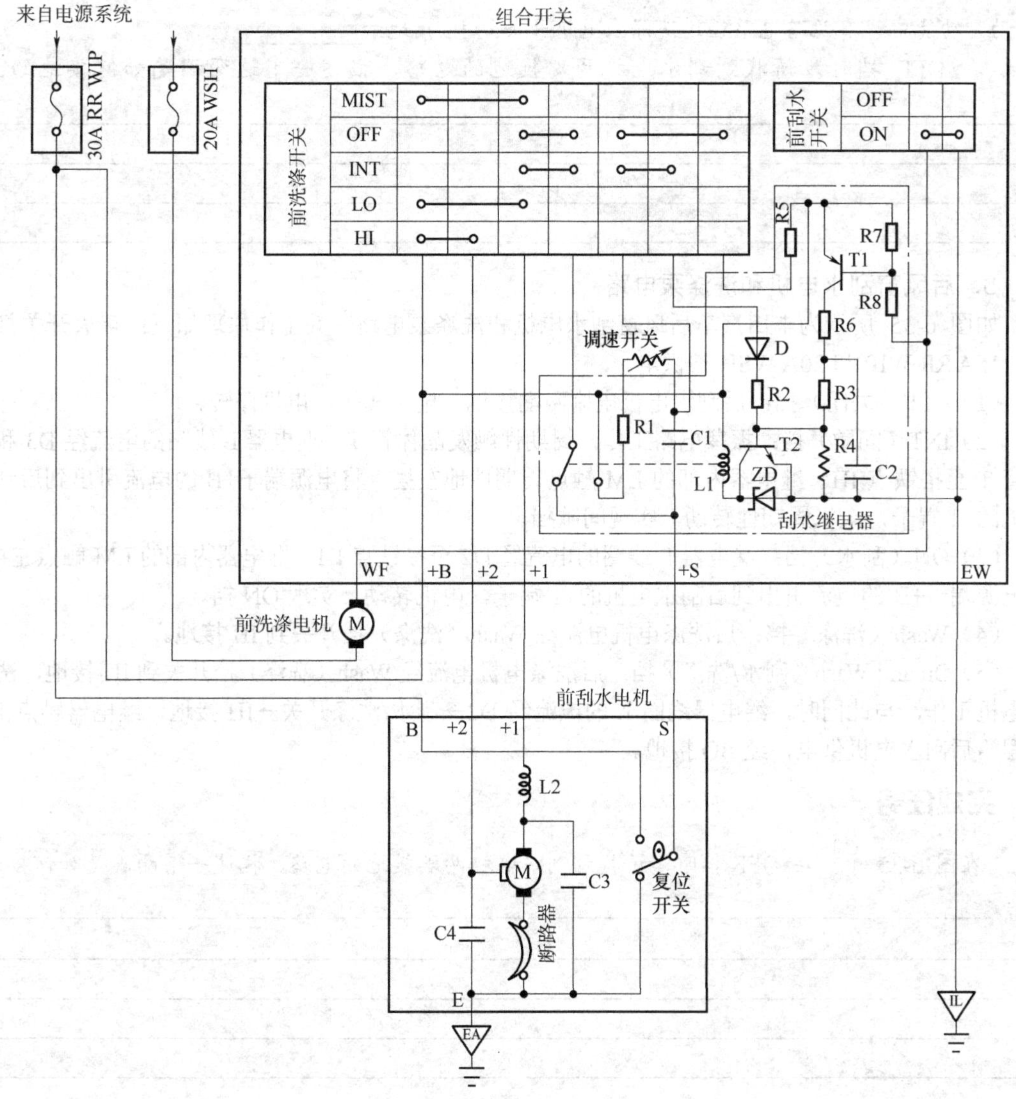

图 6–34　丰田汽车前风窗刮水电机和洗涤泵电路

（6）Wash（刮水/洗涤）挡：洗涤泵电机控制开关本质上相当于图 6-35 所示后风窗刮水电机和洗涤泵电路的“On and Wash（刮水/洗涤）挡”，它不仅实现洗涤，还能实现刮水器的低速挡工作。其工作原理是：洗涤电机电流经 ON 挡到 IL 接地，洗涤泵工作，与此同时晶体管 T1 的基极通过 R8→洗涤泵开关→IL 接地，T2 的输出电路经 R6、R3、R4 有电流流过，R4 和 T2 基极关联，导致 T2 的基极上有 R4 的电压，使 T2 导通，继电器触点开关右摆，LO（低速）挡工作。

完成任务

根据图 6-34 完成下列任务。

前洗涤开关共有挡位：__________、__________、__________、__________、__________。

哪几个挡位为单连开关挡：__________、__________、__________；哪几个挡位为双连开关挡：__________、__________。MIST 挡是__________挡。

电子继电器具有“刮水电机间歇”和“洗涤和刮水联动”功能：在“刮水电机间歇”功能中，电子继电器的接地控制是否经过洗涤泵电机开关到 IL 接地：__________；在“洗涤和刮水联动”功能中，有几路电路经过洗涤泵电机开关到 IL 接地：__________。

在 OFF 挡时，请找到刮水电机两端接地的电路，描述一下这两端是如何接地的：

____

____

____

____

8．后风窗刮水电机和洗涤泵电路

如图 6-35 所示为丰田汽车后风窗刮水电机和洗涤泵电路，其工作原理如下：点火开关打开后，15A RR WIP 和 20A WSH 被供电。

（1）OFF（关闭）挡：后刮水电机电刷两端接地，电位相等，电机停转。

（2）INT（间歇）挡：振荡电路工作，周期性触发晶体管 T，继电器 L 线圈的电流经 D3 和晶体管 T 至搭铁点 IH。继电器内部的 LM 触点周期性地左摆，将电源端子+B 的电流引出到后刮水电机的+1 端子，电机周期性转动，实现间歇挡。

（3）ON（刮水）挡：继电器 L 线圈的电流经 D2 至搭铁点 IH。继电器内部的 LM 触点左摆，将电源端子+B 的电流引出到后刮水电机的+1 端子，电机转动，实现 ON 挡。

（4）Wash（洗涤）挡：后洗涤电机电流经 Wash（洗涤）挡开关到 IH 接地。

（5）On and Wash（刮水/洗涤）挡：后洗涤电机电流经 Wash（洗涤）挡开关到 IH 接地，洗涤泵电机工作，与此同时，继电器线圈 L 的电流经 D2→刮水/洗涤开关→IH 接地，继电器触点 LM 左摆给后刮水电机供电，经 BO 接地。

完成任务

在图 6-35 中，在 OFF 挡时，请找到刮水电机两端接地的电路，描述一下两端是如何接地的：____

____

____

____

____

9．风窗刮水器系统的维修

风窗刮水器系统常见的故障有：刮水器不工作、间断性工作、持续操作不停及刮水片不能复位等。除此以外，还有一些与刮水片调整有关的故障。在对风窗刮水器系统的故障进行检修之前，需要确定是电器故障还是机械故障。最简单的方法就是从电机上拆下连接刮水片的机械摇臂，接通刮水器系统，观察电机的运行。如果电机工作正常，则是机械问题，如生锈范卡。

1）刮水器速度比正常慢

电器或机械故障均能造成刮水器速度比正常慢。大多数导致刮水器动作慢的电路故障是由于接触电阻大而引起的。如果电源供电回路正常，则应检查刮水电机的搭铁回路是否正常。

2）间歇刮水系统不正常

如果刮水系统只是在间歇挡位工作不正常，首先应检查间歇继电器的搭铁是否良好。如果搭铁正常，利用欧姆表检查继电器到刮水器开关之间的电路；如果连接线路也是良好的，则应更换间歇继电器。

3）刮水器不能复位

造成刮水器不能复位的故障既可能是由于复位开关造成的，也可能是刮水器开关内的接触片变形所致。最常见的与复位开关有关的故障是当开关断开时，刮水器就停在该位置。首先要拆下电机端盖，接通刮水开关，观察复位开关的工作情况。当关闭刮水器开关时，复位开关应能使其常闭触点闭合到位，否则应更换复位开关。如果刮水器开关内的接触片弯曲变形或折断，同样能造成刮水器不能复位，应检修或更换刮水器开关。

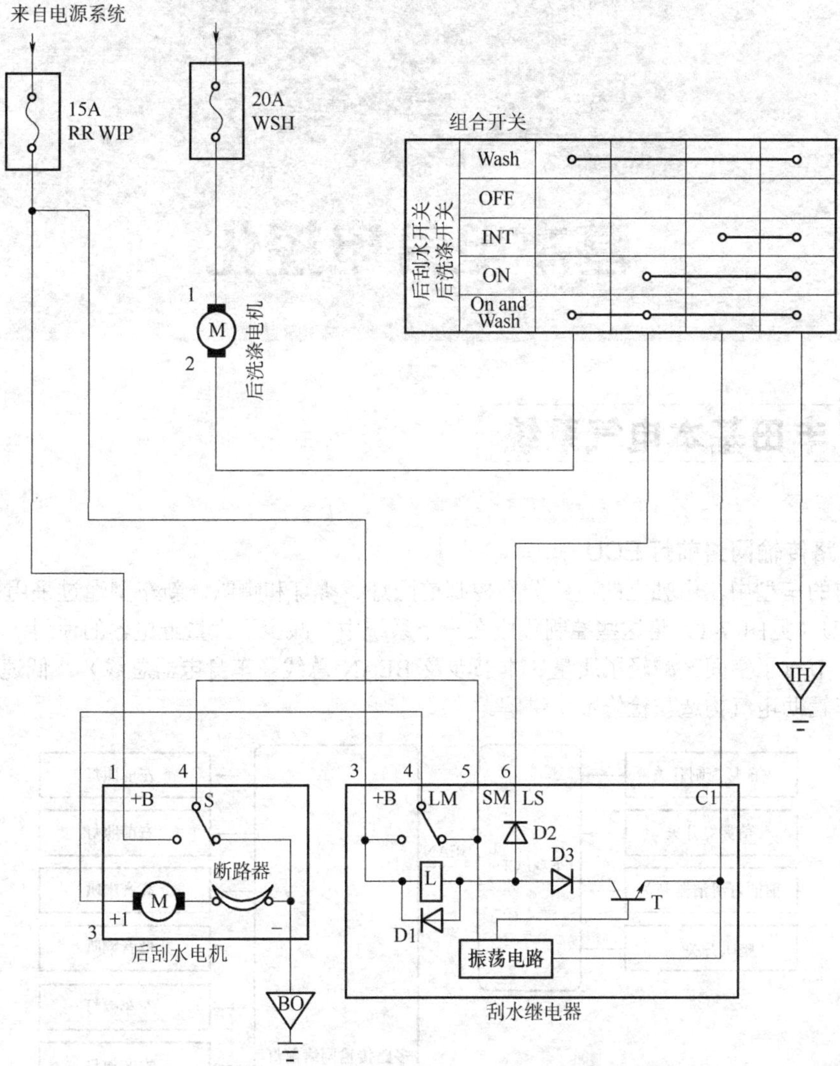

图 6-35　丰田汽车后风窗刮水电机和洗涤泵电路

10．风窗洗涤装置的维修

许多风窗洗涤装置的故障都是由输液系统引起的。因此，应首先拆下泵体上的水管，然后使电动泵工作，如果电动泵能够喷出清洗液，则故障在输液系统。打开洗涤器开关，如果电动泵工作但不喷液，检查泵内有无堵塞，排除泵体内的任何异物；如果没有堵塞，则必须更换电动泵。

实际上车用保护商品中玻璃水是最好选择，因为它已加入去垢剂和防锈剂。当然，为了省钱，在不结冰的情况下，清水也是好的选择。有时，为了能刮掉挡风玻璃上的油、蜡、蚊虫等物，可在水中添加少量的去垢剂和防锈剂，如洗衣粉、洗碗剂等，去垢效果较好，但会使风窗密封条和刮片胶条变质，甚至还会引起车身漆变色及储液罐、喷嘴等塑料件开裂。

在冬季时，为了防止洗涤液冻结，玻璃水中已经添加了甲醇、异丙醇、甘醇等防冻剂，可使凝固温度下降到-20℃以下。当冬季不用洗涤装置时，应将洗涤管中的水倒掉，防止冻裂储液罐。

第7章

基本电气电控化

7.1 丰田基本电气系统

1. 多路传输网络前灯 ECU

在以前的车型中，由独立的电路分别控制前照灯、雾灯和喇叭。新车型通过采用多路传输网络前灯 ECU（见图 7-1）将这些控制集成在一个系统中，减少了大量继电器的使用，进而减少了零件数量，节省了空间，减轻了质量。本书涉及 BEAN 总线（车身电器总线），低速 CAN 总线将在《汽车辅助电气构造与检修》中讲解。

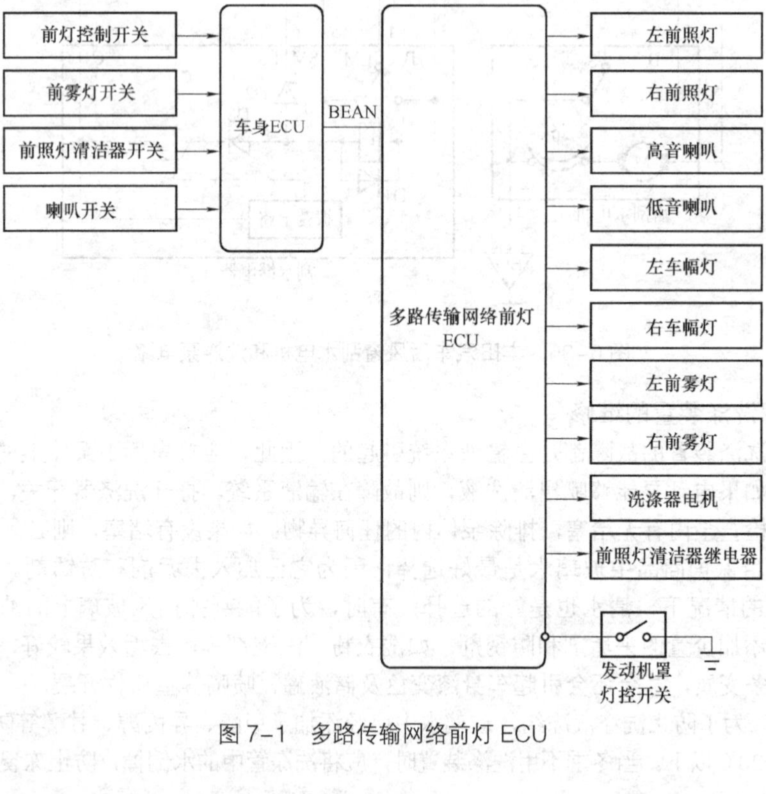

图 7-1 多路传输网络前灯 ECU

完成任务

在图 7-1 中有五个开关总成作为输入，请分别写出对应控制的执行元件。

前灯控制开关：____________；前雾灯开关：____________；前照灯清洁器开关：__________；喇叭开关：__________；发动机罩灯控开关：_________。

2. 前照灯

1）HID（高强度放电）前照灯系统

汽车在近光/远光灯中采用多反光镜；另外，采用一个 HID（高强度放电）近光束前照灯系统和卤素远光束前照灯系统以提高驾驶员的可视范围。在多反光镜型前照灯中，通过多抛面型反光镜对灯泡发出的光线进行发散和分配，如图 7-2 所示。这样，在配光镜的中间就不再提供配光镜分光方式，同时，还可以得到清晰的视野。另外，还采用了一个能有效利用灯泡下的反射面的副（次）反光镜，以拓宽车辆正前方路面两侧的照明范围，如图 7-3 所示。

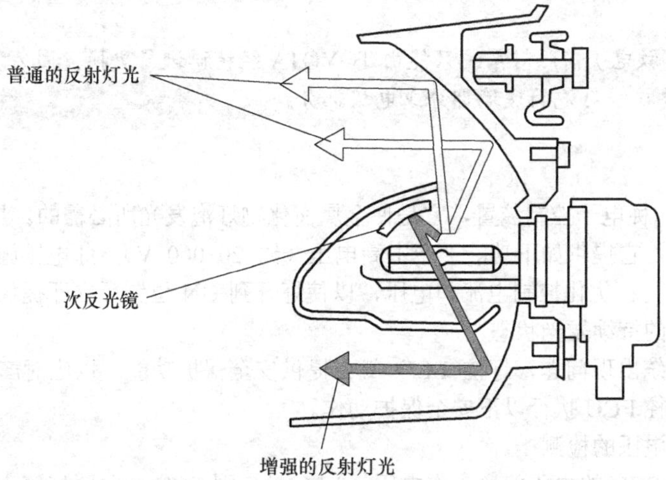

图 7–2　灯光分配图

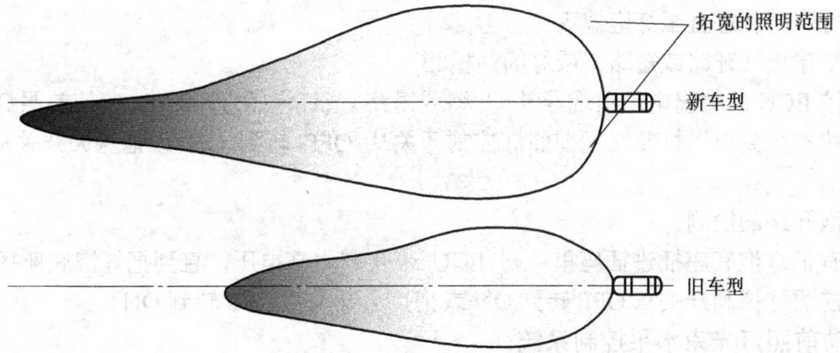

图 7–3　照明范围的对照

以上是右侧驾驶型的照明范围。在左侧驾驶型汽车中，照明范围沿中心线与右侧驾驶型对称。

HID 前照灯系统对灯泡电极施以高电压来产生电弧，从而使封闭在灯泡中的金属原子发光。HID 前照灯系统由金属卤化物灯泡、HB3 灯泡和灯控 ECU 组成。金属卤化物灯泡和 HB3 灯泡是专用灯泡。在它们的位置上不能安装其他灯泡。金属卤化物灯泡包含氙气、水银和金属卤化物。如图 7-4 所示，当加高电压（约 20 000V）在金属卤化物灯泡的电极上时，灯泡内的氙气就发光。

随着灯泡温度的上升，水银汽化并产生电弧放电。随着灯泡温度进一步上升，水银弧里的金属卤化物分离成金属原子和碘原子。分离出的金属原子发光，引起灯泡发光。

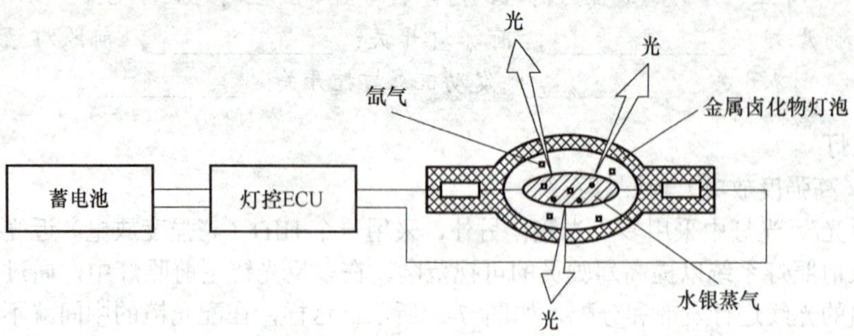

图 7-4　氙气灯工作示意图

技师指导

HID（高强度放电）前照灯系统只能由 TOYOTA 经销商进行更换。因为其产生的高电压非常危险。一定不要接触灯泡的玻璃部分或电极部分。

2）灯控 ECU

灯控 ECU 是一种电子控制装置，它是使金属卤化物灯泡发光所必需的。灯控 ECU 装在每个前照灯装置的下方，它提供如下功能：产生高电压（约 20 000 V），此电压施加到灯泡电极上使 HID 前照灯开始发光；优化控制电流和电压，以使灯开到 ON 位置后立即提供最理想的灯光，并使其保持一个稳定的持续发光状态。

一旦前照灯系统出现问题，灯控 ECU 就会提供安全保护功能，以应对产生的高电压。依照被检测的项目，灯控 ECU 执行以下安全保护动作。

（1）异常输入电压的检测

如果输入灯控 ECU 的电压偏离工作电压（9.16 V），则 ECU 使前照灯停止照明，一旦电压回到工作电压范围，ECU 就使前照灯恢复照明。但是，如果是前照灯先亮，然后输入电压下降，则前照灯将保持照明状态直至灯泡熄灭。

（2）异常输出（开路或短路）或灯闪的检测

如果灯控 ECU 的输出电压出现异常（开路或短路）或灯泡闪烁，则 ECU 使前照灯停止照明，并保持这种状态直到电源恢复（把前照灯控制开关从 OFF 转到 ON 或把点火开关从 OFF 转到 ON）。

（3）灯泡开路的检测

如果没有把灯泡底座插进插座里，则 ECU 停止产生高电压，直到把灯泡底座插进插座和电源恢复（把前照灯控制开关从 OFF 转到 ON 或把点火开关从 OFF 转到 ON）。

3. 自动前照灯光束水平控制系统

1）系统功能

如图 7-5 所示，自动前照灯光束控制系统通过左后侧的一个高度控制传感器检测到的车辆姿势调节前照灯反光镜的方向。因此，这个系统在车辆行驶时可以使前照灯光束保持在不变的高度。这个系统由前照灯光束方向控制 ECU 控制。

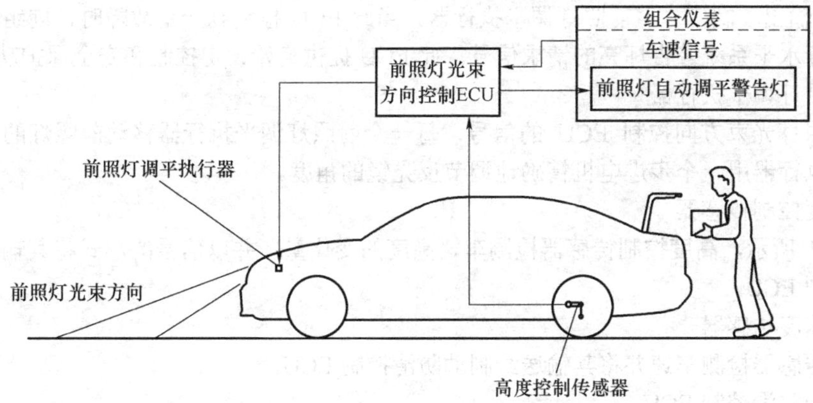

图7–5 自动前照灯光束水平控制系统

2）主组件位置图

主组件位置图如图7-6所示。

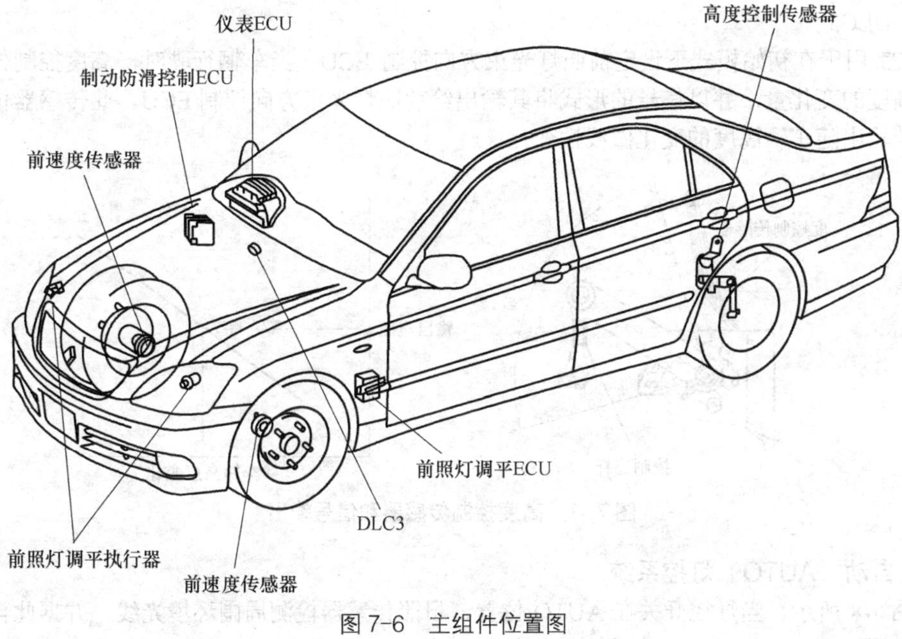

图7-6 主组件位置图

完成任务

在图7-5中，信号作为前照灯光束水平控制的输入。

前照灯光束方向控制 ECU 在图 7-6 中的____________；你能在实车上找到位置吗：____________。

前照灯光束控制执行器在图 7-6 中的____________；你能在实车上找到位置吗：____________。

3）主组件的功能和结构

（1）前照灯光束方向控制ECU

基于高度控制传感器和组合仪表发射出的信号，此 ECU 检测汽车姿势的变化量。基于检测值，此 ECU 输出控制信号至前照灯调平执行器。当此 ECU 检测到一个故障时，向组合仪表发送使自动前照灯水平系统警告灯亮的请求信号。此 ECU 提供初始设定控制和安全保护功能。

（2）前照灯调平执行器

基于前照灯光束方向控制 ECU 的信号，每一个前照灯调平执行器移动前照灯的反光镜来改变光束。此执行器用一个步进电机精确地调节反光镜的角度。

（3）高度控制传感器

如图 7-7 所示，高度控制传感器检测车辆高度的变化量，并以信号的形式将其输出给前照灯光束方向控制 ECU。

（4）车速度传感器

车速度传感器检测车速并将其输送给制动防滑控制 ECU。

（5）制动防滑控制 ECU

制动防滑控制 ECU 接收车速度传感器输入的信号，并以车速信号的形式将其输出给前照灯光束方向控制 ECU。

（6）仪表 ECU

仪表 ECU 根据前照灯光束方向控制 ECU 的信号控制仪表点亮前照灯自动调平警告灯。

（7）DLC3

DLC3 用于在初始模式下设定前照灯光束方向控制 ECU。当车辆行驶时，高度控制传感器检测车辆高度的变化量，并以信号的形式将其输出给前照灯光束方向控制 ECU。此传感器位于后悬架上，其输出随车辆高度的变化做线性变化。

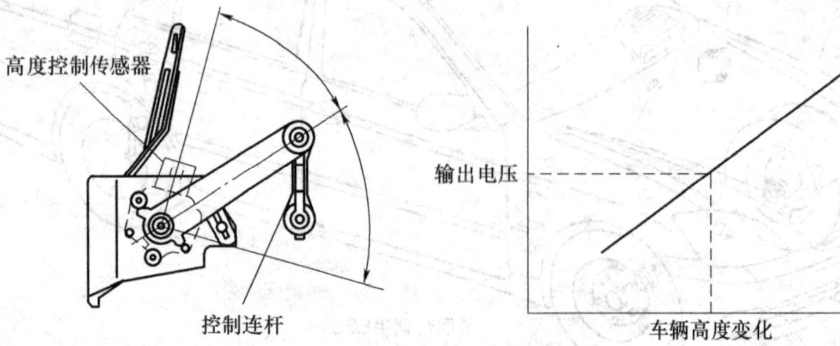

图 7–7　高度控制传感器和信号输出

4．自动（AUTO）灯控系统

如图 7-8 所示，当灯控开关在 AUTO 位置，日照传感器检测周围环境光线，并据此自动转换前照灯和尾灯到 ON 或 OFF。此系统由车身 ECU 控制。

如图 7-9 所示，当点火开关位置为 OFF、驾驶员门打开、尾灯打开时，此系统自动将灯关闭。此系统由车身 ECU 控制。

5．照明进入系统

在外国车型上，新型的照明进入系统控制两种灯，而在中国车型上，它控制三种灯，如图 7-10 所示。此系统由左接线盒 ECU 控制。在中国，Royal Saloon G、Royal Saloon 和 Royal E 级车型的外侧脚踏板照明灯作为标准配置。它们可作为 Royal 级选装配置。后脚踏板照明灯是中国车型上的标准配置。

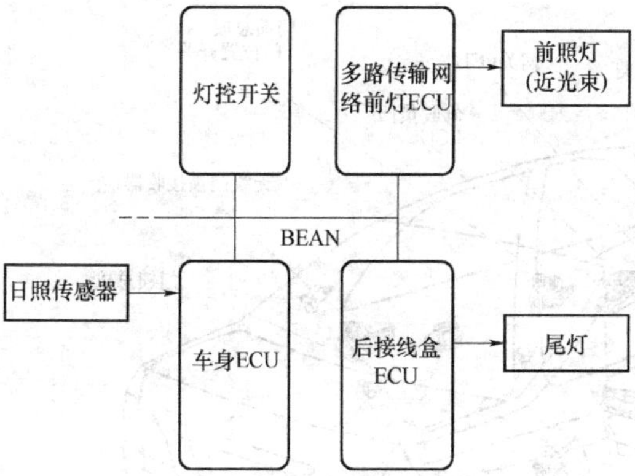

图 7–8　自动灯控系统

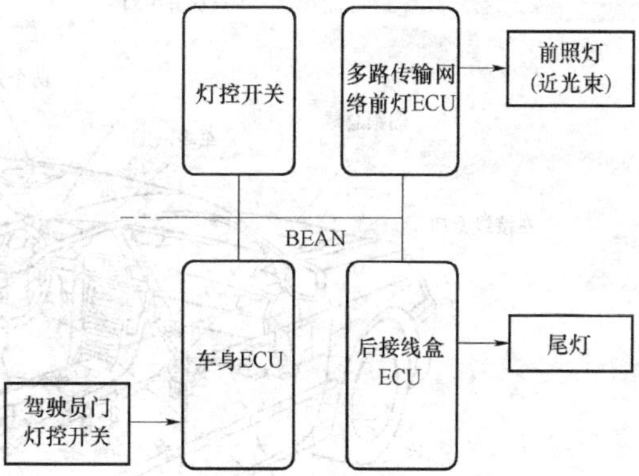

图 7–9　灯自动关闭系统

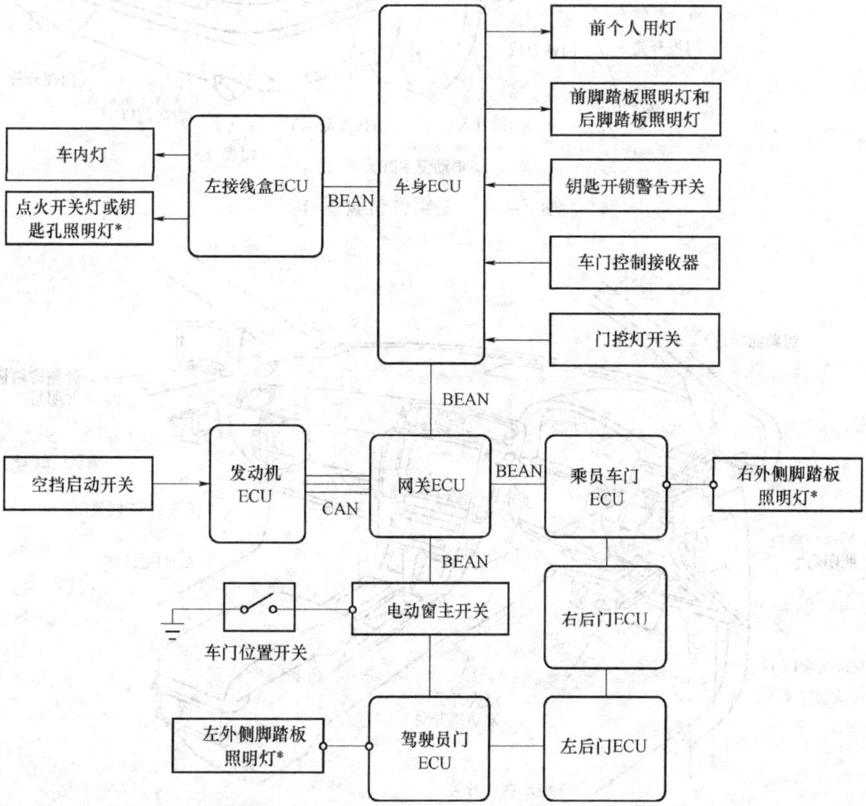

*：带智能进入和启动系统的车型

图 7–10　照明进入系统

如图 7-11 所示为主组件位置图 1，如图 7-12 所示为主组件位置图 2。

完成任务

找出下列元件位置，并写出作用。

空挡启动开关：＿＿＿＿＿＿＿＿；空挡启动开关作用：＿＿＿＿＿＿＿＿＿＿＿＿。

车门位置开关：＿＿＿＿＿＿＿＿；车门位置开关作用：＿＿＿＿＿＿＿＿＿＿＿＿。

门控灯开关：＿＿＿＿＿＿＿＿＿；门控灯开关作用：＿＿＿＿＿＿＿＿＿＿＿＿＿。

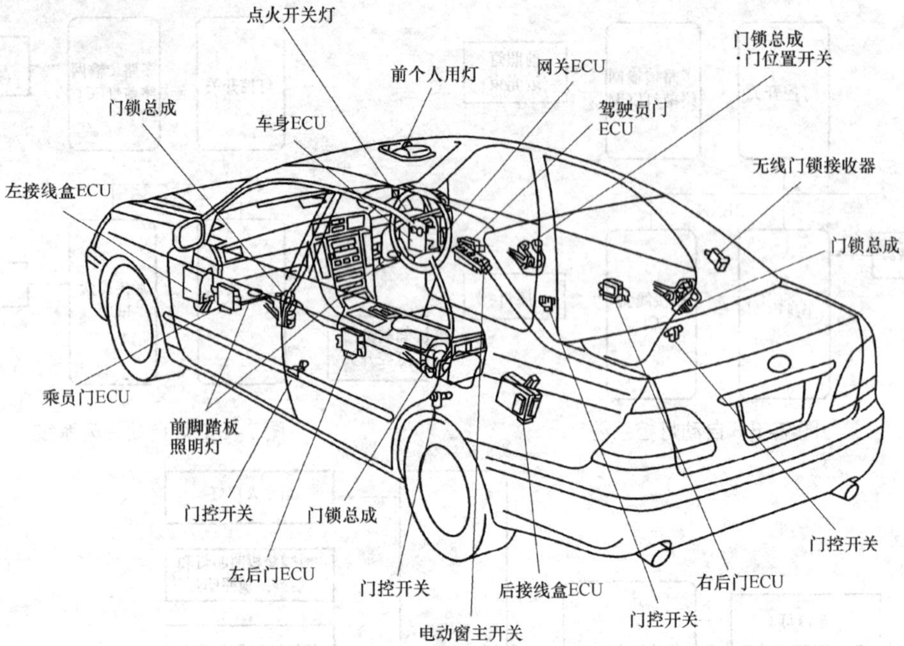

图 7-11　主组件位置图 1

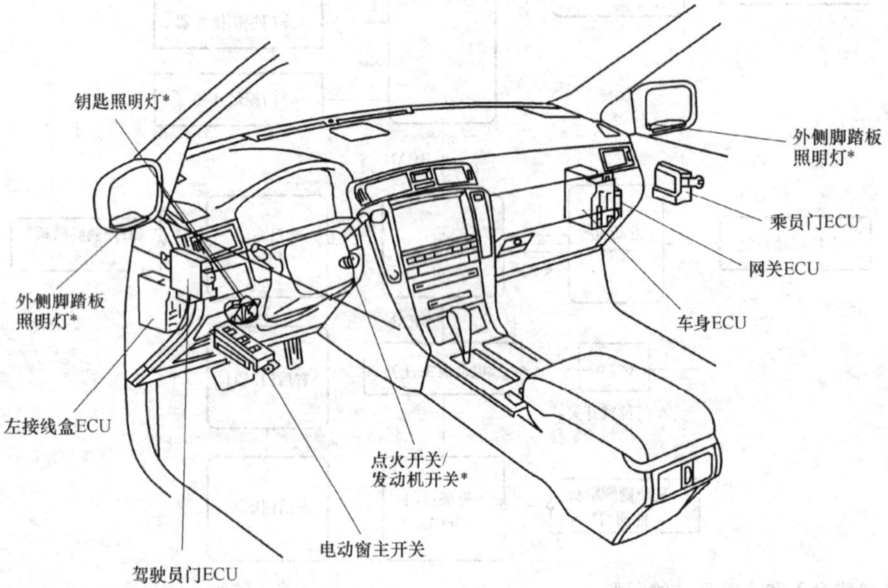

*：带智能进入和启动系统的车型。

图 7-12　主组件位置图 2

车内灯控制顺序如图 7-13 所示。

条件（1）：点火开关为 ACC 或 OFF，并且所有车门关闭或锁止，然后其中一个门被开锁；所有车门关闭或锁止，并且点火开关为 ACC 或 ON，然后点火开关调到 ACC 或 OFF；点火开关为 ACC 或 OFF，所有车门锁止，探测到智能钥匙在车辆外部*（*：带智能进入与启动系统的车型）。

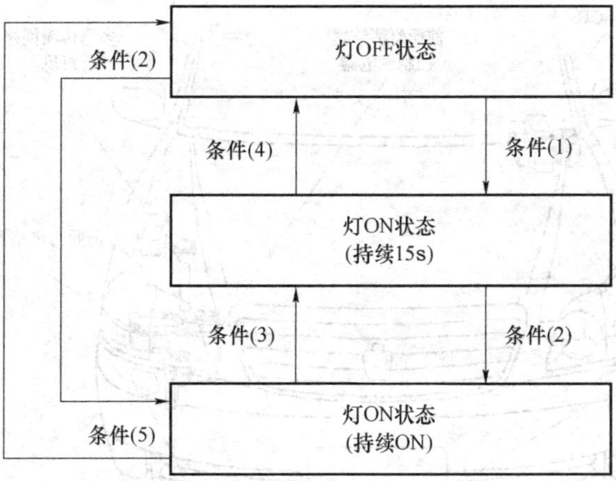

图 7–13　车内灯控制顺序

条件（2）：所有车门打开。

条件（3）：点火开关为 ACC 或 OFF，并且一车门打开；然后关上此车门。

条件（4）：点火开关为 ACC 或 ON。灯 ON 状态超过 15s（15s 持续时间）。

条件（5）：点火开关为 ACC 或 ON 状态，所有车门关闭；点火开关和所有车门关闭状态，所有车门锁止。

6．前照灯清洁器系统

在所有车型上，前照灯清洁器系统都是标准配置。如图 7-14 所示，前照灯打开时，打开前照灯清洁器开关，此系统向前照灯的玻璃面喷洒洗涤液，以洗掉其上的灰尘。

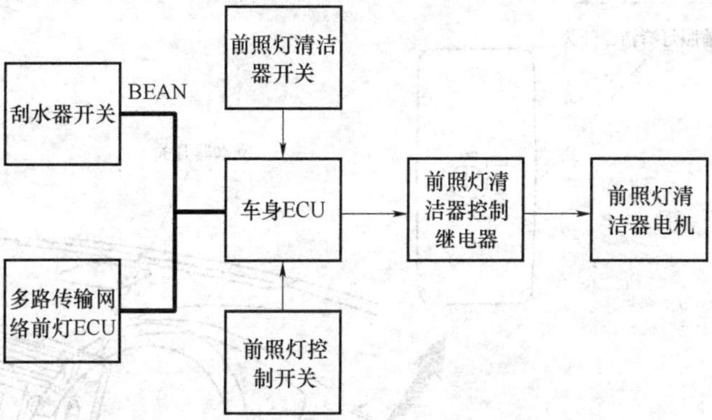

图 7–14　前照灯清洁器系统控制

完成任务

前照灯清洗元件位置如图 7-15 所示。清洗前照灯灯罩要先开启____________，再开启____________。注：刮水器电路在《汽车辅助电气构造与检修》中讲解。

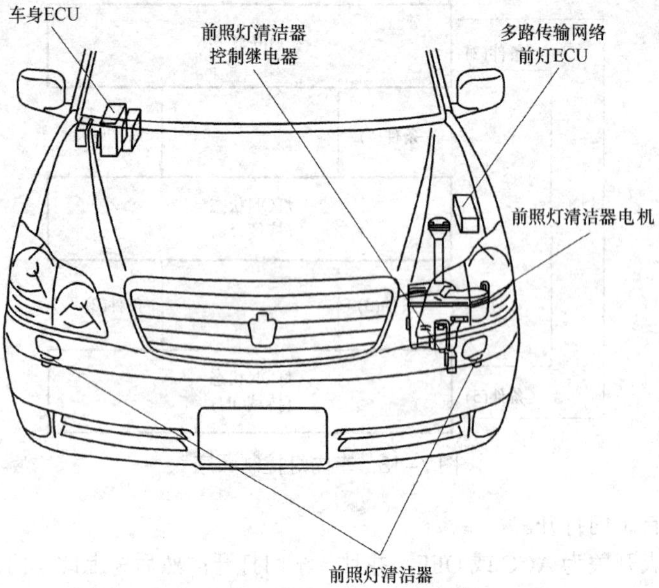

图 7-15　前照灯清洗元件位置

完成任务

在图 7-16 中，前照灯清洗电机和雨刮电机是否是一个电机：__________，清洗电机的继电器在什么地方：__________，前照灯清洗（清洁）器的伸出动作是由电机带动的，还是用清洗液的压力带动的：__________。

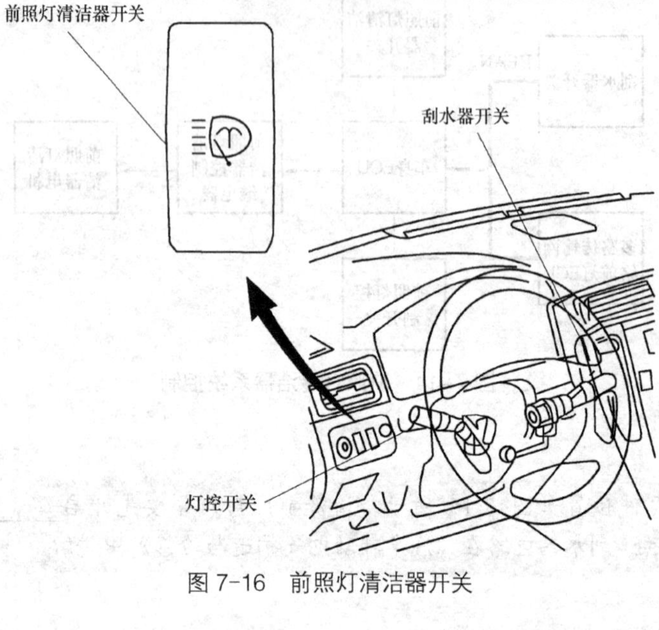

图 7-16　前照灯清洁器开关

7. 后组合灯

如图 7-17 所示，尾灯、制动灯和高位制动灯都换成了 LED。与传统的灯泡相比，这些灯可节省相当多的电量。另外，LED 比灯泡寿命长，从而降低了维护费用。灯泡改为 LED 后，组合灯伸入行李箱的深度减小，增加了行李箱的可用空间。新设计尾部制动灯的 LED 灯光经反射镜反射后会发出水平方向的光。

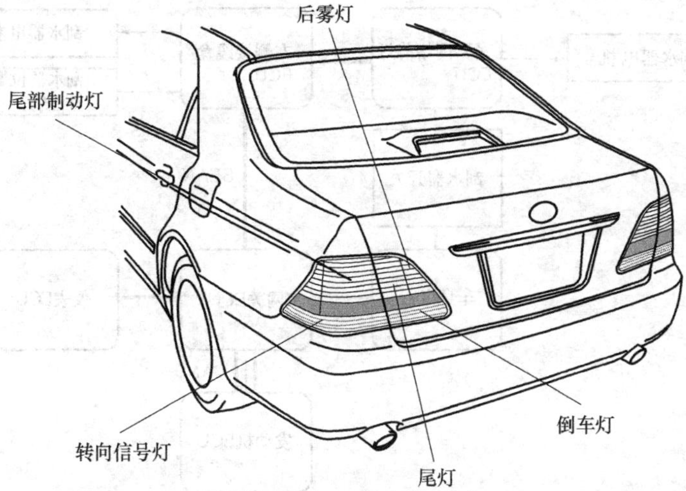

图 7-17　后组合灯

8．丰田皇冠刮水器洗涤控制

1）电控刮水器系统功能

电控刮水器系统也称智能雨刮系统，这种系统拥有处理信号的 ECU。ECU 一般有如下功能。

（1）可调整间隔（INT）功能

当刮水器开关在间隔位置时，本功能控制刮水器的刮水频率与车速同步上升。

（2）车速切换功能

当刮水器开关在 LO 位置时，本功能在车辆停止或启动时，自动切换刮水器的操作模式。

（3）防滴水功能

为防止洗涤器操作后的液体流失，本功能在操作洗涤器之后操作刮水器 1 次。

（4）落水点变化功能

车辆静止、发动机罩盖打开时，落水点的位置会发生改变，为防止损坏风挡玻璃，雨刮自动停止工作。

（5）防胶片变形功能

为了防止雨刮片停留在一处造成的胶片变形，复位时刮片停留在不同位置。

（6）刮水压力控制功能

根据车速改变刮片对风窗玻璃的压力能有效阻止高速行车气流引起的刮片上升和振动，这种情况下一般用压力传感器确定空气流速和雨量大小，由 ECU 确定刮片对风窗玻璃的压力，并由 ECU 控制合适的信号给伺服电机，由位置传感器反馈执行杆位置（这种配置为超高端配置）。

2）丰田 CROWN 电控刮水器系统功能

如图 7-18 所示为刮水器系统网络结构，如图 7-19 所示为主组件位置图。

完成任务

在图 7-18 中，椭圆方框和矩形方框分别代表____________、____________。

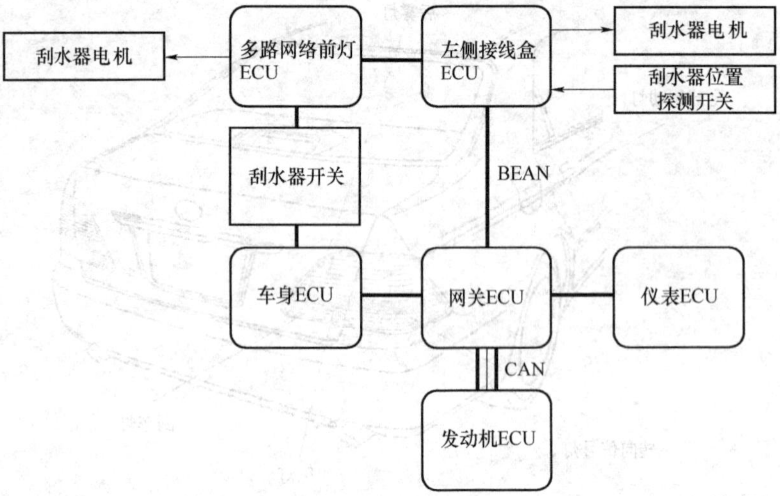

图 7-18　刮水器系统网络结构

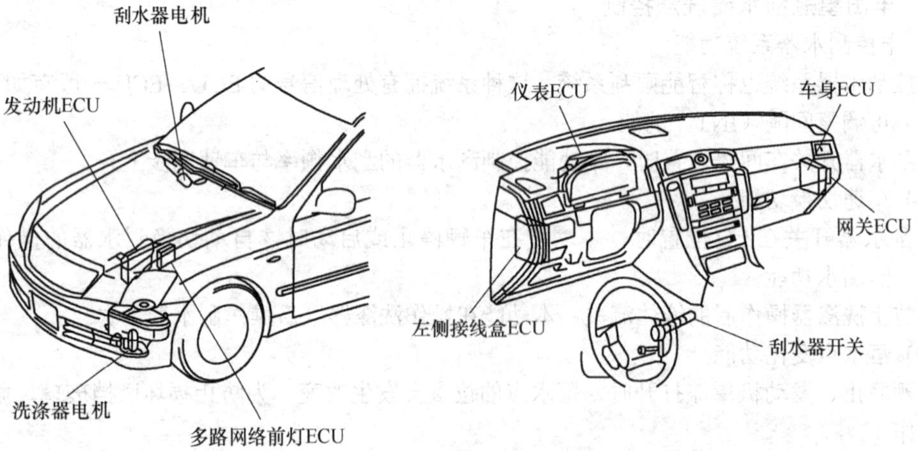

图 7-19　主组件位置图

完成任务

在图 7-19 中，描述发动机 ECU 的位置：________；洗涤器电机的位置：________；多路网络前灯 ECU 的位置：________；车身 ECU 的位置：________；网关 ECU 的位置：________。

丰田汽车的多路网络前灯 ECU 相当于大众汽车的中央电器控制单元 J519，还是舒适控制单元 J393：______；车身 ECU 相当于大众汽车的中央电器控制单元 J519，还是舒适控制单元 J393：______。

（1）刮水间隔（INT）功能

如图 7-20 所示，当刮水器开关在间隔位置时，控制刮水器的刮水频率与车辆的速度同步上升。间隔时间调整范围包括：车速为 0 时的时间隔时间较长，中等车速如 0～22km/h 的间隔时间较短，高于 22km/h 的间隔时间最短。驾驶员可以通过操作调节杆上的时间间隔调整器来确定间隔时间在低速位和高速位之间的哪个点。

（2）车速转换功能

① 简述。

当刮水器开关在LO位，并且车辆停止时，车速转换功能自动切换到间歇操作。决定控制车辆停止和驾驶条件的描述如下。

车辆行驶判定：检测到汽车有车速，制动灯和驻车制动开关为闭合导通，换挡杆不在P挡或N挡同时成立。

车辆停止判定：检测到汽车有车速，制动灯和驻车制动开关为闭合导通，换挡杆不在P挡或N挡有一个成立。

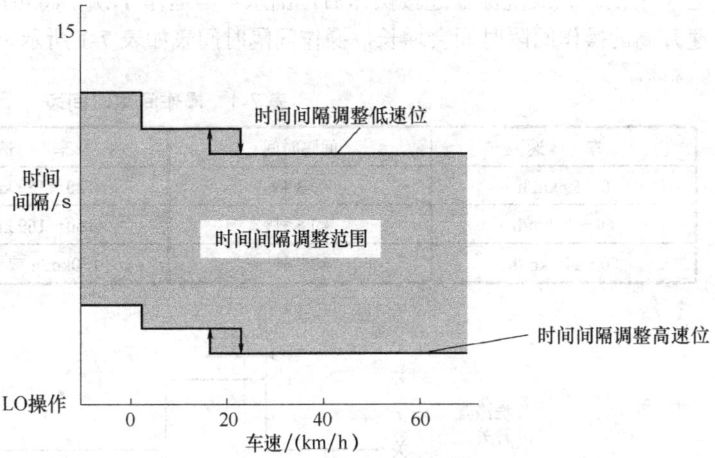

图7-20 间歇功能控制模式

② 工作原理。

当车辆停止时，如果驾驶员将刮水器开关从LO外的位转换到LO位，则刮水器在LO位运作3次，然后它们将自动切换到间歇操作，此间歇停止持续约2.5s，如图7-21所示。当刮水器开关在LO位时，将行驶中的车辆停止，刮水器在LO位运作2次，然后它们将自动切换到间歇操作，此间歇停止持续约2.5s。如果在刮水器间歇操作时将车辆启动，它们将自动复位到LO操作。

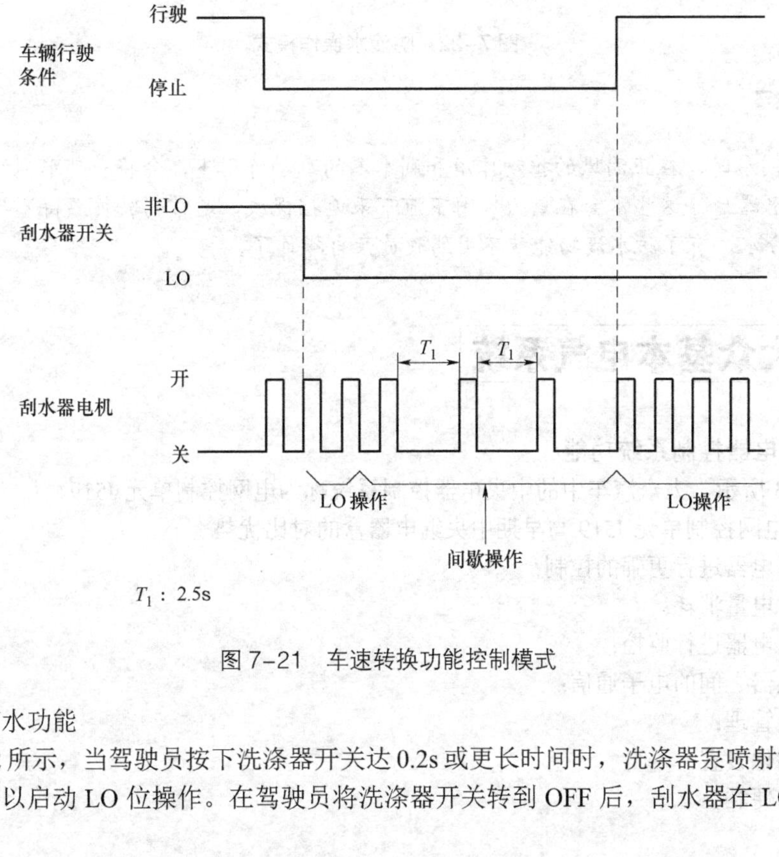

图7-21 车速转换功能控制模式

（3）防滴水功能

如图7-22所示，当驾驶员按下洗涤器开关达0.2s或更长时间时，洗涤器泵喷射洗涤液，这时刮水器刮水，以启动LO位操作。在驾驶员将洗涤器开关转到OFF后，刮水器在LO位（低速）

运作 3 次。完成洗涤器连接操作后，刮水器再运作 1 次，将可能流掉的洗涤液清除。本操作随车速升高的操作间隔时间会增长，操作间隔时间表如表 7-1 所示。

表 7-1　操作间隔时间表

车　速	间隔时间	车　速	间隔时间
0～59 km/h	约 3 秒	120～159 km/h	约 5 秒
60～79 km/h	约 5 秒	160～169 km/h	约 3 秒
80～119 km/h	约 7 秒	170km/h 或更高	不操作

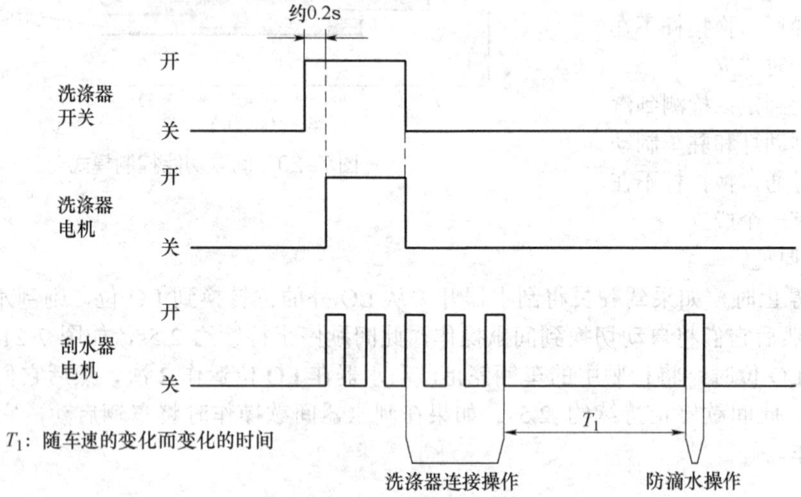

图 7–22　防滴水操作模式

技师指导

刮水器刮水时，在正面风的推动作用和刮水器的刮动作用下，会将一部水刮到雨刮片的上侧，关闭刮水器后，这些水会在重力作用下流下来遮挡视线，通常驾驶员不得不再次启动刮水器刮掉这部分水，有了防水滴功能就不用驾驶员亲自操作了。

7.2 大众基本电气系统

1. 中央电器控制系统功能

如图 7-23 所示，大众汽车中的中央电器控制系统称为电网控制单元 J519。

1）采用电网控制单元 J519 与早期中央继电器盒的对比优势

（1）对用电器进行更强的控制；

（2）节省电量消耗；

（3）对用电器进行监控；

（4）用电器之间的电子通信；

（5）电能管理；

（6）程序化设置；

（7）维修便利；

（8）带有自诊断功能。

图 7-23 电网控制单元 J519

2）电网控制单元 J519 的管理功能

（1）用电负荷管理；

（2）外部灯光的控制及灯光缺陷的检测；

（3）内部灯光控制；

（4）后风窗加热控制；

（5）舒适灯光控制；

（6）转向信号控制；

（7）供电端子控制；

（8）燃油泵预工作控制；

（9）照明灯控制；

（10）发电机励磁；

（11）雨刮电机（在《汽车辅助电气构造与检修》中讲解）。

在电气学习中，这 11 项控制很重要，要求不仅能说出来，还能说出每一项的具体控制。

该控制单元也可防止车内电网蓄电池电量过低及承受循环性电负荷，同时可降低车内电网的电压波动，具体方法是根据蓄电池电压来评估蓄电池状态，决定是否提高怠速转速，提高发电量或关闭某些电器。

技师指导

电压不稳或过高对灯泡寿命会有较大影响，为此 J519 内置稳压电路对电压进行稳定，若发电机不发电或蓄电池电量严重不足，稳压值将下降。

2. 电源控制和电源分配

车内电网控制单元实施电源控制和电源分配，可作为：

（1）避免电压明显降低的措施；

（2）车内电网处于紧急状态时的措施；

（3）超短途行驶时的措施；

（4）发动机启动时的措施；

（5）双蓄电池系统下应急启动时的措施；

（6）发生碰撞事故时的措施。

3．避免电压明显降低的措施

1）正常情况

发电机的电压调节器将发电机电压稳定在13.8V左右，这时管理功能不起作用。

2）紧急情况

当电源电压低于12.7V，但高于12.2V时，称为紧急情况。如果电压低于12.7V的时间超过10s，可通过发动机增大电子节气门开度来提高发动机怠速转速，满足充电时间要求（30s）（DF<70%）；如果电压高于12.7V，并维持在目标电压13.8V，将通过发动机减小电子节气门开度恢复发动机怠速转速。

DF端子为发电机的频率探测端子，其值的百分数越大，说明发电机发电量越高，也说明发电机负荷大。

3）非常紧急情况

电源电压低于12.2V称为非常紧急情况。如果电压低于12.2V的时间超过30s，则按优先顺序表关闭电器，满足等待时间要求（120s）（或DF<70%），如果电压高于12.2V将按优先顺序表打开电器。

完成任务

大众汽车根据发电机发电电压来控制发动机电子节气门开度的控制时，分为三种情况，其中发电机电压稳定在13.8V称为____________情况；发电机电压在12.2～12.7V称为__________情况；发电机电压低于12.2V称为____________情况。DF<70%说明是发电机负荷下降了，还是提高了：____________。

4．用电负载（电能）管理

用电负载管理的目的是确保蓄电池有足够的电能使发动机顺利启动和正常运转。控制单元根据发动机转速、电瓶电压、发电机的DF信号（01-08-53）等数据进行评估，在保证安全行驶的前提下，可适当关闭舒适功能的用电设备（见图7-24）。

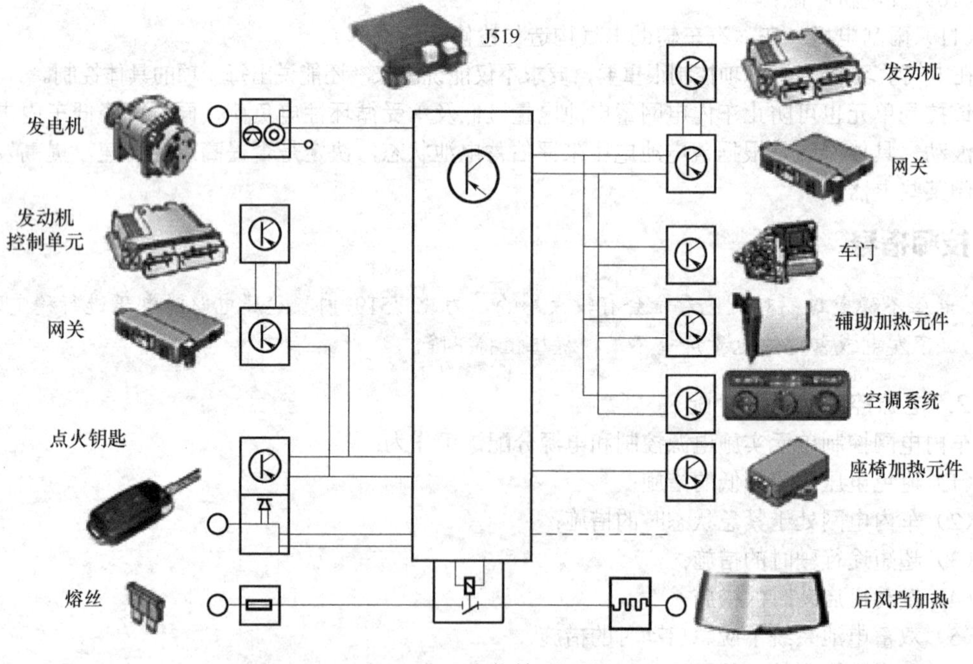

图7-24　电能管理系统

完成任务

根据图 7-24，大众汽车对车门控制单元做何控制：______；对辅助加热元件做何控制：______；对空调控制单元做何控制：______；对座椅加热元件做何控制：______；后风挡加热是指开关输入至 J519 后，由______来给后风挡加热。

电能管理的任务是确保蓄电池始终有足够且最少的能量来启动发动机。管理模式如表 7-2 所示。

表 7-2 管理模式

<table>
<tr><th>管理模式 1</th><th>管理模式 2</th><th>管理模式 3</th></tr>
<tr><td>15 号线接通并且发电机处于工作状态</td><td>15 号线接通并且发电机处于停机状态</td><td>15 号线断开并且发电机处于停机状态</td></tr>
<tr><td rowspan="2">如果蓄电池电压低于 12.7V，则控制单元要求发动机的怠速提升。如果蓄电池的电压低于 12.2V，以下用电器将被关闭：座椅加热、后风窗加热、后视镜加热、转向盘加热、脚坑照明、门内把手照明、全自动空调(耗能降低或关闭)、信息娱乐系统（关闭并有关闭警示）</td><td>如果蓄电池的电压低于 12.2V，以下用电器将被关闭：空调（耗能降低或关闭）、脚坑照明、门内把手照明、上/下车灯离家功能、信息娱乐系统（关闭并有关闭警示）</td><td>如果蓄电池的电压低于 11.8V，以下用电器将被关闭：车内灯、脚坑照明、门内把手照明、上/下车灯、离家功能、信息娱乐系统（如收音机）</td></tr>
<tr><td colspan="2">（1）这三种管理模式的不同之处在于用电器被关闭的次序不同。
（2）在第三种模式中，一些用电器将会被立即关闭。
（3）如果关闭的条件取消，用电器将会被重新激活。
（4）如果用电器因为电能管理的原因被关闭，则 J519 中有故障存储</td></tr>
</table>

怠速转速提升和关闭的用电器负荷如表 7-3 所示。

表 7-3 怠速转速提升和关闭的用电器负荷

	供电电流	电流需求
怠速转速提高到第一级	**+10～50A**	
关闭后窗玻璃加热装置		−17A
关闭前座椅加热装置		−24A
关闭后座椅加热装置		−24A
关闭风挡玻璃加热装置		−29A
关闭外后视镜加热装置		−8A
关闭转向盘加热装置		−3A
怠速转速提高到第二级	**+10～30A**	
降低空调功率		−15A
关闭空调压缩机		−10～20A

空调 08-08-009（3 区和 4 区）即空调地址 08—功能码 08—数据流 08 的 3 区和 4 区可以检测出空调是否正在进行电能管理。

5. 中央电器控制系统灯光控制

中央电器控制系统灯光控制（一）如图 7-25 所示。

完成任务

根据图 7-25，灯开关可产生四种灯光控制输入，分别是：______、______、______、______；远、近光灯开关在 E1 上还是在组合开关左侧：____________；其远、近开关信号是直接输入至 J519，还是要经过 J527（转向柱 ECU）：____________。

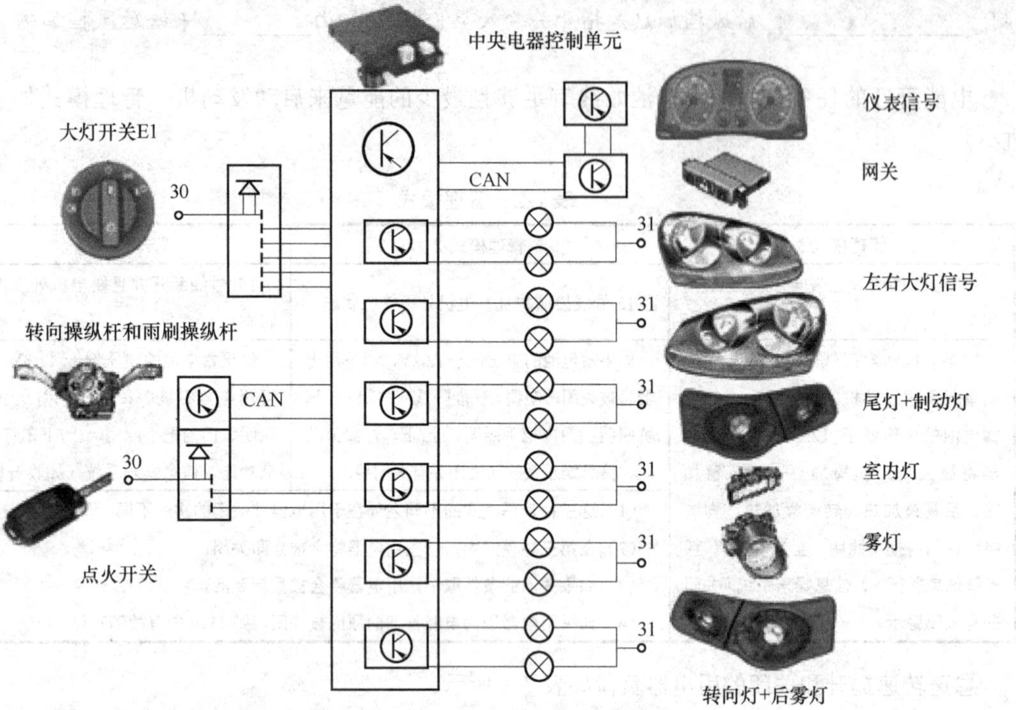

图 7-25　中央电器控制系统灯光控制（一）

中央电器控制系统灯光控制（二）如图 7-26 所示。图 7-26 中并没有两个室内灯开关输入信号，室内灯开关信号是从________输入来控制的。大灯指示信号通过________传至仪表。

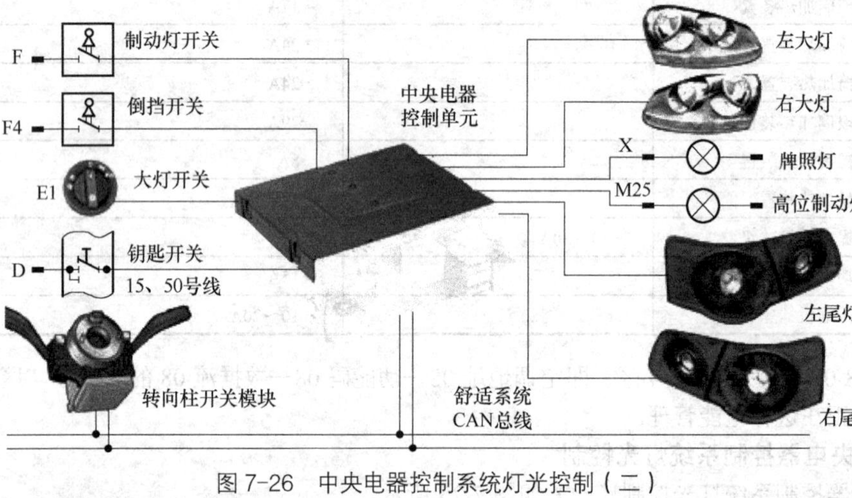

图 7-26　中央电器控制系统灯光控制（二）

完成任务

根据图 7-26，制动灯开关输入时受不受点火开关控制：______；制动灯一共有几个：______。

倒车灯开关输入时受不受点火开关控制：______。

灯开关在 E1 控制大灯的远光，还是近光：______。

牌照灯是受小灯开关控制的，小灯开关是灯开关 E1 转至几挡：______。

1）灯光控制

大灯开关如图 7-27 所示，在高档配置的汽车上装备了氙灯；在中档配置的汽车上远光与近光装备了 H7 卤素车灯；转向灯放到了前大灯下沿（如图 7-28 所示为前大灯总成）和外视镜下沿，使得转向信号更加醒目。

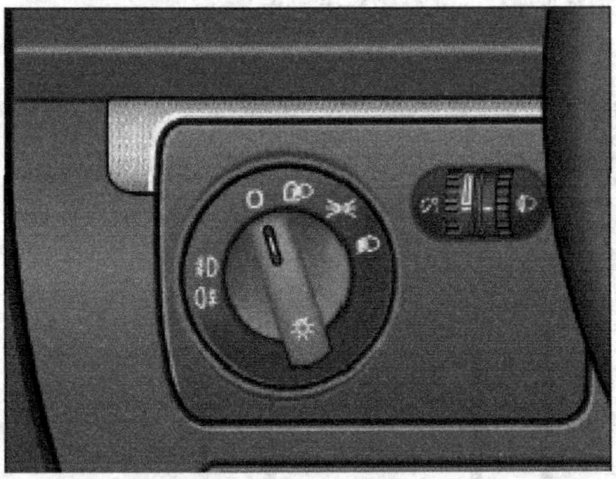

图 7-27 大灯开关

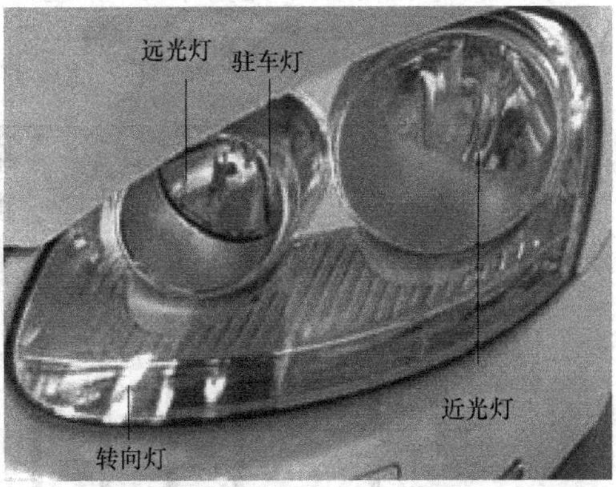

图 7-28 前大灯总成

由于大灯总成占用了较大的前部空间，会导致换灯泡困难，所以设计要考虑换灯泡的方便，大众汽车将这种设计称为“一触系统”，即只需将大灯后部的罩盖拧下，即可对灯泡进行更换。这使得灯泡的更换作业变得更容易了。

尾灯（尾灯和制动灯共用）采用由不同元件组成的分体式尾灯，双圆形设计。后翼子板上有驻车灯、转向灯和制动灯；行李箱上部有左侧后雾灯、右侧倒车灯；另外，高位制动灯在后风挡上部，发光二极管转向灯与外后视镜集为一体。所有灯光设置均为提高行人的可见度。对于不同的国家和地区，控制单元编码有所不同，从而可实现不同的功能，如雾灯、日间行车灯等。

完成任务

根据图 7-28，速腾大灯远光在外侧还是内侧：______。

大灯近光在内侧还是外侧：______。

驻车灯是否是小灯（前示宽灯）：______。

转向灯在内下侧，一般汽车是布置在内侧还是外侧：______。

解释什么是“一触系统”：______。

完成任务

根据图 7-29、图 7-30，灯光开关 E1 的 15 端子由______供电。

NSL 是______灯；NL 是______灯；56 端子是______信号；58 端子是______信号；TFL 端子是______信号。

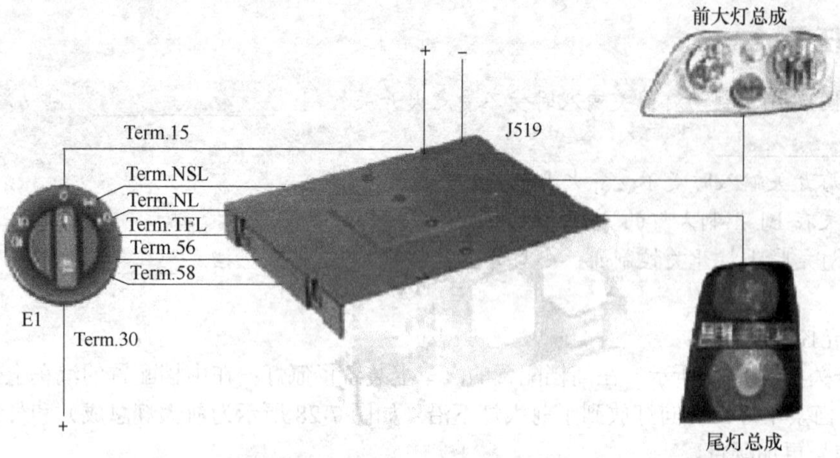

E1—灯光开关；NSL—后雾灯；NL—前雾灯；J519—电源管理控制单元；Term.57—近光灯信号；
Term.58—驻车灯信号；Term.TFL—日间行车灯；Term.AUTO—自动挡

图 7-29 灯光控制原理图

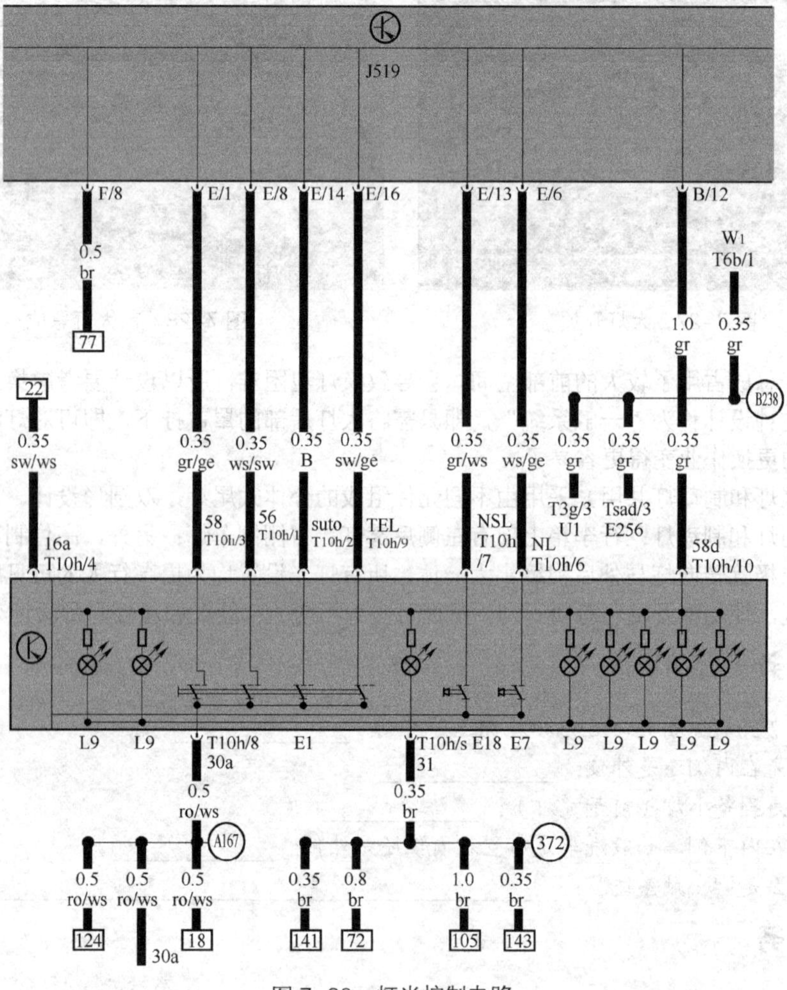

图 7-30 灯光控制电路

完成任务

大灯开关在转动方向是几挡开关：________；是接负触发，还是接正触发：________；请写出大灯开关 E1 转动时，J519 的 E/1、E/8、E/14、E/16 四个引脚的二进制组合。

J519 端子	E/1	E/8	E/14	E/16
OFF				
小灯				
近光				

E18 的灯开关：________________；E7 的灯开关：________________。

2）灯光应急控制

在点火开关打开状态下，如果 J519 检测到一个错误的灯开关组合信号，则灯光控制进入应急状态，此时驻车灯、近光灯、尾灯和牌照灯自动点亮。灯光应急显示如图 7-31 所示。

图 7-31　灯光应急显示

完成任务

有一天，你发现大众汽车的驻车灯、近光灯、尾灯和牌照灯自动点亮，说明出现了什么故障？________________________。排除线路故障外，最可能是谁出了故障：____。

光强传感器（豪华型标准装备，位于车内观后镜上部，如图 7-32 所示）功能：

图 7-32　观后镜上的光强传感器

（1）当白天驾车驶过桥下时，前大灯不亮；

（2）当进入隧道时，前大灯开启；当驶出隧道时（白天），前大灯在 5s 后又重新关闭；

（3）黄昏时，灯在约 1200lx（勒克斯）时打开；黎明时，灯在约 3700lx 时关闭；

（4）下雨，同时雨刮器处于连续挡时，大灯打开；

（5）当车速高时（车速 >140km/h，持续 10s 以上），近光灯打开；而当车速<65km/h 持续 150s 以上时，近光灯又被关闭。

完成任务

光强传感器控制的是大灯的远光还是近光：________；大众汽车大灯在外界灯光为________勒克斯时打开；为________勒克斯时关闭；想一想为什么在车速低时近光关闭：________________________________。

完成任务

根据图 7-33，光强传感器在前风挡落雨时反射回的光能变多还是变少了：________；另外，外界光线强时反射回的光能变多还是变少了：__________。

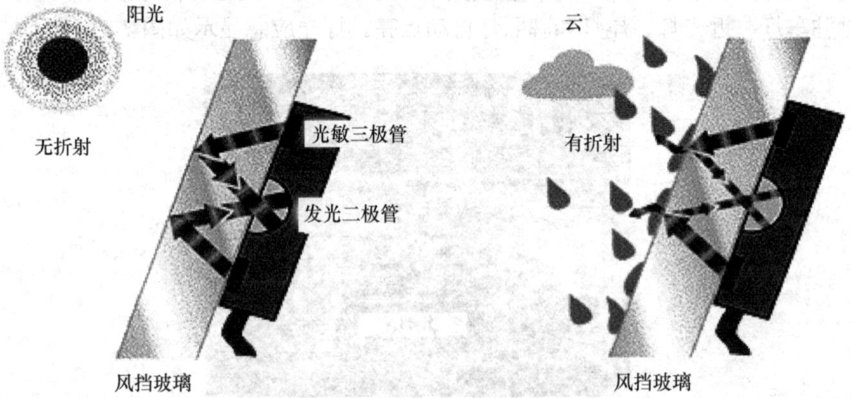

图 7–33　光强传感器的工作原理

回家功能：驾驶员离开汽车后，汽车照明在设置的时间内保持照明。

离家功能：在用遥控器打开汽车时，如果光传感器感觉到黑暗，则辅助灯打开，直到点火开关打开才熄灭。

激活条件：必须装备光强传感器。

① 回家功能激活条件：AUTO 挡或近光灯挡，拔掉钥匙，开、关车门（四个车门均可，从此时开始计时）近光灯和驻车灯将亮起，在达到预先设定的时间后两灯一起熄灭；

② 离家功能激活条件：开锁后，近光和驻车灯亮按设定的时间打开。

完成任务

在用遥控器打开汽车时，如果光传感器感觉到黑暗，则辅助灯打开，这项功能执行时，反射回的光能变多还是变少了：________；也就是说，正常白天时，光敏三极管在接收两个发光二极管和外界入射的光线总和时关闭。

3）舒适灯光控制

在装备 highline 高端仪表（见图 7-34）和多功能转向盘的车辆上，通过设置仪表功能可以实现灯光的设定。也可以通过对 J519 编码实现设定功能。通过 J519－10 自诊断设定功能如下。

（1）09-10-01：回家功能时间设定为 10～120s。

（2）09-10-02：离家功能时间设定为 10～120s。

（3）09-10-03：后风窗加热自动切断时间设定为 1～254s。

（4）09-10-04：大灯清洗时间设定为 50～10 000ms。

图 7-34　highline 高端仪表

完成任务

J519 的地址码是________；自适应功能码是________。

4）后尾灯光强控制

LED 技术组合尾灯，若采用双芯片 LED 模块，装饰圈为黄色和红色；若采用单芯片 LED 模块，装饰圈为红色；为了保持照明的距离，雾灯和倒车灯仍使用灯泡，但更换便捷。

如图 7-35 所示，由于后尾灯和制动灯的发光二极管是共用的，所以在驻车时，制动开关 F 不闭合，J519 给尾灯/驻车灯一个较低的占空比信号，发光二极管处于半亮状态来完成尾灯/驻车灯的功能。

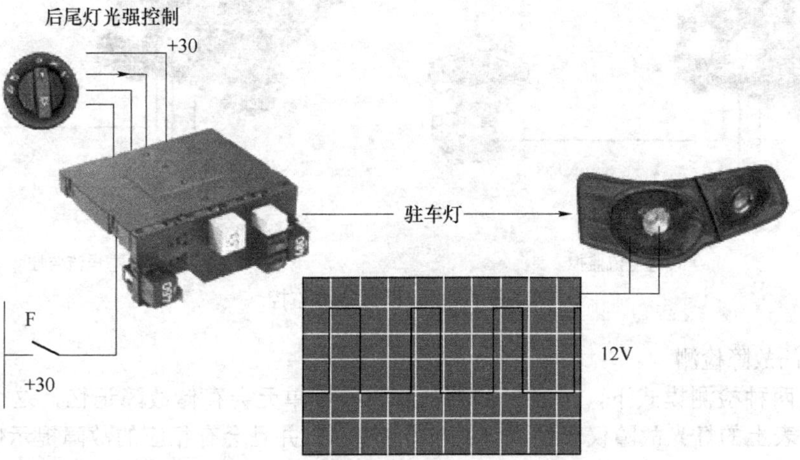

图 7-35　驻车灯控制（制动时连续）

如图 7-36 所示，当驾驶员未实施制动时，开关 F 断开，J519 向 LED 控制模块发送 0V 电压脉冲，控制制动灯不亮。制动灯开关 F 断开，但行车灯给出高电位时，J519 发送约 20%占空比控制脉冲，幅值为 12V，控制 LED 灯的暗、亮。当驾驶员施加正常制动时，制动灯开关 F 闭合，J519 发送 100%的 12V PWM 调制波，LED 控制模块控制制动灯高亮。

5）车灯故障监控

（1）冷监控

当 15 线接通后，但灯开关 E1 处于未打开状态，J519 向灯每 500ms 间隔发送 5 个检测脉冲。冷态电流监控如图 7-37（a）所示。

（2）热监控

灯光开关打开后，J519对使用中的灯泡进行检测，看是否有过载、短路或断路现象发生。热态电流监控如图7-37（b）所示。

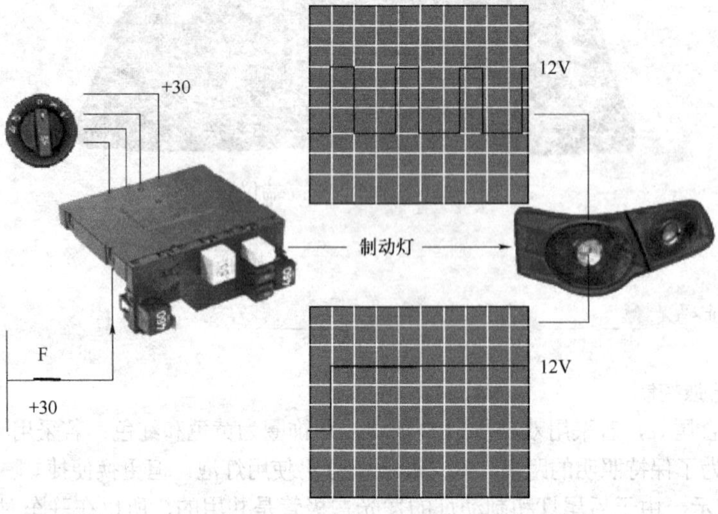

图7-36　制动灯控制

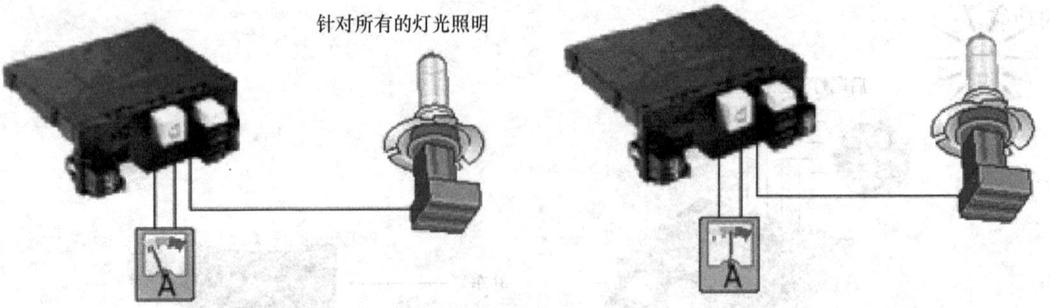

（a）冷态电流监控　　（b）热态电流监控

图7-37　车灯故障监控

（3）灯的故障检测

在以上两种检测模式下，一旦检测到故障，控制单元会存储故障记忆，这个故障记忆会触发组合仪表上的灯光故障仪表警报灯（见图7-38），并且会有相应的故障提示信息。如果故障排除，仪表警报灯会在下一次打开点火开关时熄灭，不必清除故障码，仪表的灯光故障灯就会自动熄灭。

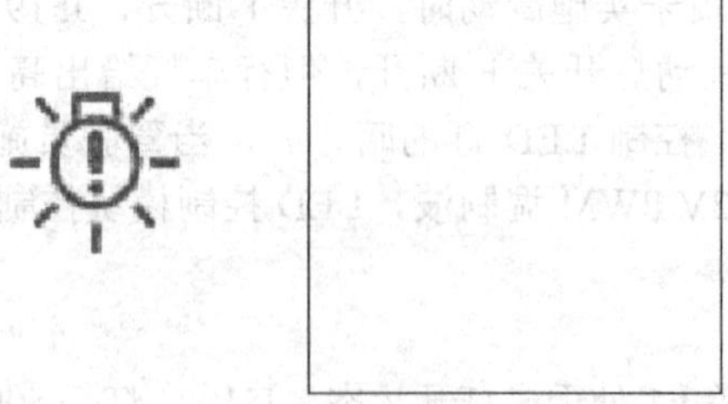

图7-38　灯光故障仪表报警灯

完成任务

请在图 7-38 的右侧再次画出指示灯的符号。

冷、热监控功能都监控哪些灯泡呢？提示：可通过示波器测量是否有 5 个脉冲出现，方法是先将示波器探头接到灯的电源线上，打开点火开关后看是否有 5 个方波波形通过（时基为 5V/DIV，幅值为 0.5s/DIV）。将波形的周期、幅值和占空比情况写在下面的横线上。

____

车顶后阅读灯、前阅读灯、遮阳板接触开关和化妆镜开关之间的连接采用印制电路线束，这样可以增加头部空间。注意：一旦出现损坏就必须更换整条线束。

6. 燃油泵预工作

完成任务

根据图 7-39 分析，发动机系统的“燃油泵继电器”电路控制和“燃油泵预工作继电器”电路的控制是并联还是串联：________；你能在车上找到这两个继电器的位置吗：________。

车门开关信号从哪个门的控制单元传过来：________；车门控制单元的大众控制单元代码是________。

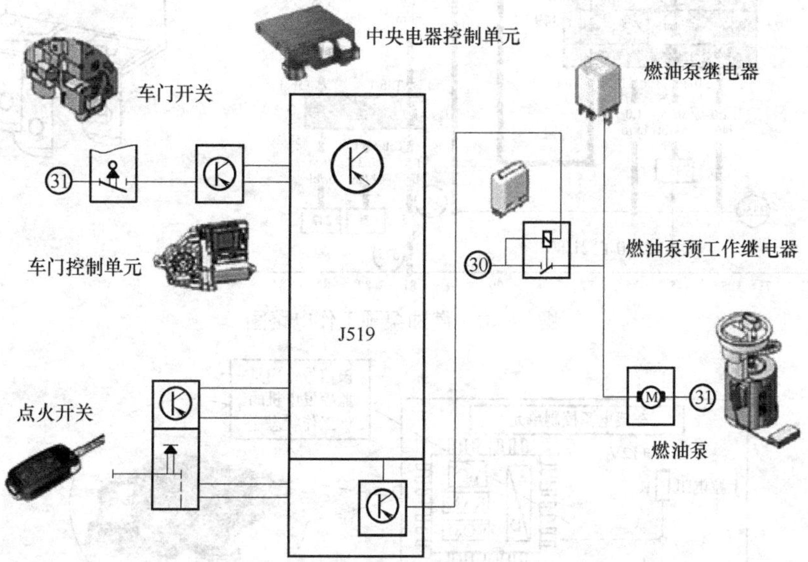

图 7-39 燃油泵预工作控制

如图 7-40 所示，车门开关把开门这个搭铁信号传给车门控制单元，车门控制单元通过 CAN 总线将信号传递给电网控制单元 J519，由 J519 来控制燃油泵预工作继电器 J49 工作。

7. 发电机励磁控制

电网控制单元 J519 激活发电机励磁，如图 7-41 所示，发电机励磁线 L 直接与 J519 相连，当打开点火开关后，J519 向发电机端子的 L 励磁绕组供电，经电压调节器内部的末级三极管形成磁场，由于发动机未转动，信号输出只有 1V。当发电机转动，正常发电后，该励磁线 L 的电压升高，J519 接收到 12V 高电位信号，并将该信号发送到 CAN 总线上，仪表 J285 通过 CAN 总线接收到该信号，仪表 J285 控制充电指示灯熄灭。当励磁线 L 断路，J519 监控点始终接收高电位 12V，J519 会发送发电机发电正常的信息，因此仪表 J285 中的充电指示灯不亮，但实际是存在发电故障的。

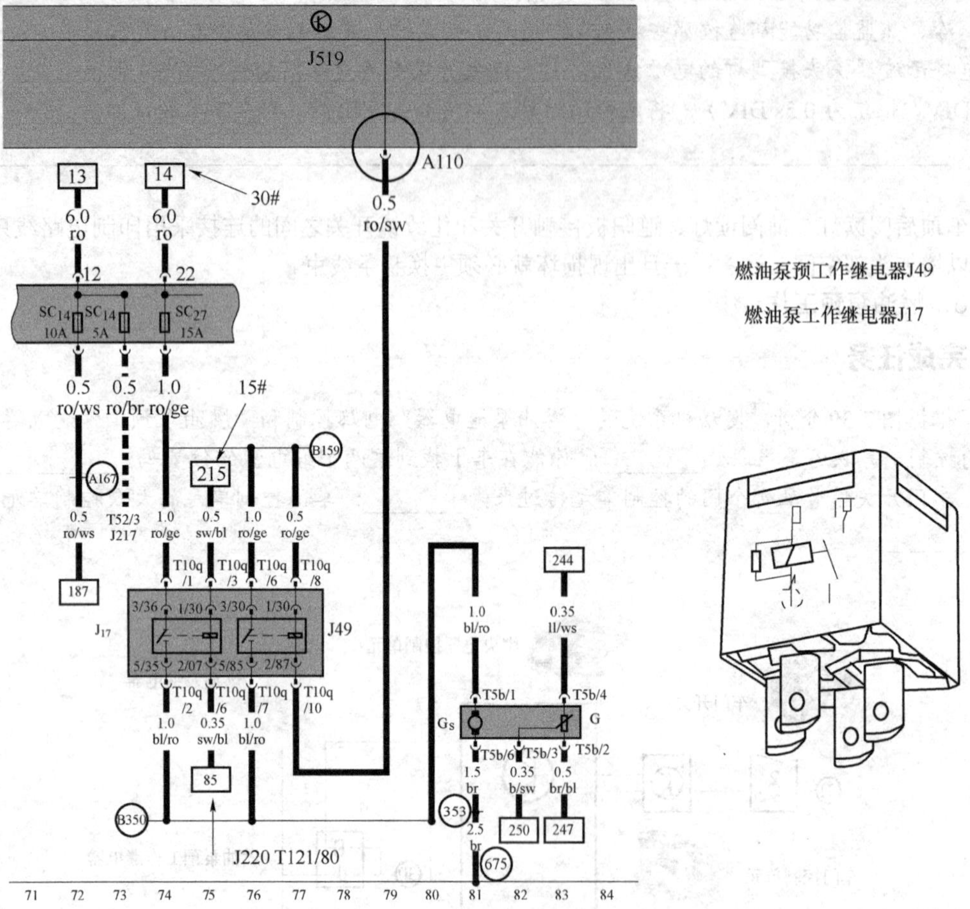

图 7–40　燃油泵预工作电路图

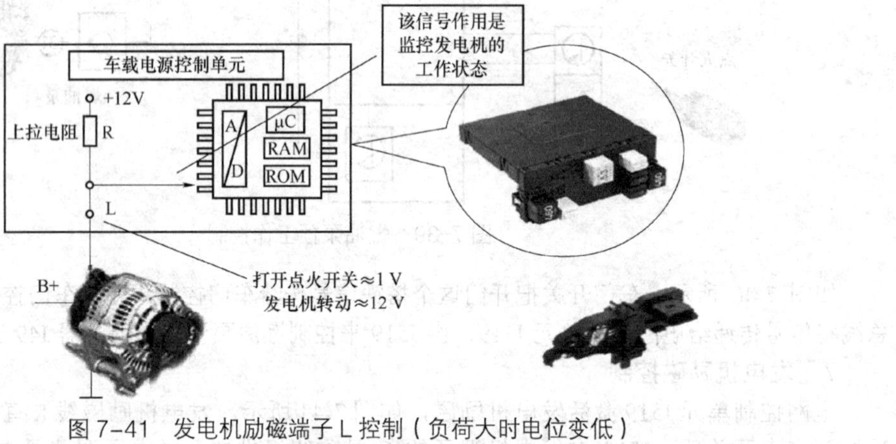

图 7–41　发电机励磁端子 L 控制（负荷大时电位变低）

完成任务

过去没有 J519 时，大众汽车采用哪根线给发电机进行首励磁：________；励磁线上的“蓄电池放电警告灯”为什么会在发电机发电时熄灭：________________。

根据图 7-41 分析，点火开关未打开时，L 点电压为 1V，说明发电机内部分压为________V；点火开关打开时，L 点电压为 12V，说明发电机内部分压为________V；12V 说明________；当发电机负荷大（蓄电池放电少，而用电器功率较大）时，L 端子电压是下降了，还是上升了：________。仪表 J285 上的“蓄电池放电警告灯”是通过 J519 根据 L 点电压进行触发的，信号传递通过什么通信：________；L 点电压为 12V 时，仪表 J285 的蓄电池放电警告灯是亮起还是熄灭：________。

8. 启动控制

当汽车使用中央电气控制系统后，启动机的启动控制通常由中央电气控制系统来实现，也有一部分大众汽车采用发动机控制单元 J623 来实现。如图 7-42 所示，点火开关将各端子信号传递给转向柱控制单元 J527，J527 通过 CAN 总线、实线 T20/17 和 T20/18 端子线将各端子信号传递给电网控制单元 J519，由 J519 控制 IG-ON 继电器 J329 和启动继电器 J682。J519 收到点火开关信号 IG-ON 时，控制 J329 工作。J519 收到 P 挡开关、制动开关 F(或离合器开关)和点火开关启动挡的信号后控制 J682 工作。这两个继电器都有输出反馈线连到 J519 上，这样提高了可靠性。

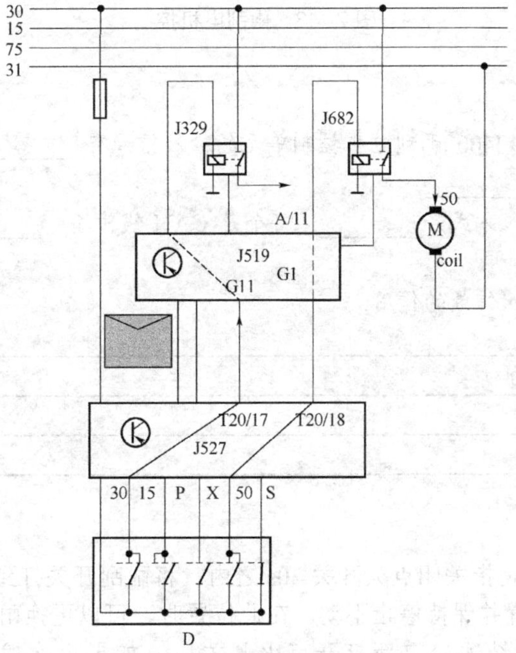

图 7-42 点火开关启动控制

完成任务

根据图 7-42 分析，点火开关的哪两个挡位信号是分别单独输入至 J519 的________和________；它们分别控制________和________两个继电器。

9. 大众速腾雨刮电机控制

雨刮电机控制如图 7-43 所示，直流电机总成上内置有控制单元 J400，并通过 LIN 总线执行指令。雨刮片停止位置隐藏在机舱盖内，摇臂左右摆动角度为 150°。随车速变化，雨刷间歇时间也产生变化。刮水器能通过雨滴和光强传感器进行调节，J400 控制单元内部有服务/冬季位置、交替停留位置功能（APS）、雨刷防阻控制、发动机舱盖开关（F266）控制、预清洗功能。

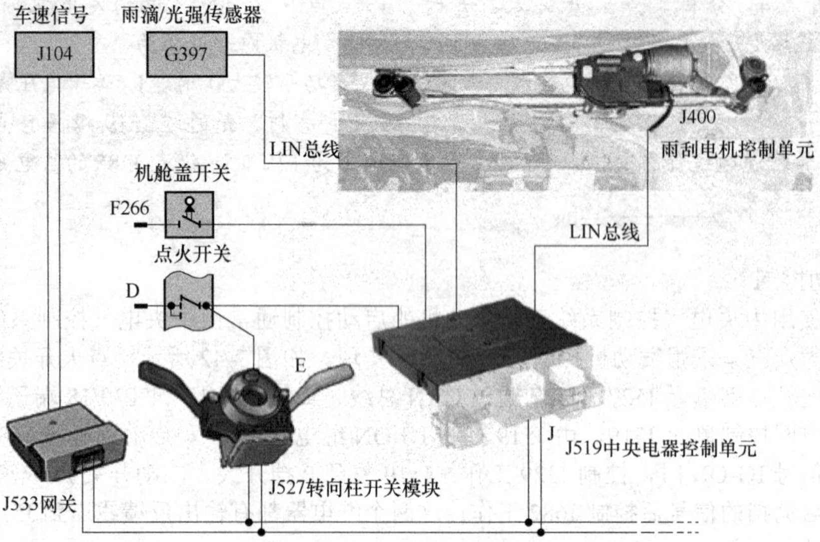

图 7-43　雨刮电机控制

完成任务

根据图 7-43 分析，J400 雨刮电机控制单元的输入信号有________个，分别是________、________、________、________。

哪个信号是直接输入方式：________；哪个是 CAN 线传输：________；哪个是 LIN 线传输：________。

请分别写出各个输入信号的作用：

（1）____；

（2）____；

（3）____；

（4）____。

1）服务/冬季位置

服务/冬季位置功能是指关闭点火开关 20s 之内，将雨刮开关打到点动挡位置（Tip），这时雨刮将运动到最顶端位置并保持停止不动。在此位置时，可以更换雨刮片。同时，在冬季还可以将雨刮臂抬起，防止结冰。重新打开点火开关后，如果再次拨动雨刮开关或车速大于 2km/h 时，雨刮将自动回位。当打开发动机舱盖后，雨刮的此项功能将被禁止工作。

2）APS 交替停留位置

APS 交替停留位置功能如图 7-44 所示，APS 是 Alternate Parking Position（交替停留位置）的缩写，更换雨刷臂时，APS 功能必须关闭，并且雨刷电机必须达到其最低位置。为了能实现这个目标，必须退出 APS 功能。注意，关闭 APS 功能后，不能马上激活 APS 功能，在 100 个刮水循环后，APS 功能将自动激活。

3）雨刷防阻控制

当雨刷在摆动过程中遇到障碍物或冻结在风挡玻璃上时，雨刷控制单元会进行 5 次尝试推动，如果失败，雨刷停在此位置不动。清除障碍后，需再次拨动雨刷开关，系统才会继续工作。

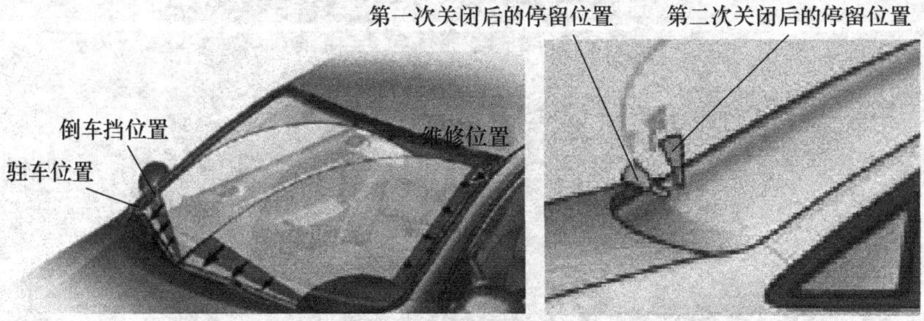

图 7-44　APS 交替停留位置

4）发动机舱盖控制

当车辆停止时，打开发动机舱盖后，雨刷的功能将被禁止工作。当舱盖被打开，车速在 2～16km/h 时，雨刷功能同样被禁止，但当再次拨动雨刷开关后，功能将被激活。当车速大于16km/h 时，尽管舱盖被打开，雨刷功能仍会保持工作状态，不受影响。直至车速低于 2km/h 后，雨刷重新被禁止工作。

雨刷喷嘴与水泵的连接管使用了波纹管，喷嘴处使用了快锁机构，如图 7-45 所示，可使得拆装比较简单，提高使用寿命，提高防折与防冻的能力。后风窗加热功能只有在发动机工作的状态下才可被激活。

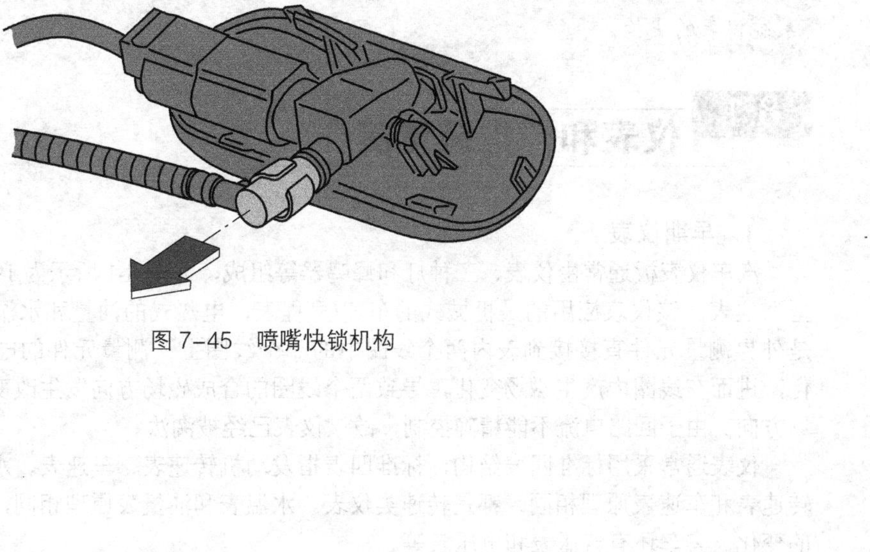

图 7-45　喷嘴快锁机构

·第8章·

汽车仪表和警报

任务驱动项目

任务驱动时，设定故障要反映实际可能故障，最好采用从服务站收集的有故障的仪表、油箱油位传感器总成、发动机机油压力传感器等进行任务驱动。任务驱动可分为四种类型：第一种是仪表故障；第二种是变阻器类传感器故障；第三种是开关类传感器故障；第四种是带防盗系统仪表的更换。

8.1 仪表和警报装置简介

1. 早期仪表

汽车仪表板通常由仪表、三种灯和蜂鸣器等组成，如图8-1所示为1998年之前的“化油器车型”仪表。该仪表应用的是机械式的车速/里程表，电热式的油量和水温表。电热式仪表的特点是外界测量元件直接接到表内两个线圈中的一个线圈上，测量元件的电阻变化导致线圈电流变化，进而在线圈内产生磁场变化，导致两个线圈的合成磁场方向发生改变，仪表指针指向合成磁场方向。由于回路电流不能精确控制，故该仪表已经被淘汰。

仪表通常采用标准四表结构，标准四表指发动机转速表、车速表、水温表和油量表。发动机转速表和车速表原理相同，都是转速类仪表。水温表和油量表原理相同，都是测量元件电阻发生的变化。客车还有气压表和电压表等。

2. 电子显示组合仪表

电子显示组合仪表利用各种传感器传来的信号进行计算，以确定车辆的行驶速度、发动机转速、发动机冷却液温度、燃油量及车辆其他情况的测量数据，并将这些数据以指针、数字或条形图的形式显示出来。

汽车电子仪表多采用八位或十六位单片机，具有多路大电流输出的步进电机驱动控制和十字交叉线圈的驱动控制；可直接驱动LED液晶显示屏；带有在线可编程Flash Rom、SRAM存储器；具有低电压CPU复位检测功能；CAN通道；多通道8/10位A/D转换；8/16个输入捕捉通道等。

图 8-1　捷达汽车早期仪表

电子显示组合仪表控制示意图如图 8-2 所示。水温传感器和燃油位置传感器等的信号经仪表处理器内置的 A/D 转换器转换成数字信号。车速表传感器和发动机转速传感器等的频率信号先处理成方波信号，再进入仪表微处理器，经软件处理为数字信号。仪表微控器控制步进电机的两相线圈换流，仪表指针做出相应角度的摆动。若有电子式气压表，则车下储气筒上配有气压传感器。若有机械式气压表，则车下储气筒为单线气压开关。若有电压表则直接采集发电机发出的电压，电压经 A/D 转换后再驱动电压表指针。LED 屏的图形和文字内容是存储好的一帧一帧数据，在显示屏上一帧一帧显示出来，显示哪帧数据由外部触发。仪表照明灯、警告灯和指示灯采用了 LED，照明灯 LED 还可由外部触发进行脉冲宽度调制（PWM）调光。几乎所有仪表都内置有蜂鸣器，当有警告信息出现时，蜂鸣器会发出声音来提醒驾驶员。

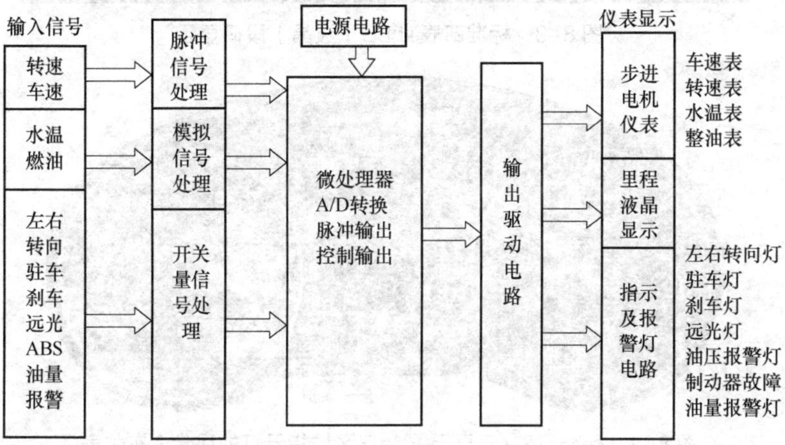

图 8-2　电子显示组合仪表控制示意图

电子显示组合仪表与常规的机电模拟仪表相比，具有如下优点：显示精确度高、信息刷新快、能提供大量复杂的信息；易于使用数字进行分时显示，可使仪表盘得到简化。采用数字显示后，驾驶员可以选择仪表的显示内容，大多数系统还能让有潜在危险的信息在仪表中央信息显示屏上自动显示。例如，如果驾驶员选择了显示里程，而当时发动机温度已升到设定上限，则仪表水温报警，中央显示屏显示信息，蜂鸣器发出警报，以提醒驾驶员注意。只要有足够的存储器空间，LED 显示图形造型的自由度就会高，为仪表盘造型的设计提供了有利条件。

技师指导

现代汽车仪表为减少接入仪表的导线数量，采用 CAN 通信共享整车各电控控制单元信号。例如，电控发动机控制单元将发动机转速信号发到 CAN 总线上，仪表可以接收到。发动机水温、燃油位置等信号因为是模拟信号，它们没有电控单元，因此不能发到 CAN 总线上。

近年来有整车采用全数字化管理方式，用电控单元把所有的信号全转化为数字量，这时燃油液位信号和机油油质、油位和油温等采用智能传感器数字化后送到仪表。更多数据由其他控制单元发到 CAN 总线上共享，如发动机转速和水温可由发动机控制单元通过串行通信或 CAN 通信向仪表控制单元发送。

3．现代汽车仪表

1997 年年末，一汽大众开始生产电控发动机和电控变速器的汽车，仪表也进入高速发展时期。现代汽车仪表一般采用如图 8-3 所示的标准四表+LED（液晶）段码显示仪表、如图 8-4 所示的标准四表+三显示屏+三区域指示灯的现代汽车仪表，以及如图 8-5 所示的丰田真空荧光投影反射式仪表。

图 8-3　标准四表+LED（液晶）段码显示

图 8-4　标准四表+三显示屏 +三区域指示灯的现代汽车仪表

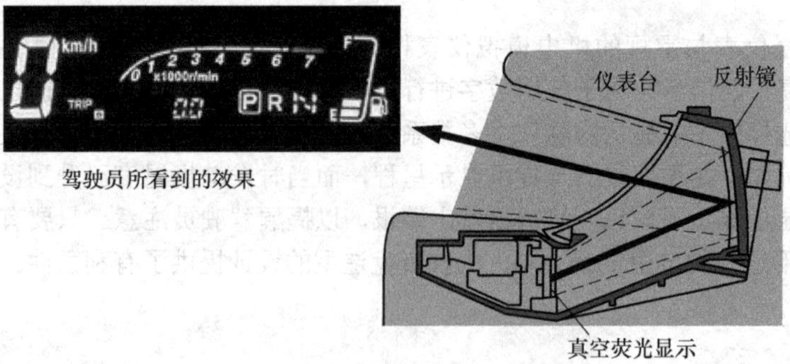

图 8-5　丰田真空荧光投影反射式仪表

现代仪表指针多采用步进电机和十字线圈式驱动，步进电机多为两相步进电机。使用LED的仪表板为主流，中、高档汽车仪表板采用仪表中央大屏显示汽车诊断信息和安全信息等。

大屏 LCD（液晶显示器）有被淘汰的趋势，LED（发光二极管）是显示的主流，真空荧光显示器（VFD）应用较少，主要在日本丰田车系中使用。过去仪表板指示灯和照明灯用灯泡被替换为贴片发光二极管，可靠性大大提高，避免了过去仪表指示灯灯泡或照明灯灯泡损坏后要拆表换灯泡的问题。

薄膜场效应晶体管（Thin Film Transistor）LED，即液晶平板显示器，是唯一在亮度、对比度、功耗、寿命、体积和质量等综合性能上全面赶上和超过阴极射线管（Cathode Ray Tube，CRT）的显示器件，它的性能优良、大规模生产特性好，自动化程度高，原材料成本低廉，发展空间广阔，将迅速成为新世纪的主流产品。

采用大型 TFT-LED 显示一切全车信息的全图形化仪表板（见图 8-6）开始配置在部分高级车里，从屏幕中间进入变更行走模式，可显示夜视摄像机的图像和导航画面。

图 8–6　全图形化仪表板

4. 仪表三灯

为使驾驶员随时了解汽车各系统的工作状况，汽车上都设有表示汽车工作状况的指示灯、警告灯和故障灯。“指示灯”如大灯远、近光变换指示，只起提示作用，与有无故障无关，如提示是打开还是关闭状态；“警告灯”如发动机机油压力指示灯，一旦点亮，说明机油压力过低，要停车检查；“故障灯”是说明电控系统有故障的灯，如发动机故障灯和动力转向故障灯，一旦点亮，要开至服务站进行检查。

1）汽车仪表灯符号

汽车仪表灯说明如表 8-1 所示。

表 8-1　汽车仪表灯说明

	黄：安全气囊故障灯		绿：巡航系统故障灯
	黄：ABS 系统故障灯		黄：灯光故障指示灯
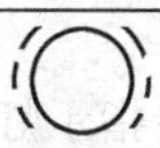	黄：制动蹄磨损指示灯	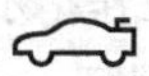	红：后备箱开启指示灯
	红：制动液面低或 ABS 中的制动压力分配 EBD 失效或驻车拉起指示灯		红：车门开启指示灯
	黄：柴油机预热指示灯		黄：油箱少油指示灯
EPC	黄：发动机功率故障灯		红：冷却液面低或过热指示灯

续表

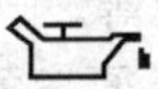	黄：机油压力过低警告灯		红：发电机不发电警灯
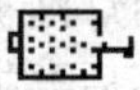	黄：柴油机排气颗粒故障灯	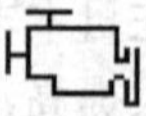	黄：发动机排放超标或有故障灯
	黄：动力转向故障灯	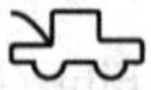	绿：前机舱盖开启指示灯
	红：电子驻车故障灯	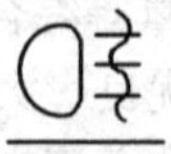	黄：后雾灯指示灯
	黄：ESP/TCS 故障灯		黄：机油液面过低指示灯
	绿：左转向指示灯		黄：胎压监控故障灯
	绿：右转向指示灯		绿：制动踏板指示灯
	绿：拖车转向指示灯		红：安全带警告灯
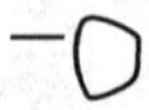	蓝：远光指示灯	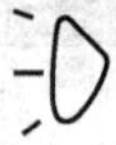	绿：白天行车指示灯
	黄：清洗液位低指示灯		红：油箱盖开启指示灯

2）灯符号的意义

红色警告灯一直点亮或闪烁，指示相关单元出现故障。要特别注意“发动机机油压力”、“制动液液位低”、“冷却液温度表”和“电子制动力分配系统故障”警告灯，一旦点亮，应立即停车。

黄色故障灯说明控制系统有故障码存在，应尽快去服务站。故障灯在点火开关打开时自检会亮，但无故障时会熄灭。

指示灯颜色可为黄色、绿色等，要求不严格，在元件电路工作时起提示的作用。

（1）发动机机油压力警告灯

该警告灯如果在发动机运转时亮起来，应立即停车。它表明机油压力不足。

（2）油箱盖警告灯

如果油箱盖没有正确拧紧而丢失，该警告灯亮。

（3）ESP 电子稳定性程序工作指示灯

当 ESP 系统进行制动控制时，该指示灯闪烁。如果该功能解除或出现故障，指示灯连续点亮。

（4）颗粒排放滤清器堵塞警告灯（柴油发动机）

当发动机运转时，该灯闪烁，或者表示颗粒排放滤清器需要清污，或者表示发动机怠速运转时间过长（排气冒白烟）。如果继续在这种工况下工作，该滤清器会有堵塞的危险。如果条件允许，应尽快以 37mph（60km/h）以上的速度行驶至少三分钟。

（5）与制动有关的故障灯和警告灯

① 手刹、制动液液位低和电子制动力分配警告灯：每次打开点火开关，该灯在拉起了手

刹或没有正确松开手刹时亮；此灯也可以表明制动液液位低，如果是这种情况，即使松开手刹，该警告灯依然点亮；在 ABS 警告灯点亮的同时该灯点亮，表明电子制动力分配（EBD）系统出现故障。

② 防抱死制动系统（ABS）警告灯：每次打开点火开关时，该灯亮 3s；如果在车速超过 8 mph（12 km/h）时点亮，表明 ABS 存在故障，但是汽车上的传统伺服助力制动依然起作用。

③ 前制动片磨损警告灯：如果该灯亮起，请尽快更换制动片。

（6）蓄电池充电警告灯

每次打开点火开关，该灯亮。如果在发动机运转时该灯亮，说明有以下情况：充电电路存在故障；蓄电池或启动机接线端子松动；发电机皮带断裂或松弛；发电机故障。

（7）发动机诊断警告灯

每次打开点火开关时，该灯亮。如果在发动机运转时它连续点亮，表明排放控制系统中存在故障。如果在发动机运转时它点亮，表明喷油或点火系统中存在故障，有损坏催化剂转化器的危险（只限燃油发动机）。

（8）柴油发动机预热指示灯

如果发动机进行了充分的暖机，该灯不亮，这种情况下可以立即启动发动机；如果灯亮，等待灯灭后再启动。

（9）柴油滤清器放水警告灯

依据国家规定，该灯亮应尽快与服务代理商联系，因为有损坏燃油喷射系统的危险。

（10）乘员侧安全气囊解除警告灯

警告灯亮时伴有声音信号，并在多功能显示屏上显示信息。如果解除（关闭）了乘客侧安全气囊，在打开点火开关后该警告灯点亮并保持。

（11）安全气囊警告灯

打开点火开关后，该警告灯亮 6s。该警告灯在车辆运行时点亮，伴有声音信号，并在多功能显示屏上出现图形信息，表明前面、侧面或窗帘安全气囊出现故障。

（12）座椅安全带未扣紧警告灯

当发动机运转时，如果驾驶员座椅安全带没有系紧，该警告灯亮。

（13）车门未关紧警告灯

当发动机运转时，该警告灯指示车门没有关好或行李箱打开。

（14）防盗器警告灯

该灯亮表明汽车防盗器系统中有故障。

（15）燃油液位低警告灯

当警告灯亮后，油箱内所剩的燃油至少还能行驶约 50km。

5．仪表电路

组合仪表的硬件电路主要由电源电路、信号采集电路、仪表控制器处理电路、仪表和指示灯驱动电路等组成。

1）电源电路

仪表板电源电压的波动将引起电路中电流的变化，从而造成仪表的指示误差。为了避免出现这种误差，仪表板内装置了稳压器，用以保持仪表工作电压的恒定。例如，仪表板线性稳压集成电路 IC7812，稳压后输出 12V 给仪表板供电，可保证仪表电压不随发电机电压发生波动。仪表板内的稳压方式有稳压二极管稳压、线性稳压电路稳压和开关稳压三种。为防止蓄电池反接损坏仪表，电源输入时使用二极管进行保护。

由于汽车蓄电池提供的是 12V 电源，因此要进行电压转换及滤波处理。电源电路中的+5V 为模拟量电源，V_{CC} 为数字量芯片及单片机芯片的工作电源。掉电保护电路在掉电时也可以及时地记录汽车行驶的里程数据。使用掉电保护电路可在掉电时维持一段时间的供电电压，保证单片机完成里程数据的保存，并调整指针位置使之回零。具体方法是：在电源地输入端加一个 1000μF 或 2200μF 的电解电容，当外部电源断开时，电容可以维持单片机电源足够长的时间，使得单片机可以完成外部中断的服务程序。

2）仪表输入和输出接口

如图 8-7 所示为仪表输入和输出接口。模拟输入信号有燃油液位信号、冷却液温度信号、气压传感器信号等。数字输入信号有车速信号、发动机转速信号、ABS 故障信号、安全气囊故障信号、发动机检查信号等。开关信号有左右转向指示开关信号、远近光指示开关信号、挡位开关信号（P、R、N、D、4、3、2、1）、机油压力开关信号、安全带开关信号、发电机是否发电开关信号、车门开关信号、制动片磨损开关信号、停车手制动开关信号、前雾灯开关信号、冷却液液位开关信号、气压不足开关信号等。

如图 8-7（a）所示为频率信号触发电路，输入电流经电阻驱动三极管基极，仪表微控制器通过电容上部的输出端采集信号脉冲来计数。如图 8-7（b）所示为控制单元触发电路，如果要控制仪表上的发动机故障灯点亮，可用发动机控制单元控制三极管导通将仪表微控制器的电位拉至低电位，微控制器收到低电位信号后点亮故障灯。如图 8-7（c）所示为仪表信号输出电路，在这个电路中，发光二极管、蜂鸣器和其他控制单元都可接在三极管的集电极，仪表微控制器通过基极控制负载工作与否。如图 8-7（d）所示为仪表下拉输入，如灯光开启的指示信号输入。如图 8-7（e）所示为开关搭铁信号采集，如机油压力开关。

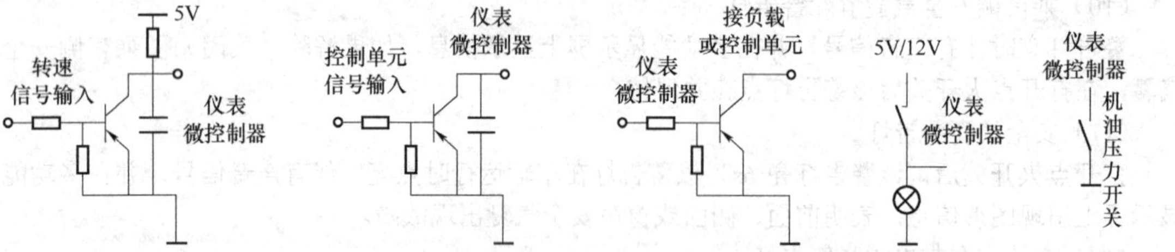

（a）频率信号触发电路　（b）控制单元触发电路　（c）仪表信号输出电路　（d）仪表下拉输入　（e）仪表负输入

图 8-7　仪表输入和输出接口

技师指导

要求能看懂仪表外围线路图，清楚信号类型，并能通过诊断仪触发仪表动作，从而判断仪表的好坏。

8.2 汽车仪表

20 世纪 90 年代以前普遍采用电热式仪表、动圈式仪表和十字线圈式模拟仪表。其中电热式仪表反应迟钝，易受电压波动影响；动圈式模拟仪表抗震性能差、过载能力差、指针易抖动；十字线圈式模拟仪表也存在一致性和通用性差的缺点，但相对较好。

2000 年以后，由于微控制器在仪表上的大量应用，现代汽车电子控制仪表广泛采用了十字线圈式（电磁式）和步进电机式仪表。

1. 十字线圈式仪表

十字线圈式仪表（见图 8-8）的两组线圈（即绕组，这里统一称呼为线圈）十字交叉缠绕，其工作原理是一个线圈电流为固定电流，另一个线圈电流是控制器的控制电流，仪表控制器通过控制这个电流使两线圈的合成磁场方向不同，这个合成磁场与线圈内部的永磁性转子作用，推动永磁性转子转动，永磁性转子带动指针产生摆动。

四个端子　　三个端子

图 8–8　十字线圈式仪表

具有四个端子的指针表通常为车速表或发动机转速表，因为它们左右的偏摆角度范围很大，通常采用游丝弹簧回位。具有三个端子的指针表通常为水温表或燃油表，因为它们左右的偏摆角度范围较小，通常采用重力回位。

2. 步进电机式仪表

如图 8-9 所示为两线圈式步进电机，步进电机的转动经多级减速机构传至仪表指针轴，带动指针转动。减速机构也可以采用丝杆齿轮减速机构。

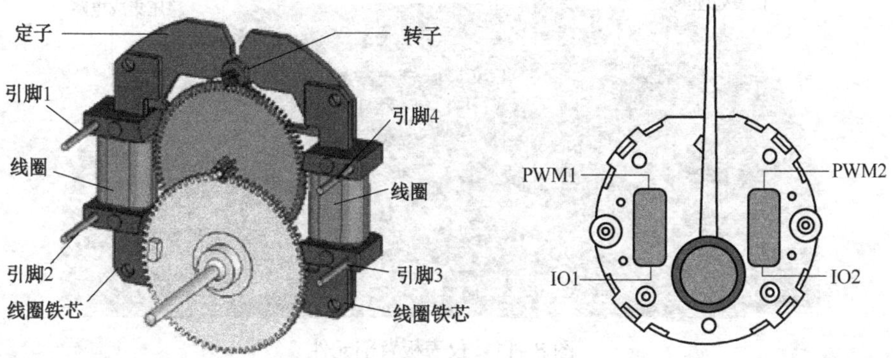

图 8–9　两线圈式步进电机

技师指导

转子线圈通电在两定子铁芯上形成不同磁极，推动转子。

步进电机是两相永磁步进电机，转子步进角度为 60°。电机内部有 180:1 的减速齿轮机构，通过齿轮减速降低转速，在输出的指针轴上得到 1/3°的分辨率。为了节省成本，目前使用单片机的 PWM 端口直接模拟实现微步驱动。微型步进电机已经成为主流的方案，通常会使用两个 PWM 端口和两个 I/O 口来驱动一个步进电机。PWM 方式虽然模拟了微步驱动，但是驱动的效果仍然要比专用驱动芯片的效果差一点。

步进电机驱动电路如图 8-10 的右图所示，两相线圈中的每一相由两个反向器控制，微控制器只要控制四个反向器的输入端即可实现 L1 线圈和 L2 线圈的电流正、反向通过，从而在铁芯内产生不同的极性，促使多极永磁转子转动，再经多级减速机构输出到仪表的指针轴上。

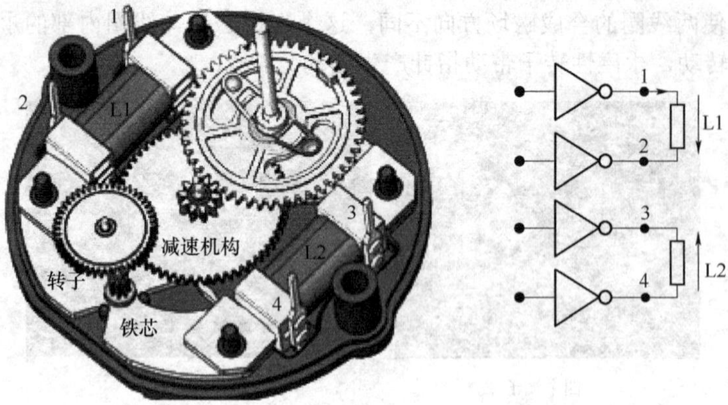

步进电机结构　　　　步进电机驱动电路

图 8-10　步进电机结构和步进电机驱动电路

3. 典型客车仪表举例

如图 8-11 所示为仪表板背部元件，稳压集成电路采用 IC7812，采用处理器 AT89C2051 对频率或电压信号进行处理，并驱动仪表驱动芯片 BY1819（BY1819 为双线圈汽车转速表专用单片集成电路）。若仪表为步进电机式，则驱动芯片换成步进电机驱动芯片即可。

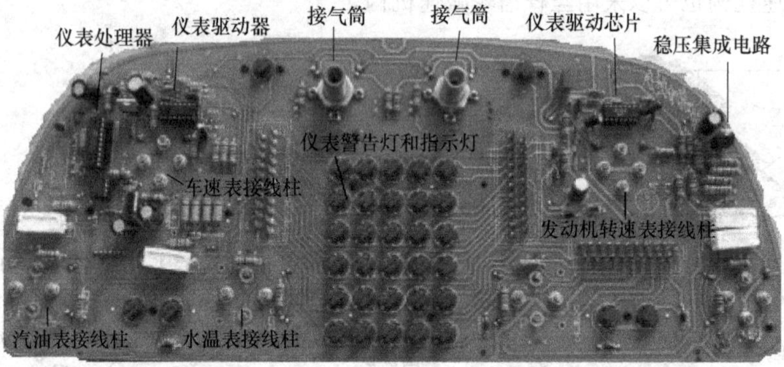

图 8-11　仪表板背部元件

1）电流表/电压表

电流表又称安培表，早期装在客车上，用来显示电源系统的工作状态，当蓄电池放电时，表针指向“-”的一侧；当蓄电池充电时，表针指向“+”的一侧。

近年来客车用电压表代替了电流表，如图 8-12 所示为汽车用电压表，由于电压表不仅能监控发电机和调节器的工作状况，同时还能指示蓄电池的技术状况，所以它比电流表和放电指示灯更为直观与实用。当电压表表盘上部电池形状的充电指示灯点亮时，表示电源系统工作不正常。柴油车标称电压多为 24V，低于 21V 或高于 30V 时应检查发电机状态。

无论是电压表还是电流表，内部电路都是采集电压信号，再驱动仪表进行指示，只是它们的表盘刻度形式变化了。

技师指导

铜板式电流表 20 多年前就淘汰了，现在客车若有用电流表的也是采用了霍尔电流传感器测量电流。

2）发动机水温表

如图 8-13 所示为汽车水温表，水温表传感器用螺纹固定在发动机冷却水道上。汽车水温表用于监测发动机水套中冷却液的温度。早期仪表多采用电热式，其工作原理与燃油表基本相同，都是改变电阻，从而驱动表头指针摆动。不同的是水温表传感器为一个热敏电阻元件，其阻值随温度的升高而减小。现在电子仪表采用了十字线圈或步进电机来驱动仪表指针。

图 8-12 汽车用电压表

图 8-13 汽车水温表

技师指导

有一些中高档轿车的水温表采用“区间定值控制”，即在温度从低温到 90℃时正常显示；超过 90℃，但未超过上限温度（如 120℃），仪表一直显示 90℃，这样设计的目的是减少驾驶员对水温表的过多注意，避免影响驾驶；若发动机过热，仪表蜂鸣器和水温过高报警灯会报警。

3）机油压力表

如图 8-14 所示为机油压力表。机油压力表用以显示发动机工作时主油道内的油压。机油压力传感器一般安装在主油道或机油泵上，将主油道的油压转变为电信号，经处理器处理后传给机油压力表的十字线圈上。

技师指导

汽车采用机油压力警告灯，而不采用机油压力表。客车中的一部分汽车还有机油压力表。机油压力表用警告灯代替，可使仪表简化，成本降低，直观方便。例如，大众车系汽车有高压和低压两个压力开关，机油报警灯若亮表示机油压力过低或过高。

当发动机低速运转时，如果机油压力低于 30kPa，低压机油压力警告灯亮；当发动机转速超过 2150r/min 时，如果机油压力达不到 180kPa，高压机油警告灯亮，同时蜂鸣器发出蜂鸣。

4）燃油表

（1）普通燃油表电路

燃油表用来显示油箱中的剩余燃油量，如图 8-15 所示。燃油表传感器的结构多为浮子式结构，当浮子位置高时，V_t 的输出电阻小，电流大，指针指向 F（FULL）或 1 的一侧；当浮子位置低时，输出电阻大，电流小，指针指向 E（EMPTY）或 0 的一侧。即由随液面位移自动位移的浮子带动一个内装滑动电阻器的机构，当油箱内的液位出现油面高低变化时，引起浮子位置的高低变化，在滑动电阻器上将会得到不同的电阻值输出，从而得知液面的高度，并驱动燃油表指示到相应的位置。电子燃油表主要通过采样电路向微处理器的 A/D 口输入传感器的电阻变化而产生不同的采样信号，再经 A/D 转换后，通过预置的系统软件处理控制驱动机构带动指针指示燃油量，其基本工作原理如图 8-16 所示。

图 8-14　机油压力表

图 8-15　燃油表

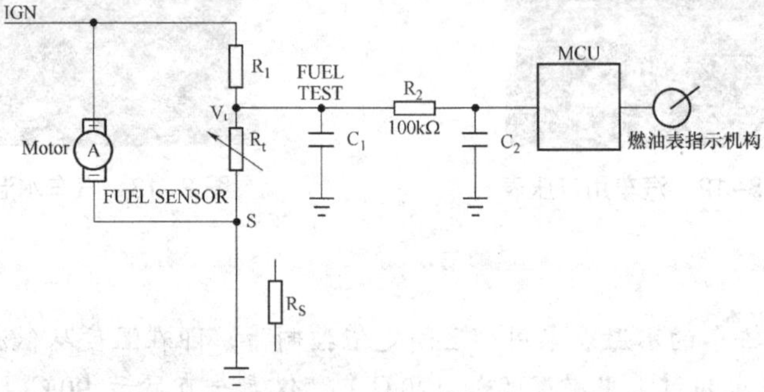

图 8-16　一般电子燃油表的信号采集电路

（2）带自纠偏测量电路的燃油表

由图 8-16 可知，实车多采用传感器（FUEL SENSOR）回路与车载电动油泵电机（Motor）共用地，自 S 共地点以后的导线长度较长。经测量，S 点对地的电阻 R_S=0.04Ω，由于油泵的工作电流很大（一般可达 5 A 左右），在其工作时 S 点对地的电压影响较大（0.2 V），工作时的电压叠加导致在满量程采样时有较大的偏差，打开点火开关和启动油泵两种工作状态会出现满量程指示迅速下降的情况。最新的仪表通常采用带自纠偏测量电路的油位测量。

所谓自纠偏控制策略，即采用两次测量。如图 8-17 所示，R_t 为油箱滑动变阻器，其余电路在仪表中，P 沟道场效应管（MOSFET-P）断开时，测量油泵电机流经 R_t 后形成的电压（图 8-17 中并未画出油泵电流流入 R_t）；P 沟道场效应管导通时，再测量 R_t 的电压。将两次 A/D 采样的结果通过软件进行修正后再驱动仪表步进电机。

技师指导

油箱中的浮子随着油面的升、降而起伏，带动传感器的触点在电阻上滑动产生不同的阻值，当滑动变阻器接触不良时，相当于在油位传感器上串联了一个可变电阻，于是电路回路中的电阻会增加，导致油表不准或表针不稳。另外，燃油质量不合格也会加剧滑动变阻器出现接触不良。

（3）精确油位测量和带有磨损修正功能的仪表

油位测量硬件电路如图 8-18 所示，为了防止在加速、上坡和转弯时油表指针快速摆动，有的汽车在油箱中采用两个油位传感器。仪表指针是根据油箱油位控制模型进行控制的，因此只有真的油位升降，仪表指针才会有摆动。

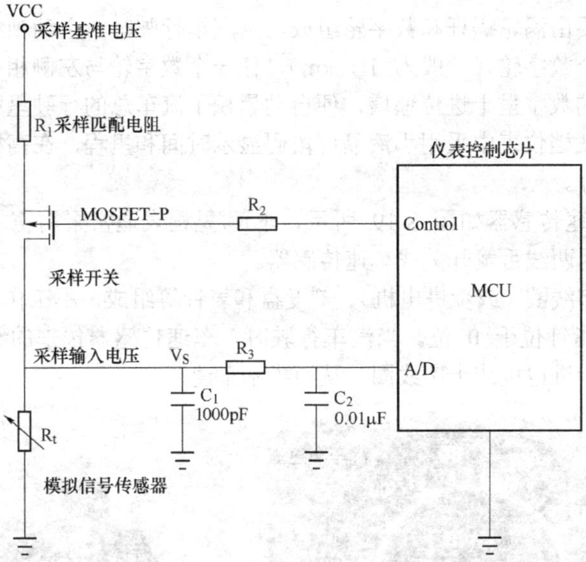

图 8-17　带自纠偏测量电路的油位测量

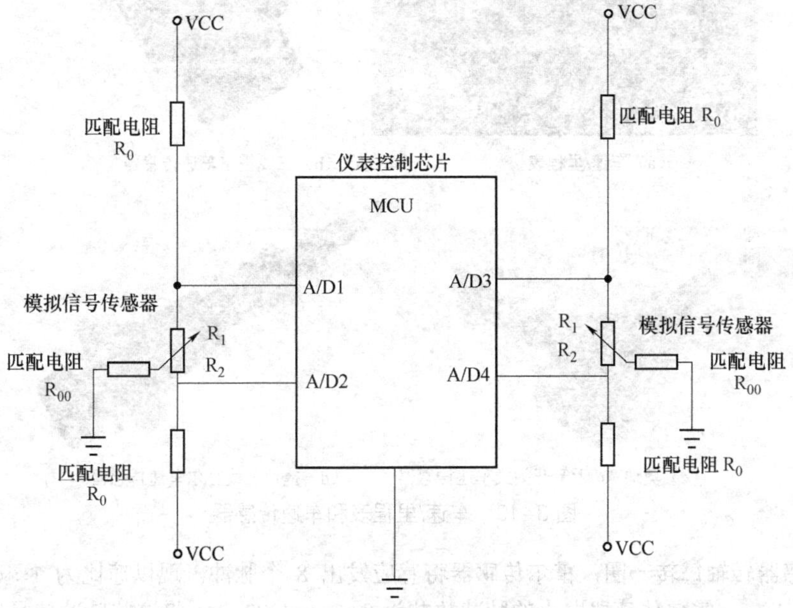

图 8-18　油位测量硬件电路

为了修正因油位滑动变阻器产生的磨损或燃油成分腐蚀导致的传感器电阻变化，高端汽车的油位测量具有燃油传感器磨损修正功能，方法是在仪表软件中植有磨损修正软件。在两个油位测量中，取其中的一套电路就可实现磨损修正功能。

这里以图 8-18 中左侧的一套油位测量装置来说明磨损修正原理。左上部电源 VCC 经左侧 R_0、R_1、R_{00} 形成回路，左下部的电源 VCC 经右侧 R_0、R_2、R_{00} 形成回路。A/D1 和 A/D2 通过测量电压来确定回路的电阻。例如，标准电阻 R_1+R_2 为 500Ω，新测得 R_1+R_2 为 506Ω，6Ω 即两次测量造成的结果，由此可知误差为 6Ω/2=3Ω，可作为油位修正的控制参数。

（4）车速/里程表

车速/里程表是用来指示汽车行驶速度和累计行驶里程的仪表，由车速表和里程表两部分组成。

早期的里程表主要由涡轮蜗杆和数字轮组成，当汽车行驶时，主动轴经三对涡轮蜗杆驱动数字轮上最右侧的第一个数字轮（一般为 1/10km），任一个数字轮与左侧相邻的数字轮的传动比都为 10：1，这样显示的数字呈十进位递增，便自动累积了汽车总的行驶里程。其结构较复杂，成本也较高。现在，在低档仪表中采用小液晶屏段码显示时间和里程，在高档仪表中时间和里程只是多信息显示的一部分。

车速/里程表和车速传感器如图 8-19 所示，车速/里程表通常采用霍尔型非接触式转速传感器，德国奥迪汽车采用两线舌簧开关式车速传感器。

车速表主要由十字线圈（或步进电机）、刻度盘和表针等组成，不工作时，在游丝（步进电机没有）的作用下，使指针位于 0 位。当汽车行驶时，车速传感器传来的频率信号经处理器处理后，经驱动芯片触发步进电机或十字线圈，从而指示车速。

（a）车速/里程表

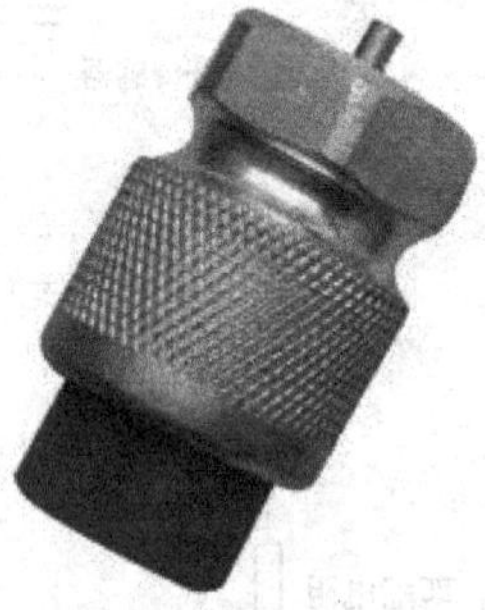
（b）三线霍尔车速传感器

（c）奥迪 A6 舌簧开关式车速传感器

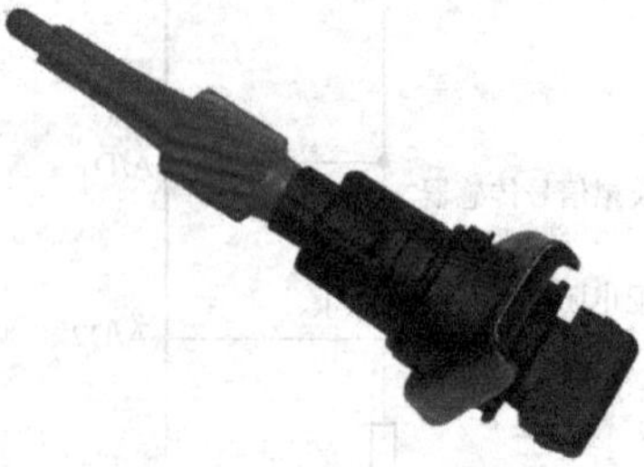
（d）捷达三线霍尔车速传感器

图 8–19　车速/里程表和车速传感器

霍尔传感器转轴每转一圈，霍尔传感器将感应发出 8 个脉冲。现以速比为 1：624 的车型为例，汽车行驶 1km，霍尔传感器发出的脉冲数共为 8×624=4992 个，将这些脉冲信号输入单片机，当计数满 4992 时，表明汽车行驶 1km，然后给累计单元加 1，并存入 EEPROM，最后通过刷新 LED 液晶显示器，即可实现里程计数，LED 上将显示总里程数。每经过 1km 向 EEPROM 中写入 1 次，在停车等待时，CPU 停止写入总里程。车速表短时（10ms）采集脉冲数目，换算出 10ms 行驶里程，从而算出每小时里程，每小时里程即为车速。仪表微控制器驱动步进电机通过指针指示车速。

技师指导

主车速传感器即人们常说的车速传感器。它在前驱动汽车上位于变速驱动桥的差速器壳上，在四驱汽车上位于分动器输出轴上。车速信号也可经 ABS 控制单元输出至仪表。位于变速器输出轴上的这个车速信号一般作为备用（副车速）信号，只有主车速传感器损坏时仪表才使用此信号。

（5）发动机转速表

如图 8-20 所示为发动机转速表。为了监视发动机的工作情况，使驾驶员正确地选择换挡时机，大多数汽车的仪表板上装有发动机转速表，少数车为了节省成本不装发动机转速表。发动机转速表采用十字线圈或步进电机。

转速表把转速传感器收到的频率信号传送到单片机，经过计算后输出 PWM 调制波信号来驱动步进电机，在刻度盘上指示出发动机相应的转速值。

技师指导

发动机转速信号取自电控发动机曲轴转速传感器、凸轮轴转速传感器或点火放大器(注意，在车上找出信号产生位置很重要)。电控发动机转速信号经电控发动机计算机处理后，再经串行通信或 CAN 通信传至仪表。

（6）气压表

如图 8-21 所示为前、后储气筒压力表，当采用气压制动时，气压表需显示前、后两个储气筒内的气压是否足够。

图 8-20　发动机转速表

图 8-21　前、后储气筒压力表

一般正常制动系统气压在 600～800kPa，压力达到 900kPa 时储气筒安全阀开始排气泄压。气压不能低于 400kPa，否则会导致气压制动力不足。气压大于 400kPa（4bar）汽车才能行驶，否则气压不足以解除驻车车轮的弹簧制动或制动效能不足会造成事故。

如图 8-22 所示为气压表接口，机械式气压表在表后部有接前、后储气筒的管接头。

如图 8-23 所示为弹簧管式压力表，弹簧管是由金属管（无缝铜管或无缝钢管）制成的。管子截面呈扁圆形或椭圆形，它的一端固定在支撑座上，并与气路介质相通；另一端是封闭的自由端，与杠杆连接。杠杆的另一端连接扇形齿轮，扇形齿轮又与中心轴上的小齿轮相啮合，压力表的指针固定在中心轴上。

当弹簧管受到介质压力的作用时，它的截面有变成圆形的趋势，迫使弹簧管逐渐伸直，从而使弹簧管的自由端向上翘起。压力越高，自由端向上翘起的幅度越大。这一动作经过杠杆、扇形齿轮和小齿轮的传动，使指针偏转一个角度，在刻度盘上指示出气压数值。当气体压力降低时，弹簧管恢复原状，指针退回到相应刻度处。在弹簧管式压力表前加气压刻度盘，从而可指示气压。

客车中的机械式气压表仍较常用，即在电子仪表中加两块机械式气压表。现代汽车前、后储气筒越来越多地采用压力传感测量压力，压力的电信号经 A/D 转换后，驱动十字线圈式或步进电机式仪表来指示气压数值，其工作原理与燃油表电路相同。

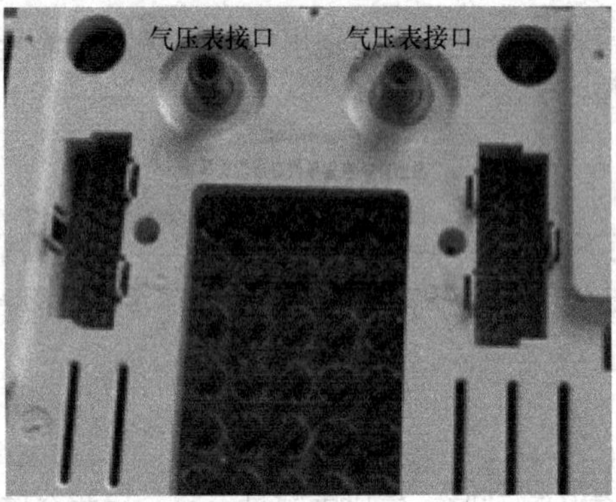

图 8-22　气压表接口

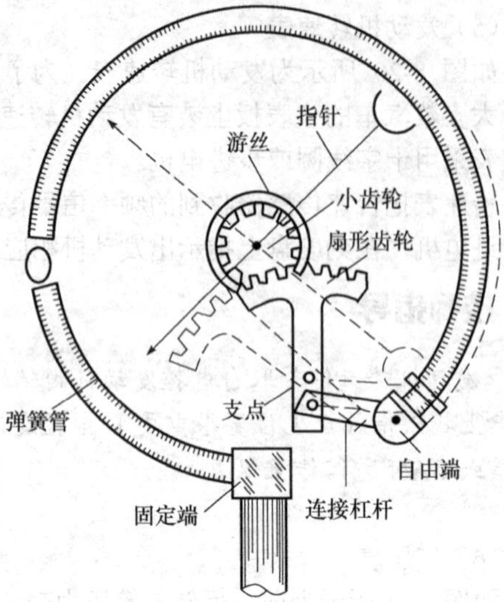

图 8-23　弹簧管式压力表

（7）仪表亮度控制器

仪表亮度控制器有两种类型：一种是在尾灯断开之后，仍可改变显示器亮度；另一种为只有在尾灯接通后才能改变显示器亮度。

早期直接用绕线电阻器分压方式控制仪表亮度，电阻生热后易烧夜行灯开关（尾灯开关）塑料壳，导致不能调光。后期采用大灯开关上的变阻器旋钮作为信号输入基本电气控制单元（如大众汽车 J519），便可通过可变变阻器改变三极管输出的占空比，并将这一信号输入计算机的变光电路，计算机根据通断的占空比控制显示器的亮度。顺时针旋转旋钮，灯光变亮；逆时针旋转旋钮，灯光变暗。

4. CAN 线仪表

普通仪表接收模拟信号、频率信号和开关信号后，直接驱动仪表上的警告灯、指示灯、故障灯，以及直接驱动仪表指针。CAN 线仪表不仅接收模拟信号、频率信号和开关信号，还接收 CAN 线传来共享的数据信息信号，这样在线束不增加的情况下，仪表显示的内容将更丰富，如图 8-22 所示。例如，电控发动机控制单元可以将获得的发动机转速信号发送到总线上去，仪表控制单元就可以从 CAN 线获取发动机转速信息，从而驱动发动机转速表指针转动。

在 CAN 线仪表中，有些信号仍要通过独立的信号通道传到仪表，如油箱中的燃油量信号。在图 8-24 中，油箱的油位信号先经 J538 燃油泵继电器内电路处理成数字信号，再传递给仪表，从而提高了油位指示的可靠性。

5. 仪表的自检

现在的仪表就是一块带有微处理功能的电脑板，有处理、存储、驱动和通信功能。一旦仪表显示不正常，故障既可能出在仪表上，也可能由于仪表的外部信号不正确导致。为了能快速确定是仪表外部还是仪表内部导致的故障，在设计仪表时有执行器自驱动程序，也称执行元件诊断。执行元件诊断时，仪表会忽略仪表外部信号输入，由自驱动程序产生信号触发灯泡点亮和仪表指针动作。这样就可以确定仪表是否正常，这个过程要通过外部检测仪与仪表通信，进行执行元件诊断后才能看到。

技师指导

仪表的自检功能在仪表不正常时一定要借用执行元件来诊断，可迅速分隔故障位置。

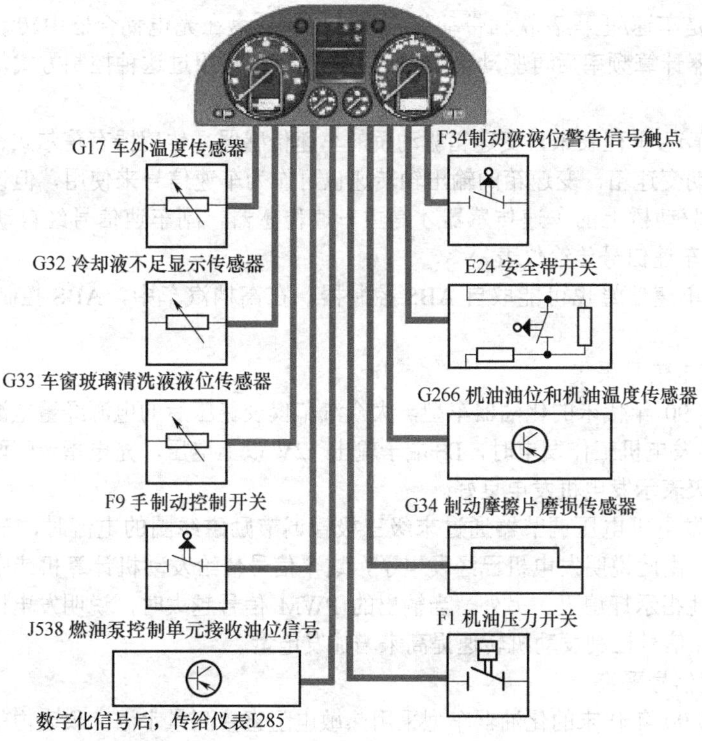

图 8-24 大众 CAN 线仪表保留的直接输入信号

8.3 信号和警报

任务驱动项目

应了解报警条件和报警后车辆处于什么情况。报警元件多为开关，首先应知道报警元件放在车上的位置和控制工作条件。例如，机油压力低压开关什么时候导通，什么时候断开。最后应了解报警后如何应对。

现代汽车为提高安全性、可靠性，装备了很多安全报警装置，相应的仪表警告灯也很多，这些警告装置基本上都是由仪表板上相应的红色警告灯和蜂鸣器组成的。这些红色警告灯大多数是由仪表外部的开关元件触发的。

1．仪表信号的采集

1）发动机转速信号采集

（1）20 世纪 90 年代末的化油器车型采用机电模拟表时，发动机转速信号取自点火线圈，现已被淘汰。

（2）非电控柴油发动机的转速表信号取自发电机三相定子中的一相交流信号。

（3）采用电控汽/柴油机后，仪表电控化，发动机转速由发动机计算机通过串行通信或 CAN 通信向仪表传送。

2）车速/里程表信号采集

（1）20 世纪 90 年代末的化油器车型，由变速箱驱动桥上的车速/里程表软轴带动仪表内的磁铁在一个铝筒中转动，铝筒中产生电流，铝筒中的电流和旋转的磁铁相互作用使铝筒产生转动力。另一种情况是车速/里程表软轴带动仪表内部的遮光盘在光电耦合器中转动，从而产生频率信号，仪表处理器计算频率后再驱动仪表。日本丰田汽车采用过这种控制方式，现在以上两种方式全部被淘汰。

（2）现在的车速/里程表来自变速箱驱动桥的车速传感器，传感器有霍尔式、舌簧开关式和磁阻式；若配备自动变速箱，变速箱的输出轴转速也可作为车速信号来使用，但该传感器只能作为副车速传感器，驱动桥上的车速传感器才是主车速传感器，副车速信号经自动变速箱计算机和CAN 通信，将副车速信号传给仪表。

（3）最后的车速信号也可能取自 ABS 控制器，在高档汽车中，ABS 控制器可允许输出车速信号。

3）蓄电池充电信号采集

（1）20 世纪 90 年代末的化油器车型，大众汽车仪表稳压后的电源经蓄电池充电指示灯到发电机 D+端子，当发电机工作发电时，D+端子输出 12V 以上电压，充电指示灯两端因无电压差而熄灭，指示灯熄灭表示发电机发电良好。

（2）现在的发电机电压调节器通过末级三极管调节励磁线圈的电流时，三极管的基极产生PWM 负载信号，由此说明发电机已经发电了，这个信号传给发动机计算机或中央电气控制单元后控制仪表蓄电池指示灯熄灭。另外，当输出的 PWM 信号越大时，说明发电机外部的用电负荷越大，此时 PWM 信号控制发动机转速提高来增加发电量。

4）各种温度信号采集

（1）20 世纪 90 年代末的化油器车型采用热敏电阻直接测量水温，仪表内的线圈串联热敏电阻来触发热电仪表，这样的仪表现已淘汰。

（2）现在采用热敏电阻直接测量水温，热敏电阻上的电压信号进入仪表后，仪表将其处理成数字信号，驱动仪表驱动器芯片，使仪表指针动作。

对于发动机水温过高、发动机水温过低这样的温度开关信号，可以直接触发仪表灯，也可以输入仪表微控制器，由仪表微控制器再触发相应的警告灯。

5）各种液位信号采集

制动液液位低开关和风窗玻璃水液位低开关报警一般采用舌簧式开关。而燃油箱油液位低报警一般采用微型浮子开关。

6）燃油表信号采集

（1）20 世纪 90 年代末的化油器车型在油箱内采用滑动变阻器测量油位，在仪表内采用磁动式仪表指示油位，现已被淘汰。

（2）现在仍在油箱内采用滑动变阻器，上拉电阻的电压信号进仪表后，仪表将其处理成数字信号，驱动仪表的步进电机驱动器芯片，使仪表指针动作，这和水温表的原理相同。

注：燃油量报警开关可以设计为当滑动变阻器达到某一油位时报警，如 10L，也可以单独用浮子开关报警。

7）压力开关信号采集

（1）发动机的机油压力开关采用膜片式，机油压力过低时触发机油警告灯，使其点亮（也可伴随蜂鸣报警）。

（2）制动系统的储气筒气压开关采用膜片式，因为是开关信号，所以可直接控制低气压报警灯。

（3）若制动系统的储气筒采用压力传感器监测压力，压力信号作为微控制器输入，则指示灯受仪表微控制器控制。

8）制动蹄片磨损量信号采集

在制动蹄片中埋入导线，磨损到导线时，产生报警。摩擦片磨损情况的检测方法有两种，当制动蹄片超过磨损允许的限度时，一种方法是磨损使检测传感器本身由通路变断路，另一种方法是磨损使制动盘接触到检测传感器，由断开变闭合，构成回路。国内多采用第一种方法。

在第一种方法中，磨损检测传感器本质就是 U 形金属丝，在盘式制动器上的安装情况是两个前车轮 U 形金属丝串联，国内典型车型如红旗轿车，其结构如图 8-25 所示。

U 形金属丝的顶端就处在制动器摩擦块的磨损极限位置上，当制动蹄片没有磨损到极限位置时，输出电压为 0V；当磨损到规定限度时，U 形金属丝部分被磨断，电路在制动时仍可通过制动盘连通。但当抬起制动踏板时，制动摩擦片和制动盘间形成几微米的制动间隙，此时电路断开，输出电压为电源电压，电源电压作为信号触发仪表点亮制动蹄片报警灯。

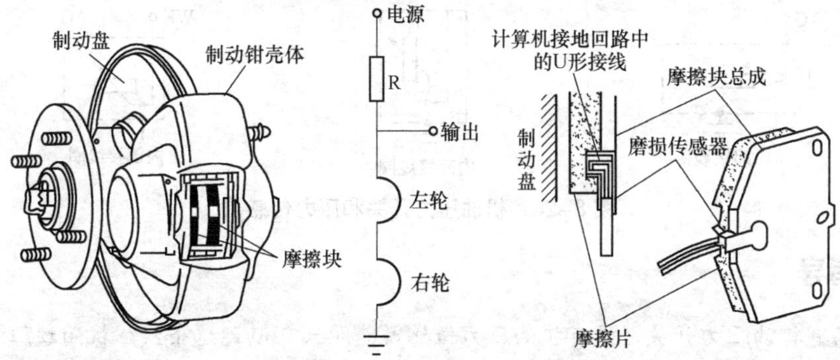

图 8-25　磨损检测传感器的安装位置、电路结构、传感器在制动器上的安装状况

9）行车油耗、平均油耗和短里程记数

行车油耗由发动机计算机向仪表传送喷油器开启时间或流量计信号确定；平均油耗由仪表根据里程和油箱剩油位置等确定；短里程记数由驾驶员按下短里程记数按钮重新对里程进行累积，用于测量两地间距离。

10）车门、发动机罩、行李箱门警告

车门、发动机罩和行李箱门警告由相应的 4 个车门开启开关、前发动机舱盖开关、后行李箱开启开关触发。

其他如时钟的分、时调节、日期调节等略。

2．仪表信号

1）机油压力开关和压力传感器

（1）普通型机油压力开关和压力传感器

如图 8-26 所示为机油压力开关和压力传感器。机油压力报警开关装在机油滤清器之后缸体的主油道上，一般也称为机油低压报警开关。当机油压力低于一定值时，机油低压报警开关接通，机油低压报警灯点亮，以提醒驾驶员停车检查。有的汽车为了监测机油滤清器堵塞，在机油泵之后，机油滤清器之前另加一个高压开关，当机油滤清器堵塞后，机油压力升高时，高压开关动作报警。有的机油压力测量采用模拟连续输出方式，称为机油压力传感器，端子上标为 G。

机油压力开关和压力传感器两者的壳体外表上标有压力触发范围，外壳不标压力触发范围的，轴向端面会标压力触发范围。

例如，德国 VDO 单线机油压力传感器，外壳接地，接线处标有 GK 字母，GK 接仪表的机油压力表的负极，额定电压为 6～8V，电阻值范围为 10～184Ω。德国 VDO 双线带报警开关的机油压力传感器，外壳接地，接线处标有 W 和 GK 字母，W 接仪表的警报灯负极，GK 接仪表的机油压力表负极，额定电压为 6～24V，电阻值范围为 10～184Ω。

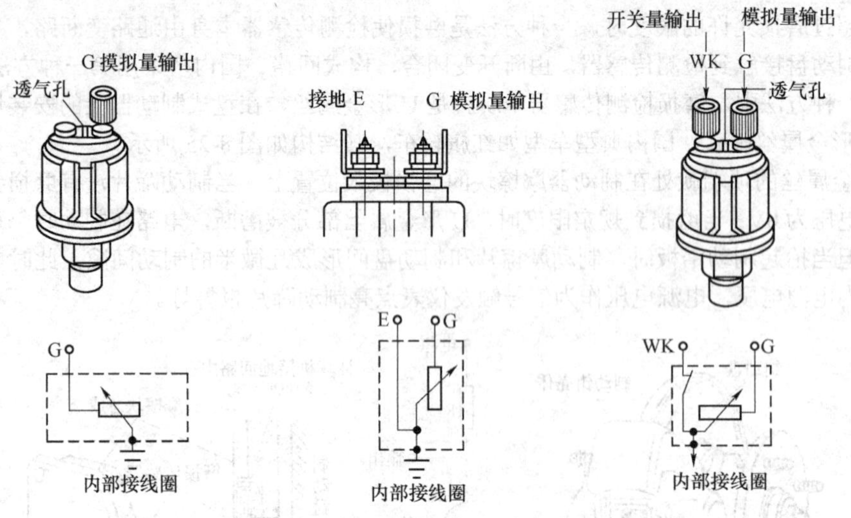

图 8–26　机油压力开关和压力传感器

技师指导

汽车只有机油压力开关，没有机油压力传感器，即只有 WK 这条线。机油故障灯亮是压力降低了还是机油压力开关损坏（开关内部损坏而常闭合），判别方法是听发动机噪声是否正常或从发动机机油加油口看凸轮轴的润滑情况。

大众汽车采用高压和低压两个压力开关。低压机油压力开关为“常开型”，位于滤清器后部的油道上，用于监测曲轴、凸轮轮和液压挺柱等的工作间隙是否正常。高压机油压力开关为“常闭型”，位于机油滤清器前，用于检测滤清器是否堵塞。常开型和常闭型是指不安装在发动机上时开关的状态，开关装到发动机油道上后，开关状态完全取决于机油压力。

（2）多功能机油传感器

多功能机油传感器也称智能传感器，近几年来在高档汽车中采用。多功能机油传感器可以安装在油底壳中，以便于精确记录机油油位高度、机油温度和机油品质状况，如图 8-27 所示。这种机油传感器包括两个桶形电容器，这两个电容器中的其中一个电容器装在另一个电容器上面。机油质量由下一部分电容器进行检测，机油油位高度由上一部分电容器来确定。

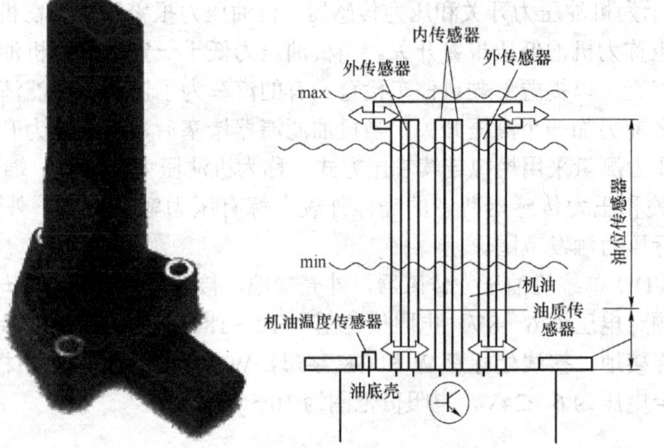

图 8–27　多功能机油传感器

① 机油品质测量原理：如果因为磨损或添加剂的分解导致机油状况发生变化，则下部充满机油的电容器的电容量就会发生变化。电容量的变化经过集成电路的处理转变成数字信号，这个数字信号被传送给发动机控制单元。发动机控制单元对此信号进行处理，从而计算出下一次换油维护的时间。

② 机油油位测量原理：上部电容器中有油和无油电容器的容量不同，发动机对此信息进行处理，并通过仪表中央信息显示器告诉驾驶员机油油位情况。

③ 机油温度测量原理：机油温度传感器（NTC）集成在机油传感器中。

技师指导

如果汽车上安装有多功能机油传感器，就必须使用车辆仪表显示屏，并在“Engine oil”（发动机机油）菜单项下确定当前机油油位。这个显示屏还能显示出到规定的下一次换油剩余的里程。

2）制动系统低气压开关

对采用气压制动的汽车，为防止因制动系统气压不足造成制动不灵或失效的情况，一般都装有低气压警报装置，其警告灯开关多装于储气筒上，通常前、后储气筒上各一个。近几年广泛采用压力传感器代替压力开关，这说明它的仪表是电控形式的。

3）两种液面警告灯装置

舌簧开关和热敏电阻可用于液面监测。

（1）舌簧开关

制动液液面警告灯开关装在制动主缸的储液罐内，其结构如图8-28所示。

开关外壳的外面套装着浮子，浮子上固定有永久磁铁，外壳内部装有舌簧开关，舌簧开关的两个接线柱与警告灯和电源相连，当制动液面在规定值以上时，浮子浮在靠上的位置，永久磁铁对舌簧开关的吸力不足，舌簧开关在自身的弹力作用下保持断开的状态；当制动液面下降到一定值时，浮子位置下降，舌簧开关在永久磁铁吸力作用下闭合，警告灯点亮。如图8-29所示为舌簧开关实物。

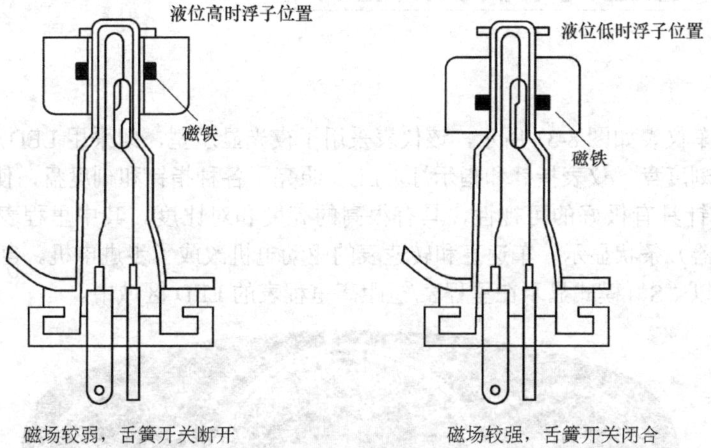

图8-28 制动液液面警告灯开关

技师指导

舌簧开关（也称干簧管）可用于车速测量，如奥迪的车速传感器。舌簧开关还可用于制动灯断路监测，一旦制动灯断路，仪表上会有制动灯故障报警。其大致原理是两个制动灯泡分别串接在继电器内的两个线圈上，制动时，当两个制动灯泡完好时，两个线圈同时产生磁场，两个线圈内中间夹的舌簧开关闭合，仪表报警灯不亮；当一个灯泡烧断时，一个线圈不产生磁场，舌簧开关断开，仪表指示灯亮，表示灯泡有损坏，应尽快维修，如图 8-30 所示为制动灯检测继电器实物，不过，实际现代汽车中早已没有使用它了。现代汽车照明和信号系统由汽车电气控制单元控制，如大众汽车中的控制单元 J519，这样灯泡通断可直接由车载电网 J519 进行冷监控识别，并且不再局限于制动灯灯泡。

图 8-29　舌簧开关实物

图 8-30　制动灯检测继电器实物

（2）热敏电阻

当监测燃油箱油位时，在油箱接近底部加一个热敏电阻，当油箱内油量减少到一定位置时，热敏电阻开始露出油面，散热慢，阻值发生变化，燃油油量警告灯自动点亮，以提醒驾驶员注意。

4）水温“过热”和“过冷”开关

当发动机冷却液温度高到一定程度时，警告灯点亮报警，早期车型多采用温度开关，现在可用水温传感器代替温度开关，由仪表处理后确定是否点亮指示灯。

极少数柴油车辆还装有“过冷”指示灯，当缸体水温较低时，使仪表板的绿灯亮，表示水温低，不宜行驶。

8.4 丰田皇冠汽车仪表技能训练

1. 简述

丰田皇冠汽车仪表如图 8-31 所示，该仪表采用了夜光显示型，即采用 LED（发光二极管）来照明元件，包括刻度盘、仪表指针和指示灯。LED 照亮了各种指针和刻度盘，使得丙烯酸透明塑料的仪表盘和指针具有极好的可视性，具有很高的亮度和对比度。其中里程表和水温表还采用 LED（液晶显示器）条状显示。车速表和转速表的驱动电机改成了步进电机。自动变速器（A/T）换挡范围指示灯以“S”模式显示在里程表/短距离里程表的 LED 区域中。

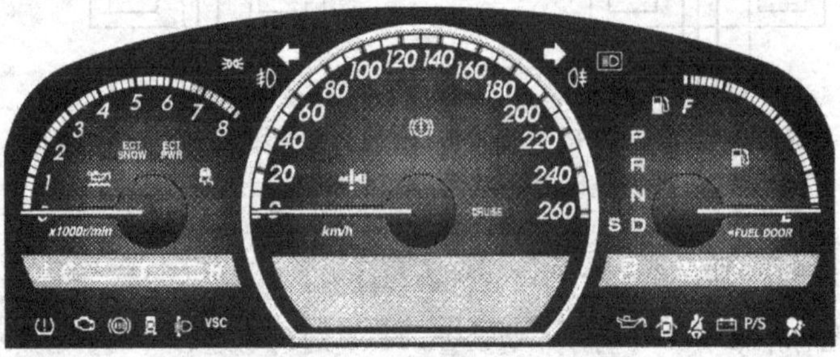

图 8-31　丰田皇冠汽车仪表

完成任务

写出丰田皇冠汽车仪表的4个表和31个指示灯的名称：____

____

____

汽车车速表和发动机转速表的指针运动从十字交叉线圈式改为步进电机式，这使得指针的运动更细微，指针质量更轻，结构更紧凑。在步进电机式的仪表中，通过接通蓄电池端子使组合仪表电源为 ON 时，步进电机立刻初始化，并能识别步进电机仪表的零位置。初始化后，如果点火开关闭合 60s 或更长时间，步进电机就会重新初始化。

2. 系统图

丰田皇冠汽车的仪表网络系统图如图 8-32 所示。

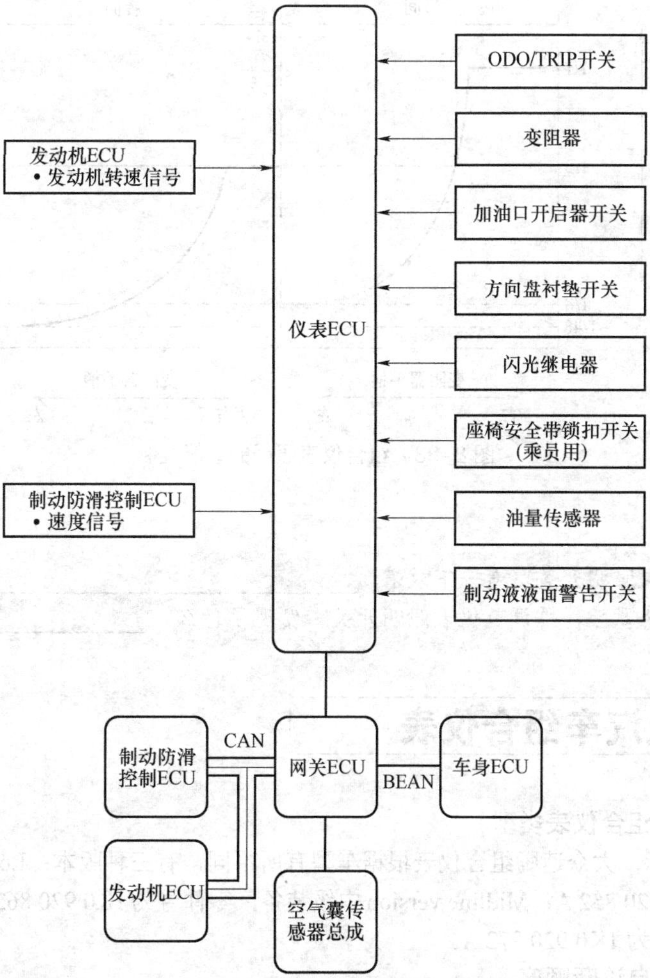

图 8-32 丰田皇冠汽车的仪表网络系统图

完成任务

从图 8-32 中找出丰田皇冠汽车仪表的 4 个表和 31 个指示灯信号来自什么传感器或控制单

元：____
____
____。

3．组合仪表照明控制

为了在白天也能更好地看清仪表，仪表系统根据空调系统的日照传感器提供的车辆外围亮度信号确定为日间模式（当然，仍可通过操作变阻器控制亮度）。

关闭尾灯（OFF）时，仪表的亮度取决于日间特性。

打开尾灯（ON）时，亮度自动随着传感器提供的外围亮度检测信号在日间特性和夜间特性之间的改变而变化。假设最大亮度为 1，仪表照明在以下范围中调节：日间特性（1/1～1/8），夜间特性（1/3～1/48），如图 8-33 所示。

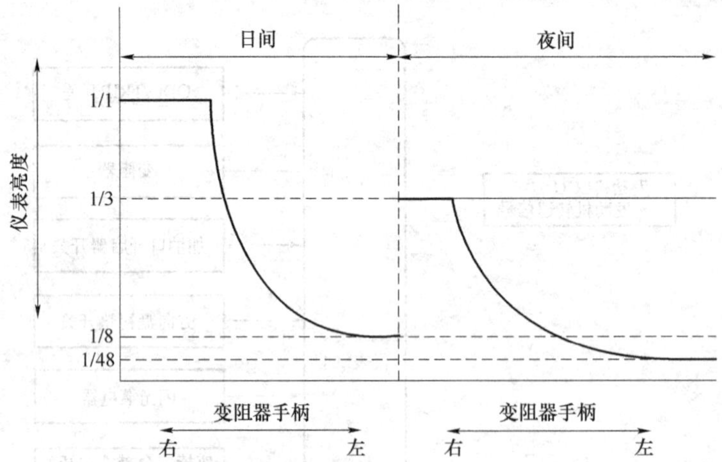

图 8–33　组合仪表照明的智能控制

完成任务

白天调节仪表照明开关，看一下效果：________________________。
遮住日照传感器后，再调节仪表照明开关，发现了什么：____________。

8.5 大众汽车组合仪表

1．大众速腾组合仪表类型

如图 8-34 所示，大众速腾组合仪表根据车型有所不同，有三种版本：Lowline version 初级装备，零件号为 1K0 920 852 A；Midline version 中级装备，零件号为 1K0 920 862 A；Highline version 高级装备，零件号为 1K0 920 872 A。

2．执行元件自诊断顺序

（1）触发所有模拟仪表。触发后仪表显示：转速表 3000rpm、燃油表 1/2 处、车速表 100km/h、水温表 90℃。

（2）多功能显示器检测。

（3）触发防盗指示灯。

（4）触发安全带警报灯。

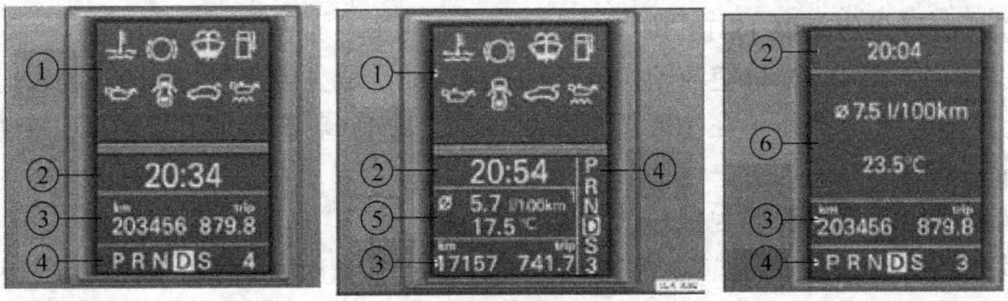

①—警报灯；②—时钟，有些车型还有外界温度显示；③—里程及服务信息显示；

④—自动变速箱挡位显示及 Tiptronic 显示；⑤—多功能显示（MFI），外界温度及提示信息；

⑥—多功能显示（MFI），提示信息、外界温度及个性化设置

图 8–34 大众速腾组合仪表类型

（5）触发制动系统报警灯。

（6）触发报警器（锣/蜂鸣器）。

（7）触发转向声音信号。

3．组合仪表编码 07 功能

编码规则如下：共 5 位码，第 1 位和第 2 位为选装设备代码；第 3 位为国别代码；第 4 位为保养周期代码；第 5 位为里程脉冲数代码。

4．仪表自适应 10 功能

自适应 10 功能码如下。

02：保养周期显示复位。

03：燃油消耗显示自适应（百分数表示）。

04：信息语言种类选择（德、英、法等）。

09：行驶里程输入。

30：校正燃油表显示。

40：上次保养后行驶的里程。

41：上次保养后行驶的时间。

42：下次保养前的里程下限值。

49：下次保养前的时间下限值。

1）保养周期显示复位 17-10-02-00000

手动复位方法如下：关闭点火开关，按下车速表旁的按钮 1，并保持按下状态，打开点火开关，松开按钮 1，里程表显示区 2 上会出现“Service OIL”字样。顺时针转动转速表旁的调节按钮，这时里程表显示屏上显示的保养内容就被复位了，并且显示屏上会出现“Service”，然后关闭点火开关。

2）燃油消耗显示自适应 18-10-003

自适应值只能为 85%～115%。输入值步长为 1%。示例：希望输入值 90%，键盘输入 90。

3）驾驶员信息的语言种类自适应 18-10-04

只显示语言种类代码位数中的最后一位，如 1 表示德语（1：德语；2：英语；3：法语；4：意大利语；5：葡萄牙语；6：西班牙语；8：捷克语；9：中文）。

4）行驶里程输入 18-11-13861-10-09

方法如下：进入地址 17，选择 11 功能，输入 13861（错三次断蓄电池正极线），选择 10 功能，选择 09 通道；输入以 10 为单位取整后的里程；选择 06 功能，退出。例如，实际行驶里程为 89 627km，输入值应为 08 963km，即实际行驶里程值等于输入值乘 10。

5）检查燃油表及传感器 18-10-30

用专用工具 VAG1433A 抽空油箱，然后加注 7L 油，至少应该等待 60s。进入地址 17，选择 10 功能，选择通道 30，显示值在 108 至 148 间，步长为 1，将指针调到倒数第二个红刻度线，用 Q 键确认，退出 06 功能。

6）更换组合仪表后的保养周期自适应 18-10-4x

拆下损坏的组合仪表前，应读出保养周期，如果无法读出保养周期（损坏），应从保养表中查取保养周期。保养周期自适应前，应对新组合仪表进行编码。编码后应将下述内容输入新的组合仪表。

40：上次保养后的行驶里程（通道步长为 100km）。

41：上次保养后的行驶时间（通道步长为 1 天）。

42：下次保养前的里程下限值（通道步长为 100km）。

49：下次保养前的时间下限值（通道步长为 1 天）。

目前，大众汽车的组合仪表均为保养周期不可变的仪表。

完成任务

如果组合仪表在行驶里程为 42 000km 时损坏，而上次保养时的里程为 30 000km，用户是在保养后 150 天时出的故障，如何操作？

5．组合仪表的数据流 08

大众速腾组合仪表的数据流 08 如表 8-2 所示。

表 8-2　组合仪表的数据流 08

通道	数值意义	通道	数值意义	通道	数值意义	通道	数值意义
001	车速 km/h（0~220）	003	冷却液温度：如果冷却液的实际值在 75°～107°（对于有特性曲线冷却功能的车为 75°～115°）组合仪表显示 90°	050	里程	126	GATE WAY：显示区出现 0 或 1，1=OK，0=NO OK
	发动机转速/min		发动机机油油面，显示 OK/N.OK		发动机转速		AIRBAG：显示区出现 0 或 1，1=OK，0=NO OK
	机油压力开关理论值 Oil p2 ok		发动机机油温度		机油温度		电动转向：显示区出现 0 或 1，1=OK，0=NO OK
	时间（小时及分钟）		—		冷却液温度		—
002	总里程	004	蓄电池电压	125	发动机：显示区出现 0 或 1，1=OK，0=NO OK		

续表

通道	数值意义	通道	数值意义	通道	数值意义	通道	数值意义
002	燃油储备		—		自动变速器：显示区出现 0 或 1，1=OK，0=NO OK		
	燃油表传感器电阻值，显示 510Ω 为断路，0Ω 为短路		—		ABS：显示区出现 0 或 1，1=OK，0=NO OK		
	外部温度		—		—		

完成任务

教师设计一个故障，学员通过速腾汽车的仪表数据流分析故障原因，请将最后的故障原因写出：________________________________。

6．运输模式 Tar（Transportation）

当激活运输模式后，以下系统或功能将会被关闭不工作：收音机、遥控钥匙、内部监控系统、驻车加热的遥控接收器、倾斜传感器、内部照明灯、二极管防盗指示灯（驾驶员+副驾驶员侧）。通过诊断仪可以取消运输模式；或是行驶 150km 后，功能自动解除，并且此功能不能被再激活。

完成任务

汽车一般早已自动取消了运输模式功能，请写出取消运输模式的步骤：

____

____

____

8.6 电动汽车仪表（扩展 1）

电动汽车仪表在传统燃油车仪表的基础上删除了一部分燃油车仪表功能，增加了电动汽车仪表功能。混合动力汽车则是在传统燃油车仪表的基础上基本不删除原来仪表功能，反而增加了电动汽车仪表功能。

1．电动汽车仪表功能

丰田普锐斯 2012 款仪表如图 8-35 所示，图中显示有安全带指示灯、上电准备就绪 READY 指示灯、油箱存量指示灯、ECO经济模式指示灯、车速表、百公里油耗指示、换挡杆(R、N、D）指示灯、电子驻车 P 指示灯、电池容量模拟指示、功率输出指示条、里程 A、油耗、平均车速显示、时间显示等。

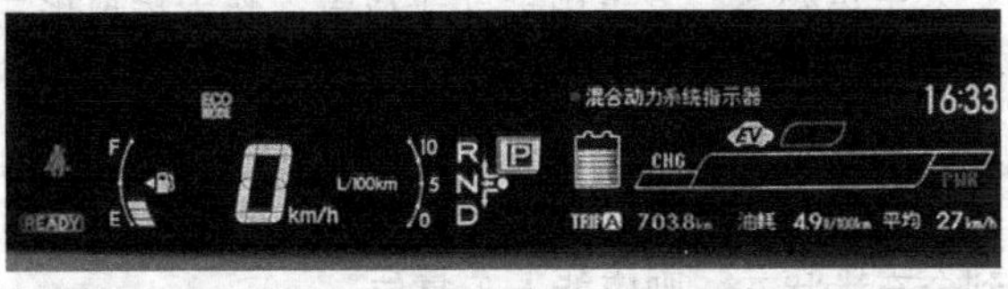

图 8-35　丰田普锐斯 2012 款仪表

日产聆风电动汽车仪表如图 8-36 所示，图中显示有锂离子电池温度表、功率表、多功能显示器、锂离子电池容量表、锂离子电池余量表、可续航里程指示、PARK 指示灯、防盗指示灯、内外循环切换指示灯、门开状态指示灯、长短里程指示、安全带警告灯。

图 8-36　日产聆风电动汽车仪表

丰田 FCEV-4 燃料电池汽车仪表如图 8-37 所示，图中显示有电池电量表、经济模式（ECO）指示灯、动力模式（PWR）指示灯、里程表、车速表、加氢指示灯、车外温度指示、雷达就绪指示灯、换挡杆指示灯、电子驻车指示灯、上电准备就绪指示灯、时间显示、巡航指示灯。

图 8-37　丰田 FCEV-4 燃料电池汽车仪表

别克君越混动汽车仪表如图 8-38 所示，图中显示有带启/停显示的发动机转速表，右侧具有 36V 电池容量表（SOC）的显示。

图 8-38　别克君越混动汽车仪表

2．新增仪表和灯

1）仪表

仪表不一定是真正意义的指针表，可以采用数字模拟指示条及数字显示等。

（1）动力电池荷电状态

指示动力蓄电池的剩余工作容量，多采用指针式仪表、数字模拟指示条式仪表、数字式显示器式仪表。

若为数字显示器，可以永久显示，或在驾驶员需要时随时给出指示，示值应清晰。当 SOC 低于下限某一规定值时，应特别明显地标示出来。如果使用动力蓄电池更换系统，最好能自动复位，如果不能自动恢复到全充满状态，则应能人工复位。

（2）动力电池电压

动力蓄电池的电压表一般不设计，一些电动汽车设计了，也只是采用数字显示。当驾驶员踩下踏板时，数字显示的电压变动量大，数字变动太快，对驾驶员基本没有意义。

建议：在仪表的标度盘上应标示出恰当的工作电压范围。为增加示值的准确性，在工作范围内宜使用扩展标度。

（3）动力电池电流

一般不设计，若设计多采用指针表或条状指示表，用来测量流过动力蓄电池的电流。在仪表的标度盘上应规定准确的 0 位置，对于具有再生制动功能的车辆，在标度盘 0 位置的两个方向上都应标示出正常工作电流的范围。

少数国产电动汽车会采用数字显示，这种情况不太合理，容易引起驾驶员的过多关注，导致驾驶员注意力不集中。

（4）电机转速

实际中电机转速突变较快，一般不设计电机转速表表盘，若设计多采用指针表或条状指示表，当转速超过某一规定值时，应特别明显地标示出来。

2）故障灯、警告灯和指示灯

电动汽车一般新增如图 8-39 所示的仪表标志，依次为：上电准备就绪指示灯、动力电池充电状态指示灯、过热警告灯、动力系统故障警告灯、动力电池故障警告灯，后 3 种灯也可能会伴随有提醒信息出现（不是法规要求）。

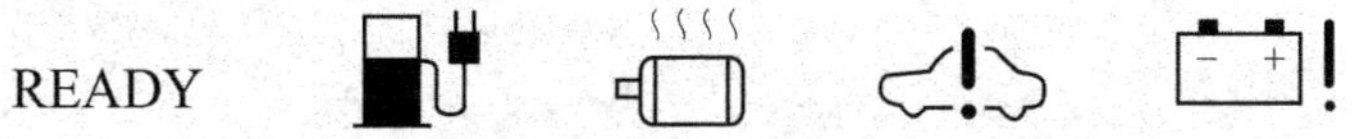

图 8-39　电动汽车新增仪表指示和报警灯

（1）READY 指示灯

READY 指示灯点亮表示电机、电池、电机控制器高压部件无故障，高压电已经上电至逆变器，高压上电已经准备就绪，踩下加速踏板汽车即可行驶。

有的电动汽车用“OK 灯”表明上电就绪，如比亚迪车系。

（2）动力电池充电状态指示灯

当充电机向动力蓄电池充电时指示灯闪亮，表示当前处于充电状态，充电完成后，此灯变为常亮。提示：充电时不可上电行驶。

（3）过热警告灯

当电机及其控制器温度过高时此警告灯点亮，此时如果继续行车将对车辆安全性或性能造成严重影响。

（4）动力系统故障警告灯

电力驱动系统有故障时，该警告灯亮，如互锁监测识别了一个故障。

（5）动力电池故障警告灯

该警告灯亮表明动力电池有电池管理系统电压不一致、温度过高等电池故障。

（6）过热警告灯

当某设备温度过高可能会对车辆的安全或性能造成很严重的影响时，应向驾驶员发出警告。

以下的（7）和（8）在传统汽车仪表中出现，但在电动汽车中意义不同。

（7）12V 铅酸蓄电池不充电警告灯（传统汽车蓄电池放电警告灯）

该功能继承了传统汽车 12V 蓄电池不充电时的警告灯功能。在车辆正常行驶过程中，DC/DC 转换器不向 12V 蓄电池充电时，该警告灯亮，提醒驾驶员。

（8）发动机机油故障灯

在混合动力汽车发动机中的电驱动阶段，该灯熄灭。发动机工作时，机油压力过低时该灯点亮。

3）故障信息提醒

（1）电机超速提醒信息

当电机超速时，最好用声信号连同光信号向驾驶员发出警告。

（2）蓄电池剩余容量下限提醒信息

当动力蓄电池剩余容量低于某个百分数（如 25%）时，应通过信号装置提醒驾驶员。

（3）高压绝缘性能下降提醒信息

当绝缘电阻和爬电距离低于规定值时应通过信号装置提醒驾驶员。

绝缘电阻包括动力蓄电池绝缘电阻、动力系统和车辆电底盘之间的绝缘电阻、动力系统和辅助电路之间的绝缘电阻，爬电距离包括蓄电池连接端子间的爬电距离、带电部件与电底盘之间的爬电距离。

（4）驾驶员不安全停车提醒信息

当驾驶员离开车辆时，如果驱动系统仍处于“可行驶”状态，应通过信号装置提醒驾驶员。

·第 9 章·

开关信号集中处理

9.1 开关信号集中处理功能

1. 转向柱控制模块

大多数车系的电源控制 ECU 只具有模拟点火开关的电源输出功能，但德国有些汽车的电源控制 ECU 也被称为转向柱控制模块。转向柱控制模块是对转向柱附近电气元件进行集中控制的电控单元，其作用如下。

1）电源控制 ECU 功能

转向柱控制模块收集点火开关状态输入信号，控制相应点火开关挡位对应的继电器输出，从而产生 ACC、ON、START 等继电器控制信号。同时，转向柱控制模块还将点火开关的状态信号加载到总线上去为其他控制单元使用。

2）信号传递功能

转向柱控制模块收集转向盘上的喇叭、音响、空调、巡航控制等控制开关信号，将其中一部分开关状态信号（如音响、空调、巡航控制等控制开关信号）加载到总线上去。转向柱控制单元还对喇叭开关信号和安全气囊触发信号起“直通”的导线作用。

转向柱控制模块收集转向盘下组合开关及其附近转向盘的转角传感器信号，并将这些信号加载到总线上。

2. 大众汽车转向柱控制模块

大众汽车转向柱控制模块的单元代码为 J527，是带有扩展功能的电源控制 ECU。

1）输入开关信号

J527 的输入有点火开关 D 信号、转向盘转角传感器 G85 信号、雨刮器开关信号、转向开关信号、喇叭开关 H 信号。

2）直通导线作用

J527 的另一个作用是作为喇叭开关 H 和安全气囊触发的一段直通导线，从而使线束更加规整。如图 9-1 所示，点火开关可控制 15 号电和 50 号电输往基本电气控制单元 J519，由 J519 完成相应继电器的控制动作。安全气囊控制单元 J234 可通过正、负螺旋电缆控制安全气囊内的传爆管电路是否起爆。喇叭开关 H 把信号先送入电子控制器，再经单线螺旋电缆把信号传给转向柱控制单元 J527。巡航开关通过 GRA ON/OFF 线把信号传给发动机控制单元 J362，发动机控制单元 J362 再控制电子节气门开度来控制汽车车速。

完成任务

根据图 9-1 分析，点火开关 D 与转向柱控制单元 J527 共有 5 根线相连，请写出这 5 根线代表的挡位分别是：______、______、______、______、______。

转向盘转角传感器 G85 用并行方式将 7 对光电耦合器件的导通状态传给 J527，为什么还要用 CAN 总线：______；巡航控制开关用了 6 个开关信号并行进入 J527，这 6 个开关信号分别是：______、______、______、______、______、______。

按下喇叭开关后，信号先经______进入 J527，J527 再通过 CAN 将信号输出，经过______控制单元改变速率后，传给 J519，由 J519 控制喇叭工作。

安全气囊 J234 在控制转向盘衬垫内的传爆管引爆安全气囊时经过 J527，其本质是经由 J527 直接通过，还是输入之后先经过处理再输出：______。

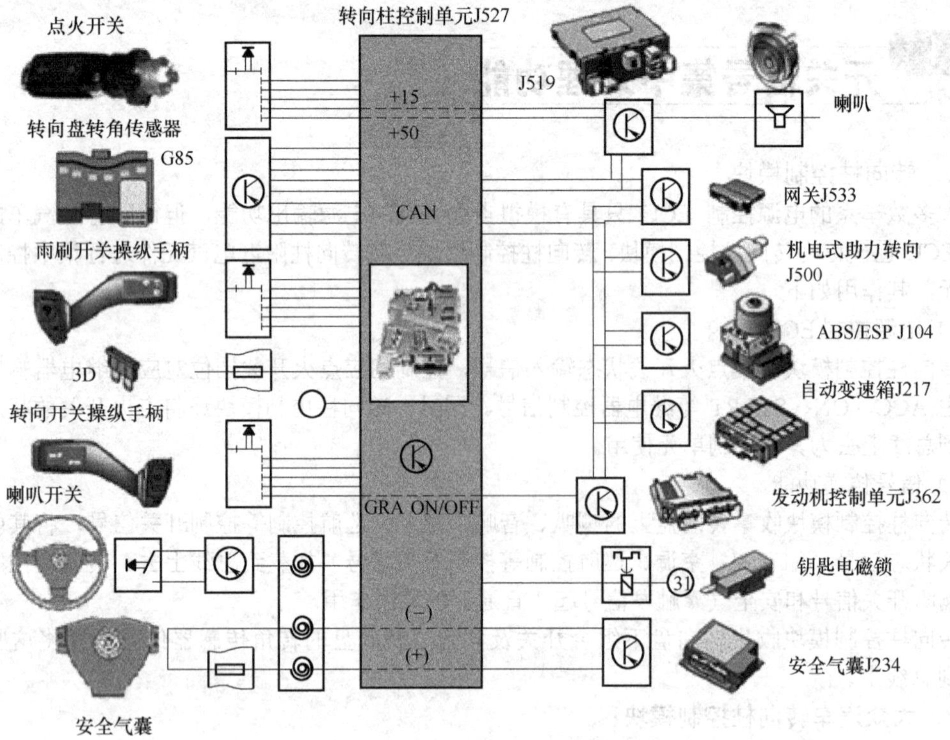

图 9-1　大众汽车转向柱控制模块

3）供电线路

转向柱控制单元 J527 的供电线路为 30 号常电和 31 号接地。

4）ABS/ESP ECU

ABS/ESP ECU 把汽车 4 个车轮的转速平均后作为车速信号传递到 CAN 总线上，主要是发给电动转向系统 J500，其他控制单元也可把此车速作为车速的备用信号，如自动变速箱控制单元 J217。

5）自动变速箱控制单元 J217

自动变速箱控制单元 J217 通过总线向转向柱控制单元 J527 发送变速箱换挡杆的位置是否在 P 位，若在 P 位，同时点火开关为 OFF，钥匙电磁阀将断电解除对钥匙锁芯的锁止，驾驶员可将锁芯转向 OFF 位，同时可拔钥匙。

6）喇叭控制

喇叭开关信号到转向柱控制单元 J527 后，再通过 CAN 总线控制电网控制单元 J519 来控制喇叭。

7）转向盘转角传感器 G85

转向盘转角传感器 G85 可直接将光电编码信号传递给转向柱控制单元 J527，同时也可将信息发到 CAN 总线上共享。

9.2 开关信号集中处理电路

1．转向开关

如图 9-2 所示，转向盘底部的转向开关有四个功能。在垂直方向向上为临时远光（位置 1），控制如图 9-3 所示；该开关为自动复位式，可以用个性化设置进行功能改变（例如，取消一次开关闭合 1 闪 3 次的功能）。向下为远光（位置 2），开关为手动复位。前、后方向位置：前移为右转向，后移为左转向。转向开关的工作电路如图 9-4 所示。

图 9–2 转向开关

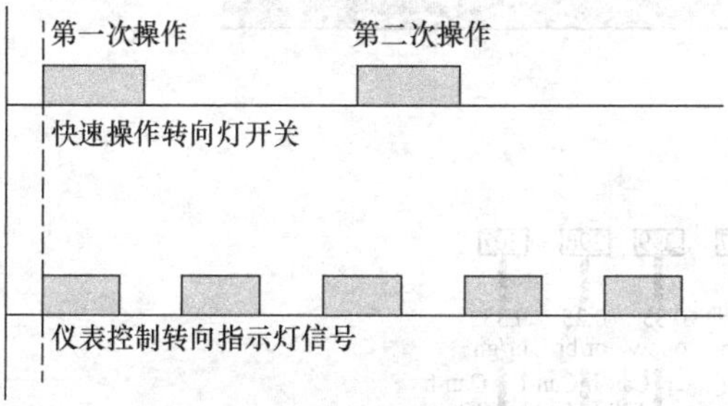

图 9–3 高速路超车功能

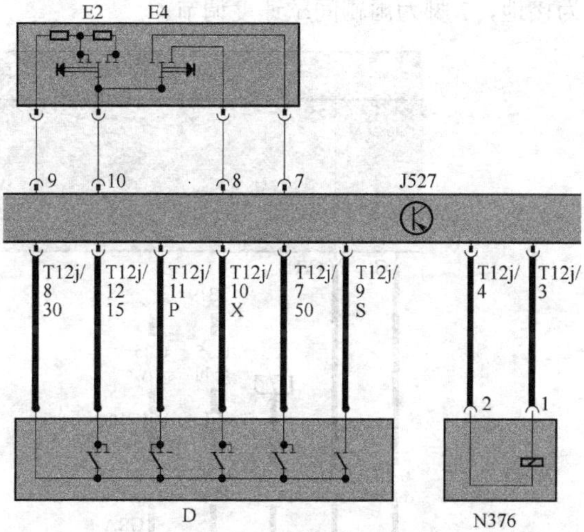

图 9–4 转向开灯开关 E2 和远/近光组合开关 E4

完成任务

根据图 9-4 分析［提示：临时（应急）］远光灯信号引脚 7、远光灯信号引脚 8、转向信号引脚 9、两个灯开关 E2 和 E4 用来接地负触发的接地引脚 10。

J527 通过一根线接左/右转向开关 E2，分析 J527 是如何识别是左转向开关，还是右转向开关的：________________；另外，仪表 J285 的左向灯指示是通过什么方法传递出去的：__________。

2．巡航开关

如图 9-5 所示为巡航开关及其电路图。

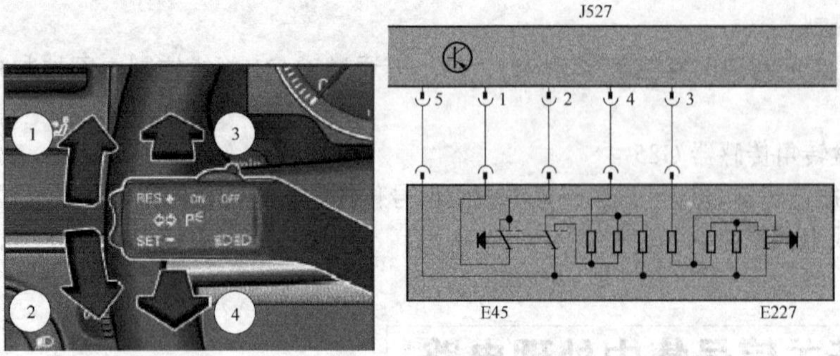

图 9-5　巡航开关及其电路图

完成任务

在巡航开关 E45 中（J527 的 1 脚为 15 线供电，5 脚为接地，2、3、4 脚为信号线），其中 2、4 脚为几位几线开关组合：________________；最多可以识别______个位置。

E227 在这里是________________开关。

3．雨刮开关

在图 9-6 中，J519 的 1 脚为雨刷开关信号，2 脚为雨刷开关接地，3 脚为清洗开关信号，6 脚为接地，7 脚为雨刷间歇速度调节。

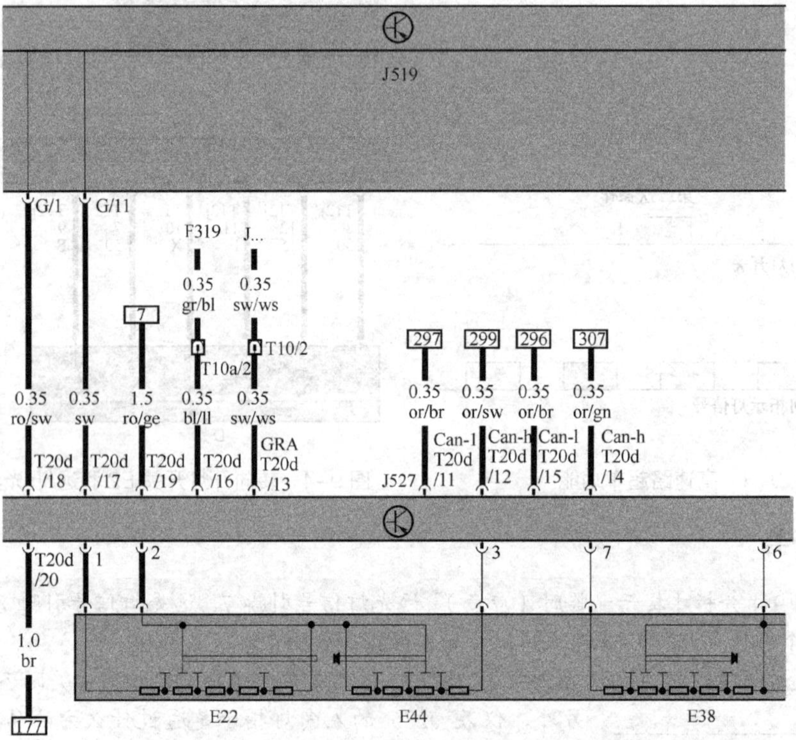

图 9-6　雨刮、喷水和雨刷间歇速度调节

4．MFI

MFI 的英文全称为 Multiple Function Indicator，译为多功能显示操纵开关，如图 9-7 所示。

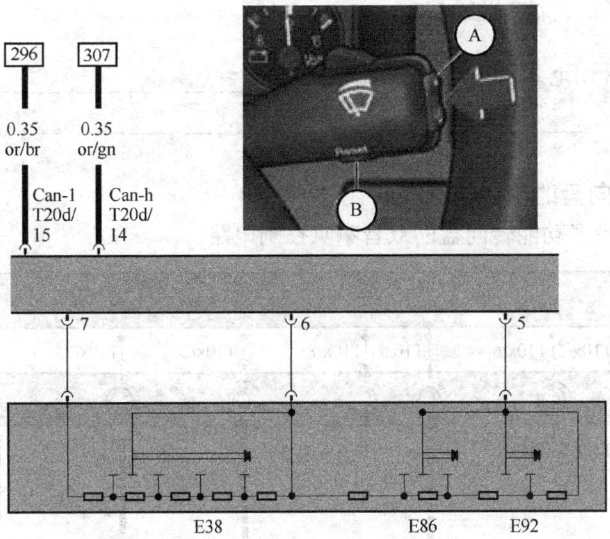

图 9–7　MFI 及其电路图

图 9-7 中的 A 为仪表多功能显示调用键 E86，B 为 RESET 复位开关 E92。

完成任务

MFI 的缩写是______________；译为：________________。
根据图 9-7，操作实车，写出 E86 的功能：__________________；E92 的功能：__________________。并对仪表显示的一个项目进行复位。

5. 双音喇叭控制

双音喇叭控制电路（30-SB17-J519/J3-双音喇叭继电器（J4）-J519/J6-喇叭）如图 9-8 所示。

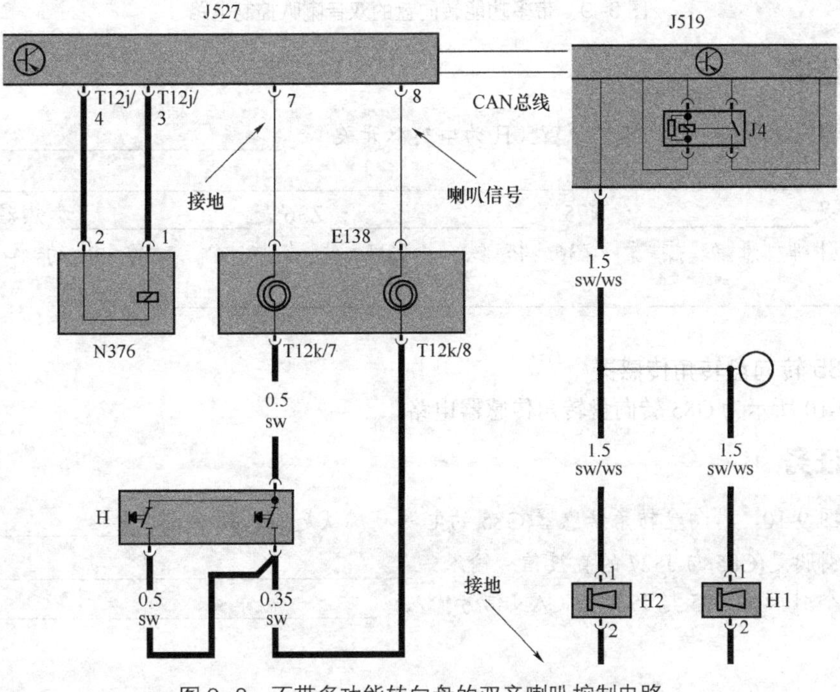

图 9–8　不带多功能转向盘的双音喇叭控制电路

完成任务

根据双音喇叭控制电路图，写出其工作原理：________________________________

____

6. 带多功能转向盘的双音喇叭控制

如图 9-9 所示为带多功能转向盘的双音喇叭控制电路。

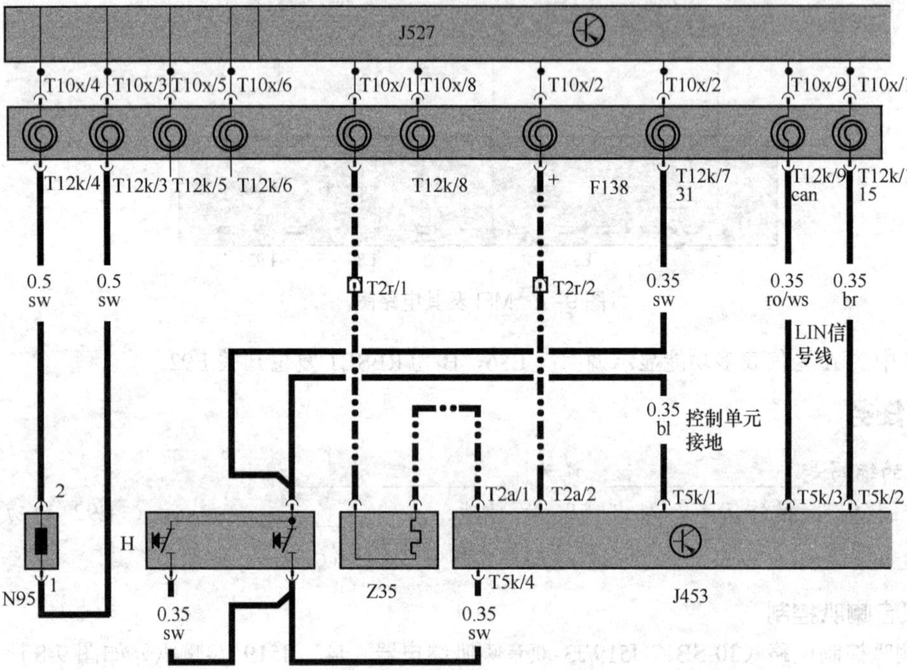

图 9-9　带多功能转向盘的双音喇叭控制电路

完成任务

根据图 9-9 写出喇叭的工作原理（H 为喇叭双开关）：________________________________

____

J453 是__________；N95 是__________；Z36 是__________加热器；J527 的 T10X/1 引脚为加热器 Z36 搭铁，LIN 线在喇叭工作中的作用是：________________________________。

7. G85 转向盘转角传感器

如图 9-10 所示为 G85 转向盘转角传感器电路。

完成任务

根据图 9-10，转向盘转角传感器 G85 的电源和搭铁是什么引脚：__________。

哪些引脚是 G85 与 J527 的直接信号输入：__________________。

哪两个引脚是 G85 与 J527 的 CAN 信号输入：__________________。

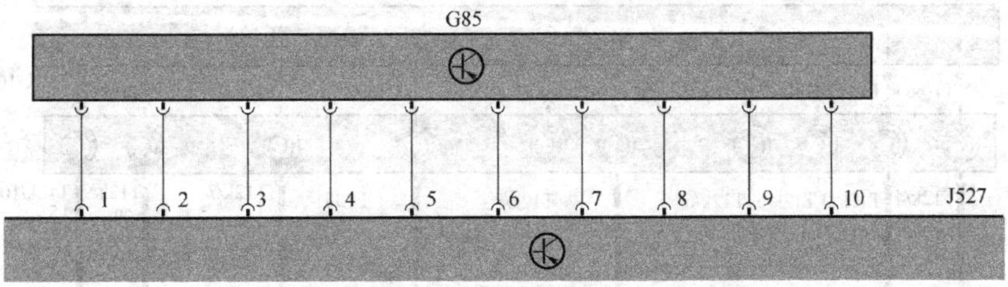

图 9-10 G85 转向盘转角传感器电路

8. 多功能转向盘（J453）/（E221）

如图 9-11 所示为多功能转向盘（J453）/（E221），如图 9-12 所示为多功能转向盘的控制功能，其电路图如图 9-13～图 9-15 所示。

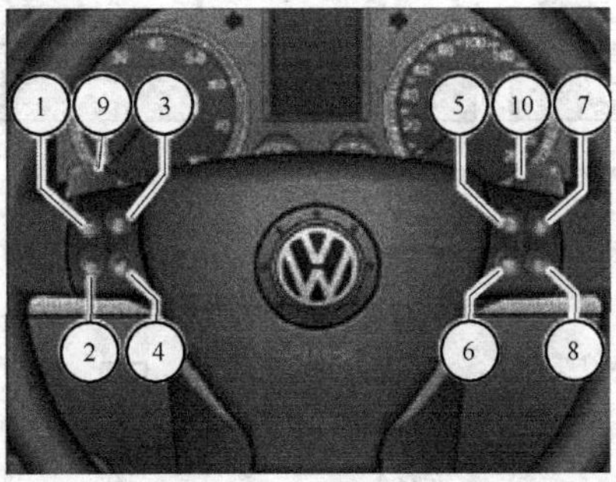

1—音量+；2—音量-；3—静音；4—免提；5—菜单；6—OK；7—向上；8—向下；9—Tiptronic-；10—Tiptronic+

图 9-11 多功能转向盘（J453）/（E221）

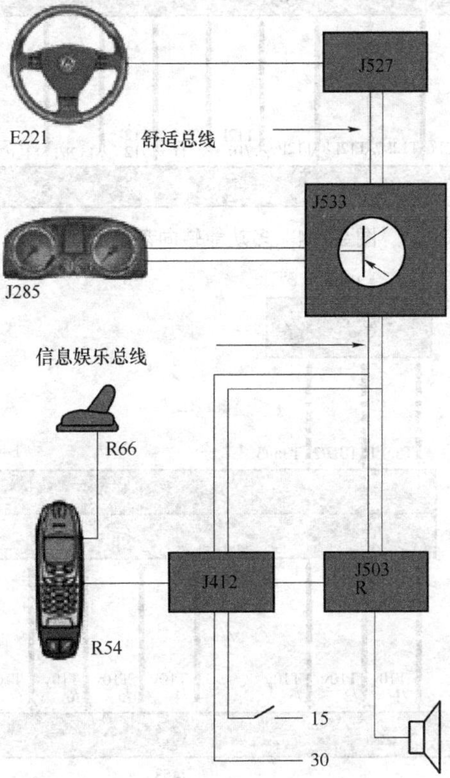

图 9-12 多功能转向盘的控制功能

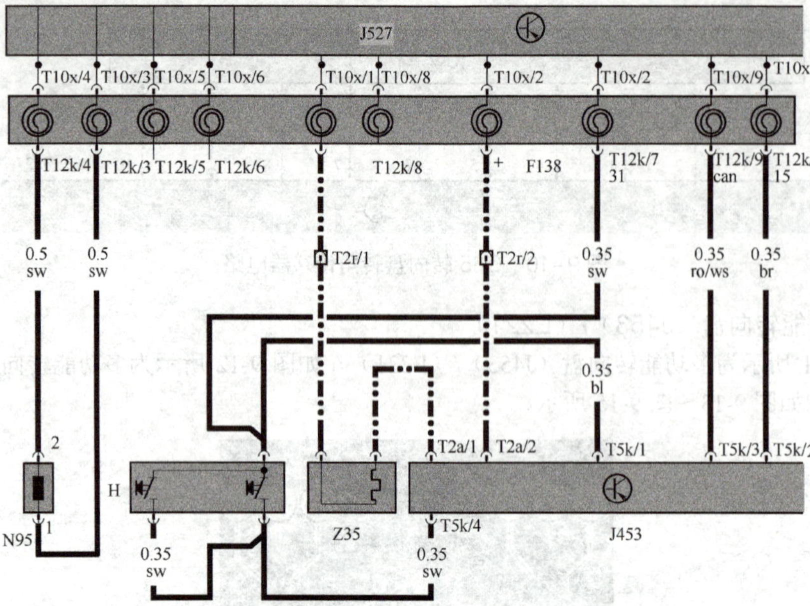

图 9-13　多功能转向盘电路 1

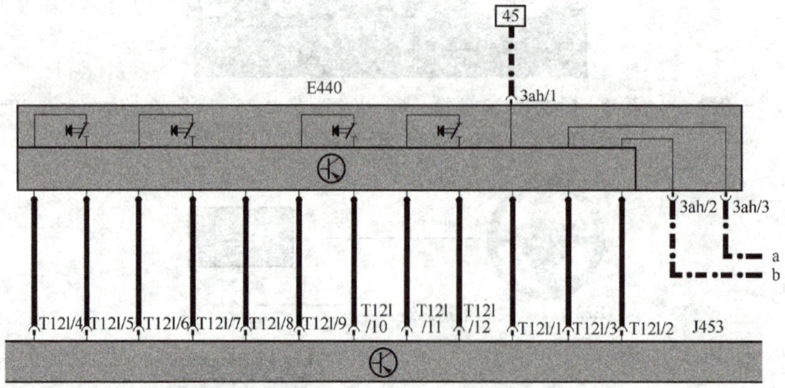

图 9-14　多功能转向盘电路 2

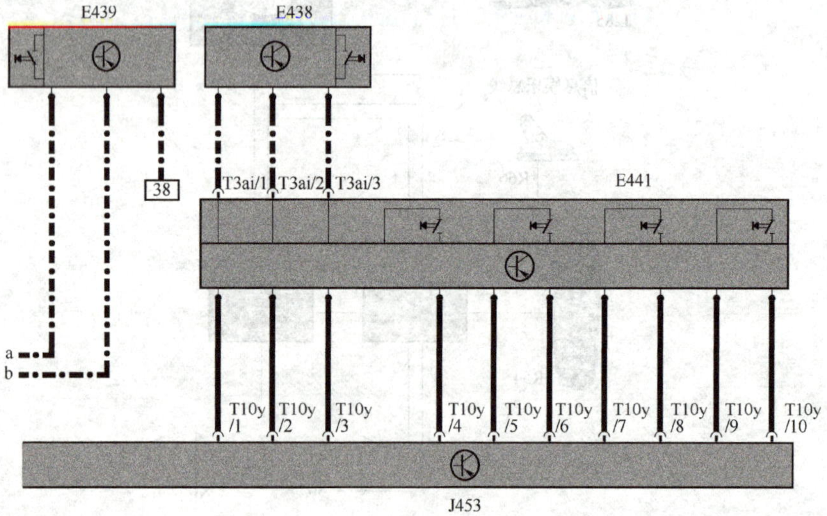

图 9-15　多功能转向盘电路 3

9. 点火开关锁止电磁铁 N376

在装备自动变速箱的车辆上，只有当换挡手柄在 P 挡时，换挡手柄上的锁止按钮释放，电磁阀 N376 断电后，点火钥匙方可从点火开关中拔出，如图 9-16 和图 9-17 所示。

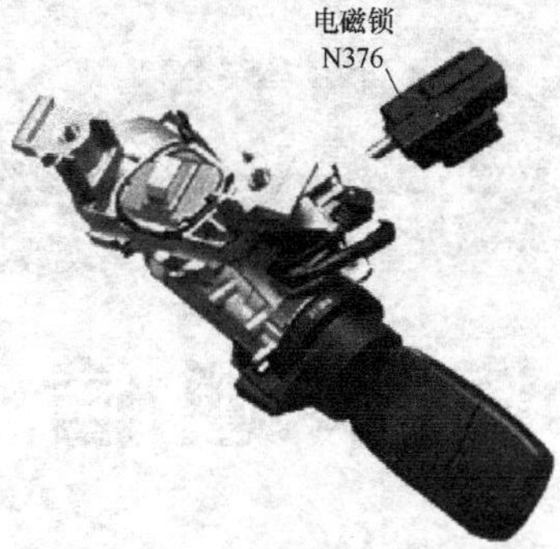

图 9–16 点火开关锁止电磁铁 N376

完成任务

在图 9-16 中，点火开关锁止电磁铁 N376 是通电允许拔钥匙，还是断电允许拔钥匙：_____________；点火挡工作一会儿时，用手摸车上的这个电磁阀 N376 发热吗：______；电磁阀 N376 动作能听见声音吗：_______________。

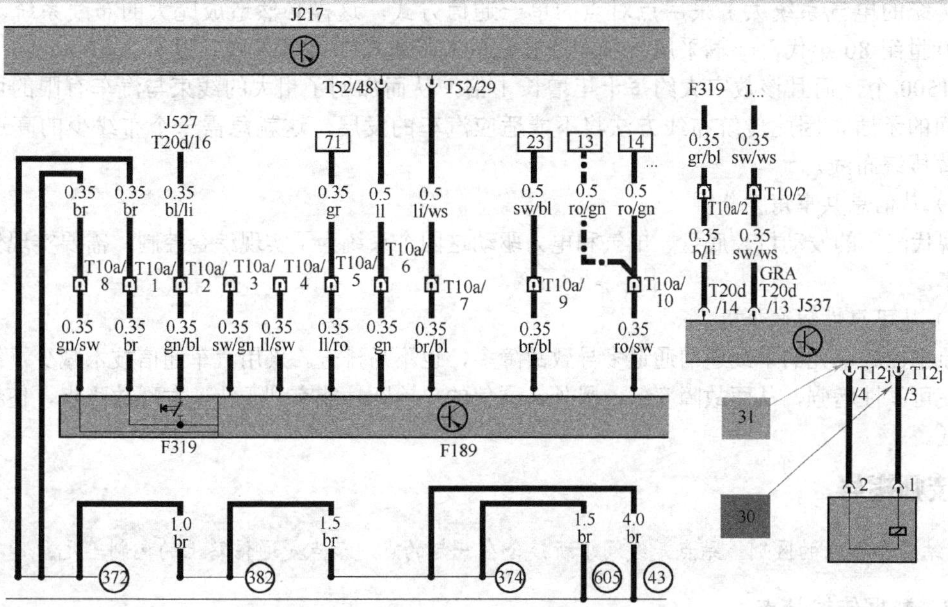

图 9–17 点火开关锁止电磁铁 N376

完成任务

在图 9-17 中，根据大众速腾轿车电路图资料，写出 J217 是什么控制单元：_____________；F189是什么开关：___________；F189和自动变速箱的多功能开关F125有什么区别：_____________；F319 开关受驾驶员的什么动作控制：_____________。（提示：只有当换挡手柄在P挡时，换挡手柄上的锁止按钮释放，开关F319确认按钮释放，点火钥匙方可从点火开关中拔出。）

·第10章·

汽车通信

10.1 汽车通信技术

1．汽车通信的必要性

1）从布线角度分析

传统的电气系统大多采用点对点的单一通信方式，这样必然造成庞大的布线系统。据统计，20世纪80年代，一辆采用传统布线方法的高档汽车中，其导线长度可达2000m，电气结点达1500个，而且该数字大约每十年增长1倍，从而加剧了粗大的线束与汽车有限的可用空间之间的矛盾，因此传统布线方法将不能适应汽车的发展，这就急需一个布线少的高速网络来代替传统布线。

2）从信息共享角度分析

现代汽车的发动机、底盘、电气和电力驱动这四个系统为了实现综合控制，需要实现信息技术共享。

3）从可靠性角度分析

原来控制单元的单线通信通道多导致故障多，也不易排查。采用汽车通信技术减少了线束数量，使可靠性增强，从而故障率低。另外，通信的自诊断功能有利于快速发现故障点，使检修难度降低。

技师指导

结点和节点的区别：结点是线间重新接合在一起的点，节点是通信路上的控制单元。

2．数据传输特点

现代汽车数据传输的特点是"数字化"和"多路复用"。

1）数字化

例如，发动机控制单元有发动机水温信号、发动机转速信号、节气门开度信号三种信息要发送到自动变速器控制单元。在传送之前，这些数据已经预先被数字化成"0"或"1"，如图10-1所示。数据传输是以数字信号的形式支持信息的交流，例如，发动机水温信号可用8位的"0"或"1"表示。

模数转换器是将模拟量变为二进制数字量的芯片，模拟量0V用二进制表示为0000 0000，十进制仍为0，5V用1111 1111表示，十进制为255（0～255共有256个数）。当水温为-20℃，输入电压为2.5V时，二进制为1000 0000，十进制则为128。反过来，当发动机ECU内的微控制器（MCU）接收到这个二进制数1000 0000时，就知道实际水温是-20℃了。

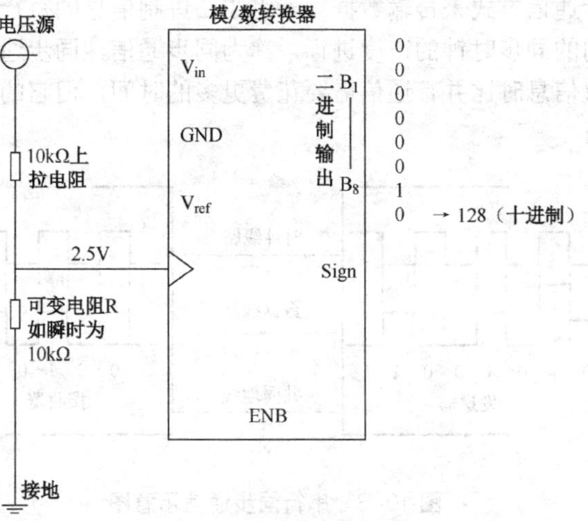

图10-1 发动机水温信号的数字化过程

2）多路复用技术

当介质传输能力很强（如光纤）或介质传输能力不太强（如单金属线或双金属线）时，由于在汽车上每个控制单元要传递的信号种类也不是特别多，每个控制单元也不是特别快速需要这些信号，一条线仅传递一个信号，这个通道显得太空闲。为了能有效地利用这个通道，人们希望一个通道能够给车上的多个控制单元（节点）传输信号，以实现全车控制单元的数据共享。

如图10-2所示，当发动机向总线通道发送信息时，先将发动机水温信号、发动机转速信号和发动机节气门开度信号打包成一体，当然还有总线协议要求的一些二进制数据作为控制数据或地址数据等，最终打包成一帧数据（只含0或1这两种数据）。

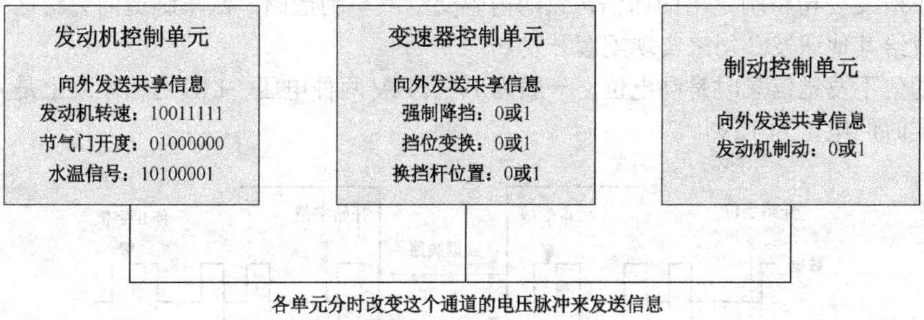

图10-2 多路复用技术

发动机控制单元要发送的只有0或1两种数据，信息共享传播方式是通道实现高和低两种电压脉冲的变换。高、低两种电压脉冲被发动机控制单元、变速器控制单元、制动控制单元检测。发动机控制单元检测电压脉冲是为了检查刚才自己发的数据是否正确。变速器控制单元和制动控制单元检测电压脉冲是为了实现数据共享。

3. 串行异步通信技术

通信导线在汽车上使用时根据数目分为单线和双线两种。单线用于串行异步通信和LIN通信（也是串行通信），双线用于CAN和FLEXRAY这两种通信。

单线串行通信用于不需要瞬间处理或允许稍缓处理的信息交换的情况，分为同步通信和异步通信两种。

1）串行同步通信

当因为无法增加线路导致数据传输堵塞，或者因成本（如使用了电话线路）等原因无法增加数据线路时，采用串行通信方式来传输数据。若组成二进制信息的每行字位一个接一个地传输，按发送器与接收器之间的同步时钟的速度进行，称为同步通信，同步通信在汽车上几乎不用。这种通信方法在汽车获取信息时比并行通信需要花费更多的时间，但它的优点在于减少了所需电线的数量，如图 10-3 所示。

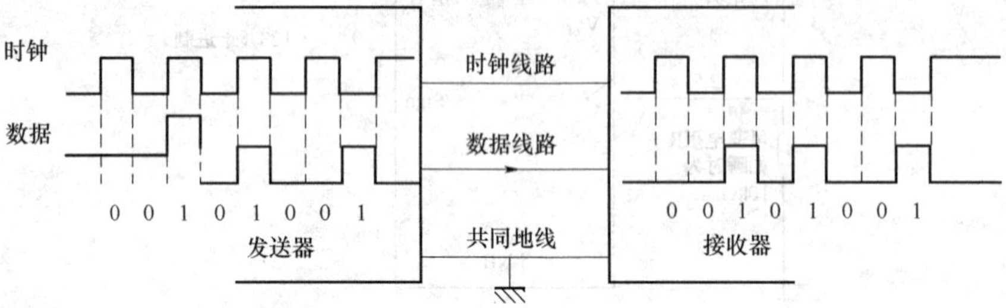

图 10-3　串行同步通信示意图

2）串行异步通信

异步通信模式省去了连接发送器与接收器的同步时钟线路。在这种情况下，每一个组件都有一个内部时钟，其周期是相同的。发送器先向接收器发送具有开始字位的一段脉冲，接收器在第一个拉低脉冲持续一个内部时钟的时间后认为是信号传递的开始，这个过程也称初始信号同步，信息初始有一个开始 0 字位，这个开始字位不是数据，它的作用是使接收器的时钟与发射器的时钟同步。信息以一个与开始字位相反的停止字位 1 结束，时钟将会在开始发送每个信息时进行重新同步调节。

如图 10-4 所示为一帧数据为 10 位的数据传送。事实上一帧数据为多少位是不固定的，由汽车开发商和制造商间的双方技术人员事先磋商好，汽车制造商会委托汽车研发公司制定这方面的内容，汽车研发公司将制定出的通信协议的内容交给汽车制造商，汽车制造商会将这个通信协议的内容分发给其他研发公司来实现配套开发。

异步通信不发送信息时是高电位，一般为5V或12V两种电压。LIN通信本质上是异步通信，不发送数据时的电位为12V。

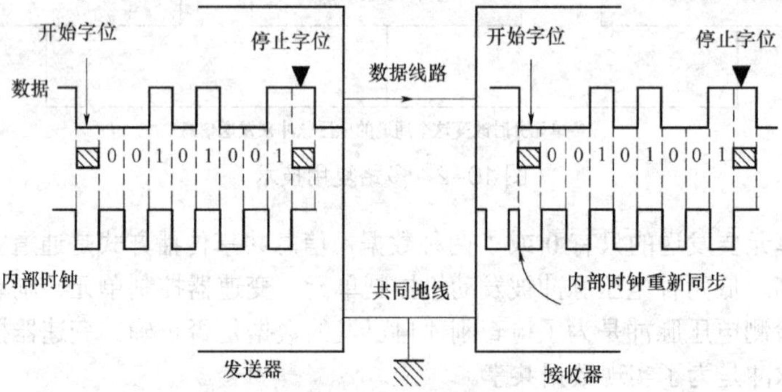

图 10-4　单线串行异步通信

完成任务

串行同步通信在汽车上使用吗：__________；串行异步通信是否在汽车上使用：

____________。

在图10-2中接收器通过信号线上的什么变化来知道发送器要发送数据了：____________；接收器内部的同步时钟正常工作，突遇信号线上的脉冲由高（5V）降为低（0V），是重新校定初始同步脉冲，还是不做任何反应：____________。

4．传感器集成对通信的影响

在数字化大发展的今天，汽车开发商通过不断提高数字化质量和数目来升级其产品，以达到更智能的控制，如图10-5所示。

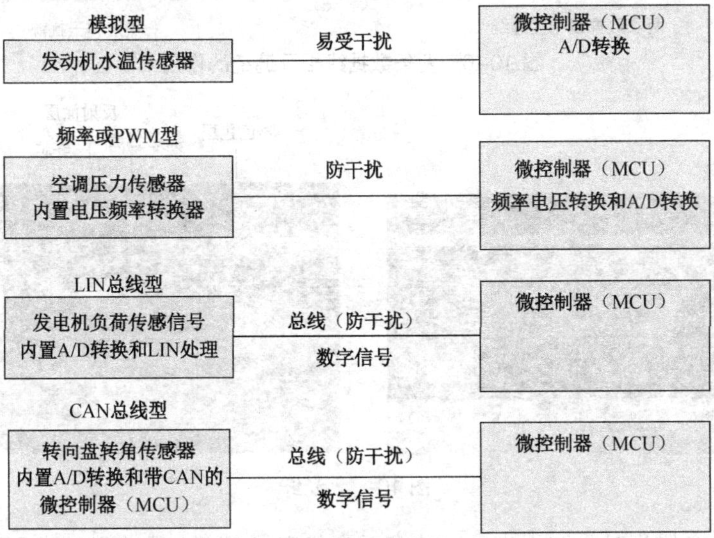

图10–5 汽车传感器集成对通信的影响

目前汽车传感器有以下几种类型。

（1）模拟型传感器，如发动机水温传感器、爆震传感器、磁感应传感器、加速踏板或电子节气门等，其输出均采用模拟信号的形式。

（2）脉冲宽度调制信号（PWM）或频率型的传感器，如空调压力传感器输出的PWM信号和发电机负载率的DFM端子等，以及输出频率信号的某些热线式或热膜式空气流量计。

（3）LIN总线型传感器，如带有LIN总线的空调压力传感器、发电机的电压调节器LIN等。

（4）CAN总线型传感器，如某些汽车的转向盘转角传感器和ABS系统的横摆率传感器等。

5．汽车网络可用的传输介质

1）双绞线

双绞线由两根带绝缘皮的普通铜导线扭绞而成，目前双线不归零码串行通信在汽车上使用时有CAN和FLEXRAY两种协议，它们在硬件原理上是基本相同的。

CAN单通道通信为单条双绞线，如图10-6所示，两条数据线相互缠绕，既防止了外界噪声和干扰源的干扰产生错误信号，同时也阻止了其本身向外辐射，对外产生干扰。

对于FLEXRAY而言，一般单通道通信为单条双绞线就够用了，若采用双通道通信需要使用两套双绞线。

许多汽车制造商在使用双绞线时通常用颜色来区分不同区域网络的CAN线。

2）光纤

光纤是有线传输介质中性能最好的一类，如图10-7所示。它一般由实心玻璃纤维和塑料构成。在折射率较高的纤芯外面用折射率较低的包层包住，就构成了一条光波通道，再在包层外面加上一层保护套，就构成了一根单芯光纤。

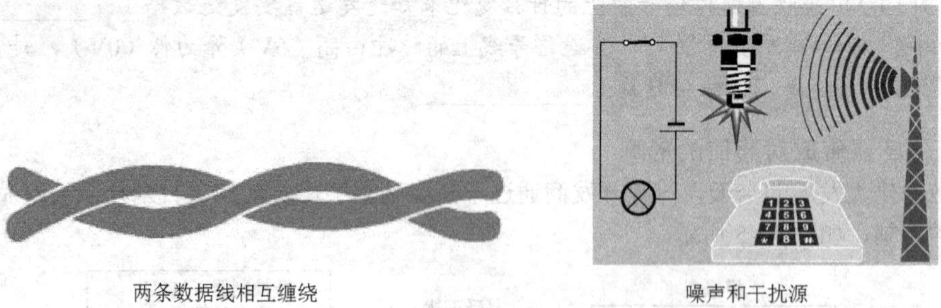

图 10-6　两条数据线相互缠绕的作用

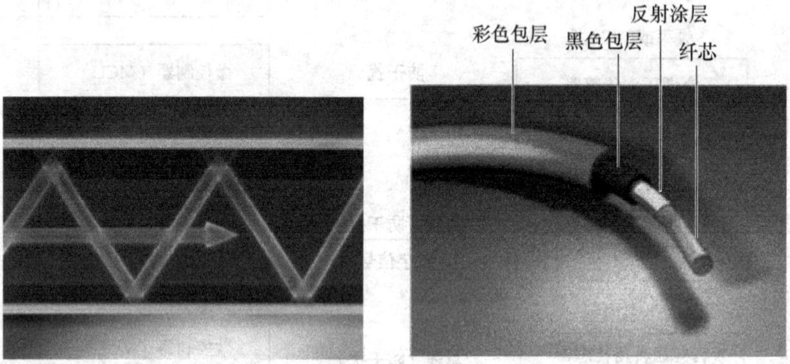

图 10-7　光纤

光纤传输数字信号时是利用光脉冲的有无来代表“1”和“0”的。典型的光纤传输系统如图 10-8 所示。在发送端，可用发光二极管（LED）把电信号转换成光信号在光纤中进行传输。在接收端，通过光电二极管（PIN）把光纤传来的光脉冲转换成电信号输出。

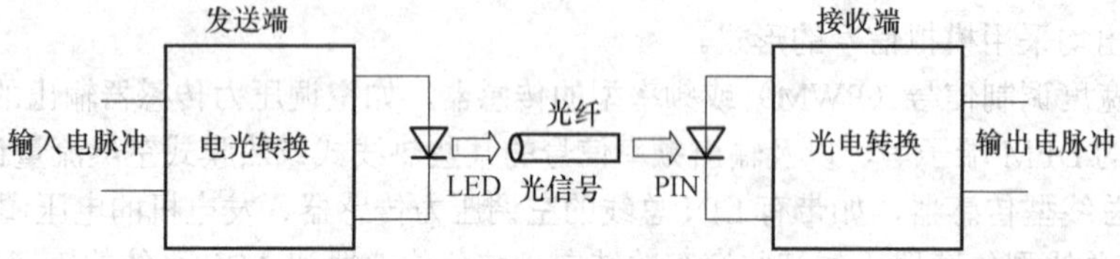

图 10-8　典型的光纤传输系统

注：光纤主要应用于信息-娱乐系统，如音频和视频类等数据量大的信息传输系统。

光纤以其抗电磁干扰能力强、信号传输速度快和音频响应好等优点，将逐渐取代传统的同轴电缆和双绞线。

3）同轴电缆

同轴电缆（家用电视信号线）如图 10-9 所示。电缆的中央是一条单根的铜导线，其外部被一层绝缘材料包围着，在这种绝缘介质的外部是一个网状金属屏蔽层。网状金属屏蔽层既可以屏蔽噪声，也可以用作信号线的地线，其最外面一层是塑料封套。

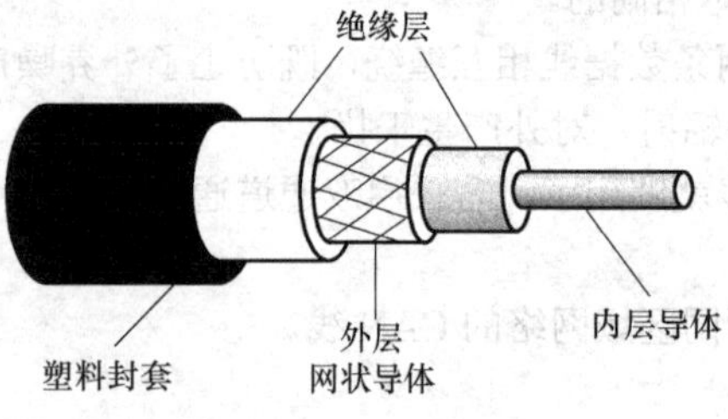

图 10-9　同轴电缆

技师指导

同轴电缆主要用于音/视频信号的传输，如倒车影像。

6. 汽车网络系统

表10-1对通信速率和汽车应用方面做了详细比较，其中“○”表示采用的通信方式。发动机控制、ABS、变速器控制、停车控制、悬架控制等在未来将采用更快传输速率的通信方式FLEXRAY。

表10-1 汽车网络标准

等级	通信速率	汽车应用	LIN	CAN	FLEXRAY	MOST
A	10～125Kbps	传感器向控制单元发送数据；控制单元向执行器发送数据	○			
B	125Kbps～1Mbps	控制单元和控制单元间传递数据；重要传感器和控制单元间传递数据		○		
C	1～10Mbps	在配有辅助驾驶的汽车上，主要在转向控制、制动控制及四轮驱动和悬架控制上		○	○	
D	10Mbps以上	在配有光纤通信的高档汽车上，用于汽车导航、电视调谐器、收音机、DVD、音响功率放大器间的通信等				○

完成任务

车用MOST通信就是光纤通信，MOST总线的通信速率最快，为什么不全用MOST通信，还要存在其他通信方式呢：________________。

7. LIN、CAN、MOST混合网络

如图10-10（a）和（b）所示为奥迪C6汽车的LIN、CAN、MOST混合网络。

完成任务

请列出不同总线上挂的不同系统。

LIN: ________________。

CAN: ________________。

MOST: ________________。

写出网关J533有几个不同区域的CAN 网络：________________。

8. LIN、CAN、FLEXRAY、MOST混合网络

由于篇幅的原因，这里只能单独列出如奥迪C7汽车的FLEXRAY网络部分，如图10-10（c）所示，其LIN、CAN、MOST网络省略。

完成任务

请写出2012款奥迪C7 FLEXRAY总线上挂的9个系统的名称。

FLEXRAY: ________________。

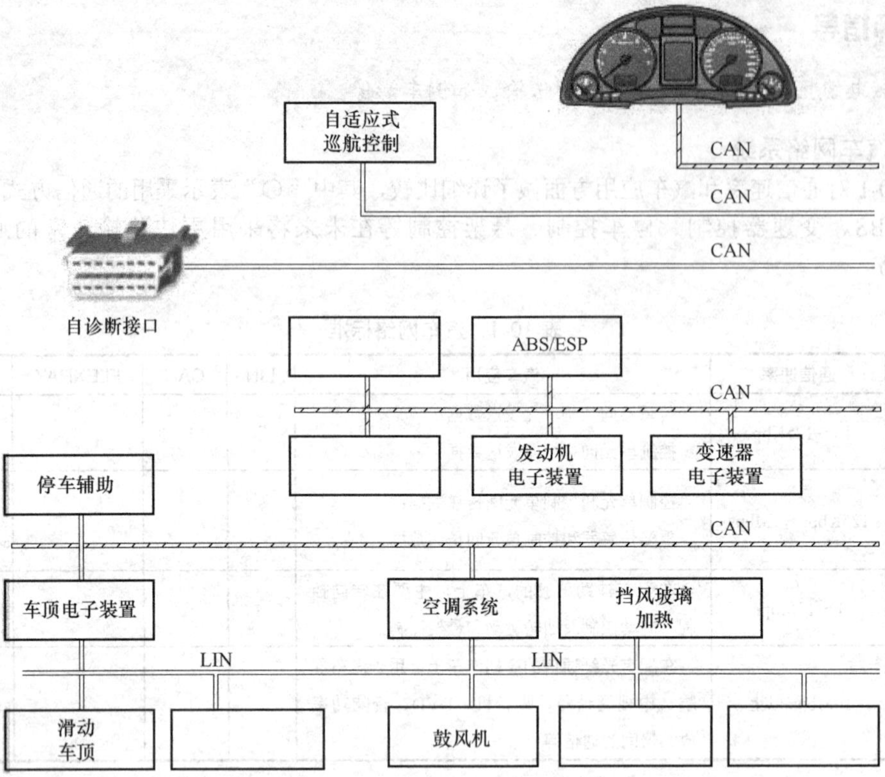

（a）LIN、CAN、MOST 混合网络（一）

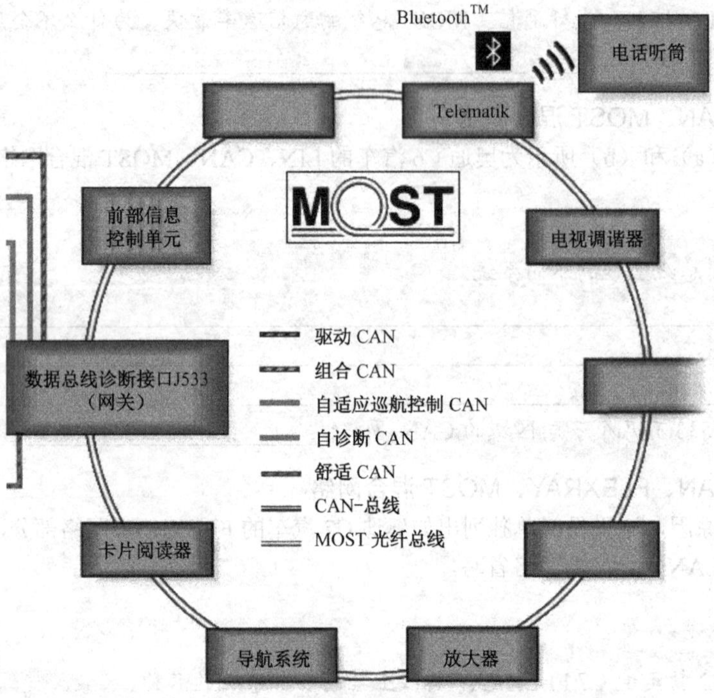

（b）LIN、CAN、MOST 混合网络（二）

图 10–10　混合网络

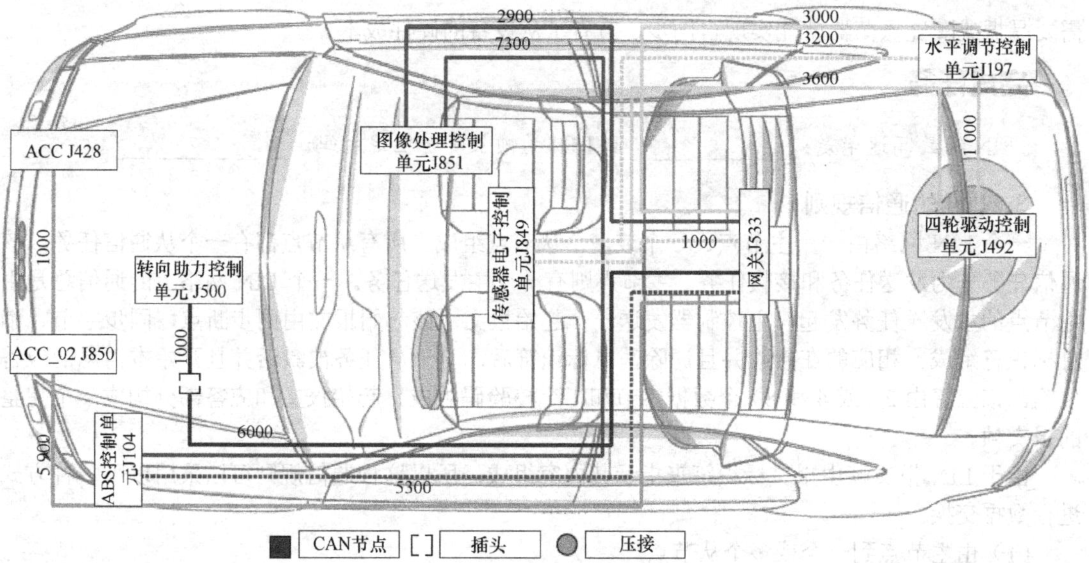

（c）2012 款奥迪 C7 汽车的 FLEXRAY 网络

图 10–10 混合网络（续）

10.2 LIN 总线

1. LIN 总线简介

LIN（Local Interconnect Network）是一种低成本的串行通信总线，适用于汽车中的分布式电子系统控制。LIN 的目标是为现有汽车网络（如 CAN 总线）提供辅助功能。因此，LIN 总线是一种辅助的串行通信总线网络。在不需要 CAN 总线的带宽和多功能的场合，如智能传感器和制动装置之间的通信，使用 LIN 总线可大大节省成本。

LIN 技术规范中，除定义了基本协议和物理层外，还定义了开发工具和应用软件接口。LIN 通信是基于 SCI（UART）数据格式，采用单主控制器/多从设备的模式，主机和从机间仅使用一根 12V 信号总线通信，主机和从机内部各有一个频率相同的时钟，主机和从机因无固定时间开始基准，因此需要 12V 降为 0V 的同步时钟信号。

这种低成本的串行通信模式和相应的开发环境已经由 LIN 协会制定成标准。LIN 的标准化将使汽车制造商及供应商降低成本。

完成任务

LIN 的缩写是：________；LIN 是单线通信，还是双线通信：________；LIN 的电压是 12V 还是 5V：______；属不属于串行异步通信：__________。

2. LIN 的主要特性

（1）传输速率最高可达 20Kbps。

（2）采用单主机多从机模式，无须总线仲裁机制。

（3）可以在网络上增加节点。通常一个 LIN 网络上的节点数目最多为 16 个，过多时阻抗变差，为了工作得更好，实际上节点数目小于 12 个或更少。目前应用 LIN 最多的系统为空调系统。

（4）低成本。基于通用串行通信接口，几乎所有微控制器都具备 LIN 必需的硬件，从节点不需要晶振或陶瓷振荡器就能实现自同步，节省了从设备的硬件成本。

完成任务

LIN的最高速率是：______________；LIN的帧长度是固定的吗：______________。

3．LIN的通信规则

一个LIN网络由一个主节点、一个或多个从节点组成。所有从节点都有一个从通信任务，该通信任务分为发送任务和接收任务。主节点则有一个主发送任务。一个LIN网络上的通信总是由主节点的主发送任务发起，主控制器发送一个起始报文，该起始报文由同步断点、同步字节、消息标识符组成。相应的在接收并且滤除消息标识符后，一个从任务被激活并且开始本消息的应答传输。该应答由2（或4和8）个数据字节和1个校验码组成。起始报文和应答部分构成一个完整的报文帧。

由于LIN报文帧由报文标识符来指示其内容组成，所以这种通信规则可以采用以下多种方式进行数据交换。

（1）由主节点到一个或多个从节点。

（2）由一个从节点到主节点或其他从节点。

（3）通信信号可以在从节点之间传播，而不经过主节点或通过主节点广播消息到网络中所有的从节点。需要明确的是，报文帧的时序由主机控制。

4．LIN应用场合

典型的LIN总线主要应用在汽车中的联合装配单元，如车门、转向器、座椅、空调、照明灯、湿度传感器、交流发电机等。在这些对成本比较敏感的单元中，LIN可以使那些机械组件，如智能传感器、制动器或光敏器件得到较广泛的使用。这些组件可以很容易地连接到汽车网络中，并且维护和服务十分方便。用LIN实现的系统中，通常用数字信号量替换模拟信号量，这将使总线性能优化。

以下是汽车电子控制系统成功使用LIN的实例。

（1）车内和车顶：车内湿度和温度传感器、观后镜光敏和雨滴识别传感器、汽车天窗执行口控制。

（2）车门：左后和右后门集中控制、后备箱门集中控制。

（3）发动机舱：空调压力LIN传感器、LIN发电机和发动机通信。

（4）转向盘：转向开关、挡风玻璃刮水、收音机控制、空调控制集中LIN控制。

技师指导

LIN总线本质是单片机的串行异步通信。智能传感器内置了微控制器，该微控制器功能相对简单，把传感器信号变为数字信号后，主要是向上级微控制器传送，由上级微控制器处理分析这个数据或这些数据。

5．LIN端口的工作原理

LIN总线的接口电路如图10-11所示，蓄电池电压为12V，LIN总线主机端电阻为1kΩ，从机端电阻为30kΩ。

由于电路结构对称，这里仅以主机向从机发送信息为例说明LIN总线的工作原理。

（1）TXD为高电位时，三极管导通，总线电压为低电压，低电压经从机侧的反向器变为高电位，RXD接收高电位。

（2）TXD为低电位时，三极管截止，总线电压为高电压，低电压经从机侧的反向器变为低电位，RXD接收低电位。

(3) 当主机和从机间无信息传递时，主机和从机内的三极管不导通，因此总线呈现 12V 电位的空闲状态。当关闭点火开关后，LIN 总线仍会传递信息，但几秒后总线会出现 12V 的空闲电位。

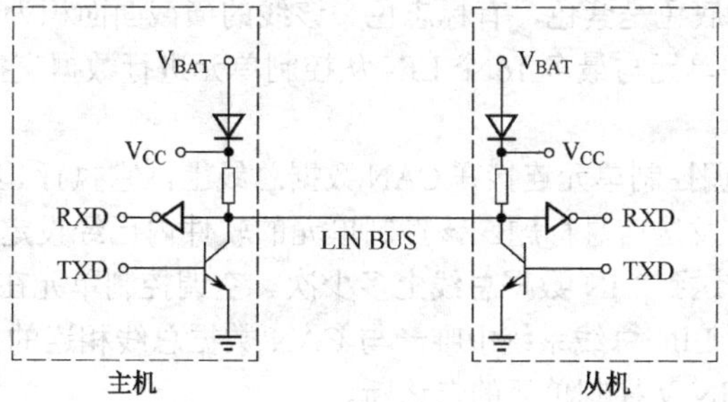

图 10-11 LIN 总线的接口电路图

6. LIN 总线的自动寻址原理

在诸如自动空调的翻板控制功能中，各气道的翻板采用伺服电机或步进电机控制。为了让其 LIN 控制单元地址能被主控制单元（空调控制面板中）识别，各分 LIN 控制单元首先要识别自己本身是哪个空气通道的伺服电机控制单元。空气通道上的伺服电机地址是确定的，在打开点火开关初始化时应自动识别伺服电机地址码，并向主机发送自己的地址码。只有各伺服电机找到了对应自己的地址后才能进行极限位置的基本设置，即“先寻址再基本设置”。

LIN 总线的具体自动寻址结构：图 10-12 中的 LIN 总线接空调控制单元（主控单元），4 个空气翻板电机为 LIN 从控制单元，LIN 从控制单元内分别内置地址电阻相同的 R_{11}、R_{12}、R_{13}、R_{14}，接地电阻分别为 R_{21}、R_{22}、R_{23}、R_{24}。

自动寻址过程：由于接地电阻的分流作用，在各 LIN 从控制单元中的地址电阻 R_{11}、R_{12}、R_{13}、R_{14} 的分流作用下，各 LIN 单元的地址电阻电流分别为 $I_1+I_2+I_3+I_4$、$I_2+I_3+I_4$、I_3+I_4、I_4，由于各从控制单元的地址电阻相同，电流不同，导致电压不同，这样相同的翻板电机控制单元可用到不同的空气通道上，实现气流控制。每个 LIN 从控制单元通过地址电阻的电压来识别自己被安装在哪个翻板所在位置上，这样相同的部件可用在不同的位置。

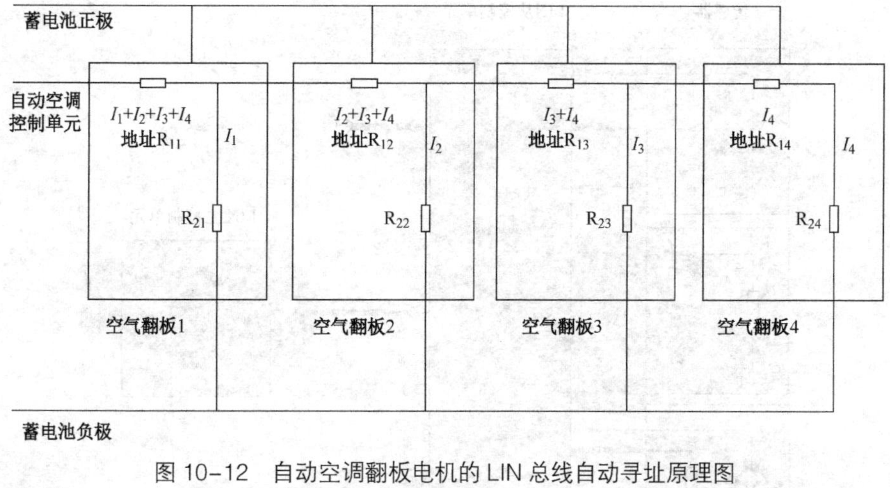

图 10-12 自动空调翻板电机的 LIN 总线自动寻址原理图

技师指导

更换翻板电机时，要进行基本设定，保证空调主控单元能识别电机的极限位置，并通过位置反馈存储这个位置。

7．大众汽车的 LIN 总线

大众汽车上各个 LIN 总线系统之间的数据交换是由控制单元通过 CAN 数据总线实现的。LIN 总线系统是单线式总线，底色是紫色，有标志色。该线的横截面面积为 $0.35mm^2$，无须屏蔽。该系统可让一个 LIN 主控制单元与最多 16 个 LIN 从控制单元进行数据交换。

1）LIN 主控制单元

如图 10-13 所示，空调控制单元连接在 CAN 数据总线上，它执行 LIN 的主控功能，监控数据传递和数据传递的速率，发送信息标题。该控制单元的软件内已经设定了一个周期，这个周期用于决定何时将哪些信息发送到 LIN 数据总线上多少次。空调控制单元在 LIN 总线与 CAN 总线之间起“翻译”作用，它是 LIN 总线系统中唯一与 CAN 数据总线相连的控制单元。通过 LIN 主控制单元进行与之相连的 LIN 从控制单元的自诊断。

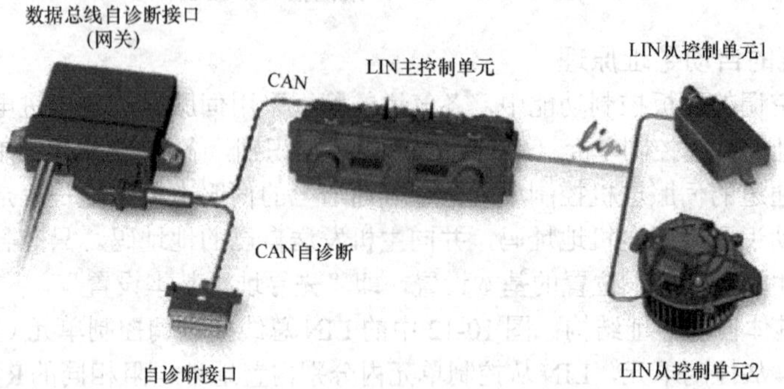

图 10-13　LIN 主控制单元作用

2）LIN 从控制单元

如图 10-14 所示，在 LIN 数据总线系统内，单个控制单元（如新鲜空气鼓风机）或传感器及执行组件（如水平传感器及防盗警报蜂鸣器）都可看作 LIN 从控制单元。传感器内集成有一个电子装置，该装置对测量值进行分析，测量值是作为数字信号通过 LIN 总线传递的。

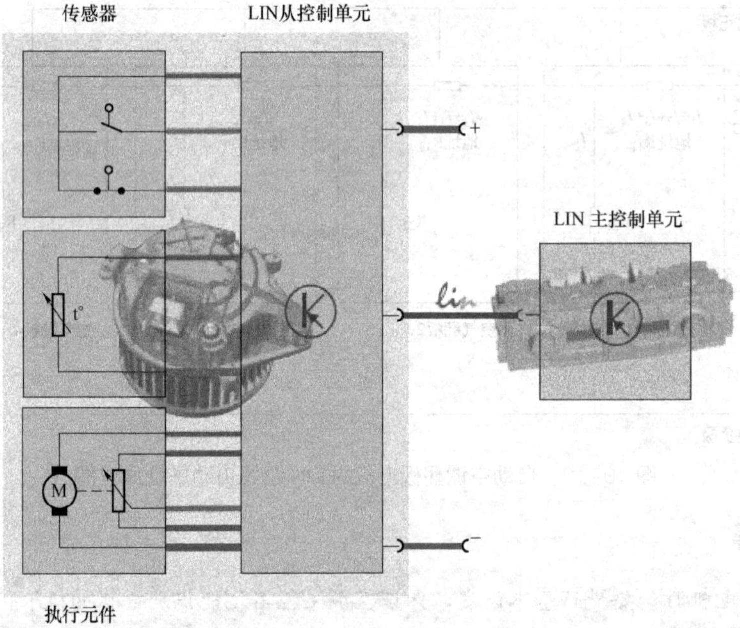

图 10-14　LIN 从控制单元作用

技师指导

请读出空调系统中各风门翻板电机、位置传感器、电机温度、两个开关的数据流。

如图 10-15 所示，有些传感器和执行组件只使用 LIN 主控制单元插口上的一个针脚。LIN 执行组件都是智能型的电子或机电部件，这些部件通过 LIN 主控制单元的 LIN 数字信号接受任务。LIN 主控制单元通过集成的传感器来获知执行组件的实际状态，然后就可以进行规定状态和实际状态的对比了。只有当 LIN 主控制单元发送出标题后，传感器和执行组件才会做出反应。数据传递速率为 1～20Kbps，在 LIN 控制单元的软件内已经设定完毕，该速率最大能达到舒适 CAN 数据传递速率的 1/5。

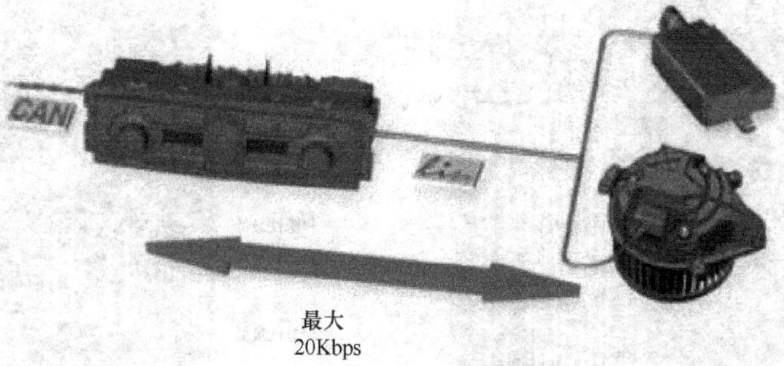

图 10-15 数据传递速率

3）信号

（1）隐性电平定义

隐性电平是和空闲电平相同的电平，因其电压和空闲电平间无差距，所以称为隐性电平。

如果无信息发送到 LIN 数据总线上或发送到 LIN 数据总线上的是一个隐性位，数据总线导线上的电压就是蓄电池电压。

（2）显性电平定义

显性电平是和空闲电平相反的电平，因其电压和空闲电平间差距大，所以称为显性电平。

如图 10-16 所示，为了将显性位传到 LIN 数据总线上，发送控制单元内的收发报机将数据总线导线接地。由于控制单元内的收发报机有不同的型号，所以表现出的显性电平是不一样的。

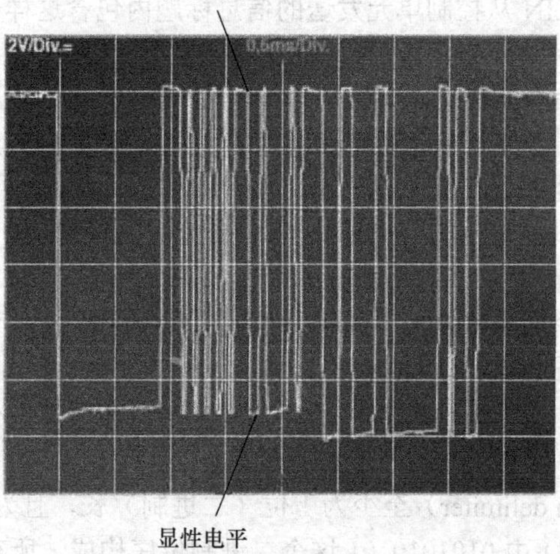

图 10-16 显性电平和隐性电平

完成任务

在图10-16中找到波形的0V线和蓄电池电压线，并在图中用三角符号标出。显性电平是高电平，还是低电平：________；代表数据0还是1：________。

（3）传递安全性

收发隐性电平和显性电平时，通过预先设定公差值来保证数据传输的稳定性，如图10-17和图10-18所示。

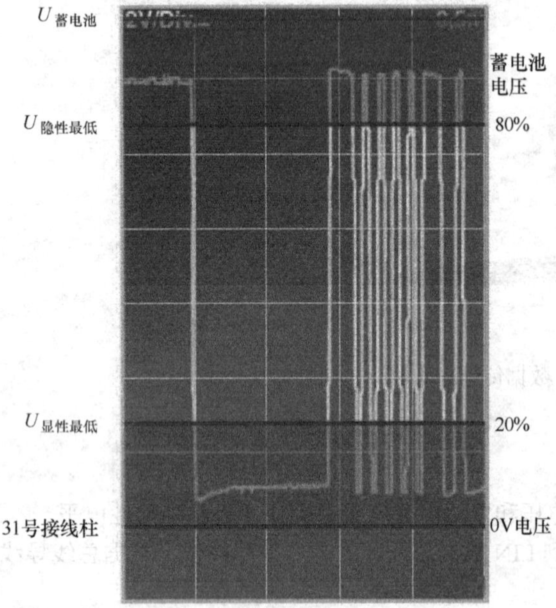

图10-17　发送的电压范围

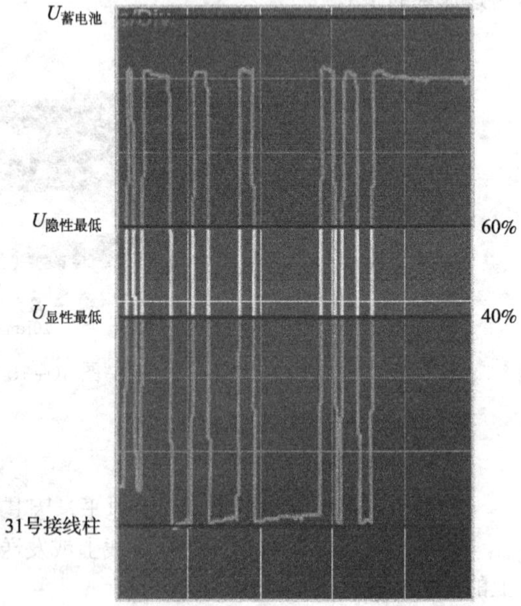

图10-18　接收的电压范围

为了能在有干扰辐射的情况下收到有效的信号，接收的允许电压值要稍高一些。

4）信息

（1）带有从控制单元回应的信息

LIN主控制单元要求LIN从控制单元发送的信息标题内包含这样一些信息，如开关状态或测量值。该回应由LIN从控制单元来发送。

（2）带有主控制单元命令的信息

如图10-19所示，LIN主控制单元通过标题内的标志符要求LIN从控制单元使用包含在回应内的数据。该命令由LIN主控制单元来发送。

（3）信息标题

信息标题由LIN主控制单元按周期发送。

信息标题分为四部分：同步暂停区、同步分界区、同步区、识别区。

① 同步暂停区（synch break）的长度至少为13位（二进制的），它以显性电平发送。这13位的长度是必需的，这样才能准确地通知所有的LIN从控制单元有关信息的起始点情况。其他信息是以最长9位（二进制）显性一个接一个传递的。

② 同步分界区（synch delimiter）至少为1位（二进制）长，且为隐性的。

③ 同步区（synch field）由0101010101这个二进制位序构成，所有的LIN从控制单元通过这

个二进制位序来与 LIN 主控制单元进行匹配。所有控制单元同步对于保证正确的数据交换是非常必要的。如果失去了同步性，接收到的信息中的某一数位值就会发生错误，该错误会导致数据传递错误。

④ 如图 10-20 所示，识别区的长度为 8 位（二进制），头 6 位是回应信息识别码和数据区的个数。回应数据区的个数在 0～8 之间。当出现识别码传递错误时，校验可防止与错误的信息适配。

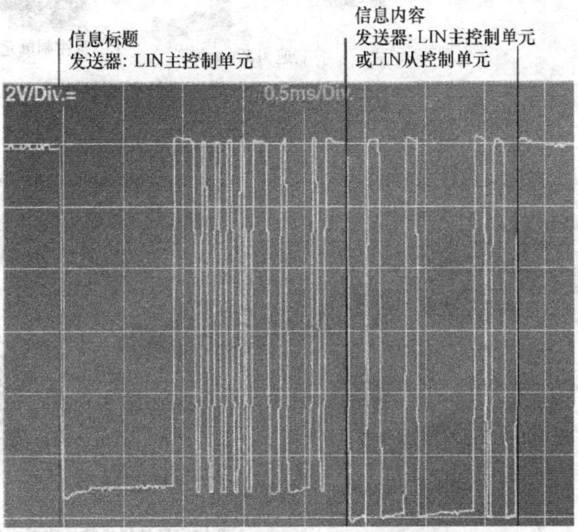

图 10-19　信息标题和信息内容

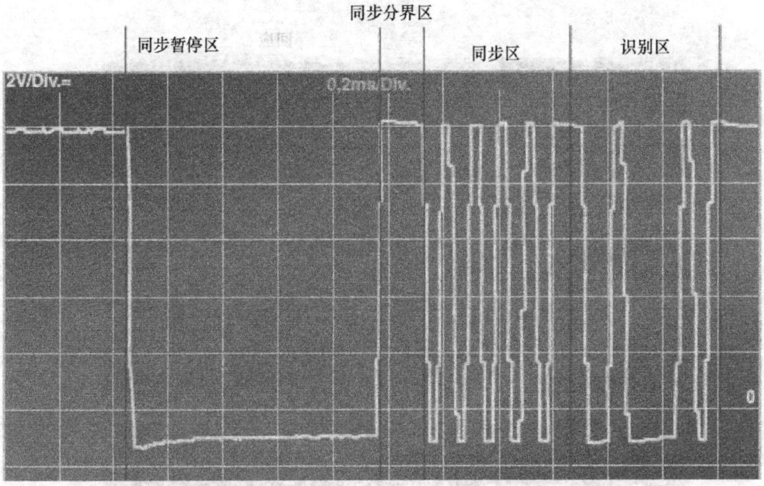

图 10-20　信息结构

（4）信息内容（回应）

如图 10-21 所示，对于带有从控制单元回应的信息，LIN 从控制单元会根据识别码给这个回应提供信息。

如图 10-22 所示，对于主控制单元带有数据请求的信息，LIN 主控制单元会提供回应。根据识别码的情况，相应的 LIN 从控制单元会使用这些数据去执行各种功能。

如图 10-23 所示，这个回应由 1～8 个数据区构成，每个数据区是 10 个二进制位，包括一位显性起始位，一个包含信息的字节，以及一个隐性停止位。起始位和停止位是用于同步从而避免传递错误的。

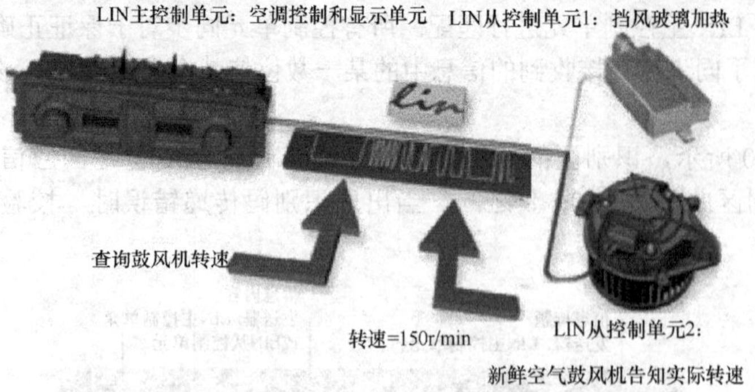

图 10-21　信息内容（回应）

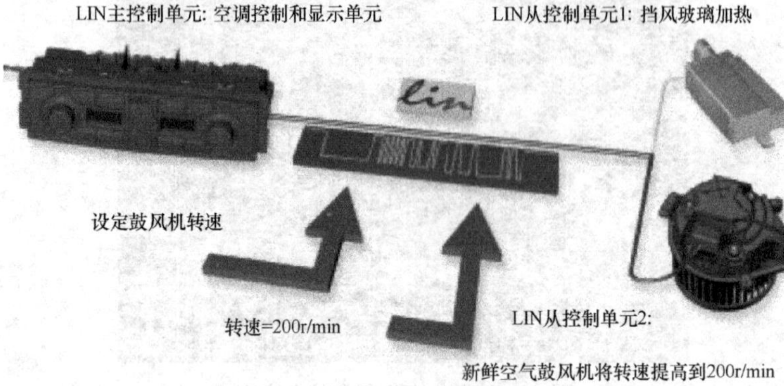

图 10-22　信息内容（回应）

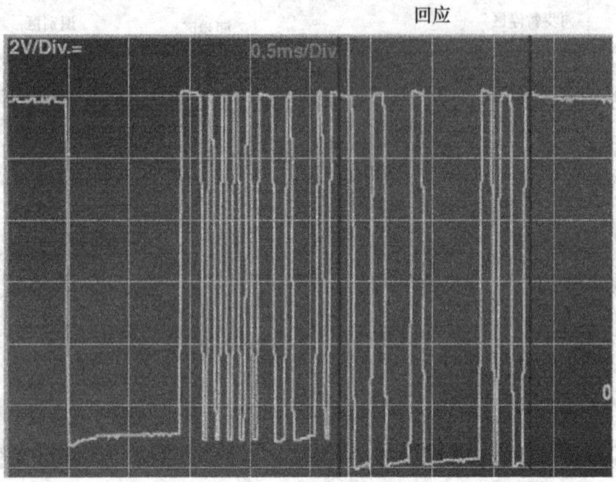

图 10-23　回应脉冲波形

（5）信息的顺序

如图10-24所示，LIN主控制单元的软件内已经设定了一个顺序，LIN主控制单元就按照这个顺序将信息标题发送至 LIN 总线上（如果是主信息，发送的是回应）。常用的信息会多次传递。LIN主控制单元的环境条件可能会改变信息的顺序。

环境条件示例：点火开关接通/关闭；自诊断已激活/未激活；停车灯接通/关闭。

为了减少 LIN 主控制单元部件的种类，主控制单元将全装备车控制单元的信息标题发送到LIN总线上。如果没有安装专用设备控制单元，在示波器屏幕上会出现没有回应的信息标题。

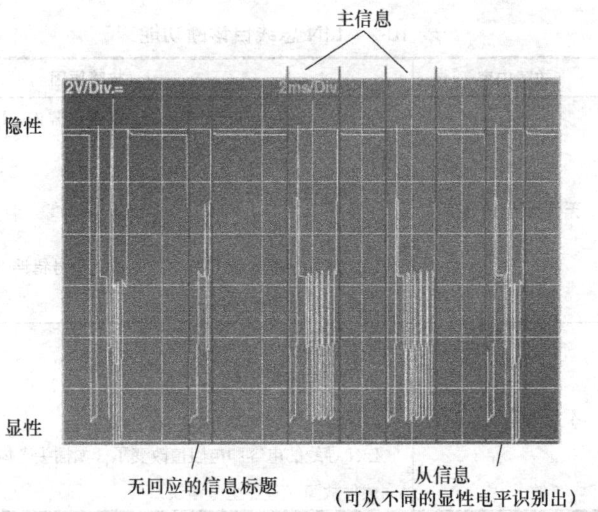

图 10-24 信息的顺序

5）防盗系统

如图 10-25 所示，只有当 LIN 主控制单元发送出带有相应识别码的信息标题后，数据才会传至 LIN 总线。由于 LIN 主控制单元对所有信息进行全面监控，所以无法从车外对 LIN 总线进行直接控制开门。LIN 从控制单元只能按主控单元的要求进行上传和执行，这样才不会通过 LIN 总线而打开车门了。这种布置使得在车外安装 LIN 从控制单元（如在前保险杠内的车库门开启控制单元）成为可能。

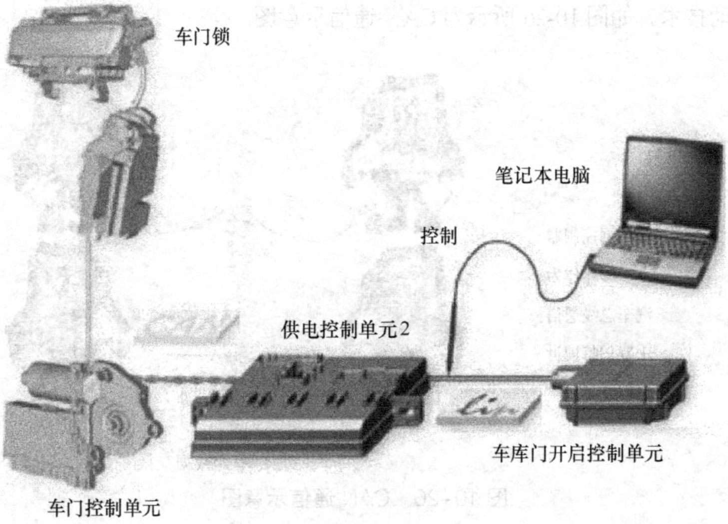

图 10-25 车库门开启控制单元

6）自诊断

对 LIN 数据总线系统进行自诊断需使用 LIN 主控制单元的地址码。自诊断数据经 LIN 总线由 LIN 从控制单元传至 LIN 主控制单元。在 LIN 从控制单元上可以完成所有的自诊断功能。其诊断如表 10-2 所示。

表 10-2　LIN 总线自诊断功能

故障位置	故障内容	故障原因
LIN 从控制单元，如鼓风机调节器	无信号/无法通信	在 LIN 主控制单元已规定好的时间间隔内，LIN 从控制单元数据传递有故障 导线断路或短路 LIN 从控制单元供电有故障 LIN 从控制单元或 LIN 主控制单元型号错误 LIN 从控制单元损坏
LIN 从控制单元，如鼓风机调节器	不可靠信号	校验出错 传递的信息不完整 LIN 导线受到电磁干扰 LIN 导线的电容和电阻值改变了（如插头壳体潮湿或脏污） 软件故障（备件型号错误）

10.3 CAN 总线端口的工作原理

1. CAN 总线简介

20 世纪 80 年代初，Bosch 公司的工程师就开始论证当时的串行总线用于客车系统的可行性。因为没有一种现成的网络方案能够完全满足汽车工程师们的要求，于是，在 1983 年年初，Uwe Kiencke 开始研究一种新的串行总线。新总线的主要方向是增加新功能、减少电气连接线，使其能够用于产品，而非用于驱动技术。如图 10-26 所示为 CAN 通信示意图。

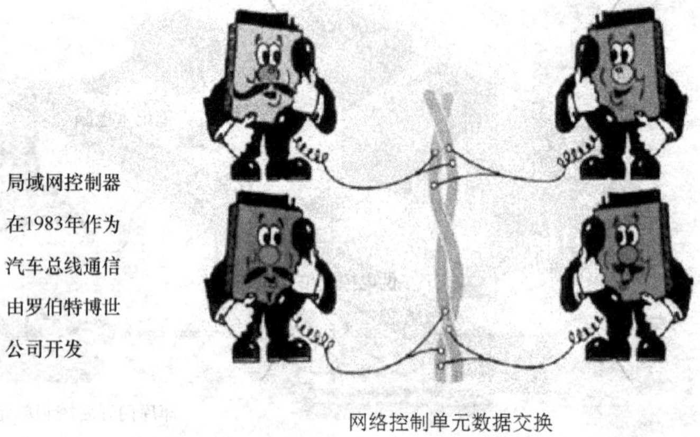

图 10-26　CAN 通信示意图

1986 年 2 月，在底特律的汽车工程协会大会上，由 Bosch 公司研究的新总线系统（被称为“汽车串行控制器局域网”）诞生。CAN 基于非破坏性的仲裁机制，能够确保高优先级报文的无延迟传输，并且不需要在总线上设置主控制器。此外，CAN 之父们已经实现了数种在 CAN 中的错误检测机制。该错误检测也包括自动断开故障节点功能，以确保能继续进行剩余节点之间的通信。传输的报文并非一定根据报文发送器/接收器的节点地址识别（几乎其他的总线都是如此），而是根据报文的内容识别。同时，用于识别报文的标识符也规定了该报文在系统中的优先级。

20 世纪 90 年代初，Bosch CAN 规范 CAN2.0 版被提交给国际标准化组织。在数次讨论之后，应一些主要的法国汽车厂商要求，增加了“Vehicle Area Network（VAN）”内容，并于 1993 年 11

月出版了 CAN 的国际标准 ISO11898。除了 CAN 协议外，它也规定了最高至 1Mbps 波特率时的物理层。同时，在国际标准 ISO11519-2 中也规定了 CAN 数据传输中的容错方法。

1995 年，国际标准 ISO11898 进行了扩展（CAN2.0B），以附录的形式说明了 29 位 CAN 标识符。

2000 年后，一个由数家公司组成的 ISO 任务组织定义了一种时间触发 CAN 报文传输协议的 CAN（TTCAN），计划在将来标准化为 ISO11898-4。因为 CAN 协议并未改变，所以在同一个物理层上，既可以实现传输时间触发的报文，也可以实现传输事件触发的报文。TTCAN 将为 CAN 延长 5～10 年的生命期。现在，CAN 在全球市场上仍然处于起始点，当得到重视时，谁也无法预料 CAN 总线系统在下一个 10～15 年内的发展趋势。

完成任务

CAN 是____的缩写。

CAN2.0A 的标识符为______位。CAN2.0B 的标识符为______位。

2. CAN 总线端口工作原理

1）低速 CAN 总线端口工作原理

如图 10-27 所示，控制单元 1 向控制单元 2 发送数据，数据 1 或 0 是通过微控制器的引脚以高、低两种电压脉冲发出的，经过起保护和增大带载功能作用的反向器（图中 A）将高、低两种脉冲转为低、高两种脉冲作用加至开关管 T_1 和 T_2 上。

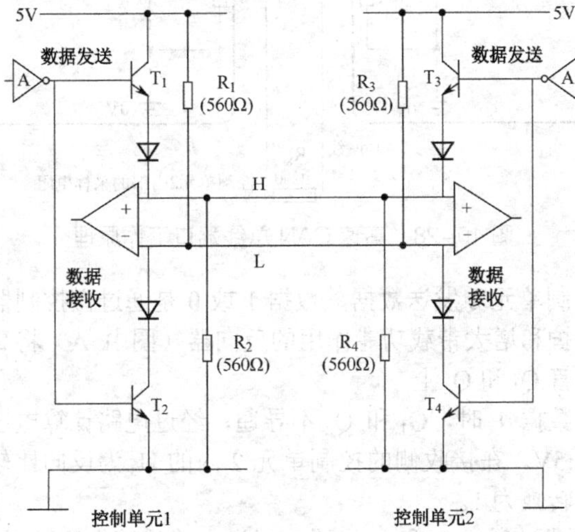

图 10-27 低速 CAN 总线端口工作原理

当控制单元发出数据 1（高电平）时，经反向器变为 0，T_1 和 T_2 导通，经过电路计算电压可得 CAN-H 线电压接近 5V，CAN-L 线电压接近 0V，比较器的正向输入（+）大于反向输入（-）。控制单元 2 的比较器输出为 1（高电平）。

当控制单元发出数据 0（低电平）时，T_1 和 T_2 截止，经过电路计算电压可得 CAN-H 线电压接近 0V，CAN-L 线电压接近 5V，比较器的反向输入（-）大于同向输入（+）。控制单元 2 的比较输出为 0（低电平）。

当一根 CAN 总线为断线时可知，另一条仍能正常产生高、低电压脉冲，由于比较器的关系仍可以正确接收信息，这种情况称为总线的单线运行模式。

低速 CAN 的数据和脉冲对应关系如表 10-3 所示。

表 10-3　低速 CAN 的数据和脉冲对应关系

CAN		显性（0）	隐性（1）
低速 CAN	CAN-H	5V	0
	CAN-L	0	5V

2）高速 CAN 总线端口工作原理

高速 CAN 总线工作原理如图 10-28 所示。

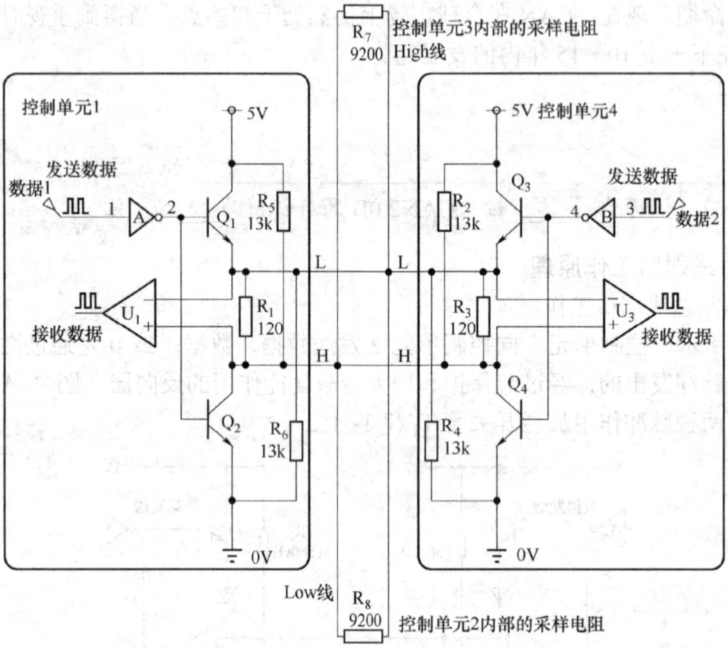

图 10-28　高速 CAN 总线端口工作原理

（1）控制单元 1 向控制单元 2 发送数据，数据 1 或 0 是通过微控制器的引脚以高、低两种电压脉冲发出的，经过起保护和增大带载功能作用的反向器（图中 A）将高、低两种脉冲转为低、高两种脉冲作用加至开关管 Q_1 和 Q_2 上。

（2）当控制单元发出数据 1 时，Q_1 和 Q_2 不导通，经过电路计算电压可得 CAN-H 线电压为 2.5V，CAN-L 线电压为 2.5V。在接收侧的控制单元 2 内的 U_3 为反向比较器，比较输出为 0，再经反向器（图中未画出）转换为 1。

（3）当控制单元发出数据 0 时，Q_1 和 Q_2 导通，经过电路计算电压可得 CAN-H 线电压为 3.5V，CAN-L 线电压为 1.5V。在接收侧的控制单元 2 内的 U_3 为反向比较器，比较输出为 1，再经反向器（图中未画出）转换为 0。

3）显性和隐性

高速 CAN 中数据为“0”时 CAN-H 和 CAN-L 之间有明显的 3.5V−1.5V=2V 的电压差，称为“显性”。数据为“1”时 CAN-H 和 CAN-L 之间有不明显的 2.5V−2.5V=0V 的电压差，称为“隐性”。高速 CAN 的数据和脉冲对应关系如表 10-4 所示。

表 10-4　高速 CAN 的数据和脉冲对应关系

CAN		显性（0）	隐性（1）
高速 CAN	CAN-H	接近 3.5V	稍低于 2.5V
	CAN-L	接近 1.5V	稍低于 2.5V

3．CAN 总线颜色

CAN 总线有五条，要用颜色来区分，如图 10-29 所示。目前，大众汽车的 LIN 总线是固定的一种颜色。

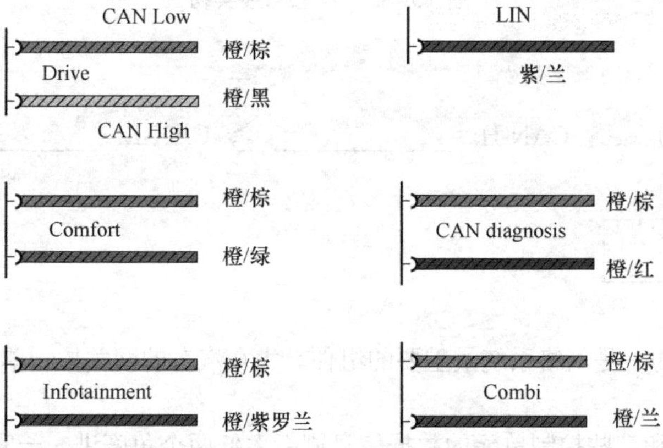

图 10-29　CAN 总线的颜色

动力总线的主要特征：传输速率为 500Kbps；传递 1bit 所需时间为 2μs（平均一个信息帧用时为 108×2=216μs，约需 0.2ms）；无数据传输时的基础电压值约为 2.5V；线色为 CAN-H=橙黑，CAN-L=橙棕；线径为 0.35mm^2；无单线工作模式。如图 10-30 所示为动力总线实物。

图 10-30　动力总线实物

完成任务

写出动力总线的颜色。CAN-H: ________________；CAN-L: ________________。

舒适总线的主要特征：传输速率为 100Kbps；传递 1 bit 所需时间为 0.010 ms（平均一个信息帧大约需 1.1ms）；无数据传输时的基础电压值为 CAN-H = 0 V，CAN-L = 5 V（12 V）；线色为 CAN-H =橙绿，CAN-L =橙棕；线径为 0.35mm^2；有单线工作模式。如图 10-31 所示为舒适总线实物。

图 10-31　舒适总线实物

完成任务

写出舒适总线的颜色。CAN-H: ________________；CAN-L: ________________。

信息总线的主要特征：传输速率为 100Kbps；传递 1 bit 所需时间为 0.010ms（平均一个信息帧大约需 1.1ms）；无数据传输时的基础电压值为 CAN-H = 0 V，CAN-L = 5 V（12 V）；线色为 CAN-H =橙紫，CAN-L =橙棕；线径为 0.35 mm^2；有单线工作模式。如图 10-32 所示为信息总线实物。

图 10-32　信息总线实物

完成任务

写出信息总线的颜色。CAN-H: ______________; CAN-L: ______________。

10.4 网关

网关也称 Gateway，是网络系统最重要的组件。大众汽车的网关控制单元为 J533。

1. 网段

从降低网络成本和某些控制单元的数据信息刷新率低两个角度讲，一般一台汽车的网络通常由三个网段组成，分别是动力系统、车身控制和音响娱乐。动力系统采用高速 CAN 通信，车身控制及音响娱乐系统采用低速 CAN 进行通信。

这里的高速 CAN 通常指通信速度高于 125Kbps 的网络，如 250Kbps 和 500Kbps；低速 CAN 则是指通信速度小于等于 125Kbps 的网络，如 125Kbps、64Kbps、50Kbps 等。

由于汽车不同控制器对 CAN 总线的性能要求不同，因此最新版本的 CAN 总线系统人为设定为 5 个不同的区域，分别为驱动系统、舒适系统、信息系统、仪表系统、诊断总线。其速率分别为：驱动系统（由 15 号线激活）速率为 500Kbps；舒适系统（由 30 号线激活）速率为 100Kbps；信息系统（由 30 号线激活）速率为 100Kbps；诊断系统（由 30 号线激活）速率为 500Kbps；仪表系统（由 15 号线激活）速率为 100Kbps；LIN 速率为 20Kbps。

2. 网关作用

网关的作用如下。

1）不同网段的信息交换

不同速率的网段之间通过网关进行连接，从而实现了不同网段间信息的交换。

由于不同区域 CAN 总线的速率和识别代号不同，因此一个信号要从一个总线区域进入另一个总线区域，必须改变它的识别信号和速率，使之能够让另一个系统接受，这个任务由网关来完成。

举个例子，一个 500Kbps 的数据脉冲宽度为 2μs，同一个脉冲在 125 Kbps 的网络里时最多识别为一个 1 或 0。反过来，一个 125Kbps 的数据脉冲宽度为 8μs，同一个脉冲在 500Kbps 的网络里时会识别为 1111 或 0000。

2）改变优先级

网关具有改变信息优先级的功能。例如，车辆发生相撞事故，气囊控制单元会发出负加速度传感器的信号，这个信号的优先级在驱动系统里非常高，但转到舒适系统后，网关调低了它的优先级，因为它在舒适系统里的功能只是打开门和灯。

大众汽车网关分为集成在组合仪表内部、汽车电气控制单元内部或单独的网关三种，如图 10-33 所示，一辆车只配备上述网关中的一种即可，其具体位置如图 10-34 和图 10-35 所示。

单独网关J533

J519作为网关

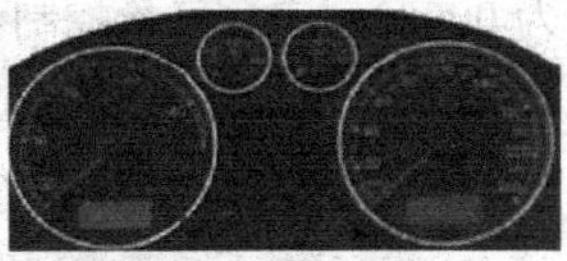

仪表J285作为网关

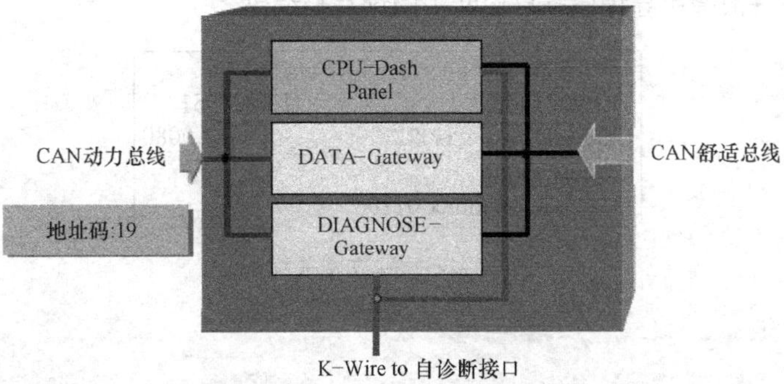

图 10-33 仪表作为网关

图 10-34 J519 作为网关

图 10-35 独立网关（加速踏板上方）

技术指导

仪表作为网关情况：如宝来（BORA A4）有动力 CAN、舒适 CAN，接诊断仪的仍是 K 线；捷达（JETTA）用 J519 作为网关；速腾、迈腾采用独立的网关。

完成任务

德国大众汽车 CAN 网关的三种存在方式：_______、_______、_______；单独网关 J533 的地址是_______；中央电气控制单元 J519 的地址是_______；内部网关的地址是_______；仪表 J285 的地址是_______；内部网关的地址是_______。

技师指导

在图 10-35 中，从网关上引出测量用 T 形接线盒，从接线盒可以测量总线的波形，因此可增加测量的可靠性和防止不必要的 CAN 总线破损。

3．网关编码

网关可使连接在不同数据总线上的控制单元交换数据。网关的编码就是控制单元在网关中的注册。

当网关硬件在仪表中时编码规则如下：例如，自动变速箱控制单元在网关中定为00001、ABS控制单元定为00002、安全气囊控制单元定为00004，网关将这3个控制单元相加的总和00007作为网关的编码。

当控制单元未在网关中注册时，诊断仪显示：未注册、无法到达、编码不正确、无法进行通信。

独立网关控制单元的编码规则是进入地址19-07找到Coding long，如图10-36所示。编码步骤是功能引导程序→故障引导程序→自诊断中的读写长编码。

19-Diagnostic interface for data bus		
1K0907530C		1K0907951
Gateway	H08	0080
Coding long		
Dealership number 01103		

图10-36 独立网关编码

完成任务

对网关进行编码：功能引导程序→故障引导程序→自诊断中的读写长编码读取数据块。

如图10-37所示为PQ35/PQ46平台汽车网络系统。

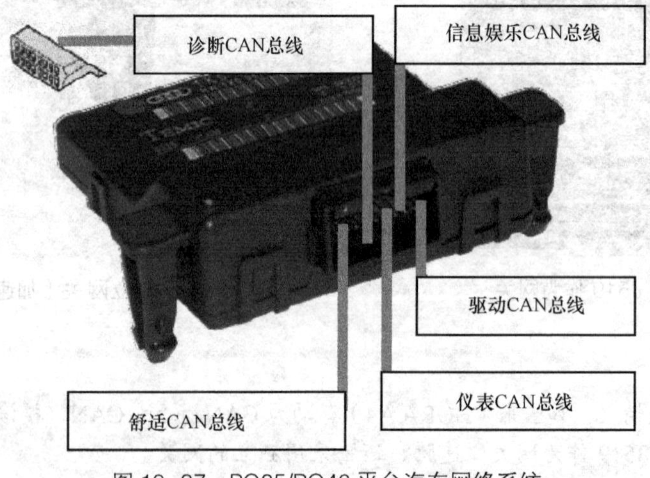

图10-37 PQ35/PQ46平台汽车网络系统

如图10-38所示为PQ35/PQ46平台网关引脚说明。

完成任务

根据图10-38写出五种总线分别是_______、_______、_______、_______、_______；常电是_______；点火开关供电是_______；搭铁是_______；仪表操作信号线是如何操作的：______________________________。

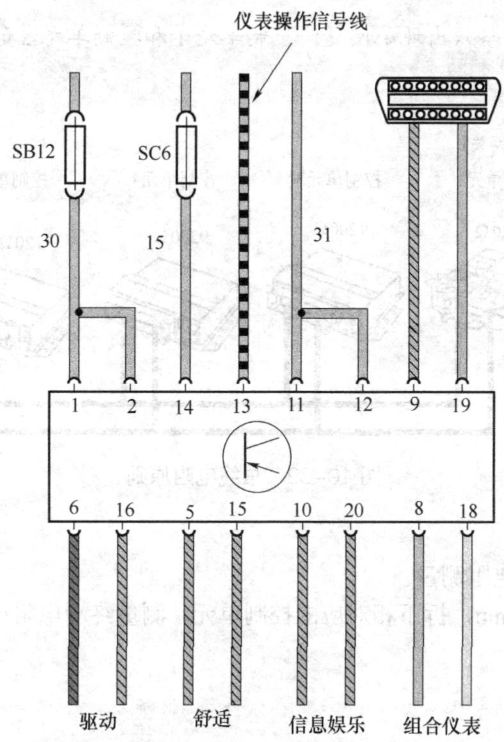

图 10-38 PQ35/PQ46 平台网关引脚说明

10.5 CAN 总线电阻

1. 总线电阻原则

1）终端电阻

终端电阻是网络两端双绞线距离最远的两个控制单元内的电阻，这两个电阻起主要作用。

2）端电阻

端电阻是指两端电阻之间的控制单元内部的电阻，在几千欧姆左右，对总线的总电阻起次要作用。通常两个终端控制单元中有一个是网关。

3）总线电阻的原则

在图 10-28 中，控制单元 1、2、3、4 内部有与控制单元 1 相同的硬件结构，这里若把控制单元 1 作为网关，其终端电阻 R_1 为 120Ω，空间距离网关控制单元 1 最远的控制单元 2 的终端电阻 R_3 也应为 120Ω，因为总线电阻大小是有要求的，即一个网段所有控制单元终端电阻并联为 60Ω，两个 120Ω 并联为 60Ω，为了接入控制单元 3 和控制单元 4，控制单元 3 和 4 的终端电阻要大得多，以不影响设计对于所有控制单元终端电阻并联为 60Ω 的要求。

$$\frac{1}{R_1}+\frac{1}{R_3}+\frac{1}{R_7}+\frac{1}{R_8}=\frac{1}{R}$$

该公式中的结果 R 可近似取得 60Ω，事实上没有绝对的设计方法。

技师指导

小问题和大问题：在图 10-39 的 4 个控制单元中，分析为什么控制单元 3 和控制单元 4 的

CAN-H 或 CAN-L 线路断路只出现小问题；控制单元 1 和控制单元 2 的 CAN-H 或 CAN-L 线路断路则出现大问题。

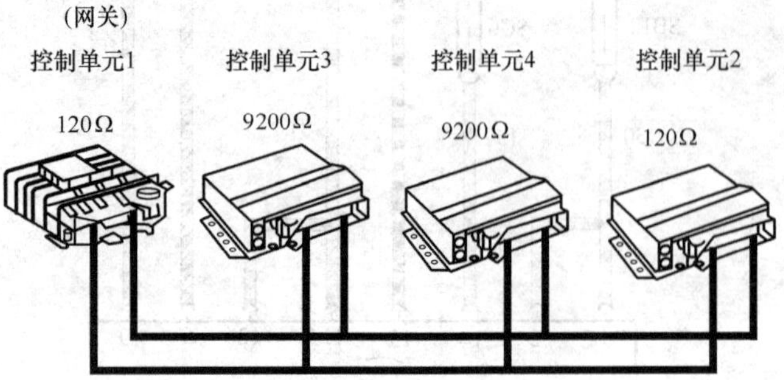

图 10-39　总线电阻原则

2．终端电阻测量

1）CAN 总线的终端电阻测量

断开电源等待至少 5min，拆下相对应的控制单元，测量终端电阻值为 120Ω；动力总线总的电阻值约为 60Ω。

完成任务

根据图 10-40 测量动力系统总线的总电阻是________；断开离网关最远的控制单元后再测量电阻是________。一般终端电阻和端电阻在控制单元内部是不会损坏的，实际测量总电阻一般用来确认终端控制单元是否在总线上，因为总电阻会变大，如 CAN 更接近 120Ω。

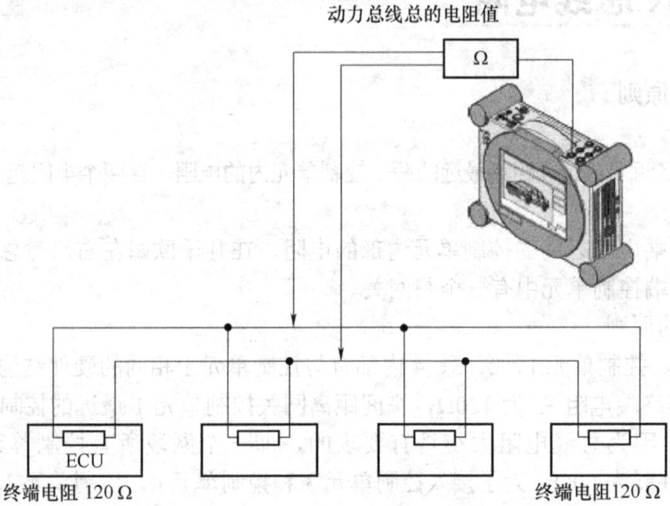

图 10-40　CAN 总线的终端电阻测量

2）低速 CAN 总线的外部终端电阻测量

低速 CAN 总线在控制单元外部仍有终端电阻，称为数据终端电阻，该电阻与控制单元内部的电阻是并联关系。其作用是防止数据在总线端被反射，并以回声的形式返回。数据在总线端被反射会影响数据的传输。

完成任务

根据图 10-41，在低速 CAN 控制单元外部还要加终端电阻吗：________；如何理解低速 CAN 终端电阻无法检测：____________________。

结点的意思是控制单元还是压结点：________；断开离网关最远的控制单元后再测量一下电阻是________。

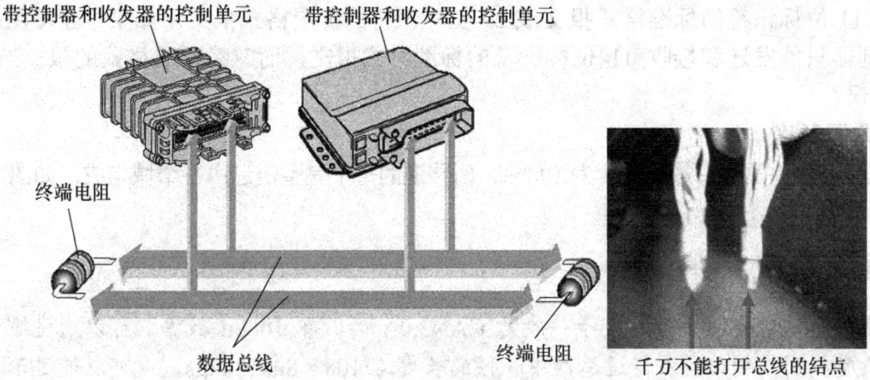

图 10-41 总线终端电阻和总线压结点

3．总线电脉冲和数据对应关系

如图 10-42 左图所示为低速 CAN 数据传输线（双绞线）。这两条线的电位相反，如果一条是 5V，另一条就是 0V，始终保持电压总和为一常数。通过这种方法，CAN 数据总线得到了保护，可免受外界的电磁场干扰；同时，CAN 数据总线向外辐射也保持中性，即无辐射。

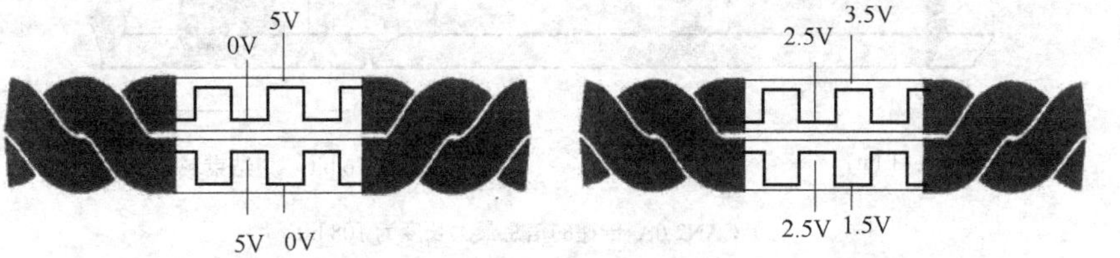

图 10-42 低速 CAN 总线电脉冲和高速 CAN 总线电脉冲

如图 10-42 右图所示为高速 CAN 数据传输线（双绞线）。这两条线的电位也相反，如果一条是 3.5V，另一条就是 1.5V，或两条全为 2.5V，始终保持电压总和为 5V（常数）。通过这种方法，CAN 数据总线得到了保护，可免受外界的电磁场干扰；同时，CAN 数据总线向外辐射也保持中性，即无辐射。

完成任务

根据图 10-42 分析，低速 CAN 的高线在哪两个电压之间跳变：____________________；低速 CAN 的低线在哪两个电压之间跳变：____________________；高速 CAN 的高线在哪两个电压之间跳变：____________________；高速 CAN 的低线在哪两个电压之间跳变：____________________。

10.6 CAN 格式

CAN 协议的 2.0A 版本规定 CAN 控制器必须有一个 11 位的标志符。同时，2.0B 版本中规定，CAN 控制器的标志符长度可以是 11 位或 29 位。遵循 CAN2.0B 协议的 CAN 控制器可以发送和接收 11 位标识符的标准格式报文或 29 位标识符的扩展格式报文。如果禁止 CAN2.0B，则 CAN 控制器只能发送和接收 11 位标识符的标准格式报文，而忽略扩展格式的报文结构，但不会出现错误。

1. 数据长度

CAN2.0A 传递的信息最大长度为 108bit，所传递的每个完整信息由 7 个域构成，如图 10-43（a）所示。

技师指导

大众汽车培训资料中举的例子一般是 CAN2.0A 的，即 108bit 数据，可以通过测量总线的数据帧长度判别。例如，在舒适总线中一帧的长度为 108 × 8μs=864μs，这可以通过示波器的光标测量尺测量出来。

如图 10-43（b）所示，CAN2.0B 传递的状态域增加了 18 bit，因此信息最大长度为 126 bit。

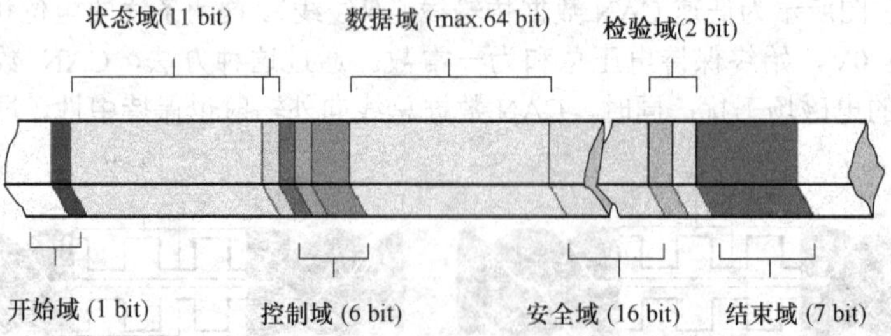

（a）CAN2.0A 传递的信息最大长度为 108 bit

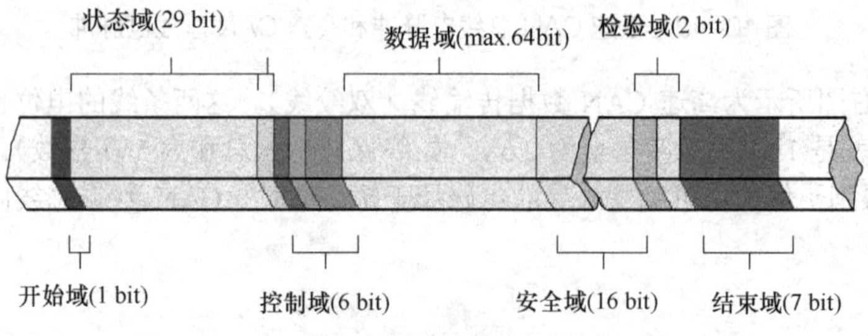

（b）CAN2.0B 传递的信息最大长度为 126 bit

图 10-43 信息最大长度

2. 信息结构

开始域：将要向 CAN-BUS 发送信息的标志。大小为 1 位，状态为显性。

状态域：包括信息标识符（CAN2.0A 为 11bit 或 CAN2.0B 为 29 bit），确定信息的优先权。

控制域（检查域）：表示数据的大小即字节长度。

数据域：要传递的信息所对应的数据（max.64 bit = 8Byte）。

安全域：发送数据和接收信息的控制单元检查和比较传递信息所发生的变化（检测传递数据

中的错误）。

确认域：每个控制单元，通过这两位被确认已经正确接收信息，否则将重发数据。

结束域：通过 7 位隐性显示，表示该信息数据传递结束，这是显示错误并重发数据的最后一次机会。

3．优先权判定

CAN 采用非破坏总线仲裁技术。当多个节点同时向总线发送信息出现冲突时，优先级低的节点会主动退出发送，而最高优先级的节点可不受影响地继续传输数据，从而大大节省了总线冲突仲裁时间。尤其是在网络负载很重的情况下，也不会出现网络瘫痪的情况。

所有控制单元同时开始向 CAN-BUS 双绞线上发送信息时，为了避免数据碰撞，在 11 位的状态域中预先定义数据的优先权，显性电位 0 越多，说明其优先权级别越高。发送隐性电位的控制单元，若检测到一个显性电位，则该控制单元停止发送并转为接收。

如图 10-44 所示，ABS/ESP 优先权为 0001，发动机 ECU 为 0010，AG4/5 为 4 挡或 5 挡变速器，其优先权为 0100，其中 ABS/ESP 优先权数值最小，如表 10-5 所示，则在总线竞争中获胜得以继续发送，但是这种竞争是浪费时间的。

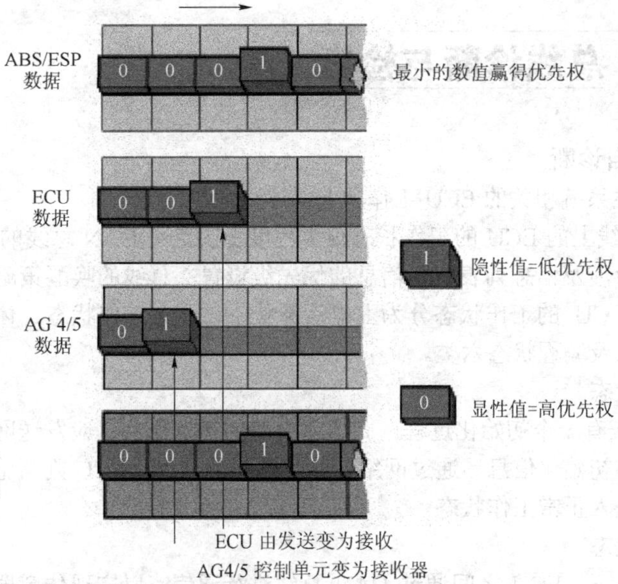

图 10-44 优先权判定

表 10-5 优先权判定

优先权	控制单元	信息传递
0001（优先级 1）	ABS/ESP	发动机制动控制信号
0010（优先级 2）	发动机	发动机转速信号 节气门开度信号 强制降挡信号
0011（优先级 3）	发动机	冷却液温度信号 车速信号
0100（优先级 4）	变速器	换挡杆位置信号 挡位变换信号

完成任务

表 10-5 表明各控制单元之间有优先权竞争，同一控制单元的内部信息是否也有优先权之分：_______。

4．传输距离

在 CAN 总线中，以报文为单位进行信息传递且各节点使用相同的位速率。CAN 总线上任意两个节点之间的最大通信距离与位速率有关，表 10-6 中列出了相关的数据。这里的最大通信距离指的是同一总线上两节点间的距离。把 CAN 总线速度提高，对控制微控制器的 CAN 时钟寄存器进行设定即可，但过长的传输距离会影响可靠性。

表 10-6　CAN 总线任意两个节点间的最大通信距离

位速率（Kbps）	1000	500	250	125	100	50	20	10	5
最大距离（m）	40	130	270	530	620	1300	3300	6700	10 000

10.7 CAN 总线诊断与检修

1．CAN 总线自诊断

1）与 CAN 总线系统相关的 ECU 工作状态描述

连接在 CAN 总线上的 ECU 的工作状态很大程度上决定了 CAN 总线的使用情况，并且 ECU 工作状态之间的切换涉及信息列表中各信息的优先级设置、总线的唤醒策略和故障排除与自修复等问题。该系统中 ECU 的工作状态分为上电诊断状态、正常工作状态、休眠状态、总线关闭状态、掉电状态、调试及编程状态六类。

（1）上电诊断状态

ECU 上电后，应有一个初始化过程。完成本模块的初始化后，应发送网络初始化信息，同时监听其他节点的网络初始化信息。通过网络初始化信息的交换，ECU 判断整个网络是否完成初始化过程，是否能够进入正常工作状态。

（2）正常工作状态

在正常工作状态下，ECU 之间通过 CAN 总线进行通信，以实现传感器测量数据的共享、控制指令的发送和接收等。当休眠条件满足时，ECU 从正常工作状态转入休眠状态；当 CAN 模块故障计数器的计数值为 255 时，ECU 从正常工作状态转入总线关闭状态。

（3）休眠状态

休眠状态下，ECU 及其模块处于低功耗模式。一旦接收到本地唤醒信号（本地触发信号）或远程唤醒信号（CAN 总线激活信号），就从休眠状态转入正常工作状态，其间需要使用网络初始化信息。

（4）总线关闭状态

处于总线关闭状态的 ECU 延迟一段时间后，复位 CAN 模块，然后重新建立与 CAN 总线的连接。若连续几次都无法正常通信，则 ECU 尝试将通信转移到备用总线上。若转移成功，则发送主总线故障信息。

（5）掉电状态

掉电状态为关闭电源时 ECU 所处的状态。

（6）调试及编程状态

调试及编程状态用于调试及系统软件升级。

2）CAN 双线式总线系统的检测方法

（1）CAN 双线式总线系统

在检查数据总线系统前，必须保证所有与数据总线相连的控制单元无功能故障。功能故障指不会直接影响数据总线系统，但会影响某一系统的功能流程的故障。例如，传感器损坏，其结果就是传感器信号不能通过数据总线传递。这种功能故障对数据总线系统有间接的影响。这种故障会影响需要该传感器信号的控制单元的通信。如果存在功能故障，应先排除该故障：记录下该故障并消除所有控制单元的故障代码。

排除所有功能故障后，如果控制单元间的数据传递仍不正常，则应检查数据总线系统。检查数据总线系统故障时，必须区分采用以下两种可能的方法。

（2）两个控制单元组成的双线式数据总线系统的检测

检测时，关闭点火开关，断开两个控制单元（见图 10-45），检查数据总线是否断路、短路或对正极/搭铁短路。如果数据总线无故障，拆下较易更换（或较便宜）的一个控制单元试一下；如果数据总线系统仍不能正常工作，则更换另一个控制单元。

（3）三个以上控制单元组成的双线式数据总线系统的检测

检测时，先读出控制单元内的故障代码。如果控制单元 1 与控制单元 2 和控制单元 3 之间无法通信（见图 10-46），则关闭点火开关，断开与总线相连的控制单元，检查数据总线是否断路。如果总线无故障，则更换控制单元 1；如果所有控制单元均不能发送和接收信号（故障存储器存储“硬件故障”），则关闭点火开关，断开与数据总线相连的控制单元，检测数据总线是否短路，是否对正极/搭铁短路。

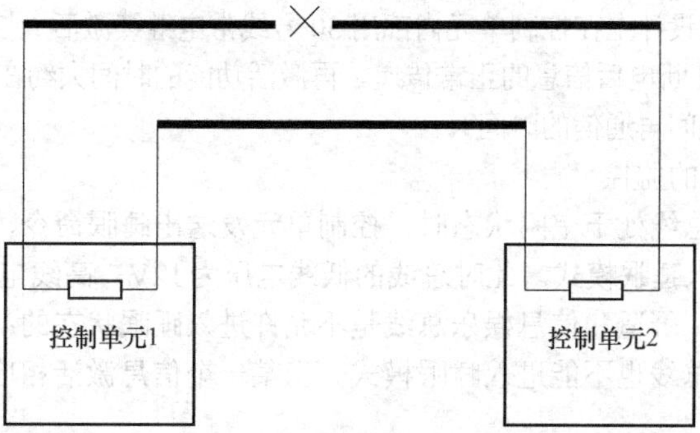

图 10-45　两个控制单元组成的双线式数据总线系统的检测

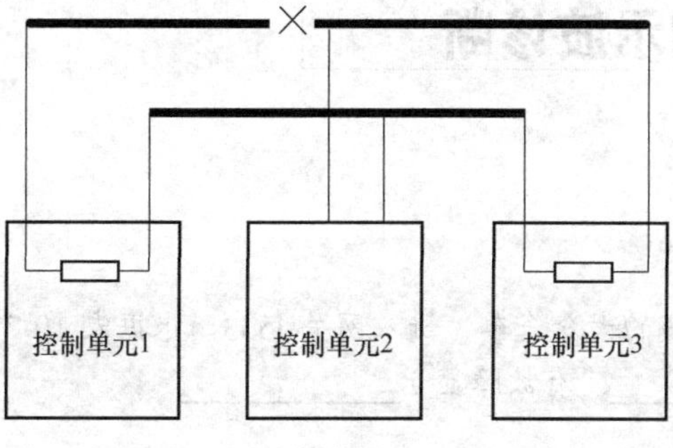

图 10-46　三个以上控制单元组成的双线式数据总线系统的检测

如果从数据总线上查不出引起硬件损坏的原因，则检查是否是由某一控制单元引起的故障。断开所有通过 CAN 数据总线传递数据的控制单元，关闭点火开关，接上其中一个控制单元，早期还可连接 V.A.G 1551 或 V.A.G 1552（有 T16 插头中有 K 线端子时才可用），现在要用 VAS5051 或更新的诊断仪，打开点火开关，清除刚接上的控制单元的故障代码。用功能 06 来结束输出，关闭点火开关后，再打开点火开关。打开点火开关 10s 后用故障诊断仪读出刚接上的控制单元故障存储器内的内容。如果显示“硬件损坏”，则更换刚接上的控制单元；如果未显示“硬件损坏”，接上下一个控制单元，重复上述过程。连接蓄电池接线柱后，输入收音机防盗密码，进行玻璃升降器单触功能的基本设定及时钟的调整。对于使用汽油发动机的汽车，还应进行节气门控制单元的自适应。

2. 总线睡眠和唤醒

1）总线睡眠

睡眠模式仅存在于舒适和信息娱乐总线中。在车辆落锁 35s 后，或不锁车但没任何操作则 10 分钟进入睡眠模式。睡眠模式高线 High=0V；低线 Low=12V。睡眠模式电流为 6～8mA（非睡眠模式电流为 700 mA）。

技师指导

当认为蓄电池有异常的漏电故障时，应在总线睡眠以后再进行电测量，即示波器显示的波形进入休眠状态，再读取蓄电池放电电流的数值。

2）总线激活

控制单元 15 号线断电后的总线维持激活功能：控制单元外部的 15 号线供电激活总线控制器开始工作，但 15 号线断电后，并不直接控制控制器停止工作，因为在 15 号线供电关闭后，有些控制单元仍然需要交换信息，因此设计上在控制单元内部用 30 号线常电继续激活“控制单元内部”的 15 号线（也称虚 15 号线），以保证断电后信息的正常传递。再激活功能的时间大约在 10 秒到 15 分钟之间（点火开关关闭后各控制器之间再通信的时间）。

3）睡眠和唤醒模式的监控

当舒适和信息娱乐总线处于空闲状态时，控制单元发送出睡眠命令，当网关监控到所有总线都有睡眠的要求时，进入睡眠模式。此时总线的低线电压为12V，高线电压为0V。如果动力总线仍处于信息传递过程中，舒适和信息娱乐总线是不允许进入睡眠状态的；当舒适总线处于信息传递的过程中，信息娱乐总线也不能进入睡眠模式。当某一个信息激活相应的总线后，控制单元会激活其他的总线系统。

10.8 数据流和示波诊断

1. 网关数据块

完成任务

选一台具有 CAN 总线的大众汽车，进入网关 J533，根据表 10-7 读取不同通道的数据，若总线无故障显示____________；有故障显示____________。

表 10-7 网关数据块

CAN 动力总线				
	一区	二区	三区	四区
125	Engine control unit 发动机控制单元	Gearbox control unit 变速器控制单元	ABS control unit 防抱死控制系统	Combi.instrument 组合仪表
126	Steering angle sensor 转向角传感器	Airbag control unit 安全气囊控制单元	Electric steering 电动转向控制单元	Dyn.headl.beam reg. 动态大灯
127	All-wheel ECU 四轮驱动控制单元		Immobiliser 防盗器控制单元	
CAN 舒适总线				
130	Uniline/dual line 单线/双线	Central electrical system 中央电气系统	Central control unit.comfort 舒适电气	Driver's door ECU 左前门控制单元
131	Front passenger door ECU 副驾驶员侧门控制单元	Rear left door ECU 左后侧门控单元	Rear right door ECU 右后侧门控单元	Memory seat adjustment 带记忆座椅调节
132	Tyre pressure monitoring 轮胎压力监控	Steering wheel ECU 转向柱控制单元	Climatronik 自动空调	Parking distance control 驻车距离控制
133	PTC heating PTC 加热	Electrical soft top 电控软棚顶	Trailer control unit 挂车控制单元	Memory seat adj.BF 带记忆座椅调节
134	Special vehicles 专用汽车			
CAN 信息娱乐总线				
140	Uniline/dual line 单线/双线	Digital sound system 音频系统	Telematics 车载通信	Navigation 导航
141	TV tuner TV 调谐器	Voice control 功率放大器	Radio 收音机	Telephone 电话
142	Auxiliary heater 辅助加热（驻车加热）			

2. 波形特征

无信号传递（CAN bus 空闲时）时发送隐性信号，新的信息以显性开始。

动力总线隐性电位如下：关闭点火开关一定时间（0.5～5s），系统停止工作。

CAN-High = 2.5 V　　CAN-Low =2.5 V

舒适和信息总线隐形电位如下：关闭点火开关，系统休眠（12V）。

CAN-High = 0 V　　CAN-Low = 5 V

3. DSO 设置

双通道示波器 DSO 的幅值和时基分别设置如下。

动力总线：幅值为 0.5V/格，时基为 2ms/格。

舒适和信息娱乐总线：幅值为 2V/格，时基为 10ms/格。

4. 正常动力 CAN 总线信号

技师指导

亲自测量一下正常的 CAN 动力总线和舒适总线的波形。控制单元虽能诊断出 CAN 故障，但具体是什么原因和具体故障位置查找要靠波形分析。可边找故障点，边看波形是否有反应，有反应的点很可能就是故障点。

正常动力 CAN 总线信号如图 10-47 所示。

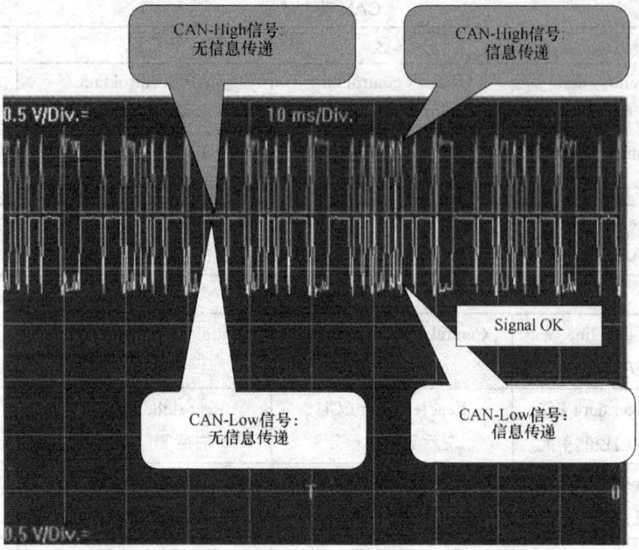

图 10-47　正常动力 CAN 总线信号（幅值为 0.5V/格，时基为 2ms/格）

不发送数据时，CAN-High 和 CAN-Low 全为 2.5 V，CAN-High 增加 1V 为 3.5V，CAN-Low 下降 1V 为 1.5V。CAN-High 和 CAN-Low 两线电压差值> 2.3 V = result bit value 0= dominant（显性），差值< 2.3 V= result bit value 1= recessive（隐性）。

CAN-High 和 CAN-Low 差值：CAN-High 可能出现 3.8 V，CAN-Low 可能出现 1.1V，差值为 2.7V > 2.3V，为数据 0；CAN-High 可能出现 2.6V，CAN-Low 可能出现 2.4V，差值为 0.2V < 2.3V，为数据 0。

5．正常舒适、信息 CAN 信号

正常舒适、信息 CAN 信号如图 10-48 所示。

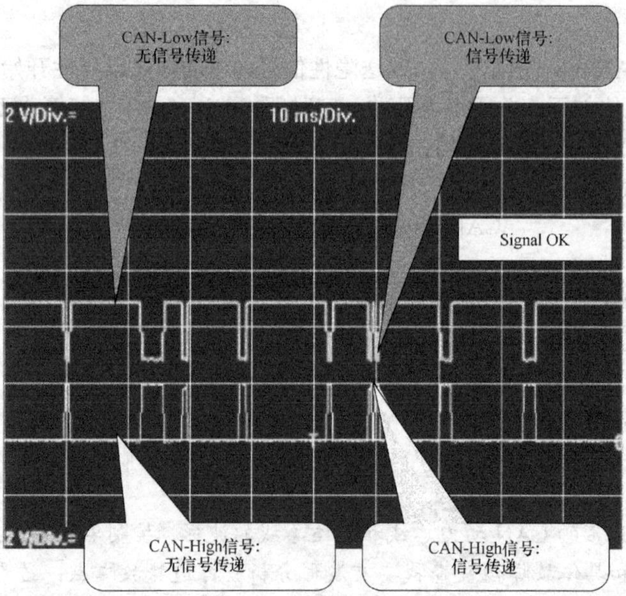

图 10-48　正常舒适、信息 CAN 信号（幅值为 2V/格，时基为 10ms/格）

有信号传递时 CAN High 信号电压增加，在自身电压 0 V 的基础上加 4V 的范围之内；

有信号传递时 CAN Low 信号电压减小，在自身电压 5V 的基础上减 4V 的范围之内；

CAN High 和 CAN Low 差值：CAN-High 和 CAN-Low 两线电压差值> 2.2V = result bit value 0= dominant（显性），差值< 2.2 V= result bit value 1= recessive（隐性）。

6．CAN 总线的维修

维修 CAN 总线必须使用 VAS 1978，CAN 专用维修线备件号为 000 979 987，10 m 长绿/黄、白/黄，线径为 $0.35mm^2$，标准缠绕长度为 20mm。维修标准如图 10-49 所示。CAN 总线维修未缠绕长度最长为 50mm，两个损坏点的最小距离应大于 100mm。

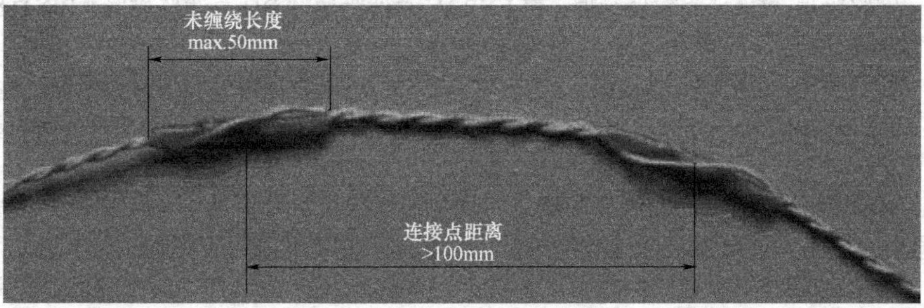

图 10-49 维修 CAN 总线

完成任务

取一段双绞线给学员实习，教师检查学员们维修的双绞线是否合格。注意，在线束接头维修中要用到大众专用工具 VAS 1978 和 VAS 1978/35。

10.9 FLEXRAY 总线

1．FLEXRAY 总线介绍

现在大多数汽车中的控制器件、传感器和执行器之间的数据交换主要是通过 CAN 网络进行的，然而新的 x-by-wire 系统设计思想的出现，导致车辆系统对信息传送速度尤其是故障容错与时间确定性的需求不断增加。FLEXRAY 总线通过在确定的时间槽中传递信息，以及在两个通道上的故障容错和冗余信息的传送，满足了这些新增加的要求。

2．FLEXRAY 总线和 CAN 总线的区别

（1）波特率：CAN 总线速率最高为 1Mbps；FLEXRAY 总线速率最高为 10Mbps，也可以在 2.5Mbps 或 5Mbps 的低数据率下工作。

（2）一个节点的通道数量：CAN 只有 1 个通道（一条双绞线）；FLEXRAY 总线为 2 个通道（两对双绞线）或 1 个通道（一条双绞线），实际上一个通道现在就够用，优选一个通道。

（3）网络技术：CAN 为被动型，若控制单元有故障，将影响其他单元运行；FLEXRAY 总线为主动型，故障控制单元发现故障将主动退出，不再上线，不影响其他单元运行。

（4）最多节点：CAN 总线型或星型，在 500Kbps 时最多为 16 节点；FLEXRAY 总线型为 22 个节点，而采用星型或混合型最多可为 64 节点。

（5）物理层：CAN 只能为金属双绞线；FLEXRAY 总线则可为金属双绞线或 POF（光纤）。

（6）通信：CAN 为事件触发，只有需要时才访问总线，访问所需时间与是否满载有关；到达时间不知；所用的网络可能过载。FLEXRAY 总线为时间触发加上事件触发，访问网络的时刻是固

定好的；每次访问网络的时间也是固定好的，到达时间已知；备有带宽，无须用到；具备的冗余通信能力可实现通过硬件完全复制网络配置，并进行进度监测。

（7）ID 位：CAN 标识符为 11 位或 29 位；FLEXRAY 总线则为 11 位。

（8）数据长度数（DLC）：CAN 数据区最多为 8 字节，数据来自同一个控制单元；FLEXRAY 总线为 256 字节，数据来自不同的控制单元。

（9）帧：CAN 有数据帧、远程帧、错误帧、过载帧，网络故障可通过错误帧识别出来；FLEXRAY 只有数据帧，每一个接收器自行检查收到的帧是否正确（如 CRC 检查），但是有些帧是有缺陷的，这是它的不足之处。

（10）网络管理：CAN 为软件管理；FLEXRAY 总线为通过 BG 总线监控器、BD 总线驱动器硬件管理。

（11）网络同步：CAN 只有同步段；FLEXRAY 总线可以进行速度和偏移量补偿。

（12）允许传输距离：CAN 在 1Mbps 时为 40m；FLEXRAY 总线在一个星型或两个星型之间为 22m。

（13）仲裁判优：CAN 优先级高的信息将优先级低的信息“覆盖”；FLEXRAY 总线没有仲裁，若两个控制单元同时发送将造成通信故障，但这种情况只在存在故障时才出现。

（14）确认方面：CAN 接收器要确认接收到一个有效的帧；而 FLEXRAY 总线无确认，接收器接收不到帧是否正确的信息。

（15）两线名称：CAN 中称两线为 CAN-H 和 CAN-L；FLEXRAY 总线的数据传输线双绞线中，BP（Bus Plus）为总线正，BM（Bus Minus）为总线负。

完成任务

BP 相当于 CAN 的____________线；BM 相当于 CAN 的____________线。

3．静态段和动态段

FLEXRAY 符合 TDMA（Time Division Multiple Access）的原则，部件和信息都被分配了确定的时间槽，在此期间它们可以唯一地访问总线。时间槽是经固定的周期而重复的。信息在总线上的时间是可以完全预测出来的，因而对总线的访问是确定性的。

不过，通过为部件和信息分配时间槽的方法来固定分配总线带宽，其不利因素是导致总线的带宽没有被完全利用。出于解决总线带宽没有被完全利用的考虑，FLEXRAY 把周期分成了静态段和动态段，确定的时间槽适用于位于信息开始位置的静态段。

在动态段，时间槽是动态分配的。每种情况下都只有一小段时间允许唯一的总线访问（这段时间称为微时隙），如果在微时隙中出现了总线访问，时间槽就会按照需要的时间来扩展。因此总线带宽是动态可变的。

4．FLEXRAY 的工作原理

为了实现功能的同步和通过两条信息间的短距离来优化带宽，该通信网络中的分布组件都要有一个共同的时基，即全局时间。为了实现时钟同步，同步信息是在周期的静态段开始传输的。通过增添一个特殊的算法，部件的本地时钟被修正为所有的本地时钟都和全局时钟同步。

技师指导

说明 FLEXRAY 工作原理的一个好例子如下。

在一个铁路交通发达的小镇里，共有 16 家工厂，其中有 3 家工厂有可作为列车站的标准钟表，每天用哪个工厂的标准钟表作为时钟基准得看哪块钟表在早上最先上电工作。其余 13 家每家只有一个可和标准时钟对时的时钟。小镇上有一个最多可挂 256 节车箱的货车，货车为这

16 家工厂供货，每家工厂有 10 节车箱，且这些车箱就放在相对应的工厂里（这 10 家工厂完全占有了 160 节车箱），如第一家工厂占有前 10 节，依此类推，每家工厂都知道自己是哪 10 节车箱。每一家运送固定的不同种类的 16 种货物，每种货物占用一节车箱，每次装车时，对应的不同节车箱总是对应其规定好的货物，以便下车时能准时和准位置卸货。当这 16 家工厂有 6 家想运输新种类的货物时，就得先向列车站预定，列车站也要把增加的挂车分配到相应的工厂里，如这 6 家每家增加 10 节挂车车箱，列车站需要同时告知挂车的排序。

在这个例子中,160 节车箱为静态段，后面的 60 节车箱为动态段，这样实际有用车箱为 220 节，还有 36 节车箱空余待用。货车每次必须要拖带这 36 节空车箱。

列车站首先要求各家工厂和它具有相同显示的钟表，待各家工厂对好钟表后，规定车箱的顺序是依次将装好货物的车箱开到轨道上。第 1 家工厂将装好货物的 10 节车箱推到轨道上，在轨道上运行的时间是固定的，如用时 10 分钟，货物全部送达，送达后这 10 节车箱要从轨道上消失。轨道暂时空闲 1 分钟，第 2 家再把 10 节车箱按顺序送到轨道上，再用时 10 分钟，这辆列车的第 2 个 10 节车箱消失，轨道再空闲 1 分钟。以此类推，直至挂车也消失。然后列车站再次要求各家工厂和它对钟表，准备再次发送，这个对钟表的过程在这列火车全部发完，轨道上再无车箱时以后的空闲时间内完成。

16 家工厂都知道什么时间去卸货，也知道去哪个站台卸货，这是由于指定车箱装的东西是永远不变的。

在这个例子中，小镇是汽车，16 家工厂是汽车上 FLEXRAY 网络中的 16 个控制单元，货物是信息，车箱是控制单元的 FLEXRAY 芯片内的存储器，车箱推上轨道的过程是改变总线脉冲电压高低的过程，卸货是接收端测量电压脉冲差的过程。

轨道上休息 1 分钟称为时隙，前 10 家工厂之间的时隙称为静态时隙，后几家的车箱发送总时间称为动态段，因为不同家分配的车箱数量不同，所以动态段被分为一个个微时隙，两个微时隙间允许一家工厂发送。

从第一个控制单元至最后一个控制单元发送完成算一个通信周期完成，准备开始下一个周期。FLEXRAY 网络的通信周期在几个毫秒到十几个毫秒左右，不同车型是不同的，但运行时的通信周期是恒定不变的，数据传输是基于一个周期性往复的流程。

5. 主动型网络

FLEXRAY 是主动型网络，一旦有控制单元出现故障，有故障控制单元可退出上网，从而保证其余网络控制单元的网络工作正常。

6. FLEXRAY 网络节点的结构

FLEXRAY 网络节点由主处理器、FLEXRAY 通信控制器、可选的总线监控器和总线驱动器组成。主处理器提供和产生数据，并通过 FLEXRAY 控制器传送出去。总线驱动器连接着通信控制器和总线，或总线监控器和总线。主处理器把 FLEXRAY 控制器分配的时间槽通知给总线监视器，然后总线监视器允许 FLEXRAY 控制器在这些时间槽中传输数据。数据可以在任何时候被接收。

10.10 FLEXRAY 总线检修

1. FLEXRAY 总线的终端电阻原则

终端电阻是网络两端双绞线距离最远的两个控制单元内的电阻，这两个电阻起主要作用，两者之间的控制单元内部电阻在几千欧姆左右，对总线的总电阻起次要作用，这个控制单元称为高阻控制单元。通常两个终端控制单元中，必有一个是网关控制单元。

在图 10-50 中，控制单元 1、2、3、4 内部有与控制单元 1 相同的硬件结构，这里若把控制单元 1 作为网关，其终端电阻 R_1 为 94Ω，空间距离网关控制单元 1 最远的控制单元 2 的终端电阻 R_2 也应为 94Ω，因为总线电阻大小是有要求的，即一个网段所有控制单元电阻并联为 47Ω，两个终端电阻 94Ω 并联为 47Ω，为了接入控制单元 3 和 4，控制单元 3 和 4 的终端电阻 R_3 和 R_4 要大得多，分别为 2600Ω，以不影响设计对于所有控制单元终端电阻并联为 47Ω 的要求。

$$\frac{1}{R_1}+\frac{1}{R_2}+\frac{1}{R_3}+\frac{1}{R_4}=\frac{1}{R}$$

该公式中的结果 R 可近似取得 47Ω。

技师指导

在四个控制单元中，分析为什么控制单元 3 和控制单元 4 的 BP 或 BM 线路断路只出现小问题；控制单元 1 和控制单元 2 的 BP 或 BM 线路断路则出现大问题。

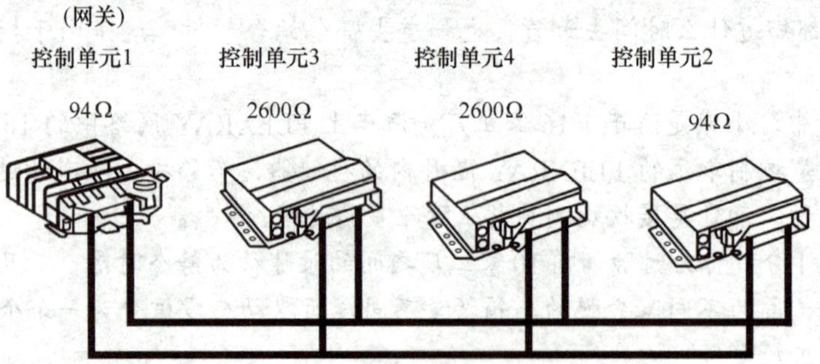

图 10-50　FLEXRAY 总线电阻

2．终端电阻测量

如图 10-51 所示为 FLEXRAY 网络的终端电阻测量。断开电源等待至少 5 min，拆下相对应的控制单元，测量终端电阻的阻值为 94Ω，高阻控制单元阻值应为 2600Ω，测量网络的总电阻值应为 47Ω。

注意，在线束接头维修中要用到大众专用工具 VAS 1978 和 VAS 1978/35。

完成任务

请查找奥迪 C7 汽车的网络资料，将如图 10-52 所示的奥迪 C7 的 FLEXRAY 总线的控制单元的名称填写上。

J104: __________; J500: __________; J849: __________; J492: __________; J197: __________; J428: __________; J850: __________; J851: __________。

3．FLEXRAY 总线的唤醒

当 30 号控制单元正常时，FLEXRAY 总线由点火开关的 15 号线唤醒。唤醒后需要一定时间用于其他控制单元同步。在上述工厂例子中，3 家有标准时钟的工厂就是 FLEXRAY 总线网络中能同步的 3 个控制单元，其余 13 家是不能同步的控制单元。能同步的 3 个控制单元可以分别自己启动网络，其他 13 个控制单元是不能启动网络的。在汽车上启动网络的控制单元一般为网关、ESP、SGR 三个控制单元。虽然 13 个控制单元不能启动网络，但要在其中选出一个同步控制单元，一般用助力转向控制单元（LHI）作为同步控制单元。

工作过程：3 个同步控制单元中，最先上电快速工作的控制单元先启动网络，然后其他两个控制单元尝试与启动网络的控制单元进行数据同步；接下来是其他 13 个单元与启动网络的控制单元进行数据流同步。

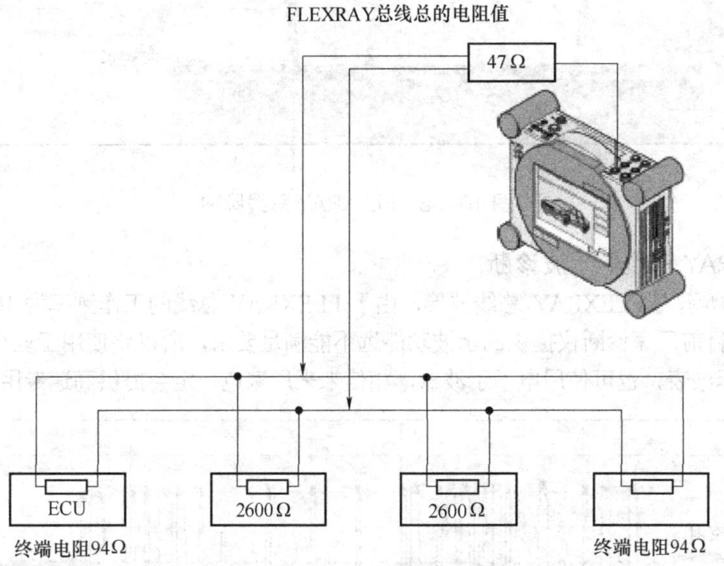

图 10-51　FLEXRAY 网络的终端电阻测量

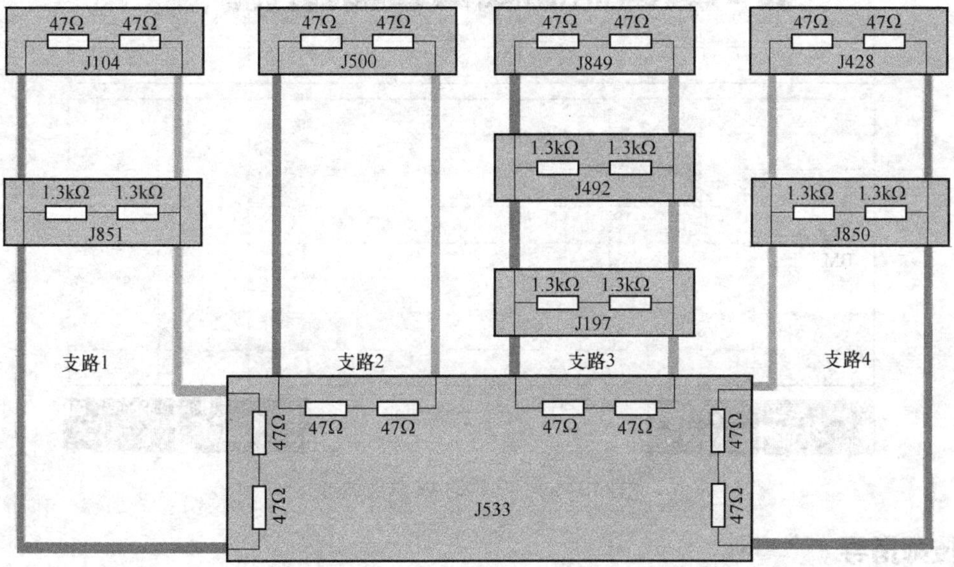

图 10-52　奥迪 C7 的 FLEXRAY 总线

4．FLEXRAY 总线的电脉冲

如图 10-53 所示，FLEXRAY 数据传输双绞线中，BP（Bus Plus）为总线正，BM（Bus Minus）为总线负。

（1）空闲时：BP 和 BM 都为 2～3V 的同一个值，即两线电压差 BP-BM=0V。

（2）数据 1：两线电压差 BP-BM=+400～600mV。

（3）数据 0：两线电压差 BP-BM=-400～600mV。

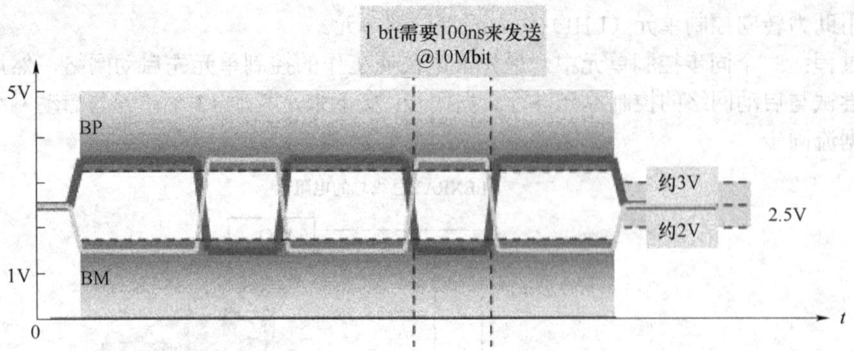

图 10-53　FLEXRAY 总线脉冲

5．FLEXRAY 总线的示波诊断

如图 10-54 所示为 FLEXRAY 总线波形，由于 FLEXRAY 总线的工作频率为 10Mbps，1bit 需要 100ns 来发送，目前厂家诊断仪提供的示波功能远不能满足要求，所以要使用工业级示波器，如美国 FLUKE 的总线示波表，也可使用电子示波器，相信未来厂家也一定会提供高速专用的示波器。

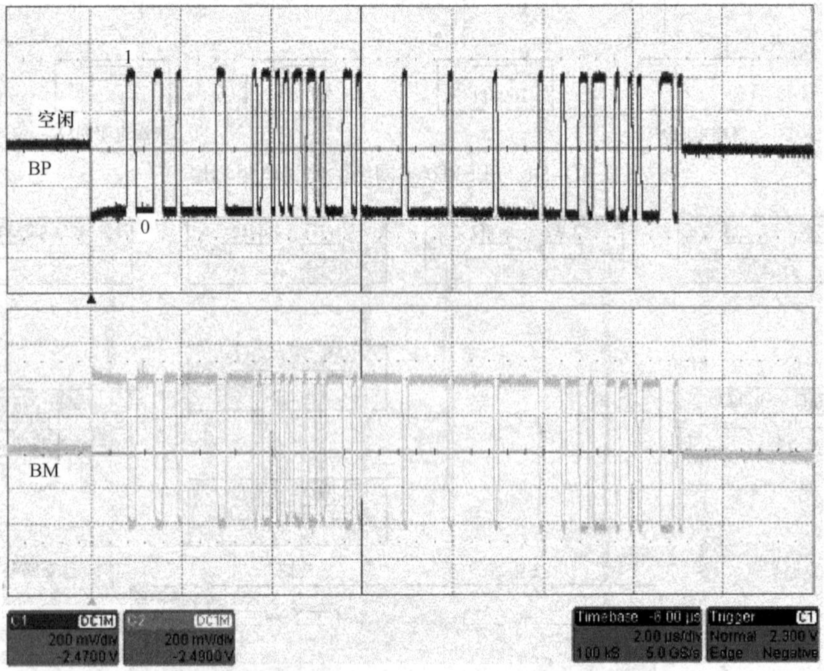

图 10-54　FLEXRAY 总线波形

技师指导

目前要想对 FLEXRAY 总线进行示波分析故障，其厂家配的示波设备尚不能达到要求，但使用电子界的通用示波器或示波表却能很好地显示出来。FLEXRAY 总线的数据太长，很难在一屏里完整体现，实际显示也没有实用意义，但可像 CAN 线故障波形那样进行分析，因此 FLEXRAY 总线示波分析可完全参考 CAN 故障波形分析。

6．FLEXRAY 总线的维修

BP 线和 BM 线的两线长度差不能超过 10mm，否则将导致 BP 和 BM 的波形不完全对称，这种不对称是线中信号延迟造成的。修理时可参考图 10-55 所示的 FLEXRAY 电缆修理标准。

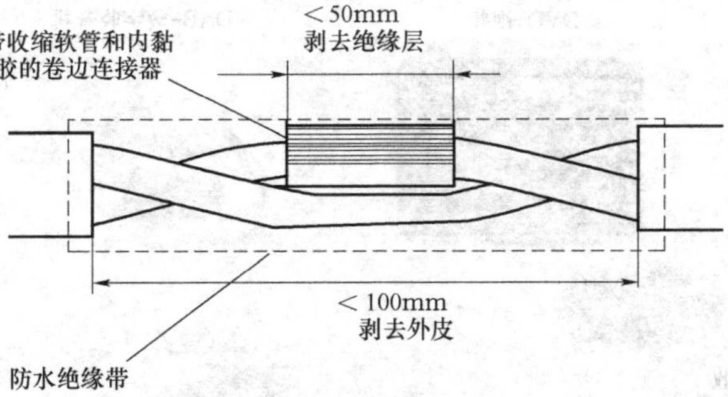

图 10-55 FLEXRAY 电缆修理标准

使用横截面积为 0.35mm^2 的双芯护套电缆 1 和 2 作为 FLEXRAY 电缆。维修时，电缆的两根芯的长度必须完全吻合。如果要绞合导线 1 和 2，则必须满足绞距 30mm。如果导线未绞合，则线段不得大于 50mm。剥除护套的电缆长度最长为 100 mm。维修位置必须采用适当措施以排除环境影响。这里需要将一个带有压缩软管和内黏胶的卷边连接器放到未扭转的维修位置上，并将一根防水绝缘条缠绕在剥去外皮的导线上。

完成任务

取一段双绞线给学员实习，教师检查学员们维修的双绞线是否合格。

10.11 MOST 总线

1. MOST 总线应用

MOST 是 Media Oriented Systems Transport 的缩写。许多汽车制造厂、零部件供应商及软件开发商共同结成了这样一个联合体，以利于采取一种统一的快速数据传递系统。从“Media Oriented Systems Transport”这个名字就可看出：它是一种用于多媒体数据传送的网络系统。也就是说，该系统将符合地址的信息传送到某一接收器上，这点与 CAN 数据总线是不同的。

MOST 用光纤传输代替金属导线传输，用光信号代替电流信号。光纤是塑料光纤，成本很低，使用光纤可以让信息传输量加大，未来的传输提升潜力也较高，同时因为没有接地回路，也不受电磁干扰，传输信号不受电磁干扰。

在奥迪汽车上，如图 10-56 所示，该技术用于 Infotainment 系统的数据传递。Infotainment 系统能提供很多信息及娱乐多媒体服务（Information and Entertainment）。

完成任务

MOST 是什么的缩写：______________________________。
主要在汽车的哪个领域应用：______________________________。

这种光纤数据传输对于实现 Infotainment 系统的所有功能具有重要意义，因为以前所使用的 CAN 数据总线系统的传输速度是不够快的，因而无法满足相应的数据量的传送。多媒体的传输速度如图 10-57 所示，视频和音频所要求的数据传输速度达数 Mbps，仅仅是带有立体声的数字式电视信号就需要约 6Mbps 的传输速度。MOST 总线的传输速度可达 21.2Mbps。

图 10-56 奥迪汽车的 MOST 技术应用

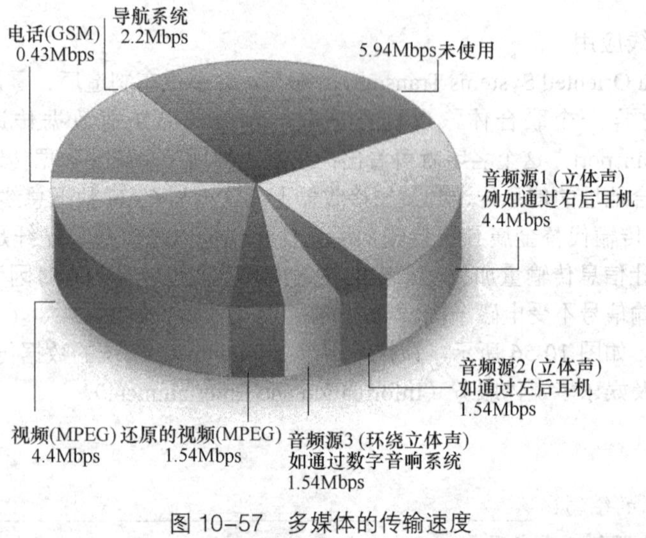

图 10-57 多媒体的传输速度

如图 10-58 所示，以前的视频和音频信号都只能作为模拟信号传送，这就使得线束的用量很大。CAN 总线系统的最大传输速度只能为 1 Mbps，因此 CAN 总线只能用来传递控制信号，不能用于传输数据。

如图 10-59 所示为奥迪 MOST 总线拓扑，在 MOST 总线中，相关部件之间的数据交换是以数字方式进行的。通过光波进行数据传递有导线少且质量轻的优点，另外传输速度也快得多。与无线电波相比，光波的波长更短，因此它不会产生电磁干扰，同时对电磁干扰也不敏感。这些特点就决定了其传输速率很高且抗干扰性也很强。

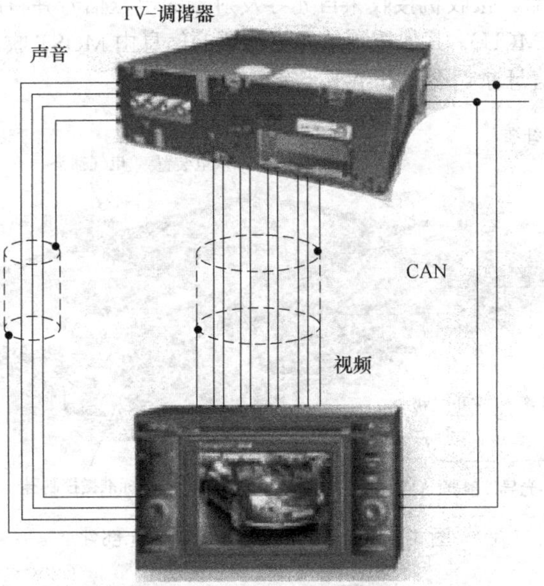

图 10-58 视频和音频信号以模拟信号传送方式

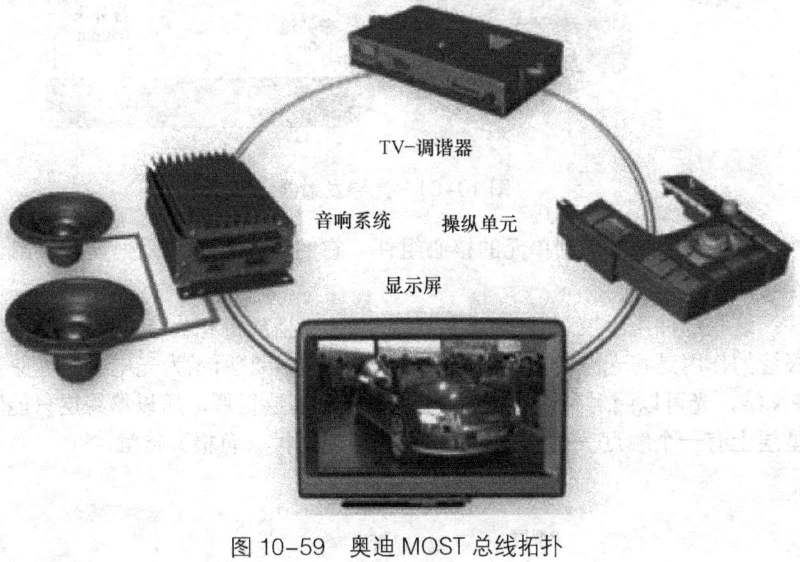

图 10-59 奥迪 MOST 总线拓扑

2. MOST 总线控制单元部件

如图 10-60 所示为 MOST 总线控制单元部件。光信号通过光导纤维插头进入控制单元，或产生的光信号通过该开关传往下一个总线用户。电气插头用于供电、环断裂自诊断及输入/输出信号。由电气插头送入的电再由内部供电装置分送到各个部件，这样就可以单独关闭控制单元内的某一部件，从而降低静态电流。

光导发射器（FOT）：如图 10-61 所示，该装置由一个光电二极管和一个发光二极管构成。到达的光信号由光电二极管转换成电压信号后传至 MOST 收发机。发光二极管的作用是把 MOST 收发机的电压信号转换成光信号。其产生的光波波长为 650 nm，是可见红光。数据经光波调制后传送。调制后的光经由光导纤维传到下一个控制单元。

MOST 收发机：MOST 收发机由发射机和接收机两个部件组成。发射机将要发送的信息作为电压信号传至光导发射器。接收机接收来自光导发射器的电压信号并将所需的数据传至控制单元内的“标准微控制器”（MCU）。其他控制单元不需要的信息由MOST收发机来传送，而不是将数据传到MCU上，这些信息原封不动发至下一个控制单元。

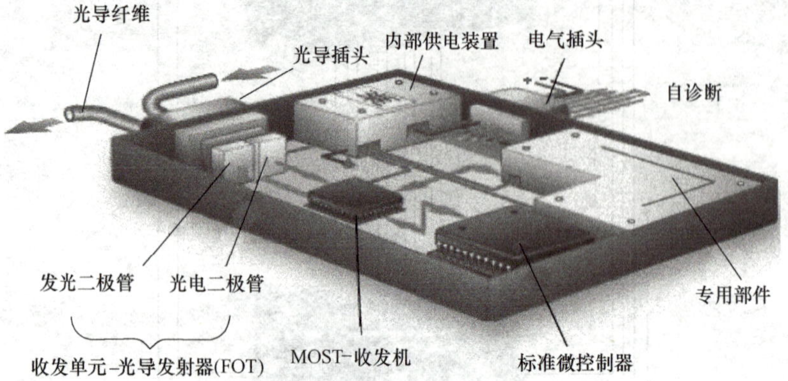

图 10-60　MOST 总线控制单元部件

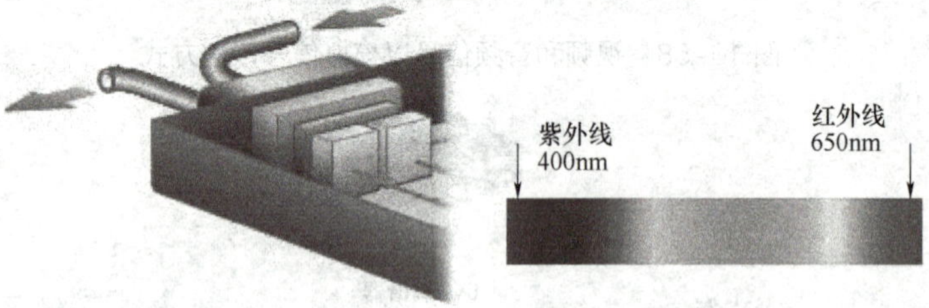

图 10-61　光导发射器

标准微控制器（MCU）：控制单元的核心组件，它的内部有一个微处理器，用于操纵控制单元的所有基本功能。

专用部件：这些部件用于控制某些专用功能，如CD播放机和收音机调谐器。

光电二极管的作用是将光波转换成电压信号，如图 10-62 所示为光电二极管原理。光电二极管内有一个PN结，光可以照射到这个PN结上。由于P型层很厚，所以绝缘层只能刚刚够得到N型层。在P型层上有一个触点——正极。N型层与金属底板（负极）接触。

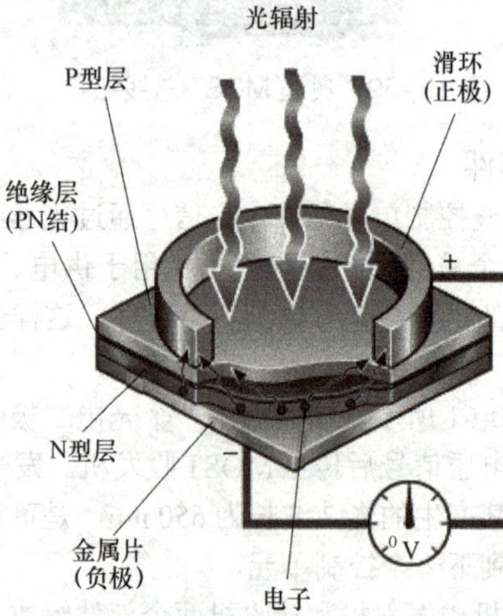

图 10-62　光电二极管原理

如图 10-63 所示为光电耦合原理，如果光或红外线辐射照到 PN 结上，就会产生自由电子和空穴，从而形成一个穿越 PN 结的电流。也就是说，作用到光电二极管上的光越强，流过光电二极管的电流就越大。这个过程称为光电效应。光电二极管反向与一个电阻串联。如果照射光强度增大，流过光电二极管的电流增大，电阻上的压降也就增大了，于是光信号就被转换成电压信号。

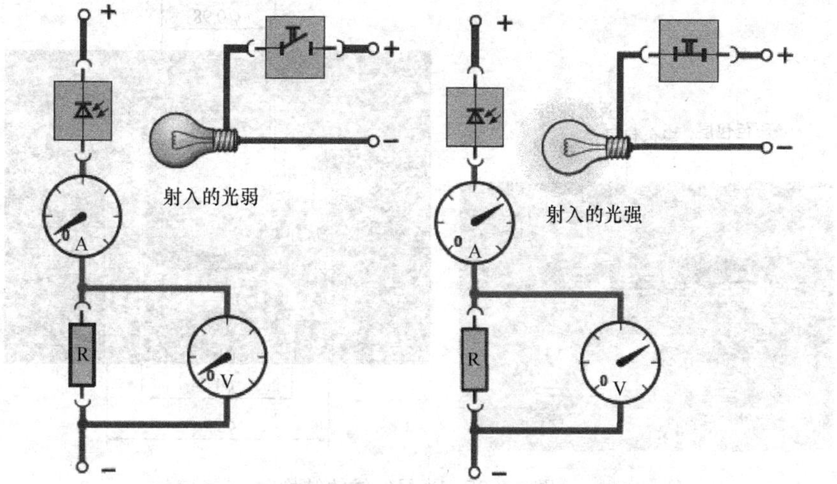

图 10-63 光电耦合原理

完成任务

根据图 10-63 分析，光敏二极管是正向使用的，还是反向使用的：________。

3. 光导纤维（LWL）

光导纤维的任务是将在某一控制单元发射器内产生的光波传送到另一控制单元的接收器。

在开发光导纤维时需考虑下述内容：光波是直线传播的，如图 10-64 所示，光波在弯曲的光导纤维内是以全反射、直线再全反射、直线的形式传播的；发射器与接收器之间的距离可以达到数米远；机械应力作用如振动、安装等不应损坏光导纤维；当车内温度剧烈变化时应能保证光导纤维的功能。因此，为了传送光信号，光导纤维应该具有下述特点：光波在光导纤维中传送时的衰减应小；光波应能通过弯曲的光导纤维来传送；光导纤维应是柔性的；在-40～85℃的温度范围内，光导纤维应能保证功能。

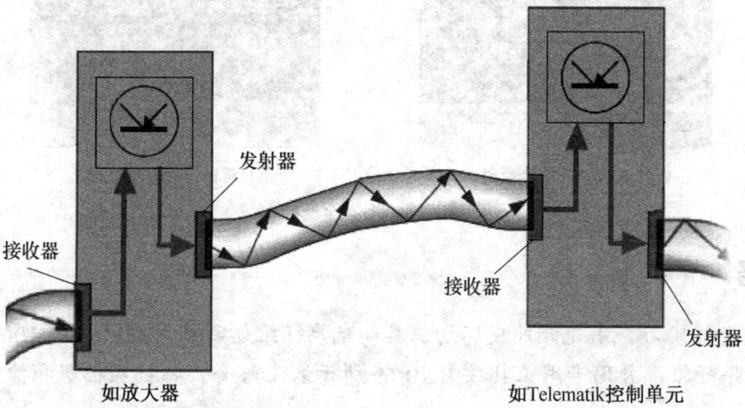

图 10-64 光导纤维的信号传递

光导纤维的结构如图 10-65 所示。纤芯是光导纤维的核心部分，它是用有机玻璃制成的，是光导线。纤芯内的光根据全反射原理几乎无损失地传导。透光的涂层由氟聚合物制成，它包在纤芯周围，对全反射起关键作用。黑色包层由尼龙制成，它用来防止外部光照射。彩色包层起到识别、保护及隔温作用。

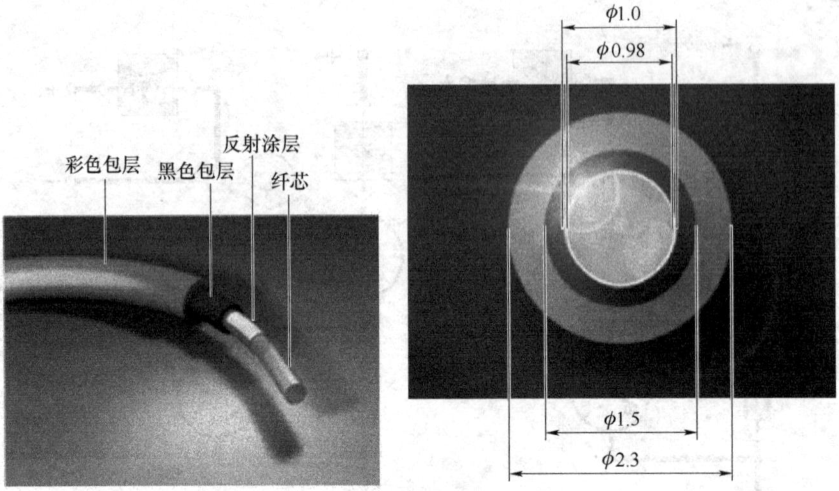

图 10-65　光导纤维的结构

当一束光以小角度照射到折射率高的材料与折射率低的材料之间的界面时，光束就会被完全反射，这就叫作全反射。光波在光导纤维中的传送分为光导纤维走直和弯曲两种情况。如图 10-66（a）所示，直的光导纤维将一部分光波沿直线传送。绝大部分光波是按全反射原理在纤芯表面以之字形曲线传送的。半径 > 25mm 的弯的光波导线，光波通过全反射在纤芯的涂层界面上反射，也可以弯曲传送，如图 10-66（b）所示。

光导纤维中的纤芯是折射率高的材料，涂层是折射率低的材料，因此全反射发生在纤芯的内部。这个效应取决于从内部照射到界面的光波角度，如果该角度过陡，光波就会离开纤芯，从而造成较大损失，如图 10-67 所示。当光导纤维弯曲或弯折过度时（半径<25mm）就会出现这种情况。

为了使传输过程中的损失尽量小，光导纤维的端面应光滑、垂直、洁净，因此使用了一种专用的环形切削工具。切削面上的污垢和刮痕会加大传送损失（衰减）。

（a）直线光纤的全反射　　（b）弯曲光纤的全反射

图 10-66　全反射

完成任务

组织一次光纤实习，用光纤外皮环切工具和光导纤维切割工具切出如图 10-68 所示的光纤断面平齐的光导纤维，并用专用工具按图 10-69 所示装上端套，再插入插塞和插头壳体。

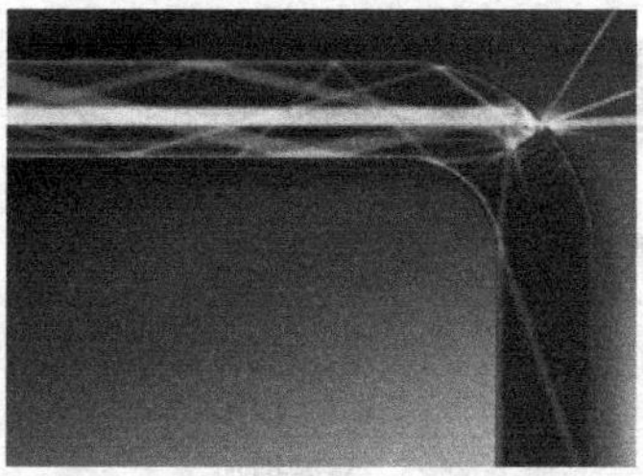

图 10-67 弯曲处破损光纤的光传递出现反射和折射

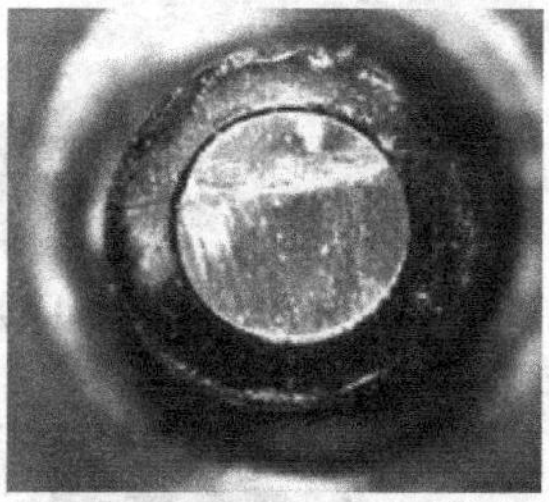

图 10-68 光纤断面应平齐（本图不平齐）

为了能将光导纤维连接到控制单元上，使用了一种专用插头，如图 10-69 所示。插塞连接上有一个信号方向箭头，它表示输入方向（通向接收器）。插头壳体就是光纤与控制单元的连接处。光通过纤芯的端面传送至控制单元的发射器/接收器。当生产光导纤维时，为了将光导纤维固定在插头壳体内，使用了激光焊接的塑料端套或黄铜端套。

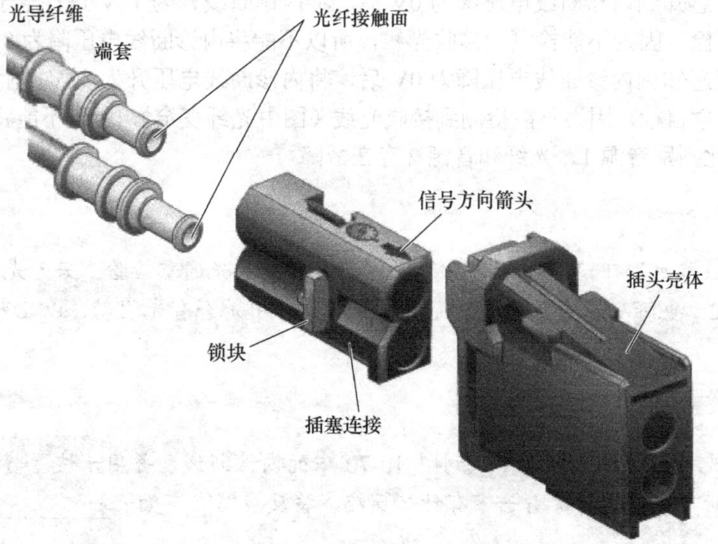

图 10-69 光导纤维和插接头

4. MOST 总线自诊断原理

MOST 总线采用环形结构，一旦环路出现光传导故障，环路控制单元的光发送和接收出现故障时，以及控制单元出现故障时就可以使用自诊断功能。

诊断原理如图 10-70 所示。由网关、TV 调谐器、收音机、音源 1、音源 2 和功放 6 个控制单元组成的 MOST 环形总线，如果在音源 1 和音源 2 之间出现光传导通路变窄故障，网关工作正常、各控制单元电源电压正常，则网关诊断环形系统的诊断过程如下。

（1）各控制单元通过内诊断 LIN 线通信（内诊断线是图中交缠在一起的导线）。

（2）网关自检，此时 6 根内诊断线电压上升为 12V，网关电子诊断，电子诊断正常后，内诊断线电压下降为 0V，进行光学诊断，向 TV 调谐器送光信号。

（3）TV 调谐器感知到内诊断线电压下降为 0V 后，将内诊断线电压升为 12V 进行电子诊断，诊断后若正常，进行光学自检。因为能检测到接收光，所以将内诊断线电压降为 0V，网关判别收音机接收没有问题，并向收音机发送光线。

（4）收音机感知到内诊断线电压降为 0V 后，将内诊断线电压升为 12V 进行电子诊断，诊断若正常，进行光学自检。因为能检测到接收光，所以将内诊断线电压降为 0V，网关判别音源 1 接收没有问题，音源 1 向功放发送光线。

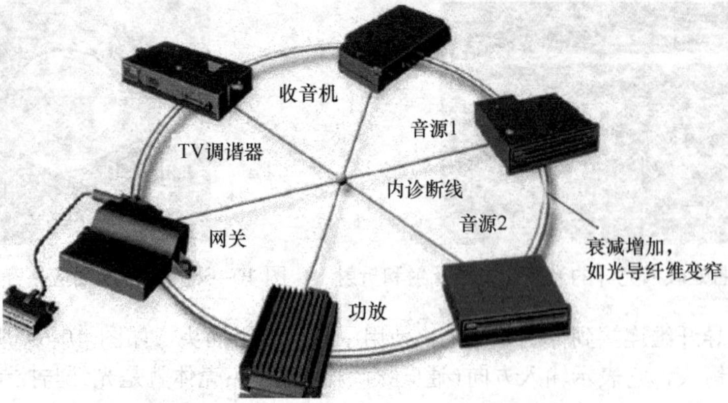

图 10-70　MOST 总线的自诊断原理

（5）音源 1 感知到内诊断线电压降为 0V 后，将内诊断线升为 12V 进行电子诊断，诊断若正常，进行光学自检。因为不能检测到接收光线，所以不能将内诊断线电压降为 0V。

（6）音源 2 感知到内诊断线电压降为 0V 后，将内诊断线电压升为 12V 进行电子诊断，诊断若正常，进行光学自检。因为不能检测到接收光线（图中光纤变窄），所以不能将内诊断线电压降为 0V。网关据此判别音源 1、光纤和音源 2 存在故障。

技师指导

对于这类故障可取下音源 1 和音源 2 之间的光纤进行光通路检验。若无光通路故障则更换音源 1 或音源 2；也可观察音源 1 的发光二极管在光纤中是否有光闪动，以此来排除音源 1。

完成任务

组织一次光纤实习，在电路中找到图 10-70 中的内诊断线，并用示波器监测内部诊断的波形，在环路上断开一根光纤，看一下有什么反应。将反应写在下面：________________

____

5. 光纤通路检验方法

光纤是否能正常传递光线，最好的检验办法是拆下的光纤一端用光纤检测仪输入一个较弱的光线，若光纤有损坏，将在另一侧接收端接收仪器接收不到光线。若能接收到弱光线，车上控制单元发出的正常光线一定是能接收到的。利用这个原理就可以检测出有破损的光纤了。

·附　　录·

附录A　大众、奥迪汽车控制器信息表

表A-1　大众、奥迪汽车控制器信息表

控制器缩写	旧控制器缩写	控制器名称	地址	诊断地址	控制协议
ABA	AIRBAG	安全气囊控制器	J234	0x15	ODX
ABE	AAG	挂车控制器	J345	0x69	KWP
ABL	ALM	环境照明控制器	J773	0x6F	ODX
ADI-HI	ALLRAD	后轴差速器控制器	J492	0x22	ODX
ADP	DSP	DSP 功放	J525	0x47	KWP
AMS	VICS	收费站系统天线			LIN
ARE	ACC	主动巡航控制器（ADR）	J428	0x13	ODX
ARE-02	ACC-S	主动巡航控制器2（ADR）	J850	0x8B	ODX
ASF	MFG	特殊车辆装备控制器	J608	0x3D	KWP
BBA	BBF	制动加注设备			
BFU-LI		后座娱乐显示屏	Y22		LIN
BFURE		后座娱乐显示屏	Y23		LIN
BGO	UGD-BT	车库门遥控器	E284	0958	LIN
BMI	MU-DIS	MMI 显示屏	J685	646	LIN
BMM	MU-BT	MMI 操控元件		647	LIN
BSE	BDM	蓄电池传感器	J367	965	LIN
BSV	MEM-BS	副驾驶员座椅调节控制器	J521	0x06	KWP
BSV-HI	MEM-HR	副驾驶员座椅调节控制器	J877	0x87	KWP
BTU	TSG-BS	副驾驶员侧车门控制器	J387	0x52	KWP

续表

控制器缩写	旧控制器缩写	控制器名称	地址	诊断地址	控制协议
BVE	BVSG	图像处理控制器	J851	0x8E	ODX
CMS	ETC	收费站系统读卡器		940	LIN
DEL	LIM	顶棚电子模块控制器	J528	626	LIN
DKA	DSK	空调压力传感器	G395	979	LIN
ADP02		DSP 功放 2		648	LIN
DWE	DVD-C	DVD 转换器	R161	0x0E	KWP
EFB	EPB	驻车制动控制器	J540	0x53	ODX
EFR	EFR	转毂试验台			
EHI	APS	停车辅助控制器	J791	0x10	ODX
ESP	ESP	ESP 控制器	J104	0x03	ODX
EUL	SCU	动态转向控制器	J792	0x1B	KWP
EZE	BCM-1	电子中央控制器	J519	0x09	KWP
FAS	FAS	驾驶员辅助系统检测站			
FBE	FBS	进入启动许可控制器	J393	0x05	KWP
FEHLT	FEHLT	EFA 故障文本			
FGO	UGDO	车库门遥控开启控制器	J530	998	LIN
FLA	FLA	远光灯辅助控制器	J844	0x20	KWP
FSE	CHS	奥迪驾驶选择控制器		951	LIN
FSH		前风挡加热控制器		624	LIN
FSV	MEM-FS	驾驶员座椅调节控制器	J136	0x36	KWP
FSV-HI	MEM-HL	驾驶员座椅调节控制器	J876	0x86	KWP
FTR-LI	TSGHL	后门控制器	J388	0x62	KWP
FTR-RE	TSG-HR	后门控制器	J89	0x72	KWP
FTU	TSG-FS	驾驶员门控制器	J386	0x42	KWP
FUN	RSE	后座娱乐控制器	J829	0x4F	KWP
FWE	FWE	底盘调整站			
GET	GSG	变速箱控制器	J217	0x02	ODX
GFN	NGS	车辆倾角传感器	G578	990	LIN
GLF-AU	FS-A	空气湿度传感器	G657	921	LIN
GLF-AU	FS-A	空气湿度传感器	G657	921	LIN
GLF-IN	FS	空气湿度传感器	G355	962	LIN
GWA	GW	网关控制器	J533	0x19	ODX
HGE	STHZG	加热设备控制器	J364	0x18	ODX
HKL	HDSG	后盖控制器	J605	0x6D	ODX

续表

控制器缩写	旧控制器缩写	控制器名称	地址	诊断地址	控制协议
HLS	LDS	大灯开关	E1	961	LIN
HUD	HUD	抬头显示控制器	J898	0x82	ODX
ICS	ICS	ICS 检测设备			
IEL	MU	主控单元	J794	0x5F	KWP
KAS	KASG	摄像头辅助系统控制器	J852	0x85	ODX
KDB		康采恩数据总线			
KEL	BCM-2	舒适中央控制器	J393	0x46	KWP
KIN	KOMBI	仪表	J285	0xl7	ODX
KNS		夜视系统摄像头			
KRE	KLIMA	空调控制器	J255	0x08	ODX
KRE-HI	KLIMA	空调控制器	E265	0x28	ODX
KSB	KSB	无控制器			
LGS	AQS	空气质量传感器	G238	960	LIN
LHI	EPS	转向辅助控制器	J500	0x44	ODX
LRE	MFL	多功能转向盘控制器	J453	988	LIN
LRV	EVLS	转向盘调节控制器	J866	981	LIN
LSE	SMLS	转向柱开关模块	J527	0x16	KWP
LSL	ELV	电子转向柱锁	J764	981	LIN
LWR	LWR	照明距离调节控制器	J745	0x55	ODX
MKB	IVB-BS	副驾驶员侧气动座椅控制器	J872	0x89	ODX
MKB-HI	IVB-BH	副驾驶员侧气动座椅控制器	J874	0x8D	ODX
MKF	IVB-FS	驾驶员侧气动座椅控制器	J873	0x88	ODX
MKF-HI	IVB FH	驾驶员侧气动座椅控制器	J875	0x8A	ODX
MOT	MSG-1	发动机控制器	J623	0x01	ODX
MOT-02	MSG-2	发动机控制器 2		0x11	ODX
NDR	NIVEAU	水平/减震调节控制器	J197	0x34	ODX
NSS	NV	夜视系统控制器	J853	0x84	ODX
OBD	OBD	OBD 控制器组			ODX
RAD	RADIO	收音机	R	0x56	KWP
RDK	RDK	胎压监控控制器	J502	0x65	ODX
RFK	RV	倒车摄像头控制器	J772	0x6C	KWP
RGS-LV	RGS-LV	可逆安全带张紧器控制器	J854	0x8F	ODX

续表

控制器缩写	旧控制器缩写	控制器名称	地址	诊断地址	控制协议
RGS-RV	RGS-RV	可逆安全带张紧器控制器	J855	0x90	ODX
RRO	RLR	颠簸转毂试验台			
RSN	RLS	雨传感器	G397	980	LIN
SAA	SNDR	警报喇叭	H12	999	LIN
SAD	SAD	天窗控制器	J245	983	LIN
SAD-02	ROLLO	天窗控制器 2	J394	639	LIN
SCH	IDG	钥匙			
SCH-02		钥匙 2			
SDV	STS	防盗跟踪系统控制器	J843	0x30	KWP
SGR	SARA	车辆动态性调节控制器	J849	OX3B	ODX
SHS	WH	挡杆位置控制器	J587	0x81	ODX
SSB		座椅占位传感器			
SSR	ROLLO	遮阳卷帘控制器	J394	638	LIN
SSR-02	ROLLO	遮阳卷帘控制器 2	J395	652	LIN
SST	DC-DC	稳压控制器	J532		
SSV-BH	ME-BTR	座椅调节开关	E688	658	LIN
SSV-FH	ME-BTL	座椅调节开关	E683	657	LIN
SVE		扰流板调节控制器	J223		
SWA	ASA	换道辅助控制器	J769	0x3C	KWP
SWA-02	ASA-S	换道辅助控制器 2	J770	953	LIN
SWE	SWE	大灯调节器		645	LIN
TBE	BDH	电话		645	LIN
TTU	TV	电视调节器	R78	0x57	KWP
UDS		UDS 控制器组			
WAA		天窗导流板控制器		653	LIN
WMO	WWS	雨刮电机控制器	J400	995	LIN
WSC	IDG-WS	车间钥匙			
ZAS	EZS	电子点火开关		994	LIN
ZUH	UHR	时钟		916	LIN

附录B 迈腾基本装备全解

Magotan B7L 基本装备（自 2011 年 7 月起）如图 B-1 至图 B-22 所示。

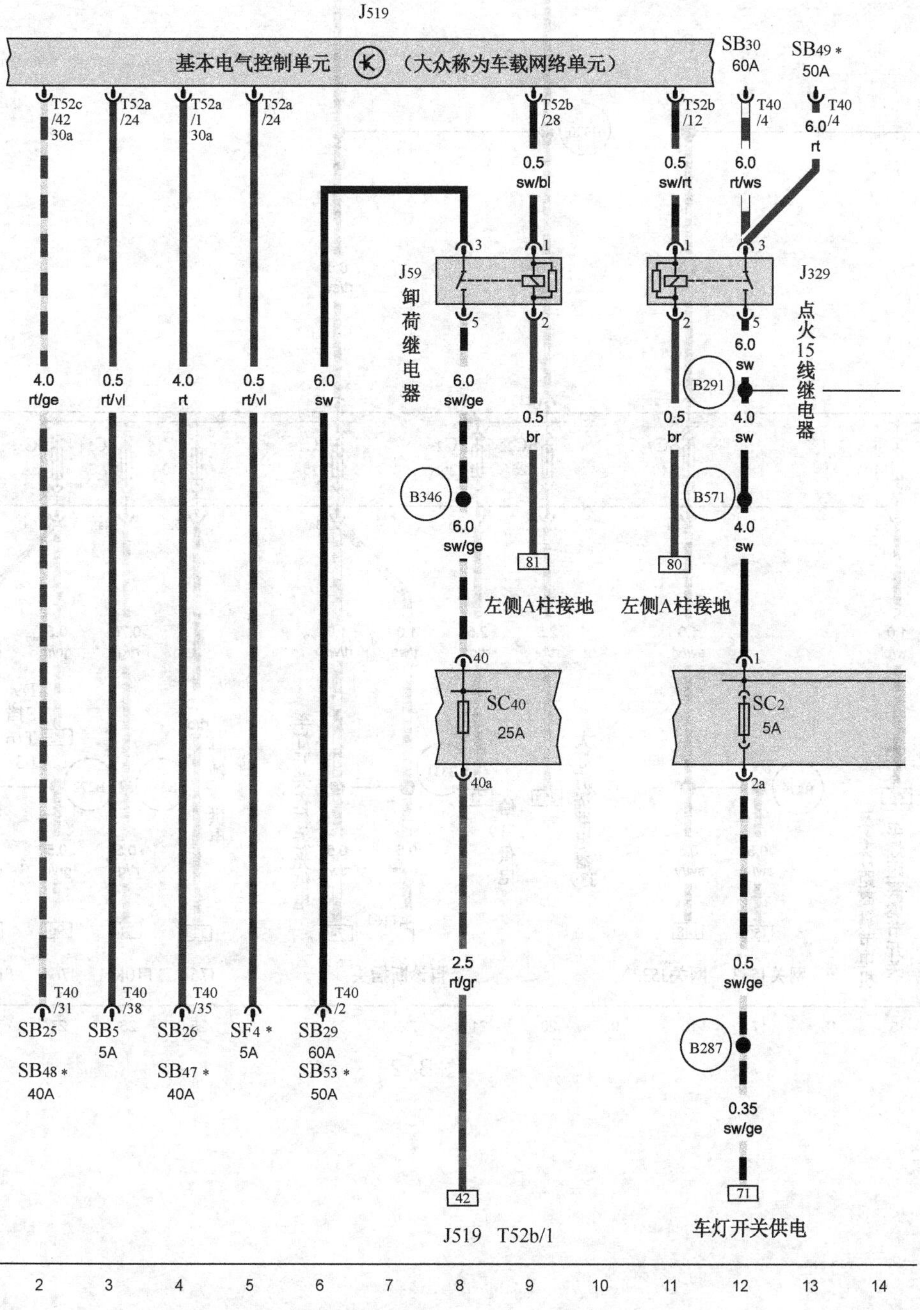

图 B-1

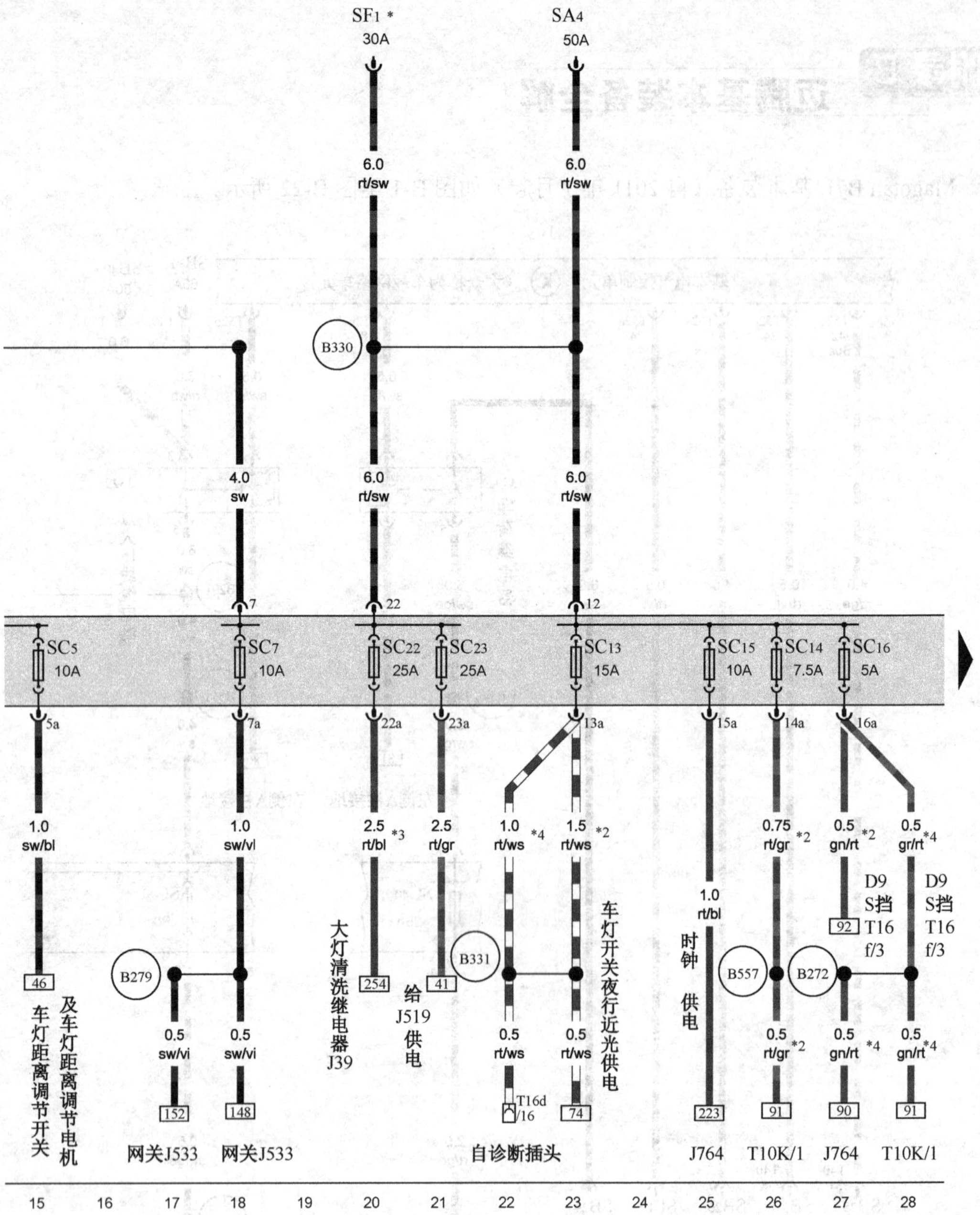

SF1 *
30A
SA4
50A
6.0
rt/sw
B330
4.0
sw
SC5 10A
SC7 10A
SC22 25A
SC23 25A
SC13 15A
SC15 10A
SC14 7.5A
SC16 5A
1.0 sw/bl
1.0 sw/vi
2.5 rt/bl *3
2.5 rt/gr
1.0 rt/ws *4
1.5 rt/ws *2
1.0 rt/bl
0.75 rt/gr *2
0.5 gn/rt *2
0.5 gr/rt *4
D9 S挡 T16 f/3
B279
B331
B557
B272
0.5 sw/vi
0.5 rt/ws
0.5 rt/gr *2
0.5 gn/rt *4
0.5 gn/rt *4
车灯距离调节开关
及车灯距离调节电机
网关J533
大灯清洗继电器J39
给J519供电
自诊断插头
T16d/16
车灯开关夜行近光供电
时钟 供电
J764
T10K/1
15 16 17 18 19 20 21 22 23 24 25 26 27 28

图 B-2

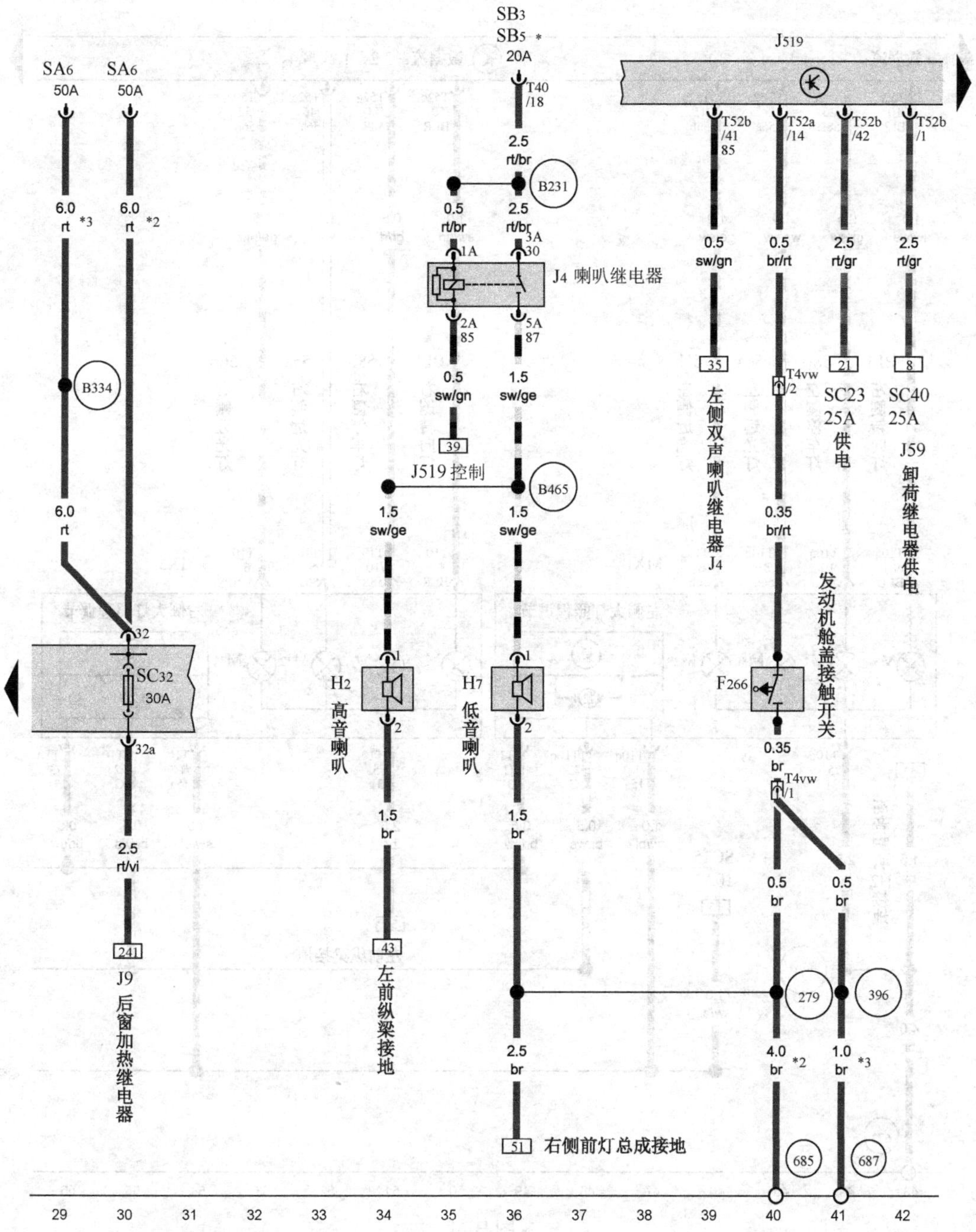
SA6
50A
SA6
50A
SB3
SB5 *
20A
J519
T40
/18
2.5
rt/br
B231
6.0
rt *3
6.0
rt *2
0.5
rt/br
2.5
rt/br
3A
30
1A
J4 喇叭继电器
2A
85
5A
87
0.5
sw/gn
1.5
sw/ge
39
B334
J519 控制
B465
1.5
sw/ge
6.0
rt
32
SC32
30A
32a
2.5
rt/vi
241
J9
后窗加热继电器
H2
高音喇叭
H7
低音喇叭
1.5
br
43
左前纵梁接地
2.5
br
51
右侧前灯总成接地
T52b
/41
85
T52a
/14
T52b
/42
T52b
/1
0.5
sw/gn
0.5
br/rt
2.5
rt/gr
2.5
rt/gr
35
左侧双声喇叭继电器
J4
T4vw
/2
21
SC23
25A
供电
8
SC40
25A
J59
卸荷继电器供电
0.35
br/rt
发动机舱盖接触开关
F266
0.35
br
T4vw
/1
0.5
br
279
396
4.0
br *2
1.0
br *3
685
687
29
30
31
32
33
34
35
36
37
38
39
40
41
42

图 B-3

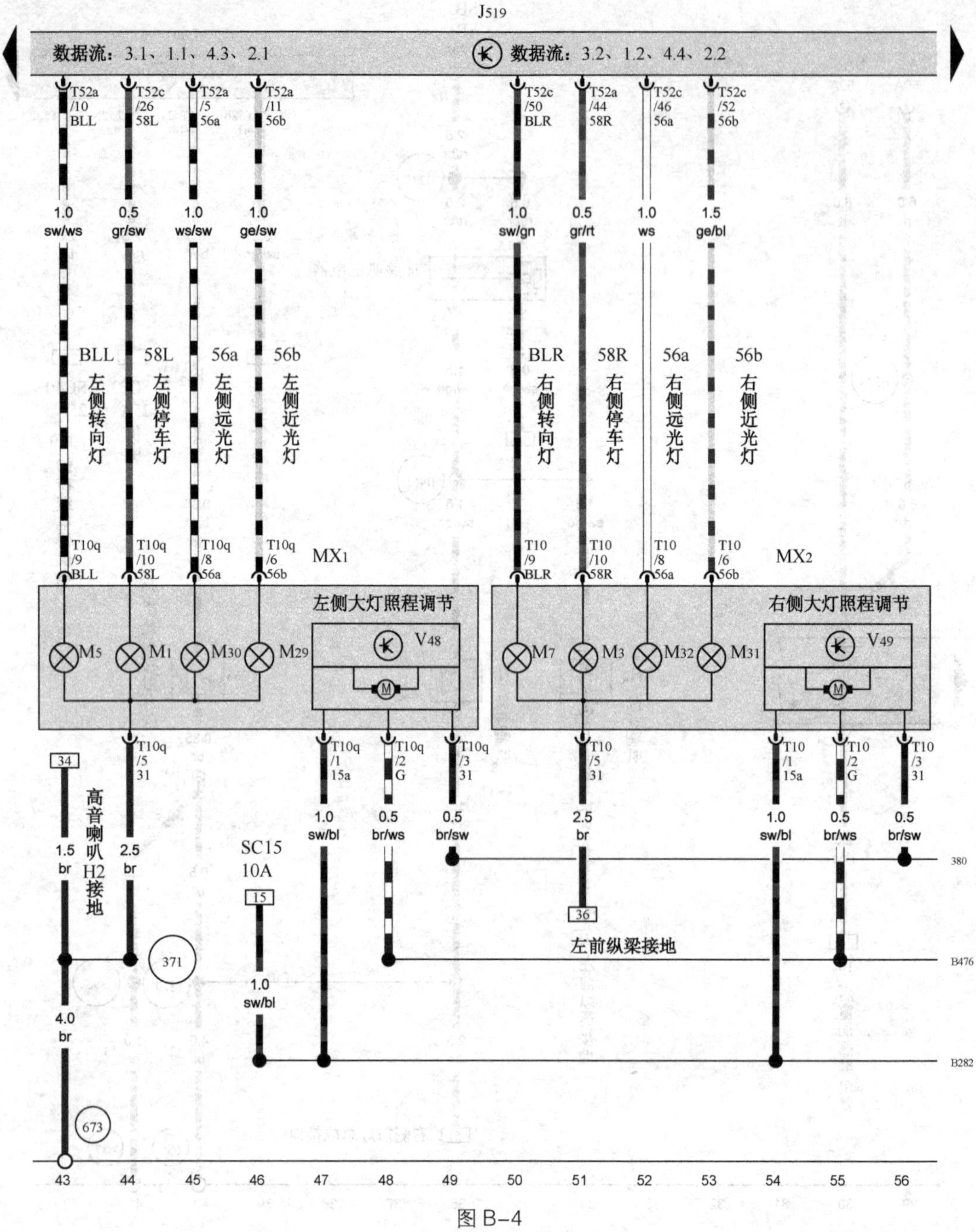
J519
数据流：3.1、1.1、4.3、2.1
数据流：3.2、1.2、4.4、2.2
T52a /10 BLL
T52c /26 58L
T52a /5 56a
T52a /11 56b
T52c /50 BLR
T52a /44 58R
T52c /46 56a
T52c /52 56b
1.0 sw/ws
0.5 gr/sw
1.0 ws/sw
1.0 ge/sw
1.0 sw/gn
0.5 gr/rt
1.0 ws
1.5 ge/bl
BLL 左侧转向灯
58L 左侧停车灯
56a 左侧远光灯
56b 左侧近光灯
BLR 右侧转向灯
58R 右侧停车灯
56a 右侧远光灯
56b 右侧近光灯
T10q /9 BLL
T10q /10 58L
T10q /8 56a
T10q /6 56b
MX1
T10 /9 BLR
T10 /10 58R
T10 /8 56a
T10 /6 56b
MX2
左侧大灯照程调节
V48
M5
M1
M30
M29
右侧大灯照程调节
V49
M7
M3
M32
M31
T10q /5 31
T10q /1 15a
T10q /2 G
T10q /3 31
T10 /5 31
T10 /1 15a
T10 /2 G
T10 /3 31
34
高音喇叭H2接地
1.5 br
2.5 br
SC15 10A
15
1.0 sw/bl
0.5 br/ws
0.5 br/sw
2.5 br
1.0 sw/bl
0.5 br/ws
0.5 br/sw
380
36
左前纵梁接地
371
B476
1.0 sw/bl
4.0 br
B282
673
43 44 45 46 47 48 49 50 51 52 53 54 55 56

图 B-4

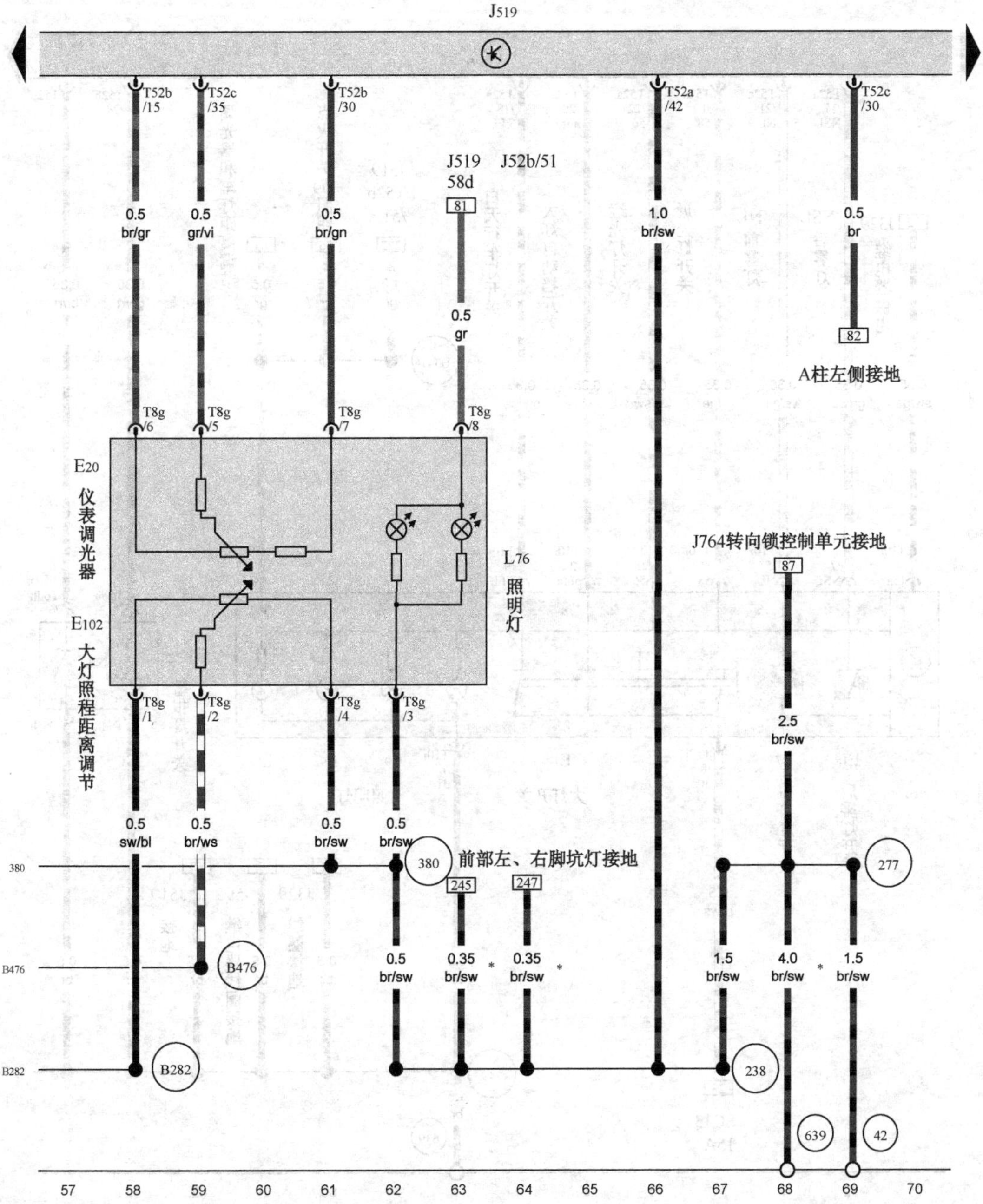

J519
T52b /15
T52c /35
T52b /30
T52a /42
T52c /30
J519 58d
J52b/51
81
82
A柱左侧接地
0.5 br/gr
0.5 gr/vi
0.5 br/gn
0.5 gr
1.0 br/sw
0.5 br
T8g /6
T8g /5
T8g /7
T8g /8
E20 仪表调光器
E102 大灯照程距离调节
L76 照明灯
J764转向锁控制单元接地
87
2.5 br/sw
T8g /1
T8g /2
T8g /4
T8g /3
0.5 sw/bl
0.5 br/ws
0.5 br/sw
0.5 br/sw
380
前部左、右脚坑灯接地
245
247
277
B476
0.5 br/sw
0.35 br/sw *
0.35 br/sw *
1.5 br/sw
4.0 br/sw *
1.5 br/sw
B282
238
639
42
57 58 59 60 61 62 63 64 65 66 67 68 69 70

图 B-5

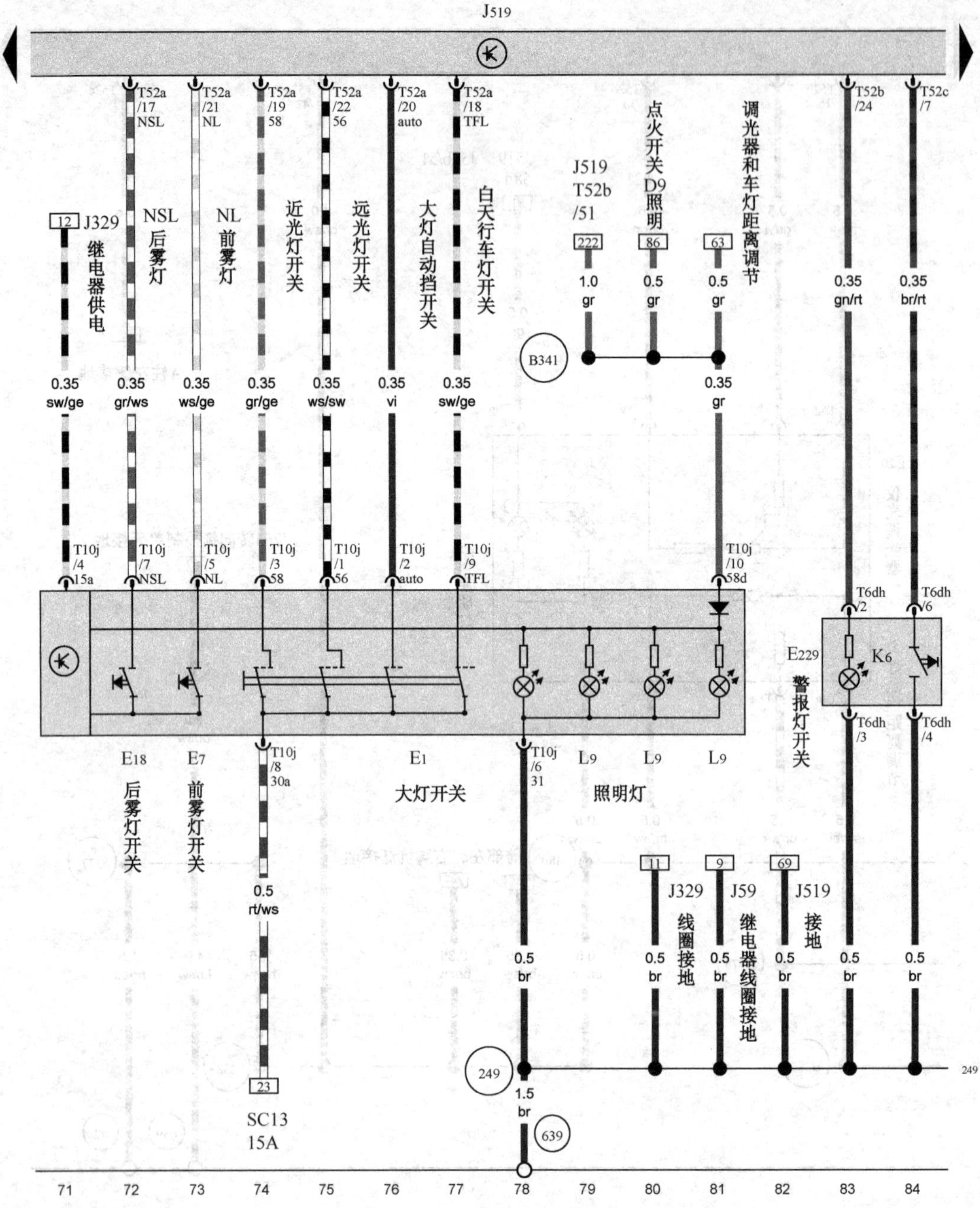
J519
T52a /17 NSL
T52a /21 NL
T52a /19 58
T52a /22 56
T52a /20 auto
T52a /18 TFL
T52b /24
T52c /7
12 J329 继电器供电
NSL 后雾灯
NL 前雾灯
近光灯开关
远光灯开关
大灯自动挡开关
白天行车灯开关
J519 T52b /51
点火开关 D9 照明
调光器和车灯距离调节
222
86
63
1.0 gr
0.5 gr
0.5 gr
B341
0.35 gn/rt
0.35 br/rt
0.35 sw/ge
0.35 gr/ws
0.35 ws/ge
0.35 gr/ge
0.35 ws/sw
0.35 vi
0.35 sw/ge
0.35 gr
T10j /4 15a
T10j /7 NSL
T10j /5 NL
T10j /3 58
T10j /1 56
T10j /2 auto
T10j /9 TFL
T10j /10 58d
T6dh /2
T6dh /6
E229 警报灯开关
K6
T6dh /3
T6dh /4
E18 后雾灯开关
E7 前雾灯开关
T10j /8 30a
E1 大灯开关
T10j /6 31
L9
L9
L9
照明灯
0.5 rt/ws
11 J329 线圈接地
9 J59 继电器线圈接地
69 J519 接地
0.5 br
0.5 br
0.5 br
0.5 br
0.5 br
0.5 br
249
249
23
SC13 15A
1.5 br
639
71 72 73 74 75 76 77 78 79 80 81 82 83 84

图 B-6

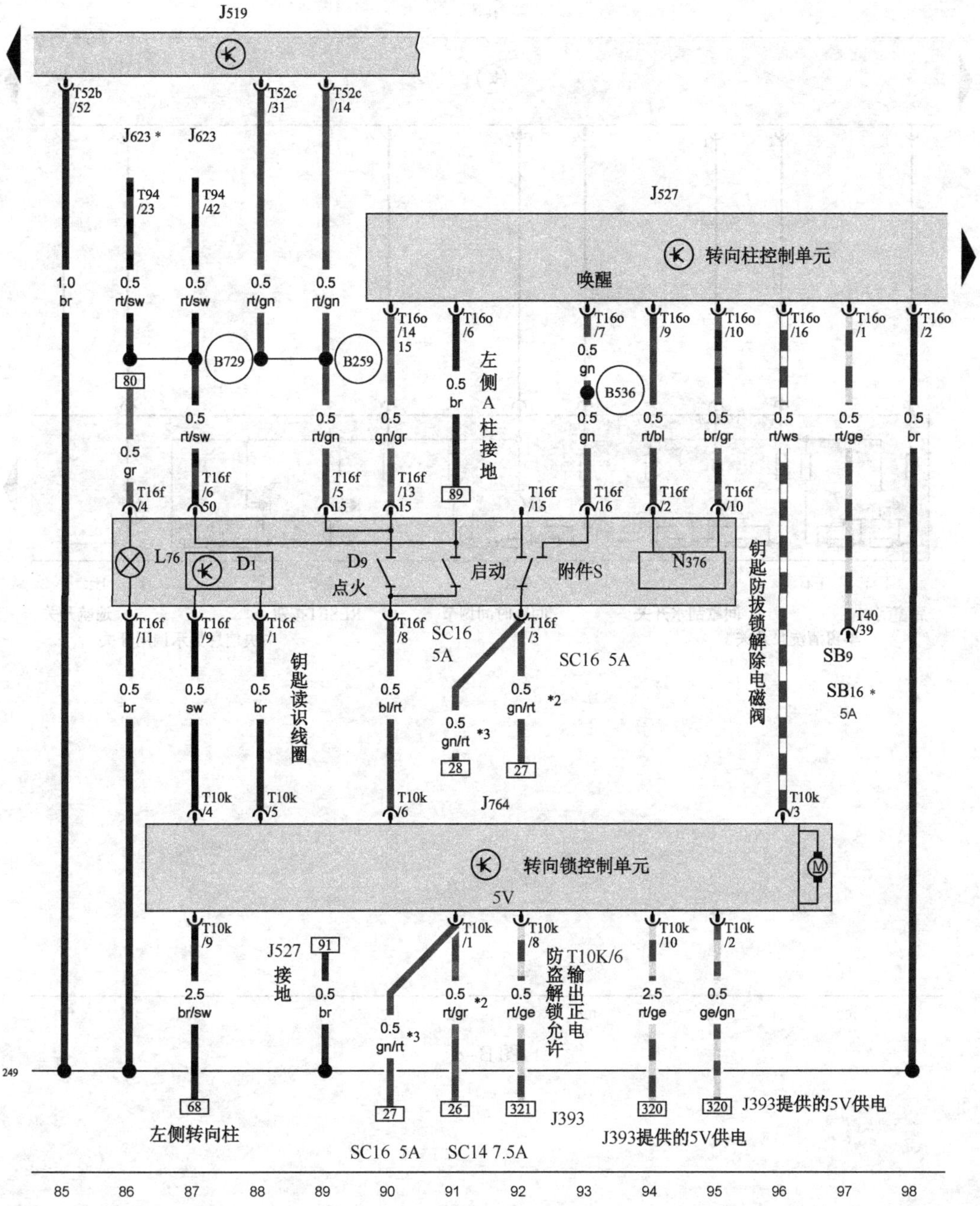
J519
T52b /52
T52c /31
T52c /14
J623 *
J623
T94 /23
T94 /42
J527
转向柱控制单元
唤醒
1.0 br
0.5 rt/sw
0.5 rt/sw
0.5 rt/gn
0.5 rt/gn
T16o /14 15
T16o /6
T16o /7
T16o /9
T16o /10
T16o /16
T16o /1
T16o /2
B729
B259
80
左侧A柱接地
0.5 br
0.5 gn
B536
0.5 gn/gr
0.5 rt/bl
0.5 br/gr
0.5 rt/ws
0.5 rt/ge
0.5 br
0.5 gr
T16f /4
T16f /6 50
T16f /5 15
T16f /13 15
89
T16f /15
T16f /16
T16f /2
T16f /10
L76
D1
D9
点火
启动
附件S
N376
钥匙防拔锁解除电磁阀
T16f /11
T16f /9
T16f /1
T16f /8
T16f /3
SC16 5A
SC16 5A
T40 /39
SB9
SB16 *
5A
0.5 br
0.5 sw
0.5 br
钥匙读识线圈
0.5 bl/rt
0.5 gn/rt *2
0.5 gn/rt *3
28
27
T10k /4
T10k /5
T10k /6
J764
T10k /3
转向锁控制单元
5V
T10k /9
T10k /1
T10k /8
T10k /10
T10k /2
J527 接地
91
防盗解锁允许
T10K/6 输出正电
2.5 br/sw
0.5 br
0.5 gn/rt *3
0.5 rt/gr *2
0.5 rt/ge
2.5 rt/ge
0.5 ge/gn
249
68
27
26
321
320
320
J393提供的5V供电
J393
J393提供的5V供电
左侧转向柱
SC16 5A
SC14 7.5A
85 86 87 88 89 90 91 92 93 94 95 96 97 98

图 B-7

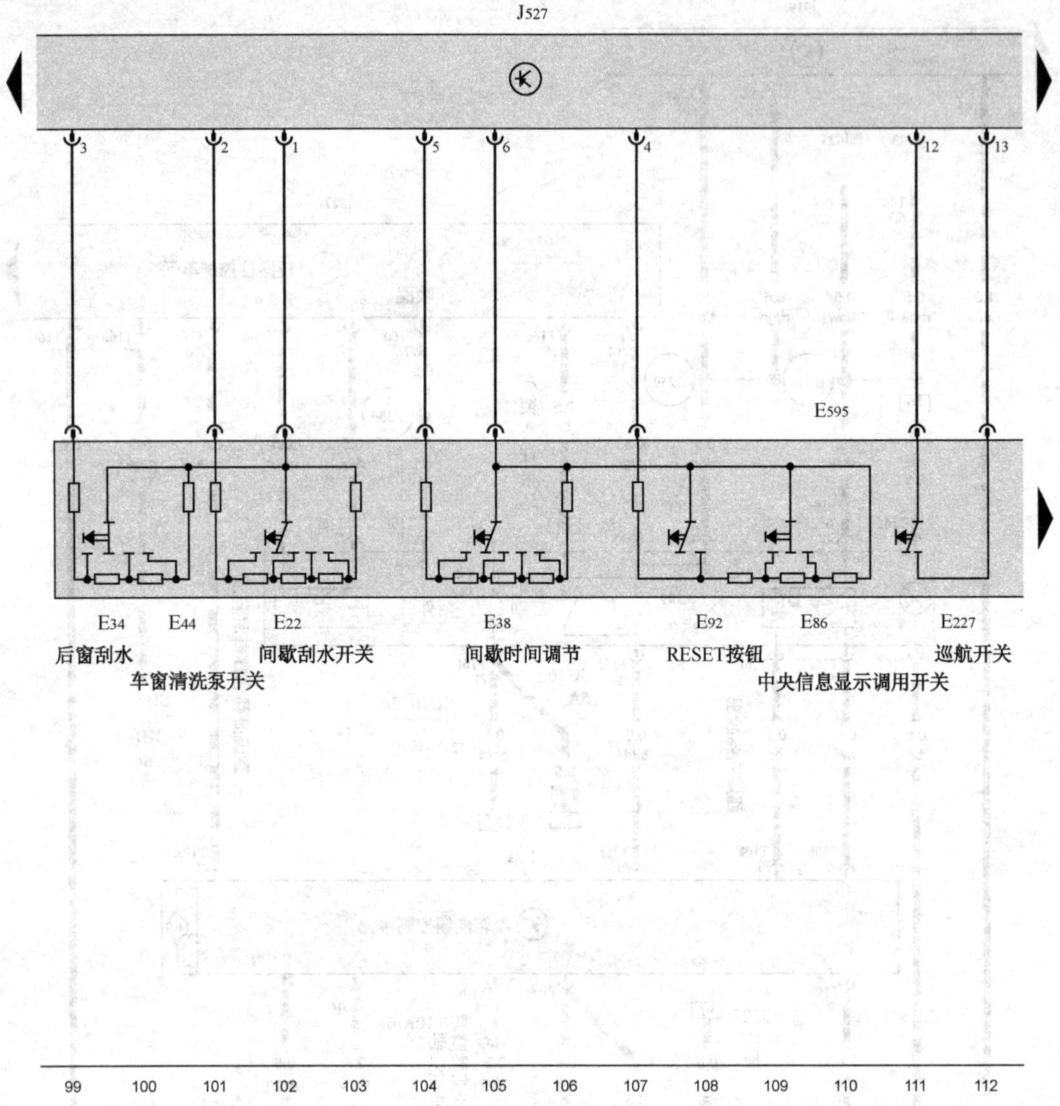
J527
3
2
1
5
6
4
12
13
E595
E34
E44
E22
E38
E92
E86
E227
后窗刮水
车窗清洗泵开关
间歇刮水开关
间歇时间调节
RESET按钮
中央信息显示调用开关
巡航开关
99
100
101
102
103
104
105
106
107
108
109
110
111
112

图 B-8

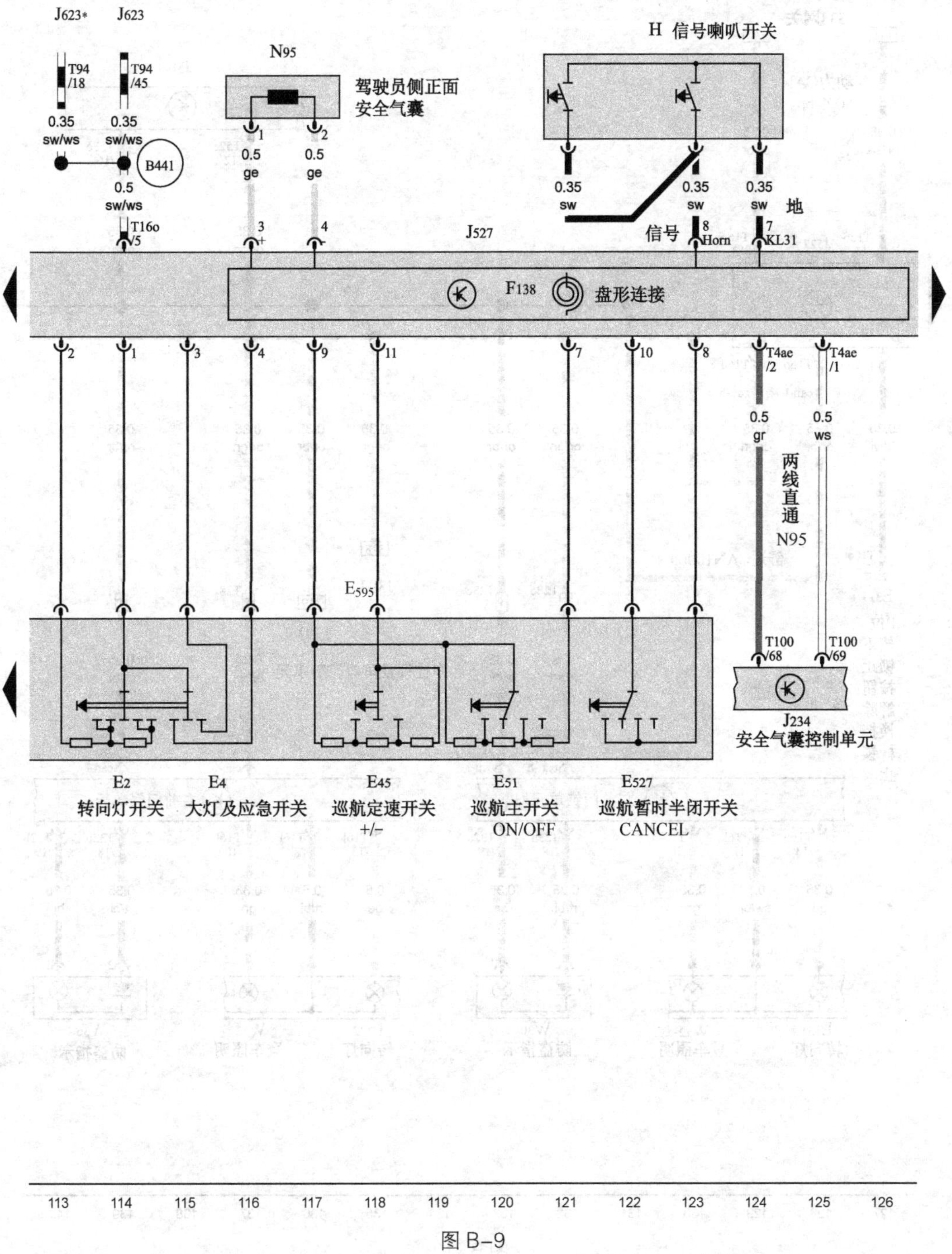
J623*
J623
T94 /18
T94 /45
0.35 sw/ws
0.35 sw/ws
B441
0.5 sw/ws
T16o /5
N95
驾驶员侧正面安全气囊
0.5 ge
0.5 ge
H 信号喇叭开关
0.35 sw
0.35 sw
0.35 sw
地
信号
8 Horn
7 KL31
J527
F138
盘形连接
T4ae /2
T4ae /1
0.5 gr
0.5 ws
两线直通 N95
E595
T100 /68
T100 /69
J234
安全气囊控制单元
E2 转向灯开关
E4 大灯及应急开关
E45 巡航定速开关 +/–
E51 巡航主开关 ON/OFF
E527 巡航暂时半闭开关 CANCEL
113 114 115 116 117 118 119 120 121 122 123 124 125 126

图 B-9

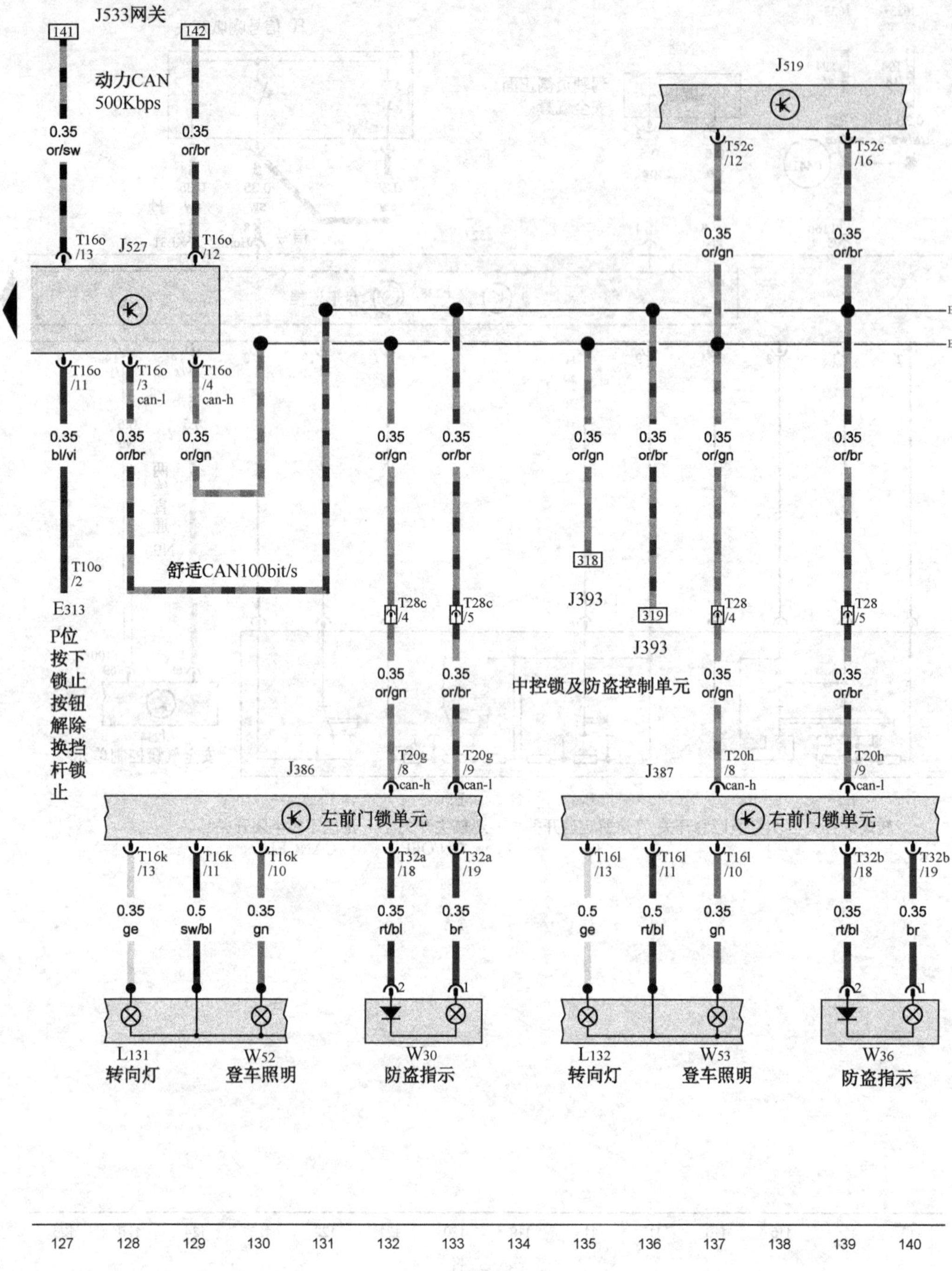

J533网关
141
142
动力CAN
500Kbps
0.35 or/sw
0.35 or/br
T16o /13
J527
T16o /12
T16o /11
T16o /3 can-l
T16o /4 can-h
0.35 bl/vi
0.35 or/br
0.35 or/gn
T10o /2
E313
P位按下锁止按钮解除换挡杆锁止
舒适CAN100bit/s
J519
T52c /12
T52c /16
0.35 or/gn
0.35 or/br
B406
B397
0.35 or/gn
0.35 or/br
0.35 or/gn
0.35 or/br
0.35 or/gn
0.35 or/br
318
J393
319
J393
中控锁及防盗控制单元
T28c /4
T28c /5
T28 /4
T28 /5
0.35 or/gn
0.35 or/br
0.35 or/gn
0.35 or/br
J386
T20g /8 can-h
T20g /9 can-l
J387
T20h /8 can-h
T20h /9 can-l
左前门锁单元
右前门锁单元
T16k /13
T16k /11
T16k /10
T32a /18
T32a /19
T16l /13
T16l /11
T16l /10
T32b /18
T32b /19
0.35 ge
0.5 sw/bl
0.35 gn
0.35 rt/bl
0.35 br
0.5 ge
0.5 rt/bl
0.35 gn
0.35 rt/bl
0.35 br
L131 转向灯
W52 登车照明
W30 防盗指示
L132 转向灯
W53 登车照明
W36 防盗指示
127 128 129 130 131 132 133 134 135 136 137 138 139 140

图 B-10

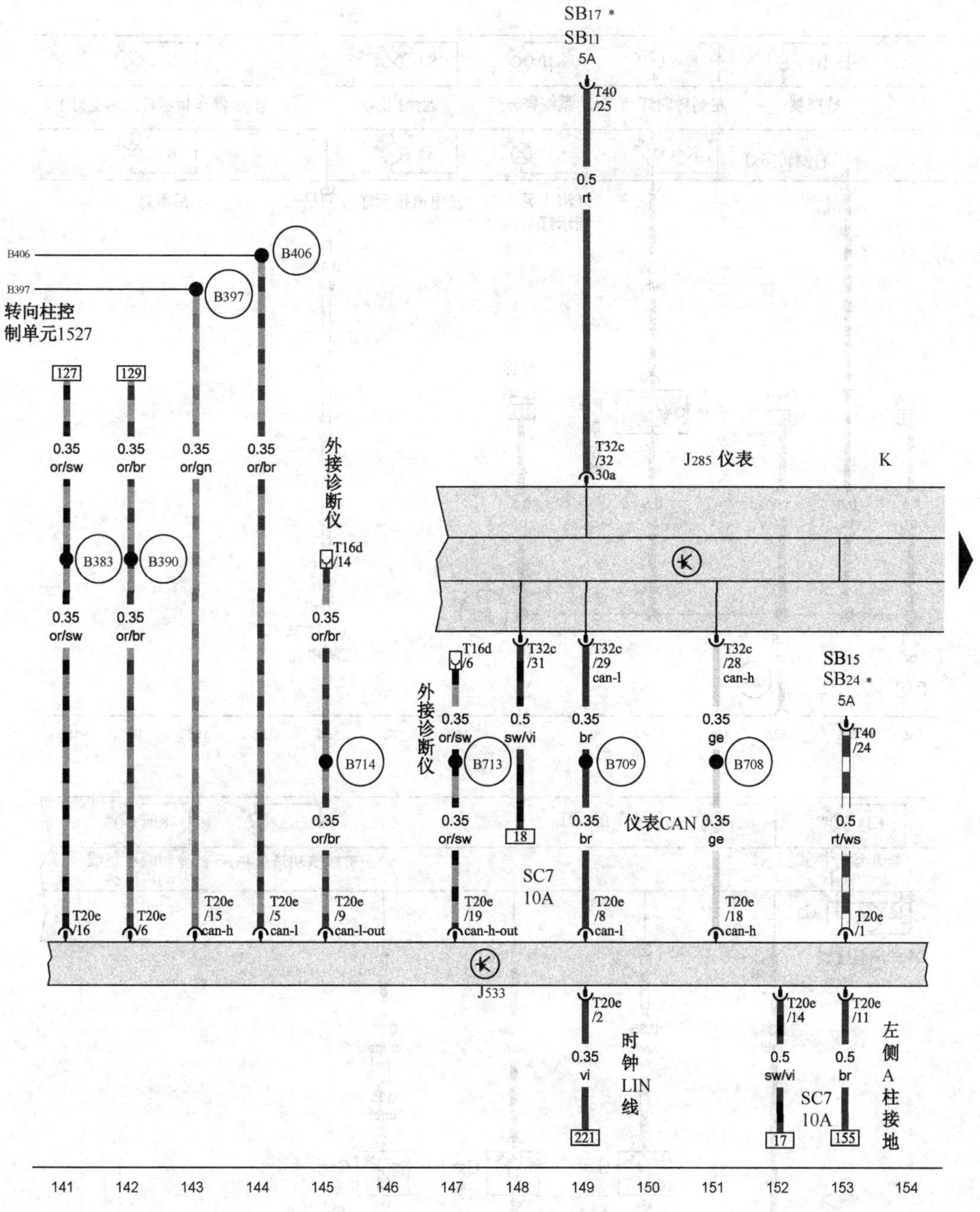
SB17 *
SB11
5A
T40
/25
0.5
rt
B406
B397
转向柱控
制单元1527
127
129
0.35
or/sw
0.35
or/br
0.35
or/gn
0.35
or/br
外接诊断仪
T32c
/32
30a
J285 仪表
K
B383
B390
T16d
/14
0.35
or/sw
0.35
or/br
0.35
or/br
T16d
/6
T32c
/31
T32c
/29
can-l
T32c
/28
can-h
SB15
SB24 *
5A
外接诊断仪
0.35
or/sw
0.5
sw/vi
0.35
br
0.35
ge
T40
/24
B714
B713
B709
B708
0.35
or/br
0.35
or/sw
18
0.35
br
仪表CAN
0.35
ge
0.5
rt/ws
SC7
10A
T20e
/16
T20e
/6
T20e
/15
can-h
T20e
/5
can-l
T20e
/9
can-l-out
T20e
/19
can-h-out
T20e
/8
can-l
T20e
/18
can-h
T20e
/1
J533
T20e
/2
0.35
vi
时钟LIN线
221
T20e
/14
0.5
sw/vi
SC7
10A
17
T20e
/11
0.5
br
155
左侧A柱接地
141
142
143
144
145
146
147
148
149
150
151
152
153
154

图 B-11

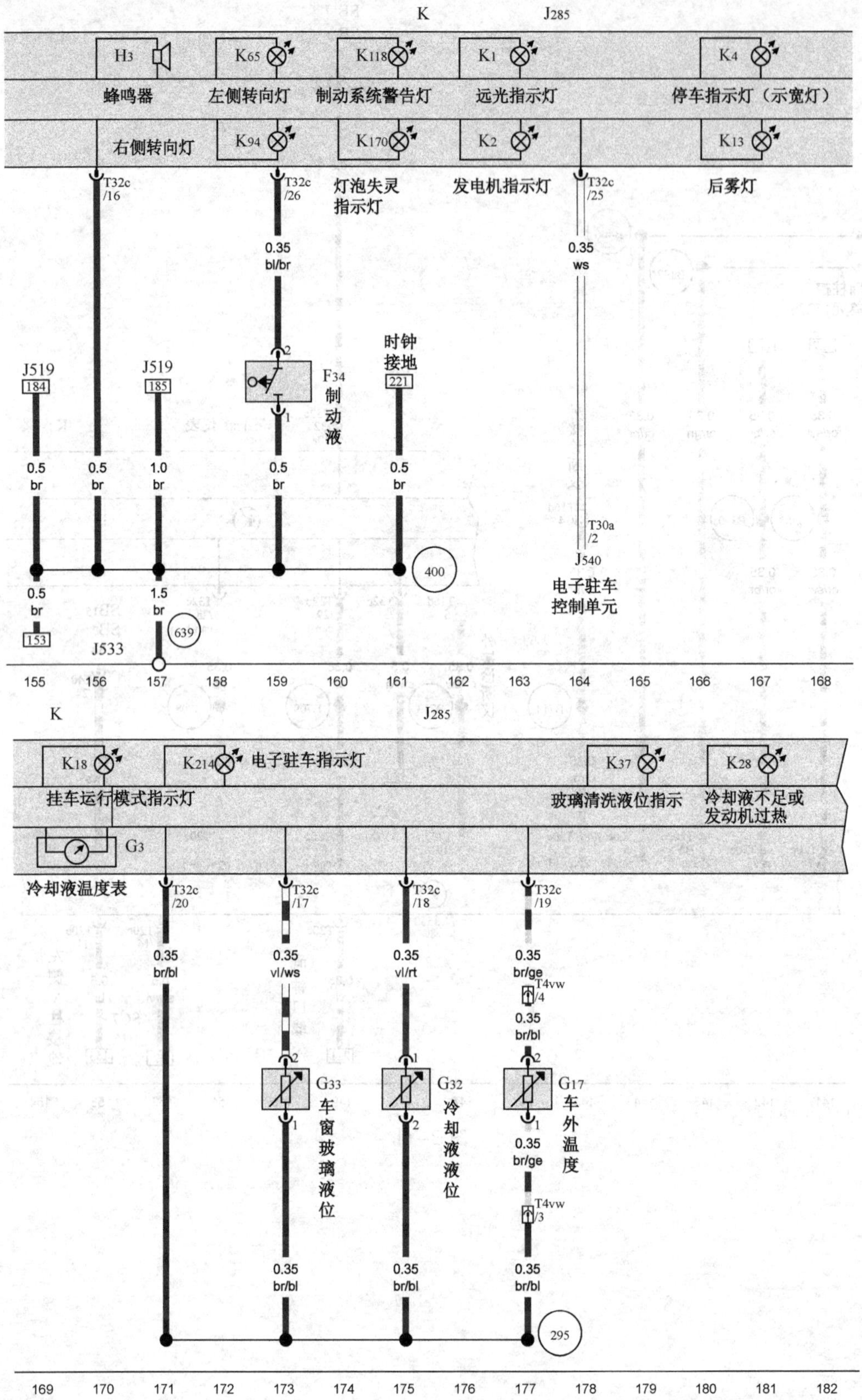
K
J285
H3
蜂鸣器
K65
左侧转向灯
K118
制动系统警告灯
K1
远光指示灯
K4
停车指示灯（示宽灯）
右侧转向灯
K94
K170
K2
K13
T32c /16
T32c /26
灯泡失灵指示灯
发电机指示灯
T32c /25
后雾灯
0.35 bl/br
0.35 ws
J519
184
J519
185
F34 制动液
时钟接地
221
0.5 br
0.5 br
1.0 br
0.5 br
0.5 br
T30a /2
J540
电子驻车控制单元
400
0.5 br
153
1.5 br
639
J533
155 156 157 158 159 160 161 162 163 164 165 166 167 168
K
J285
K18
K214
电子驻车指示灯
K37
K28
挂车运行模式指示灯
玻璃清洗液位指示
冷却液不足或发动机过热
G3
冷却液温度表
T32c /20
T32c /17
T32c /18
T32c /19
0.35 br/bl
0.35 vl/ws
0.35 vl/rt
0.35 br/ge
T4vw /4
0.35 br/bl
G33 车窗玻璃液位
G32 冷却液液位
G17 车外温度
0.35 br/ge
T4vw /3
0.35 br/bl
0.35 br/bl
0.35 br/bl
295
169 170 171 172 173 174 175 176 177 178 179 180 181 182

图 B-12

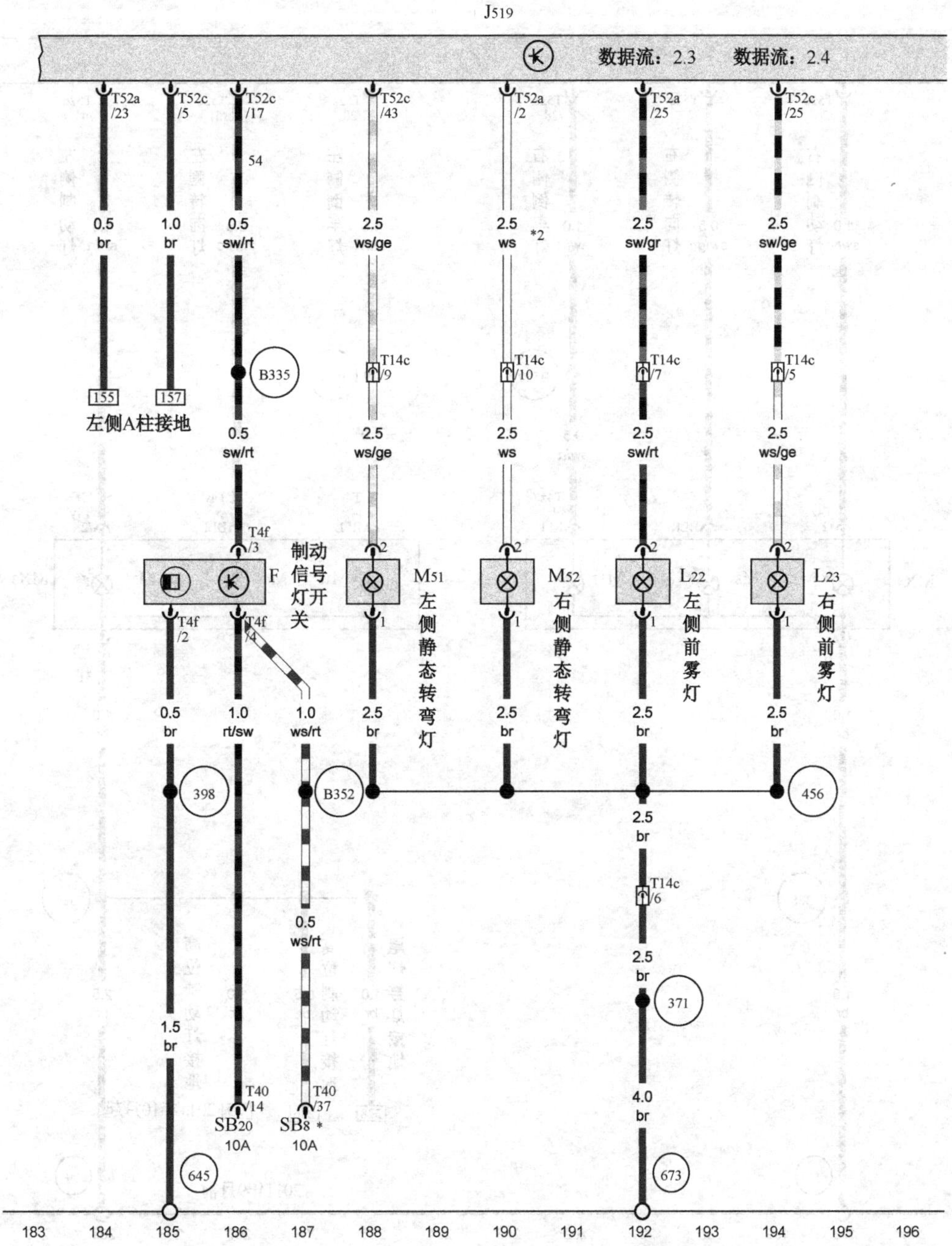
J519
数据流：2.3
数据流：2.4
T52a /23
T52c /5
T52c /17
T52c /43
T52a /2
T52a /25
T52c /25
54
0.5 br
1.0 br
0.5 sw/rt
2.5 ws/ge
2.5 ws
*2
2.5 sw/gr
2.5 sw/ge
B335
T14c /9
T14c /10
T14c /7
T14c /5
155
157
左侧A柱接地
0.5 sw/rt
2.5 ws/ge
2.5 ws
2.5 sw/rt
2.5 ws/ge
T4f /3
F
制动信号灯开关
M51
左侧静态转弯灯
M52
右侧静态转弯灯
L22
左侧前雾灯
L23
右侧前雾灯
T4f /2
T4f /4
0.5 br
1.0 rt/sw
1.0 ws/rt
2.5 br
398
B352
456
T14c /6
0.5 ws/rt
371
1.5 br
T40 /14
T40 /37
SB20 10A
SB8 * 10A
4.0 br
645
673
183
184
185
186
187
188
189
190
191
192
193
194
195
196

图 B-13

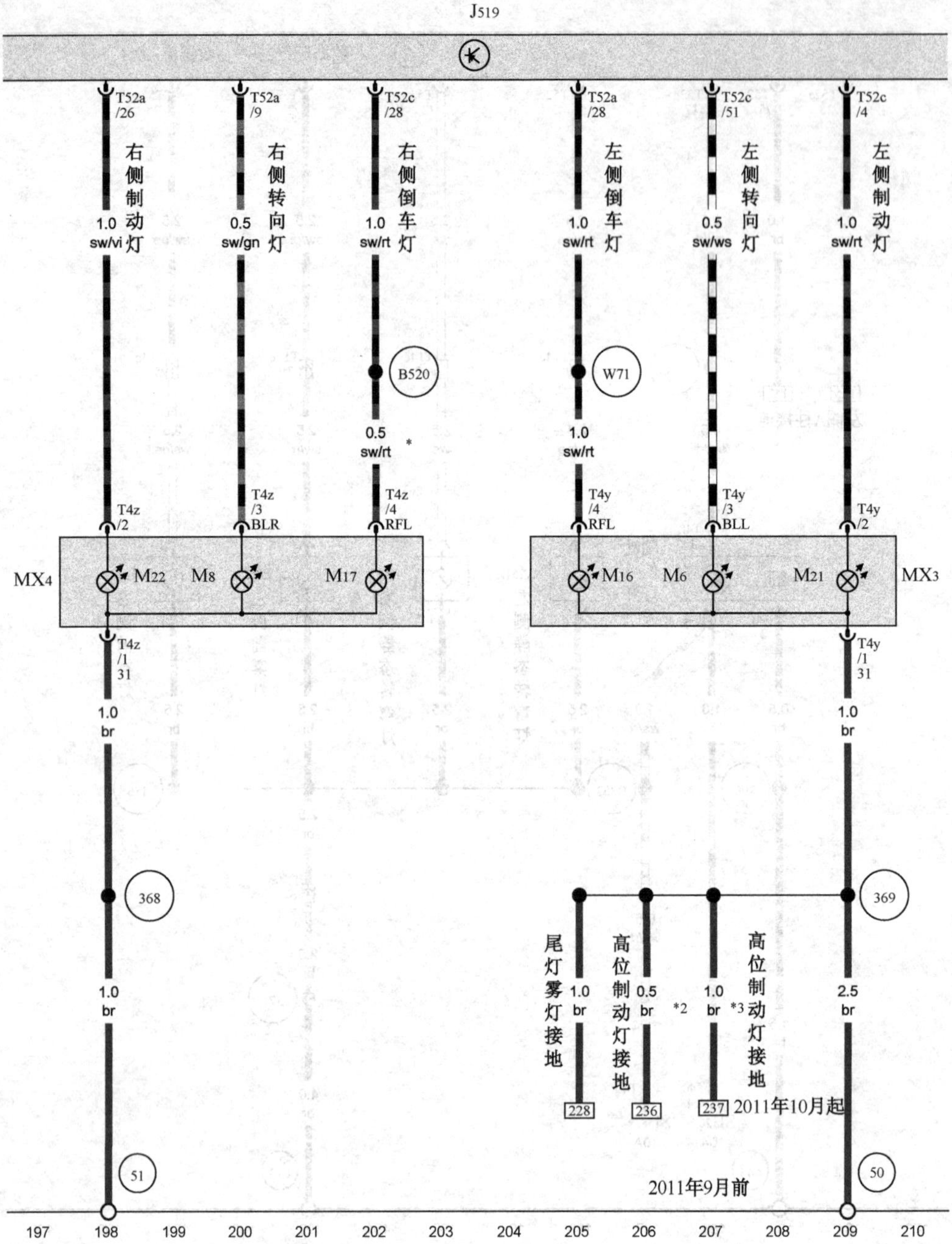
J519
T52a /26
右侧制动灯
1.0 sw/vi
T52a /9
右侧转向灯
0.5 sw/gn
T52c /28
右侧倒车灯
1.0 sw/rt
B520
0.5 sw/rt *
T52a /28
左侧倒车灯
1.0 sw/rt
W71
1.0 sw/rt
T52c /51
左侧转向灯
0.5 sw/ws
T52c /4
左侧制动灯
1.0 sw/rt
T4z /2
T4z /3 BLR
T4z /4 RFL
T4y /4 RFL
T4y /3 BLL
T4y /2
MX4
M22
M8
M17
M16
M6
M21
MX3
T4z /1 31
T4y /1 31
1.0 br
368
369
尾灯雾灯接地
1.0 br
228
高位制动灯接地
0.5 br
236
*2
1.0 br
*3
237
高位制动灯接地
2011年10月起
2.5 br
51
50
2011年9月前
197 198 199 200 201 202 203 204 205 206 207 208 209 210

图 B-14

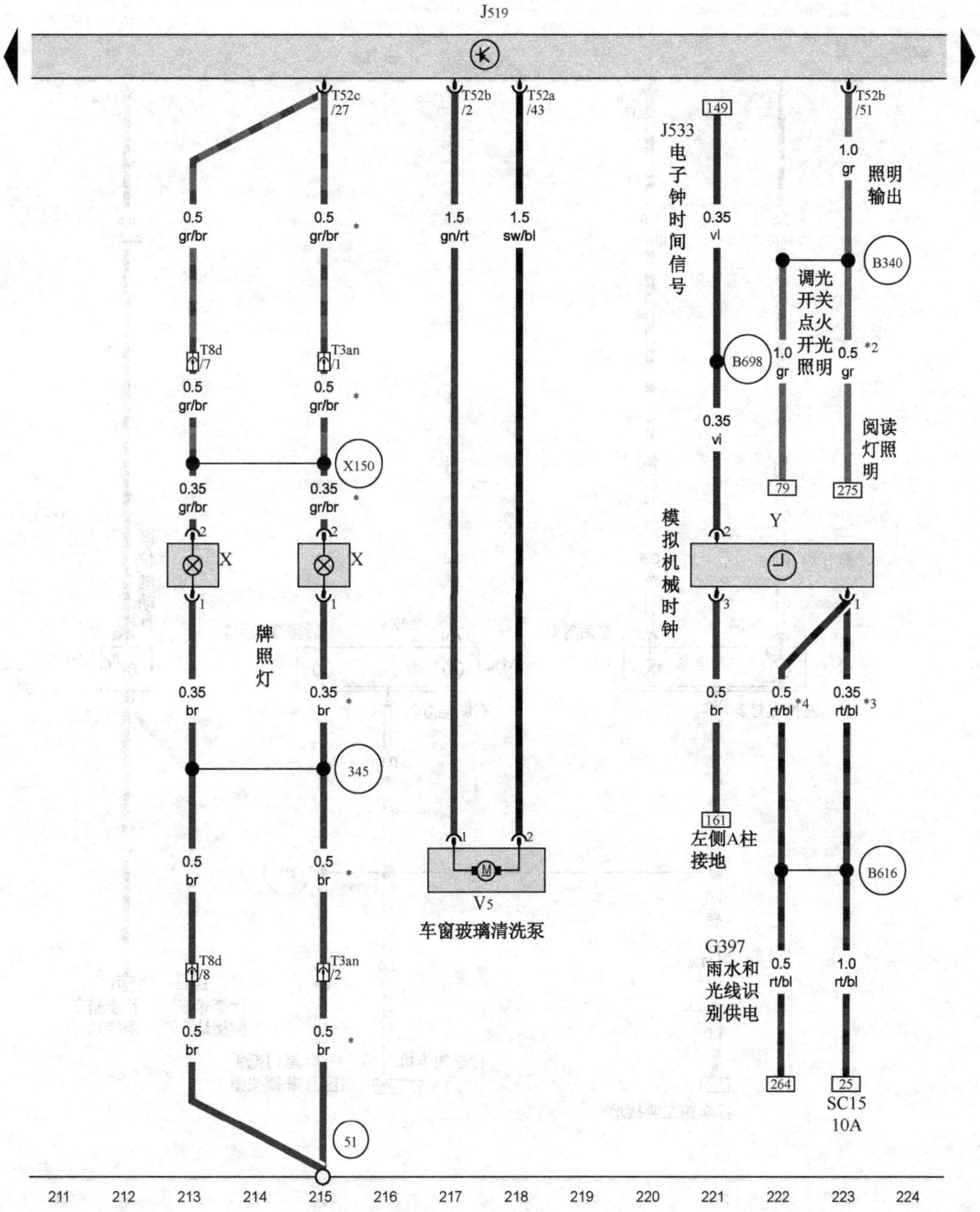
J519
T52c
/27
T52b
/2
T52a
/43
149
J533
电子钟时间信号
T52b
/51
1.0
gr
照明输出
0.5
gr/br
0.5
gr/br
1.5
gn/rt
1.5
sw/bl
0.35
vi
B340
调光开关点火开光照明
T8d
/7
T3an
/1
B698
1.0
gr
0.5 *2
gr
0.5
gr/br
0.5
gr/br
0.35
vi
阅读灯照明
X150
79
275
0.35
gr/br
0.35
gr/br
模拟机械时钟
Y
X
X
牌照灯
0.35
br
0.35
br
0.5
br
0.5 *4
rt/bl
0.35 *3
rt/bl
345
161
左侧A柱接地
V5
车窗玻璃清洗泵
B616
0.5
br
0.5
br
G397
雨水和光线识别供电
0.5
rt/bl
1.0
rt/bl
T8d
/8
T3an
/2
0.5
br
0.5
br
264
25
SC15
10A
51
211 212 213 214 215 216 217 218 219 220 221 222 223 224

图 B-15

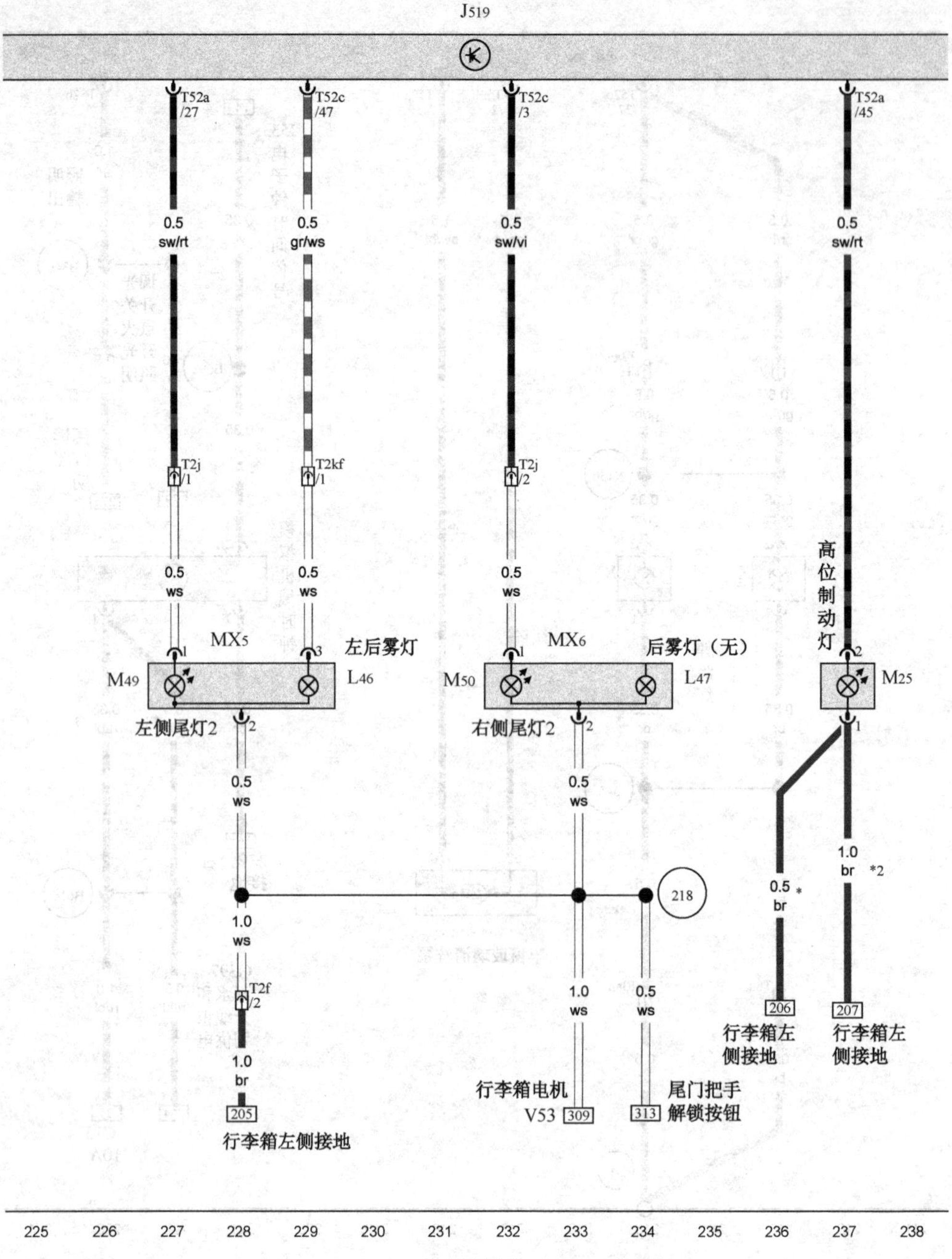
J519
T52a
/27
T52c
/47
T52c
/3
T52a
/45
0.5
sw/rt
0.5
gr/ws
0.5
sw/vi
0.5
sw/rt
T2j
/1
T2kf
/1
T2j
/2
0.5
ws
0.5
ws
0.5
ws
高位制动灯
MX5
左后雾灯
MX6
后雾灯（无）
M49
L46
M50
L47
M25
左侧尾灯2
右侧尾灯2
0.5
ws
0.5
ws
1.0
br
*2
0.5
br
*
218
1.0
ws
T2f
/2
1.0
ws
0.5
ws
206
207
行李箱左侧接地
行李箱左侧接地
1.0
br
行李箱电机
V53
309
313
尾门把手解锁按钮
205
行李箱左侧接地
225
226
227
228
229
230
231
232
233
234
235
236
237
238

图 B-16

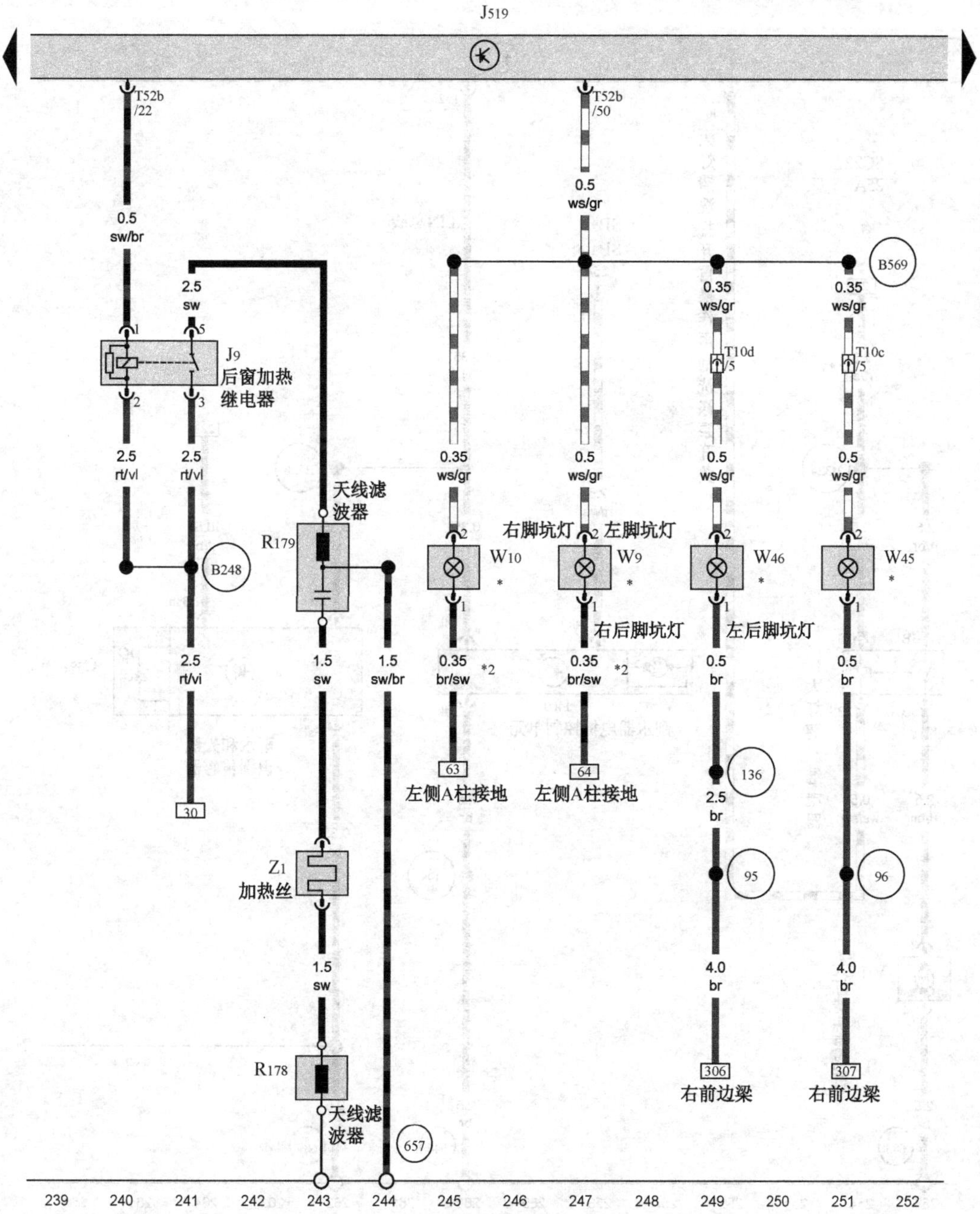
J519
T52b /22
0.5 sw/br
2.5 sw
J9 后窗加热继电器
2.5 rt/vl
2.5 rt/vl
B248
2.5 rt/vi
30
天线滤波器
R179
1.5 sw
1.5 sw/br
Z1 加热丝
1.5 sw
R178
天线滤波器
657
T52b /50
0.5 ws/gr
B569
0.35 ws/gr
0.35 ws/gr
T10d /5
0.35 ws/gr
T10c /5
0.35 ws/gr
0.5 ws/gr
0.5 ws/gr
0.5 ws/gr
右脚坑灯
左脚坑灯
W10
W9
W46
W45
右后脚坑灯
左后脚坑灯
0.35 br/sw *2
0.35 br/sw *2
0.5 br
0.5 br
63
左侧A柱接地
64
左侧A柱接地
136
2.5 br
95
96
4.0 br
4.0 br
306
右前边梁
307
右前边梁
239 240 241 242 243 244 245 246 247 248 249 250 251 252

图 B-17

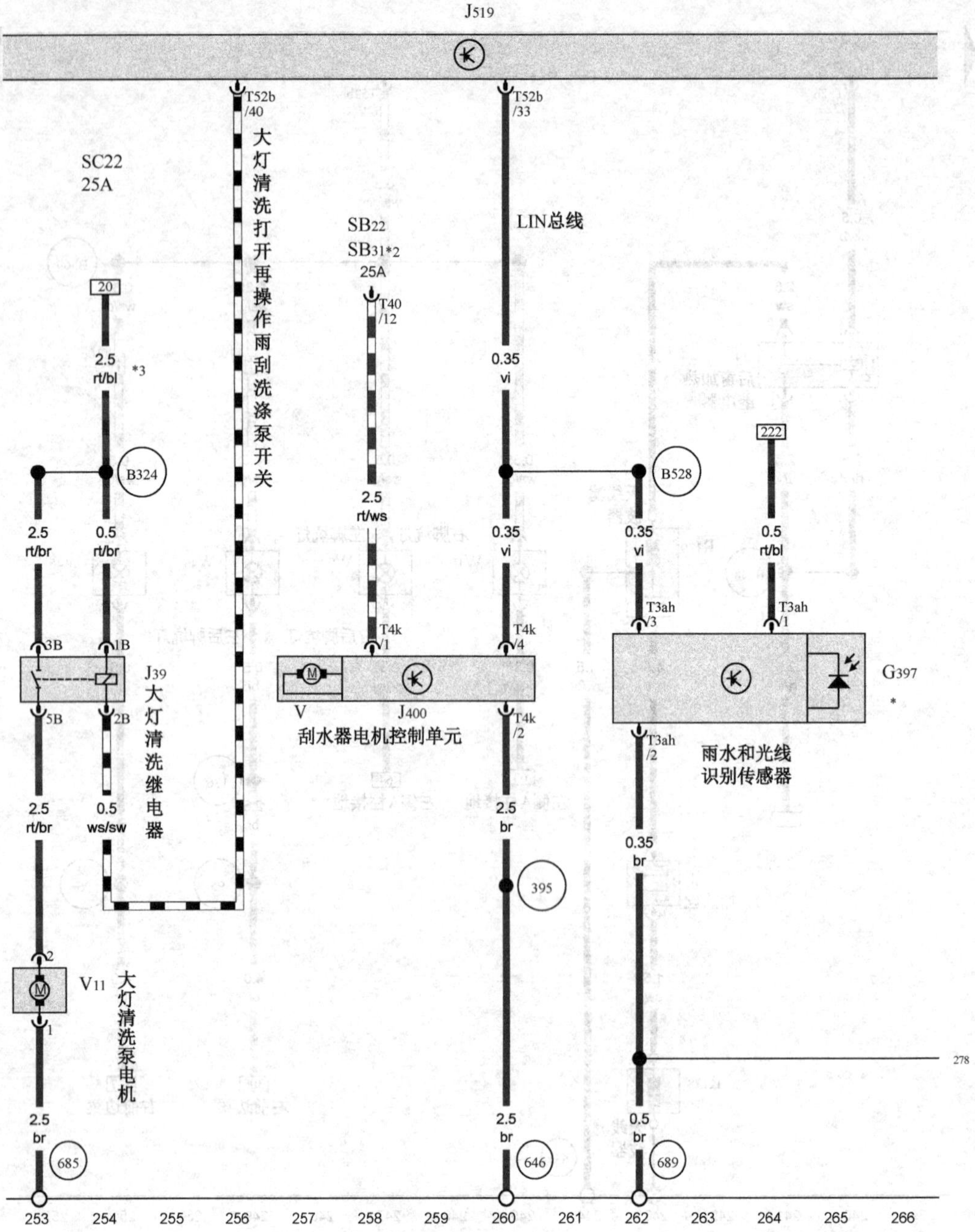
J519
T52b
/40
T52b
/33
SC22
25A
大灯清洗打开再操作雨刮洗涤泵开关
SB22
SB31*2
25A
LIN总线
20
T40
/12
2.5
rt/bl
*3
0.35
vi
222
B324
B528
2.5
rt/ws
2.5
rt/br
0.5
rt/br
0.35
vi
0.35
vi
0.5
rt/bl
T3ah
/3
T3ah
/1
T4k
/1
T4k
/4
3B
1B
J39
大灯清洗继电器
G397
*
5B
2B
V
J400
刮水器电机控制单元
T4k
/2
T3ah
/2
雨水和光线识别传感器
2.5
rt/br
0.5
ws/sw
2.5
br
0.35
br
395
2
V11
大灯清洗泵电机
1
278
2.5
br
2.5
br
0.5
br
685
646
689
253
254
255
256
257
258
259
260
261
262
263
264
265
266

图 B-18

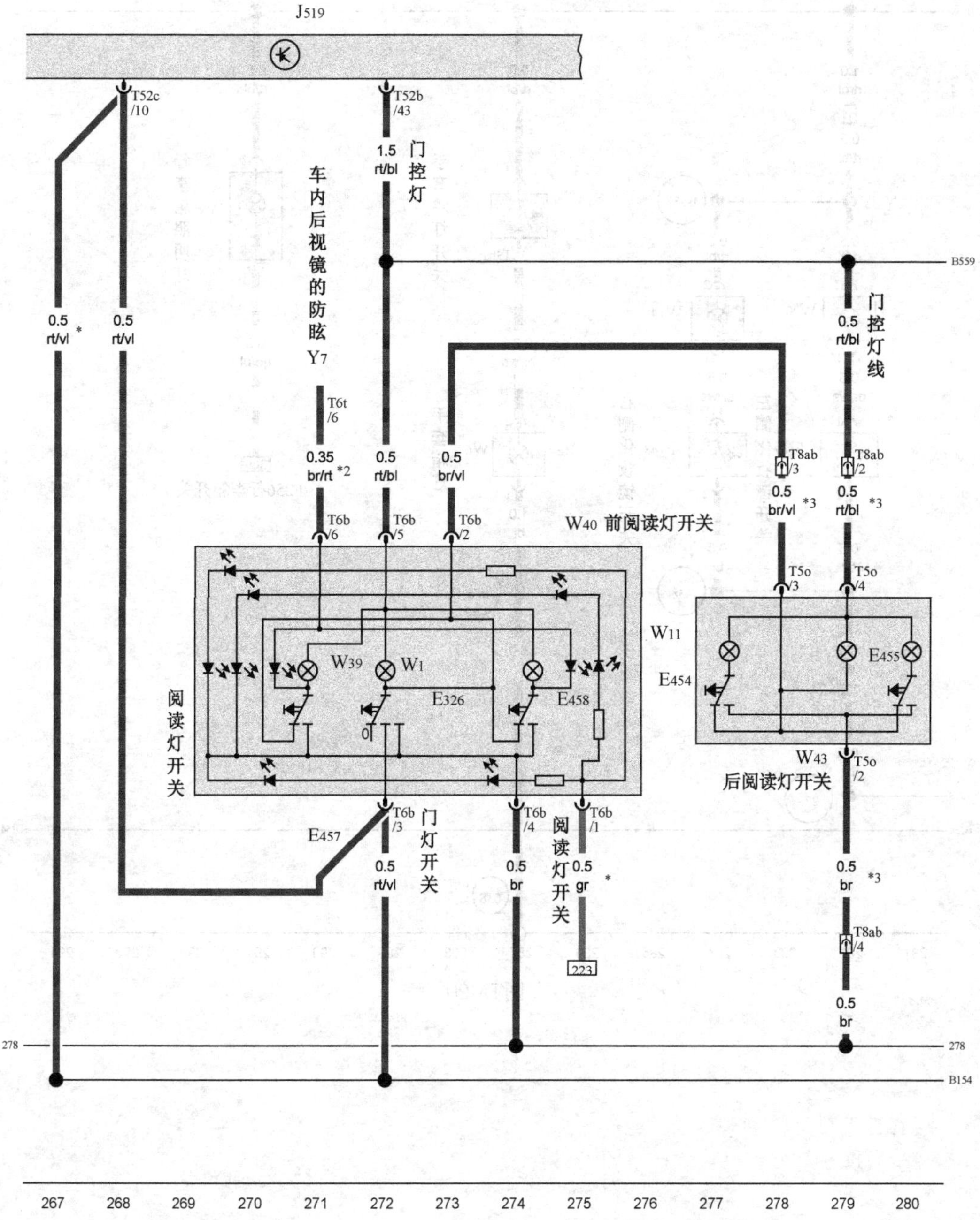
J519
T52c
/10
T52b
/43
1.5
rt/bl
门控灯
车内后视镜的防眩
Y7
B559
0.5
rt/vl *
0.5
rt/vl
0.5
rt/bl
门控灯线
T6t
/6
0.35
br/rt *2
0.5
rt/bl
0.5
br/vl
T8ab
/3
T8ab
/2
0.5
br/vl *3
0.5
rt/bl *3
T6b
/6
T6b
/5
T6b
/2
W40 前阅读灯开关
T5o
/3
T5o
/4
W11
W39
W1
E326
E458
E454
E455
阅读灯开关
W43
T5o
/2
后阅读灯开关
E457
T6b
/3
门灯开关
T6b
/4
T6b
/1
阅读灯开关
0.5
rt/vl
0.5
br
0.5
gr *
0.5
br *3
T8ab
/4
223
0.5
br
278
278
B154
267
268
269
270
271
272
273
274
275
276
277
278
279
280

图 B-19

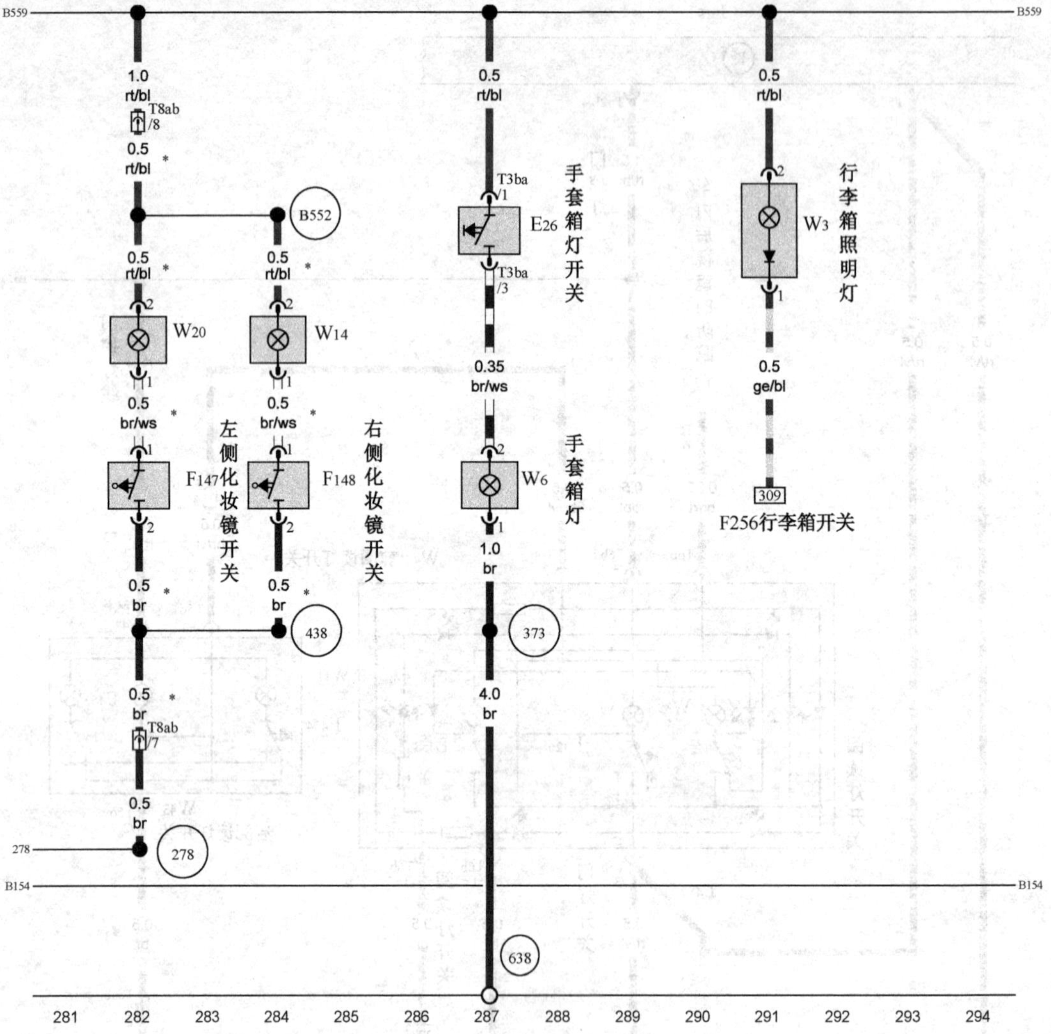
B559
1.0
rt/bl
T8ab
/8
0.5
rt/bl
B552
W20
W14
br/ws
F147
左侧化妆镜开关
F148
右侧化妆镜开关
br
438
T8ab
/7
278
T3ba
/1
E26
手套箱灯开关
T3ba
/3
0.35
br/ws
W6
手套箱灯
373
4.0
638
W3
行李箱照明灯
ge/bl
309
F256行李箱开关
B154
281 282 283 284 285 286 287 288 289 290 291 292 293 294

图 B-20